经济管理类课程教材 · 国际贸易系列

国际商法

第三版

韩玉军 编著

中国人民大学出版社
· 北京 ·

内容简介

本书是面向非法律专业的经济与管理类本科专业以及国际商务专业硕士学生使用的教材，教材涵盖商法基本制度、国际商事组织法（公司法）、合同法、买卖法、保险法、产品责任法、代理法、票据法、知识产权法和国际商事仲裁与诉讼等。

本教材深入浅出，讲解通俗易懂，且言之有物。鉴于大多数经济与管理类以及国际商务专业硕士同学在学习本课程之前，没有系统学习过法学概论和法制史等课程，而这方面的知识对理解国际商法的某些基本概念又是不可缺少的，因此，本教材特设“导论”一章，除对国际商法的概念和渊源进行简要介绍外，着重介绍世界上的两大法系——大陆法系和英美法系的形成及其特点，同时对中国法律制度的产生、沿革进行简要介绍，以便使学生从中学到与国际商法关系密切的法制史基础知识。

本教材结合 20 世纪 90 年代以来有关国际公约和国内外重要法律法规的修改和制定情况，更新以前国际商法教材的一些内容，并结合案例分析，对相关内容及背景进行介绍，大大增强了教材的实用性。

作者简介

韩玉军，1958 年 2 月生于山东省沂南县，1987 年获美国南加利福尼亚大学国际贸易硕士学位，1997 年获中国人民大学经济学博士学位。现为中国人民大学经济学院教授、博士生导师。主要研究方向为国际贸易理论、政策与实务；国际服务贸易；世界贸易组织与国际商法。发表论文 70 余篇，出版专著 6 部，担任主编、副主编的教材 6 部，承担国家级课题 2 项、省部级课题 3 项。

总 序

2010年5月，国务院学位委员会第27次会议决定在我国新增国际商务专业硕士学位，中国人民大学经济学院作为首批设立了“国际商务”专业硕士学位的教学单位，成为研究生教育改革的重要实验基地。

长期以来，中国的研究生教育以学术学位教育为主，即按照学术研究的要求培养学术研究人才，研究生的就业取向多集中在教学、科研岗位。随着我国经济与社会的发展，这种单一的学术型培养目标越来越不适应社会对多样化人才的需要，社会对高层次应用型人才的需求越来越旺盛，于是，专业硕士学位应运而生。专业学位的学生就业取向定位在各类实际应用部门。专业学位教育旨在应用和实践教育，注重培养学生的应用性、开发性研究与设计能力，以满足特定社会职业对专业应用型人才的需求。在美国、欧洲，专业学位教育已经非常普遍，例如，美国比较常见的有74种专业硕士学位，55种专业博士学位，10种第一职业学位，庞大的专业学位体系覆盖了几乎所有社会职业，使研究生教育具有更加广泛的社会适应性。

国际商务专业的培养目标是适应复杂的国际经济、政治、文化环境，培养通晓现代商务基础理论，具备完善的国际商务知识体系，熟练掌握现代国际商务实践技能，有较强的外语交流能力、国际商务分析与决策能力的应用型、复合型、职业型的高级商务专门人才。

那么，如何培养应用型、复合型、职业型的高级商务专门人才呢?

首先，培养应用型人才，需要我们坚持能力为重培养方式。过去的学术型学位教育注重基础、注重理论，而专业学位的人才培养模式以职业所需的知识体系来组织课程，教学过程的实践性尤为突出，目标是使学生成为可用的人才。国际商务的应用型人才应具备如下能力：发现、阐述、分析和解决国际商务活动中的问题的能力；在国际团队中跨文化交流、合作与谈判的能力；把握国际经济贸易金融环境、洞悉商务机会的能力；使用国际通用的方法与工具分析问题的能力等。

其次，培养复合型国际商务人才，需要我们以职业所需的知识体系来组织课程，完善学生职业发展所需要的知识结构，并将职业实践与专业学习结合起来。国际商务是跨国界的商务活动，从内容上，它包括贸易、投资、金融等各领域。具体讲，围绕跨国界的商务活动，需要掌握国际市场、国际战略、资源配置、经营管理、市场营销、如何遵守国际规则、如何适应不同国家政治和文化环境等诸多知识，只有掌握这些知识才能成为复合型的国际商务人才。

再次，培养职业型人才，专业学位的培养目标着眼于提高人的职业能力、职业伦理、职业精神，更好地胜任职业工作。例如，一个优秀的国际商务职业人员要有建立和维护商务人际网络、建立和谐关系的能力，要熟悉企业文化，有道德感和社会责任感，有职业的精神面貌，更要有职业的奋斗精神和开拓创新精神。

最后，我们还要强调国际商务专业学位培养的是高级的精英商务人才，而这主要体现在人才的国际化培养定位上。具备国际化的视野、国际化的思维，了解国际规则和法律，以及熟练使用外语都是对学生的基本要求。

尽管过去我们在培养国际贸易、世界经济等相关专业的研究生方面积累了比较多的经验，但国际商务专业学位毕竟刚刚设立，应用型学位与学术型学位研究生的培养有比较大的差异，我们必须跳出过去的学术型研究生的培养路子，探索一种适应新的培养目标的培育模式。中国人民大学经济学院作为我国经济学类研究生的重要培育基地，理应探索一条既与国际接轨又适合国内需求的中高级实用型国际商务专业人才的培养路子。为此，我院成立了以杜厚文教授为主任并有多位相关专业的国内著名学者、政府官员、企业家参与的国际商务学术委员会，深入讨论国际商务专业学位研究生的培养模式。大家一致认为，尽快编写出一套适应新的培养目标的国际商务教材至关重要。于是，我院以国际经济系为主体，组织教师就如何编写出国际商务系列教材召开多次研讨会，力争在取得基本共识的基础上，把专业学位特征的教育思想体现在系列教材的设计、写作与编辑之中。

中国人民大学经济学院推出的国际商务系列教材具有如下特点：

第一，系统性。该系列教材系统覆盖了国际商务所需的知识体系，涉及国际经济、国际贸易、国际金融、国际商务、跨国公司管理、国际规则运用、跨文化沟通、市场营销等各个方面。

第二，突出了案例教学的特点。教材选用了大量具有国际背景的前沿性的案例，能够帮助学生了解国际商务的现实环境，并通过案例学习获得职业感觉和应用能力。

第三，具有创新性，凸显了中国人民大学经济学院的知识产权特色。在教材编写过程中，我们多次讨论什么是国际商务教学的一般要求、一般规律，如何能将中国人民大学经济学院长期沉淀下来的知识优势融入一般规律中，在国际商务的培养中创立中国人民大学特色。而今，呈现在读者面前的这套系列教材，凝聚了我们的思想和创新。

从 2010 年 5 月国家批准国际商务学位建设起的短短一年多的时间里，我们推出了这套系列教材。一方面，这套及时出版的系列教材可以为刚刚起步的国际商务专业学位研究生的培养提供一个可供选择的教材蓝本，为同行之间的交流提供一个参照和渠道；另一方面，我们不得不承认，在这么短的时间内推出一套全新的教材体系，无论是时间上还是我们的知识水平上都可能使这套教材存在着这样或那样的不足。我们诚恳地希望同行们批评指正，以便我们在再版这套教材时吸收来自各方面的意见，把教材修订得更好。

我们这套教材得到了中国人民大学经济学院的“985”项目与“211”项目的资助，这套教材也是我院“中国经济学”学科建设子项目的成果之一。同时，中国人民大学出版社在这套教材的编写过程中自始至终给予了很大的支持，在此我们表示感谢！国际商务专业学位是一个新生事物，让我们共同努力，让这个新生事物能像雨后春笋一样破土而出，茁壮成长！

杨瑞龙

2011 年 8 月 19 日于中国人民大学明德楼

第三版前言

《国际商法》第一版（2012 年 3 月）和第二版（2017 年 7 月）出版以来，得到了广大读者的认可和欢迎，特别是得到了设有国际商务本科专业以及专业硕士学位的院校师生的欢迎。但随着中国经济与改革开放的不断深入发展，特别是 2020 年 5 月底全国两会（全国政协十三届三次会议和十三届全国人大三次会议）期间对《民法典》的审核并通过，中国的民商立法发生了重大变化。为了适应这些变革，我们决定对《国际商法》进行修订。这次修订的内容主要体现在如下几个方面。

第一，第二版中所有涉及《民法通则》与《合同法》的都更新与修改为《民法典》的相应条款规定的内容。

第二，更新了有关数据，但由于有些数据难以找到公认与权威的数据，并未作出修改。

第三，对有些图表进行了修改或更新，如表 1－1、表 2－1、表 2－1、表 2－4 等，并删掉原表 2－5。

第四，随着《外商投资法》的颁布实施，原来的外资三法（《中华人民共和国中外合资经营企业法》、《中华人民共和国中外合作经营企业法》和《中华人民共和国外资企业法》）都已废除，因此对第 2 章“中国的外商投资企业”部分进行了大幅修改，并删掉了关于外商投资企业的设立条件与程序、外商投资企业的资本等内容。

第五，对合同的成立中的要约、合同的变更与转让、合同的终止、中国法律规定的诉讼时效、卖方交货的时间与地点、货物所有权的转移、代理的概念、代理权的产生、汇票上的伪造签名等部分进行了充实或补充了中国法律的相关规定。

第六，国际商会的国际贸易术语解释通则由 2010 年《国际贸易术语解释通则》（INCOTERMS 2010）更新为 2020 年《国际贸易术语解释通则》（INCOTERMS 2020）。

第七，删去了第 7 章代理法中的第五节“中国的代理法和外贸代理制”。

第八，第 10 章中的第二节与第三节调换顺序，即原第三节“中国的仲裁机构与仲裁法”变为第二节，原第二节“国际商事诉讼”变为第三节。

第九，对部分复习与思考题进行了修改。

虽然我们在这次再版中尽量使本书更趋完善，更适应广大师生需求，但仍然感到不尽如人意，书中缺点和错误仍然在所难免，我们殷切地希望各位读者提出批评、意见和建议。

韩玉军

2020 年 8 月

第一版前言

人类社会已经发展到 21 世纪的今天，回顾人类社会不平凡也不平坦的发展历程，我们为人类文明的辉煌成就而感到欣喜，也因社会进步的步履艰难而感到沉重。自从摆脱动物生活，开始用双手进行创造性的劳动、用人类特有的灵性去思考以后，我们人类在不断改造客观世界、创造出辉煌的物质文明的同时，也在不断地探索人类的主观世界，逐渐形成了哲学思想、伦理道德、宗教信仰、风俗习惯等一系列维系人类的道德、维持一定社会秩序的精神规范，更创造了博大精深、义理精微的法律制度。应该说，在人类所创造的诸多精神文化成果中，法律制度是一种极为重要的社会规范，也是其最重要的成果之一。

作为一项人类的精神成果，法律制度往往集中而突出地反映了人类在认识自身、调节社会、谋求发展的各个重要进程中的思想和行动。法律制度是现实社会的调整器，是通过国家的强制力来确认人的不同社会地位的有力杠杆，它来源于现实生活，而且真实地反映现实的要求。因而通过一个国家、一个民族、一个时代的法律制度，我们可以清楚地观察到当时人们关于人、社会、人与人的关系、社会组织以及有关哲学、宗教等诸多方面的思想与观点。同时，法律制度以一种最明确的方式，对当时社会成员的言论或行动作出规范、要求与限制。

由于发展路径不同、文化背景的差异，东方社会与西方世界对于法律的意义、底蕴的理解、阐释存在很大的差异。但是，在各自的发展过程中，都曾比较注重法律的制定与完善。中国古代虽然被看作“礼治”的社会、“人治”的国家，但从《法经》到《唐律疏议》《大清律例》等数十部优秀成文法典的存在，充分说明了成文制定法在中国古代社会中的突出地位，这些成文法典所体现出的精神旨趣说明中国古代社会重视法学，讲求法学。

时至 20 世纪初，随着西风东渐，东西文化交流加快，中国社会开始由古代的、传统的社会体制向近代文明过渡，建立健全的、符合现代理性精神的法律文明体系已成为现代社会的共识。正因为如此，近代以来的数百年间，在西方、东方各主要国家里，伴随着社会改革的潮起潮落，法律改革运动也一直呈方兴未艾之势。

从历史上看，法律的文明、进步，取决于诸多社会因素。东西方法律发展的历史均充分证明，法律是一门实践的科学。推动法律文明进步的动力，是现实的社会生活，是政治、经济和社会文化的变迁。同时，法律文明的发展进步，对建设和谐社会具有至关重要的作用。正因为如此，法学教育和法学知识的普及在现代国家的国民教育体系中，开始占有越来越重要的位置。也就是说，学习法律知识在当今社会中的重要意义越来越大。

我们这里编写的《国际商法》教材是面向非法律专业的经济与管理类本科专业以及国际商务专业硕士学生使用的教材，它涵盖商法基本制度、国际商事组织法（公司法）、合同法、买卖法、保险法、产品责任法、代理法、票据法、知识产权法和国际商事仲裁与诉讼等。

本教材深入浅出，讲解通俗易懂，且言之有物。鉴于大多数经济与管理类以及国际商务专业同学在学习本课程之前，没有系统学习过法学概论和法制史等课程，而这方面的知识对理解国际商法的某些基本概念又是不可缺少的，因此，本教材特设“导论”一章，除对国际商法的概念和渊源进行简要介绍外，着重介绍世界上的两大法系——大陆法系和英美法系的形成及其特点，同时对中国法律制度的产生、沿革进行简要介绍，以便使学生从中学到与国际商法关系密切的法制史基础知识。

本教材结合 20 世纪 90 年代以来的有关国际公约和国内外重要的法律法规的修改和制定情况，更新以前国际商法教材的一些内容，并结合案例分析，对相关内容及背景进行介绍，大大增强了教材的可读性与实用性。

韩玉军

2011 年 9 月

CONTENTS

目　录

第 1 章　导　论 …… 1
第一节　国际商法的概念和渊源 …… 1
第二节　世界两大法系的形成及其特点 …… 4
第三节　中国法律制度概述 …… 6
第 2 章　商事组织法 …… 14
第一节　个人独资企业和合伙企业 …… 15
第二节　公司 …… 16
第三节　有限责任公司与股份有限公司 …… 22
第四节　中国的外商投资企业 …… 49
第 3 章　合同法 …… 53
第一节　合同法概述 …… 53
第二节　合同的成立 …… 57
第三节　合同的履行 …… 71
第四节　合同的让与以及为第三人利益签订的合同 …… 86
第五节　合同的消灭 …… 96
第 4 章　买卖法 …… 107
第一节　有关货物买卖的国内立法、国际条约与国际贸易惯例 …… 107
第二节　2020 年《国际贸易术语解释通则》 …… 114
第三节　国际货物买卖合同的成立 …… 119
第四节　卖方与买方的义务 …… 120
第五节　对违反买卖合同的救济方法 …… 133

第六节 货物所有权与风险的移转 …… 139
第5章 保险法 …… 147
第一节 保险概述 …… 148
第二节 保险合同 …… 151
第三节 财产保险合同 …… 159
第四节 中国海上货物运输保险 …… 164
第五节 人身保险合同 …… 170
第6章 产品责任法 …… 177
第一节 产品责任法概述 …… 177
第二节 美国的产品责任法 …… 180
第三节 欧洲各国的产品责任法 …… 190
第四节 关于产品责任的法律适用公约 …… 195
第五节 中国的产品责任法 …… 197
第7章 代理法 …… 207
第一节 代理法概述 …… 207
第二节 代理的分类 …… 214
第三节 本人与代理人之间的关系 …… 220
第四节 本人及代理人同第三人的关系 …… 223
第8章 票据法 …… 228
第一节 票据的概念及法理 …… 228
第二节 汇票 …… 239
第三节 本票与支票 …… 250
第四节 联合国《国际汇票和国际本票公约》 …… 254
第五节 中国的票据法 …… 256
第9章 知识产权保护法 …… 265
第一节 知识产权保护概述 …… 265
第二节 专利法 …… 270
第三节 商标法 …… 279
第四节 著作权法 …… 290
第五节 《与贸易有关的知识产权协定》 …… 299
第六节 中国的知识产权保护法 …… 306
第10章 国际商事仲裁与诉讼 …… 310
第一节 国际商事仲裁 …… 310
第二节 中国的仲裁机构与仲裁法 …… 316
第三节 国际商事诉讼 …… 321

第 1 章

导　论

本章提要

1. 国际商法的概念
2. 国际商法的渊源
3. 世界两大法系的形成与特点
4. 中国的法律制度

关键术语

商法　国际商法　民法　公法　私法　制定法（成文法）
判例法　实体法　程序法　国际经济法　国际公约　国际贸易惯例
中国法律制度　民法典

■第一节　国际商法的概念和渊源

一、国际商法的基本概念

1. 国际商法的含义

国际商法（international commercial law）是调整国际商事交易和商事组织的各种关系的法律规范的总称。

2. 国际商法的主体

国际商法的主体是公司、企业等商事组织，而非国家。

现在，在国际上从事国际商务交易的主体基本上是公司、企业等商事组织而不是国家，它们之间的交易虽属于不同国家的商事组织之间的交易，但不一定是不同国家之间的交易，所以，在“国际商法”这一概念中，“国际”（international）一词的含义并不只是指“国家与国家之间”，还指“跨越国界”（transnational）。因此，有人也把国际商法称为跨国界的商法。

3. 国际商法的调整对象和范围

现代国际商法的调整对象和范围比传统的商法更为广泛，传统的商法主要包括商行为法、公司法、票据法、海商法、保险法等内容，但是，随着当代国际经济贸易交流规模的扩大和商事的多样化、复杂化，除了国际货物买卖有了巨大发展以外，还出现了许多新型的国际商事交易和贸易做法，如国际技术转让、工业产权与专有技术许可贸易、国际投资、国际生产合作、国际融资、国际工程承包、国际租赁等。这些交易已超出了传统的商法调整的范围。因此，现代国际商法的调整对象与范围包括商品、技术、资金、产权、专有技术、许可证、国际融资、租赁、劳动输出、劳动输入、国际投资，即有形的国际贸易和无形的国际服务贸易、技术、资金市场等。

4. 国际商法与国际经济法等相关法律学科的联系与区别

国际商法不同于国际经济法，一般认为，国际经济法属于国际公法的范畴，而国际商法属于国际私法的范畴，但国际商法也不同于一般的国际私法。

国际经济法属于国际公法，是因为其参与的主体有国家，但两者也有很多区别，其中的主要区别是它们的主体不完全相同，国际公法的主体基本或主要是国家和国际组织，而国际经济法的主体除国家外还有自然人、法人和其他经济实体。国际经济法包括国际贸易法、国际投资法、国际税法、外汇管制法等。

国际商法被视为国际私法，原因是参与的主体没有国家，只是企业、公司以及商事组织等。但国际商法也不同于传统国际私法，传统国际私法属于冲突法，是以间接调整为特点的“冲突规范”，其任务是为具有涉外因素的私法案件确定准据法。而现代商法（20 世纪 60 年代以后）主要为实体法，是直接调整当事人的权利、义务关系的实体法规范。

二、国际商法的主要渊源

国际商法的渊源主要有两个：一是国内立法，二是国际立法。

（一）国内立法

虽然各国大都规定国际法优于国内法，但它毕竟不能凌驾于国内法之上，所以在某些情况下，对国际商事纠纷有时还必须借助有关国家的民法和商法来处理。因此，各国有关商事和国际经济贸易的国内法仍然是国际商法的重要补充。

国内立法包括调整平等当事人之间的国际商事交易的有关国家的私法规范（货物买卖法、运输法、保险法等）和调整国家对国际商事交易当事人的活动依法实施管理、控制、监督的公法规范（对外贸易法、外汇管理法、反垄断法等）。

(二) 国际立法

国际立法主要包括两个方面：一是国际公约（international conventions），二是国际贸易惯例（international trade customs）。

1. 国际公约

为了使各国关于国际商务活动的做法尽量协调一致，减少分歧，统一调整国际商务的法律规范一直是世界各国、各种法律与商业团体追求的目标。国际社会在这方面做出了不懈努力，有代表性的成果分为两种类型：实体法规范和冲突法规范的国际公约。

实体法规范的国际公约如《联合国国际货物销售合同公约》（Convention on Contracts for the International Sale of Goods，CISG）；《海牙规则》（Hague Rules）；世界贸易组织（WTO）所管辖的各项协定，如《关税及贸易总协定》（GATT）、《服务贸易总协定》（GATS）、《与贸易有关的投资措施协定》（TRIM）、《与贸易有关的知识产权协定》（TRIPs）等。在知识产权保护方面，除了WTO的TRIPs外，早有1883年的《保护工业产权巴黎公约》、1886年的《保护文学和艺术作品伯尔尼公约》、1891年的《商标国际注册马德里协定》等。

冲突法规范的国际公约是间接调整的国际法律适用公约，如《国际货物销售合同法律适用公约》《产品责任法律适用公约》等。如果这些国际公约能被各国批准或接受，就可以消除各缔约国之间在国际经济活动中的法律冲突或使这些冲突规则得到统一。

2. 国际贸易惯例

(1) 国际贸易惯例的含义与类型。

国际贸易惯例是指在国际贸易的长期实践中形成的约定俗成的行为准则。通常是指在国际贸易的长期实践中，在某一地区或某一行业逐渐形成的、为该地区或行业所普遍认知适用的商业做法或贸易习惯。

国际贸易中的惯例有很多，涉及不同种类和方面。

在贸易术语方面，有国际商会的《国际贸易术语解释通则》（International Chamber of Commerce Terms）、《1932年华沙-牛津规则》（Warsaw-Oxford Rules 1932）和《1990年美国对外贸易定义修订本》（Revised American Foreign Trade Definitions 1990）。

在国际结算与支付方面，有《跟单信用证统一惯例》（Uniform Customs and Practice for Documentary Credits，I. C. C. Publication No. 600，简称UCP 600）、《托收统一规则》（Uniform Rules for Collection，I. C. C. Publication No. 522，简称URC 522）等。

(2) 国际贸易惯例的特点。

国际贸易惯例的主要特点是：

①它是在长期的国际贸易的实践中逐渐形成的。

②它具有确定的内容且被许多国家认可和接受。

③它不是法律，一般不具有强制性，不能自动适用。国际贸易惯例是由贸易双方

当事人在自愿的基础上遵行的。它与国内法中的某些强制性规定以及国际条约不同，不具有法律约束力，一方不能强制另一方遵守，也不能自动适用，一般也不能直接约束有关国家和公民。注意，当惯例与合同规定发生矛盾时，合同条款的效力优于惯例。

④它是国际贸易法律的重要渊源之一。

■第二节　世界两大法系的形成及其特点

现实经济生活中，各国买卖法、商法与贸易法所采取的形式和内容并不完全相同，这主要表现在两大法系（大陆法系和英美法系）的规定不同。下面就这两大法系的产生和发展做一下简单介绍。

一、大陆法

大陆法（civil law）或大陆法系又称罗马法系、民法法系。

早在罗马法中就出现了调整商务活动和商务关系的法律，但当时还没有制定专门的商事法，而只是把调整商事关系的法律作为私法的内容之一。

近代欧洲各国的商法主要源自中世纪形成的商人习惯法。它在 11 世纪出现于威尼斯，自 17 世纪以后，随着欧洲各中央集权国家的强大，欧洲各国开始采用各种方式把商法纳入本国的国内法，使之成为国内法的一部分。例如，法国最早颁布了《海商条例》（1689）和《商事条例》（1693），为大陆法国家的商法典奠定了基础。特别是在法兰西第一帝国时期，法国先后颁布了《法国民法典》、《民事诉讼法》、《法国商法典》和《法国刑法典》等，其中，《法国民法典》是在拿破仑亲自主持下制定的，拿破仑曾得意地说："我的光荣不在于我打了 40 个胜仗，不能被遗忘的、将万古长存的则是我的民法典。"这些法典表达了资产阶级关于民事立法的原则，即自由与平等原则、所有权原则、契约自由原则等。

大陆法的一个基本特点是强调成文法（statute law）的作用，它在结构上强调系统化、条理化、法典化和逻辑性。实施大陆法国家的法律是通过国家的立法机关，按照立法程序，用法律条文的形式制定、颁布施行的。大陆法国家除法国、德国、意大利等欧洲大陆国家外，拉丁美洲、非洲和近东某些国家，亚洲的日本等国家，土耳其、苏格兰、加拿大的魁北克省、美国的路易斯安那州都实行大陆法。

在大陆法国家除民法典外，还定有商法典，专门就商行为、海商、保险、票据或公司等方面的法律分别做出具体的规定，也就是说，大陆法国家一般采取民法与商法分立的做法，把民法作为普通法或基本法，把商法作为民法的特别法或具体法。

二、英美法或普通法

在英美法（又称英美法系）国家，商法的历史发展有其不同于大陆法的特色。在英美法的历史上，只有普通法（common law）与衡平法（equity law）之分，而没有民法与商法的区别。英国的法律最早起源于日耳曼习惯法，自公元1066年诺曼底公爵威廉征服英国以后，通过国王委派的法官巡回审判，把原来的地方习惯法有选择地通过判例的形式变为通行于全国的普通法。到18世纪中叶，由当时担任大法官的曼斯菲尔德（Mansfield）把商人习惯法吸收到普通法中，成为普通法的一部分。

英美法的特点是以判例作为法的渊源，是不成文法。在英国，法律最先形成的是未经国家通常的立法程序，而由国家认可、赋予法律效力的习惯法。在美国，参（众）议员的提案经多数议员表决通过就成为法律，例如，《赫尔姆斯-伯顿法》。

英美法国家主要有英国、美国及英联邦一些国家，例如，澳大利亚、新西兰、印度、巴基斯坦、加拿大等，也就是英国、北美，以及亚洲、非洲、加勒比海、大洋洲等地区中属于原英国殖民地或附属国的国家。

英美法国家的买卖法由两个部分组成：一是普通法，即由法院以判例形式所确定的法律原则，属不成文法；二是成文法（或称制定法），即有关货物买卖与贸易的具体立法。在这方面，具有代表性的是英国1893年《货物买卖法》（Sale of Goods Act），它为英美法系各国制定各自的买卖与贸易法提供了一个样本。美国《1906年统一买卖法》就是参照英国1893年《货物买卖法》制定的。

1942年起，美国起草了一部新的《统一商法典》，取代了《1906年统一买卖法》。该法典于1952年正式公布，其后曾多次修订。现在使用的是1995年公布的文本《统一商法典——信用证》（Uniform Commercial Code—Credits，UCC）。

美国的《统一商法典》与大陆法系国家的商法典有很大的不同，它不是由美国的立法机关——国会制定和通过的法律，而是由一些法律和商业团体起草，供各州自由采用的一部法律样本。

在对外贸易立法方面，美国早期的相关法律有《1916年关税法》《1930年霍利-斯穆特法》《1934年互惠贸易法》。1974年通过了新的《贸易法》，后修改为《1979年贸易协定法》。1988年美国国会又通过了《综合贸易与竞争法》。目前实施的还是1988年的版本。人们常说的“301条款”“特别301条款”“超级301条款”等是美国1974年《贸易法》第三部分第一章中的第301节至第310节（单边报复制度）的规定，即如果美国贸易代表依据第304节认定，外国的法律、政策、做法侵害了美国依据任何贸易协定可以享受的权利和利益，或外国的法律、政策、做法不合理地增加了美国商业的负担或限制，那么美国贸易代表可以根据总统的特别指示采取一切适当可行的行动（如限制进口、提高关税率、反倾销、数量限制等）。

美国301条款有狭义和广义之分。

狭义的301条款只是指美国1974年修订的《贸易法》的第301条。它是一种非贸易壁垒性报复措施或者说是一种威胁措施，即当别国有“不公正”“不公平”的贸易做法时，美国贸易代表可以决定实施撤回贸易减让或优惠条件等制裁措施，迫使该国改变其“不公正”“不公平”的做法。

广义的301条款包括一般301条款、特别301条款、超级301条款及其他配套措施。其中，一般301条款，即狭义的301条款，是美国贸易制裁措施的概括性表述。特别301条款、超级301条款及其他配套措施等是针对贸易具体领域做出的具体规定。具体来说，特别301条款是关于知识产权保护和知识产权市场准入等方面的规定；超级301条款是关于外国贸易障碍和扩大美国对外贸易的规定；其他配套措施是关于电信贸易中的市场障碍以及外国政府机构对外采购中的歧视性和不公正做法的规定。

法律是上层建筑的主要组成部分，法律不但要依赖于自己的经济基础，而且要适应自己经济基础的发展。这就是说，在一定社会范围之内，当政治、经济条件发生变化时，法律也应随之发生变化。换言之，法律既要有相对的稳定性，又要有一定的灵活性，且要相互借鉴，例如，在世界上，20世纪后期直至今天进入21世纪，大陆法与英美法逐步靠拢，大陆法各国无视判例作用的态度已有所改变，即大陆法中“判例法”已经出现并且其地位不断提高，而英美法中成文法的数量也在日益增多。不过这两大法系的根本区别并未发生改变。

■第三节　中国法律制度概述

一、中国的法律渊源

中国目前已经建立和健全了基本法律体系，从类别上说，包括宪法、行政法、民法、商法、经济法、社会法、刑法、诉讼法和非诉讼程序类等在内的相关法律。在这些法律中，有关民商经济类法约占一半。

中国法律的渊源主要有制定法与法律解释等。

（一）制定法

由各级立法机关制定的各种成文法是中国法律的最重要的渊源。中国实行中央与地方相结合的立法体制。根据宪法及有关法律的规定，全国人民代表大会及其常务委员会共同行使国家立法权，负责修改宪法，制定与修改法律；省、自治区、直辖市人民代表大会及其常务委员会有权制定各种地方性法规；国务院有权制定行政法规。作为法律渊源的制定法，主要有以下五种形式。

1. *宪法*

1982年12月4日，第五届全国人民代表大会第五次会议通过了《中华人民共和国宪法》（简称《宪法》）。《宪法》序言中规定：本宪法以法律的形式确认了中国各族人民奋斗的成果，规定了国家的根本制度和根本任务，是国家的根本法，具有最高的法律效力。因此，一切法律、法令、法规、决议与命令等均不得与宪法相抵触。宪法的修改必须经过特别的法律程序，应由全国人民代表大会常务委员会或者1/5以上的全国人民代表大会代表提议，并由全国人民代表大会以全体代表的2/3以上多数通过方为有效。宪法由全国人民代表大会及其常务委员会监督实施。

2. *法律*

法律是指由全国人民代表大会及其常务委员会制定的，主要规定与调整国家和社会生活某一方面问题的法律文件。法律从属于宪法，其效力仅次于宪法。

法律分为基本法与基本法以外的法律。中国目前的基本法主要有：选举法、人民代表大会组织法、国务院组织法、人民法院组织法、人民检察院组织法、刑法、刑事诉讼法、民法典、民事诉讼法与行政诉讼法等。

此外，全国人民代表大会授权国务院对于有关经济体制改革与对外开放方面的问题，必要时可以根据宪法，在与有关法律和全国人民代表大会及其常务委员会的有关决定的基本原则不相抵触的前提下，制定暂时的规定或者条例，并颁布实施。这种立法方式称为"授权立法"。

3. 行政法规

作为国家最高行政机关，国务院有权根据宪法与法律制定行政法规，发布决定与命令。国务院制定的行政法规直接调整全国政治、经济、文化与教育等各方面的事项，其效力仅次于宪法与法律。

4. 地方性法规与经济特区法规

根据宪法的规定，省、自治区与直辖市人民代表大会及其常务委员会在不与宪法、法律和行政法规相抵触的情况下，可以根据本地区的实际情况和需要制定地方法规。其内容主要涉及当地的行政管理、维护社会秩序、市容卫生、交通运输与青少年保护等。各地制定的地方法规必须报全国人民代表大会常务委员会备案。

1979年以后，中国在广东的深圳、珠海、汕头与福建的厦门开办经济特区，在经济上实行特殊政策与措施。1981年11月，全国人民代表大会常务委员会授权广东省与福建省人民代表大会及其常务委员会根据各省经济特区的具体情况与实际需要，制定经济特区的各项单行经济法规。1988年4月，全国人民代表大会授权海南省人民代表大会及其常务委员会制定相应的法规。

5. 特别行政区的法律

1985年，全国人民代表大会批准了中国政府与英国政府关于香港问题的联合声明及其附件。中国于1997年7月1日对香港恢复行使主权，并设立中华人民共和国香港特别行政区。香港特别行政区直辖于中华人民共和国中央政府，并享有高度自治权。中国对香港的基本政策已由《中华人民共和国香港特别行政区基本法》规定下来，并保持50年不变。香港特别行政区成立后，香港原有的法律（包括普通法、衡平法、条例、附属立法与习惯法等）基本不变。因此，香港特别行政区实行的法律包括《中华人民共和国香港特别行政区基本法》、上述香港原有的法律体系与香港特别行政区立法机关制定的法律三类。为了维护香港的稳定发展，2020年5月28日，第十三届全国人民代表大会第三次会议通过了《全国人民代表大会关于建立健全香港特别行政区维护国家安全的法律制度和执行机制的决定》（简称《香港国安法》）。

1987年，全国人民代表大会批准了中国政府与葡萄牙政府关于澳门问题的联合声明及其附件。中国于1999年12月20日起对澳门恢复行使主权，并设立澳门特别行政区。澳门特别行政区所实行法律的结构和类型与香港特别行政区的法律基本相似。1993年3月31日，第八届全国人民代表大会第一次会议通过了《中华人民共和国澳门特别行政区基本法》。该基本法于1999年12月20日起开始实施。

（二）法律解释

中国法律的另一种重要渊源是，有权解释机关对现行法律或法规文件所作的解释与说明。法律解释通常分为立法解释、司法解释与行政解释。

1. 立法解释

根据《宪法》的规定，全国人民代表大会常务委员会对于宪法和法律拥有解释权。凡是关于宪法与法律的条文本身需要进一步明确界限或作补充规定的，由全国人民代表大会常务委员会进行解释或以法律的形式加以规定。省、自治区与直辖市人民代表大会常务委员会有权对地方性法规进行解释。

2. 司法解释

对于法院审判工作与检察院工作中具体应用法律的问题，分别由最高人民法院与最高人民检察院进行解释。它们所作的解释对其下级人民法院与检察院的审判和检察工作均有约束力。

有关民事与经济法律的司法解释主要由最高人民法院作出。

最高人民法院的司法解释主要采取两种形式：(1) 当一些重要的民事与经济法规颁布或实行一段时间后，最高人民法院常常对在具体适用该法律的过程中所遇到或可能遇到的问题提出综合性与系统性的意见，作为各级人民法院在审理有关案件时的指导。例如，最高人民法院在《民法通则》《继承法》《合同法》等民事和经济法律实施后（现在《民法通则》、《继承法》与《合同法》已被《民法典》取代），都分别制定了关于贯彻执行这些法律的若干问题的解答或意见。(2) 针对下级人民法院就某一具体案件或疑问所请求解答的问题作出“批复”，对其中涉及的适用法律予以解释。

3. 行政解释

国务院及其主管部门对有关法律与法规所作的解释称为“行政解释”。行政解释主要涉及两个方面的内容：(1) 对于属于审判与检察工作中的其他法律如何具体应用的问题所作的解释；(2) 国务院及其主管机关在行使职权时对国务院及其主管机关本身所制定的行政法规所作的解释。

（三）判例

在中国，判例在法律上与理论上不被认为是法律的渊源。最高人民法院及其他上级人民法院所作的判例对下级人民法院没有约束力。这一点与欧洲大陆法系国家相似。近年来，最高人民法院开始把一些适用正确、判决证据与理由充分以及处理得当的法院判决在《最高人民法院公报》上予以公布，并要求各级人民法院加以借鉴，这表明判例将在中国的司法实践中发挥日益重要的作用与影响。

二、中国的司法制度

（一）人民法院的组织结构

中国的法院分为最高人民法院、地方各级人民法院和专门人民法院。

1. 最高人民法院

最高人民法院是国家的最高审判机关，其主要职权包括监督地方各级人民法院与专门人民法院的审判工作，审判全国重大刑事案件与在全国有重大影响的民事案件和经济纠纷案件，以及对在审判过程中具体应用法律的问题进行司法解释。

最高人民法院由院长一人，副院长、庭长、副庭长与审判员若干人组成。下设刑事审判第一庭、刑事审判第二庭、民事审判庭、经济审判庭、交通运输审判庭、行政审判庭与告诉申诉审判庭等。

2. 地方各级人民法院

地方各级人民法院分为基层人民法院、中级人民法院与高级人民法院。

（1）基层人民法院。它是按行政区划设在县级的人民法院，主要负责审判刑事与民事的第一审案件，处理不需要开庭审判的民事纠纷与轻微的刑事案件，指导人民调解委员会的工作。

（2）中级人民法院。它是按行政区划设在地区级的人民法院。根据《民事诉讼法》的规定，中级人民法院主要审理如下案件：确认发明专利权的案件；海关处理的案件；对国务院各部门或者省、自治区、直辖市人民政府所作的具体行政行为提起诉讼的案件；重大涉外案件以及在本辖区有重大影响的第一审案件；基层人民法院移送审判的第一审案件；对基层人民法院判决与裁定的上诉案件和抗诉案件。

（3）高级人民法院。省、自治区、直辖市设高级人民法院。高级人民法院设刑事审判庭、民事审判庭、经济审判庭和其他审判庭。高级人民法院由院长一人，副院长、庭长、副庭长与审判员若干人组成。院长由省、自治区、直辖市人民代表大会选举产生，其他组成人员由本级人民代表大会常务委员会决定任免。高级人民法院审判的案件是：按法律规定由它管辖的第一审案件；下级人民法院移送审判的第一审案件；下级人民法院判决和裁定的上诉案件和抗诉案件；人民检察院按照审判监督程序提出的抗诉案件。

3. 专门人民法院

在中国，还设有军事法院、海事法院、森林法院、铁路运输法院、农垦法院与石油法院等专门人民法院，就这些领域的专门案件进行审理与判决。

（二）民事经济案件的审判制度

根据《民事诉讼法》的规定，人民法院审理民事案件时实行合议制，由审判员或陪审员共同组成合议庭。合议庭评议民事案件时实行少数服从多数的原则。人民法院还设立审判委员会，对重大与疑难民事案件的处理由法院院长提交审判委员会讨论决定。简单的民事案件可以由审判员一人独任审判。

人民法院审理民事案件，着重进行调解。人民法院的调解是在查明事实与分清是非的基础上进行的。经调解，双方当事人达成协议后，由法院制作调解书，调解书在送达双方当事人后即具有法律效力。着重进行调解是中国民事审判制度的一个显著特点。

人民法院审判案件实行两审制，对于地方各级人民法院的判决或裁定，当事人如果不服，则可以向上一级人民法院上诉，上一级人民法院对上诉案件所作的第二审进行判决或裁定，在终审判决或裁定后，当事人不得再进行上诉。

三、中国的民商法

（一）民法

民法是调整商品经济关系的重要法律。长期以来，由于实行计划经济与政企不分，法制意识淡薄，民事立法一直未受到应有的重视。因此，在很长一段时间内，各级司法机关处理民事纠纷主要根据各种政策与一些零散的单行条例。

十一届三中全会以后，全国人民代表大会常务委员会法制工作委员会组成了民法起草小组，重新开始起草民法。至 1986 年，已制定并颁布了《婚姻法》《专利法》《商标法》《继承法》等一批单行民事法律。

1986 年 4 月 12 日，第六届全国人民代表大会第四次会议通过了《中华人民共和国民法通则》，并于 1987 年 1 月 1 日起正式施行。从此，中国有了第一部民法。与大陆法系各国民法相比，中国的《民法通则》在内容方面比较广泛，但比较概括与简明。

中华人民共和国民法调整平等主体的公民之间、法人之间、公民和法人之间的财产关系和人身关系，即所谓的“横向关系”。在民事活动中，公民与法人的合法权益受法律保护，任何组织与个人不得侵犯；民事活动应当遵循自愿、公平、等价有偿与诚实信用的原则，应当遵守国家法律与政策，尊重社会公德，不得损害社会公共利益，破坏国家经济计划，扰乱社会经济秩序。以上内容构成了中国民法的基本原则，同时对商法也具有指导意义。

2020 年 5 月 28 日，第十三届全国人民代表大会第三次会议表决通过了《中华人民共和国民法典》，自 2021 年 1 月 1 日起施行。《民法典》生效实施后，《婚姻法》《继承法》《民法通则》《收养法》《担保法》《合同法》《物权法》《侵权责任法》《民法总则》同时废止。

民法典在国家法律体系中的地位仅次于宪法。民法典是市场经济的基本法、市民生活的基本行为准则、法官裁判民商事案件的基本依据。中国曾于 1954 年、1962 年、1979 年三次启动民法典的制定，均无果。中华人民共和国第六届全国人民代表大会为了保障公民、法人的合法的民事权益，正确调整民事关系，适应社会主义现代化建设事业发展的需要，根据宪法和我国实际情况，总结民事活动的实践经验，制定了《民法通则》。该法于 1986 年 4 月颁布，被学者称为“准法典”，是我国改革开放后鉴于当时国情和紧迫形势出台的一部不太完善、不太全面和系统的调整我国民事关系的法律，是民事政策权宜之计的产物，但即使这样，这部法律也有着划时代和里程碑式的意义。所以《民法通则》既不是民法典，又不是民法总则，但从 1986 年开始，《民法通则》在我国起着民法典的作用，它和其他单行民事法律及其他部门法中有关的民事法律规定一起调整着 20 多年来我国的民事法律关系，对国民经济和社会发展起到了不可低估的作用。2002 年 12 月，全国人大常委会首次审议民法典草案，但由于内容复杂、体系庞大、学术观点存在分歧等，最终未能实现。

截至 2016 年 9 月，中国尚没有真正意义上的民法典。现有民事立法存在主体多元化、法律渊源众多等问题，并未形成系统。民法典有上千个条文，涉及的法律法规、司法解释多且复杂。如何将这些已有的法律法规串在一起，缺乏共识，需要处理好法典编纂和单行法的关系。此外，中国的民法典编纂要借鉴国外有益的立法经验，更要从中国实际出发，反映我国社会的政治经济发展要求，在实践中需要权衡。

2017 年 3 月 15 日，《民法总则》终于经全国人大审议通过，我国正式全面开启了民法典时代。

2018 年 8 月 27 日，提请全国人大常委会审议的民法典物权编草案专门规定了居住权。居住权人有权按照合同约定并经登记占有、使用他人的住宅，以满足其稳定生活居住需要。据介绍，规定居住权是为了认可和保护民事主体对住房保障的灵活安排，满足特定人群的居住需求，也有助于为公租房和老年人以房养老提供法律保障。

2019 年 12 月 16 日，《中华人民共和国民法典（草案）》公布。

2019 年 12 月 23 日，十三届全国人大常委会第十五次会议开幕，由民法典各分编草案与 2017 年制定的《民法总则》“合体”而成的《中华人民共和国民法典（草案）》首次亮相。该草案共 7 编，依次为总则编、物权编、合同编、人格权编、婚姻家庭编、继承编、侵权责任编，以及附则，共 1 260 条。

2020 年 4 月 20—21 日，全国人大宪法和法律委员会召开会议，根据全国人大常委会的审议意见、代表研读讨论中提出的意见和各方面的意见，对《中华人民共和国民法典（草案）》作了进一步修改完善，认为经过全国人大常委会多次审议和广泛征求意见，草案充分吸收各方面的意见建议，已经比较成熟，形成了提请十三届全国人大三次会议审议的《中华人民共和国民法典（草案）》。

2020 年 5 月 28 日，十三届全国人大三次会议表决通过了《中华人民共和国民法典》。这部法律自 2021 年 1 月 1 日起施行。

《民法典》是中华人民共和国历史上首部以“法典”命名的法律，既是社会生活的百科全书，也是权利保障的宣言书。

此外，在涉外民事诉讼方面，1982 年颁布的《中华人民共和国民事诉讼法（试行）》第四编对涉外民事诉讼程序作了特别的规定。例如，对外国人的诉讼地位、司法豁免权、涉外民事案件的管辖权、司法委托与协助以及外国法院的判决在中国的执行等问题作出了有关的规定。《中华人民共和国民事诉讼法》于 1991 年 4 月 9 日通过，于 2007 年进行第一次修正；根据 2012 年 8 月 31 日第十一届全国人民代表大会常务委员会第二十八次会议《关于修改〈中华人民共和国民事诉讼法〉的决定》进行了第二次修正；根据 2017 年 6 月 27 日第十二届全国人民代表大会常务委员会第二十八次会议《关于修改〈中华人民共和国民事诉讼法〉和〈中华人民共和国行政诉讼法〉的决定》进行了第三次修正。

（二）商法

中国古代法乃至后来的封建法制均为诸法合体，民刑不分，重刑轻民，连独立的民事立法都没有，更不用奢谈商法了。商事立法肇始于清朝末年，并形成了民商合一的立法体制。中华人民共和国成立后，由于历史和长期实行计划经济体制的原因，商法基本上没有赖以生存的社会经济基础。改革开放以来，商法迎来了发展机遇。因中国经济体制改革始于流通领域，故出台了大量的商行为法，如《工矿产品购销合同条例》（1984 年）、《农副产品购销合同条例》（1984 年）、《借款合同条例》（1985 年）。为了适应对外开放引进外资的需要，我国还颁布了一系列有关外商投资企业的法规，比如《中外合资经营企业法》（1979 年）、《外资企业法》（1986 年）等。

20 世纪 90 年代以来，党的十四大确立了社会主义市场经济体制的改革目标，中国商法获得了长足的发展。现行的主要商事单行法规几乎都是在这个时期出台的，商法体系日趋成形。中国需要独立的商法典，但短期内可能性较低。中国涉及商法的立法见表 1－1。

虽然中国至今没有一部调整商事交易与组织的统一的商法法典，但是许多商法是以单行本的形式公布的，已经形成了一个初步的商法体系。

表 1－1　中国关于商法的重要立法

法律名称	颁布、主要修订或生效时间	法律名称	颁布、主要修订或生效时间
1. 民法典	2021 年 1 月 1 日	9. 保险法	1995 年 6 月 30 日，2002 年，2009 年，2014 年，2015 年 4 月 24 日
2. 海商法	1992 年 11 月 7 日，1993 年 7 月 1 日	10. 合伙企业法	1997 年 2 月 23 日，2006 年 8 月 27 日，2007 年 6 月 1 日
3. 产品质量法	1993 年，2000 年，2018 年 12 月 29 日	11. 企业国有资产法	2008 年 10 月 28 日，2009 年 5 月 1 日
4. 公司法	1993 年，1999 年，2004 年，2005 年，2013 年 12 月 28 日，2014 年 3 月 1 日，2018 年 10 月 26 日	12. 全民所有制工业企业法	1988 年，2009 年 8 月 27 日
5. 仲裁法	1994 年 8 月 31 日，2009 年 8 月 27 日，2018 年 1 月 1 日	13. 中小企业促进法	2002 年 6 月 29 日，2018 年 1 月 1 日
6. 票据法	1995 年，2004 年 8 月 28 日	14. 证券法	1998 年 12 月 29 日，2004 年，2005 年，2013 年，2014 年 8 月 31 日，2020 年 3 月 1 日
7. 商业银行法	1995 年 5 月 10 日，2003 年，2015 年 10 月 1 日	15. 劳动合同法	2007 年 6 月 29 日，2013 年 7 月 1 日
8. 中国人民银行法	1995 年 3 月 18 日，2003 年 12 月 27 日，2004 年 2 月 1 日	16. 个人独资企业法	1999 年 8 月 30 日，2000 年 1 月 1 日
17. 信托法	2001 年 4 月 28 日，2001 年 10 月 1 日	22. 企业破产法	2006 年 8 月 27 日，2007 年 6 月 1 日

续表

法律名称	颁布、主要修订或生效时间	法律名称	颁布、主要修订或生效时间
18. 著作权法	1990 年 9 月 7 日，2001 年，2010 年 2 月 26 日，2010 年 4 月 1 日	23. 民事诉讼法	1991 年 4 月 9 日，2007 年，2012 年，2013 年 1 月 1 日，2017 年 7 月 1 日
19. 商标法	1982 年 8 月 23 日，1993 年，2001 年，2013 年 8 月 30 日，2019 年 11 月 1 日	24. 乡镇企业法	1996 年 10 月 29 日，1997 年 1 月 1 日
20. 专利法	1984 年 3 月 12 日，1992 年，2000 年，2008 年，2009 年 10 月 1 日	25. 外商投资法	2020 年 1 月 1 日
21. 证券投资基金法	2003 年 10 月 28 日，2012 年，2015 年 4 月 24 日	26. 电子签名法	2004 年 8 月 28 日，2015 年 4 月 24 日，2019 年 4 月 23 日

复习与思考题

1. 国际商法的含义与渊源是什么？
2. 简述国际商法与国际经济法及国际私法的关系。
3. 大陆法与英美法的主要特征是什么？它们有哪些主要区别？
4. 简述与商法有关的中国立法。

主要参考文献

1. 曹祖平编著. 新编国际商法. 3 版. 北京：中国人民大学出版社，2010.
2. 冯大同主编. 国际商法. 北京：对外经济贸易大学出版社，1991.
3. 朱羿锟主编. 商法学通论. 北京：北京大学出版社，2015.

第2章 商事组织法

本章提要

1. 个人独资企业
2. 合伙企业
3. 公司
4. 有限责任公司
5. 股份有限公司
6. 外商投资企业

关键术语	个人独资企业　一人公司　合伙企业　公司章程　公司资本 股权融资　债权融资　股东大会　董事会　经理　监事会 公司合并　兼并与收购　公司解散　公司清算　中外合资经营企业 中外合作经营企业　外资企业

商事组织是指依法成立，具有一定规模，能以自己的名义从事营利活动的经济组织。商事组织主要有个人独资企业、合伙企业和公司。公司是根据法定程序成立，以营利为目的的法人组织。各类公司中股份有限公司的影响和作用最大。

企业是国民经济运行的基本单位或细胞，是现代社会中人们进行生产、流通与交换等经济活动的一种主要组织形式。国际商事的各种交易，例如，货物买卖合同的订立、票据的流通、货物的运输与保险等，都是建立在企业的经营活动基础之上的，或者以企业为中心进行的。因此，没有企业，各种商事活动也就没有赖以存在的基础。正因为如此，学习国际商法必须首先从商事组织开始。

一般来说，商事组织即企业制度。商事组织，也称为"商事企业"。在西方国家，商事组织有各种各样的组织形式，不同类型的商事组织在法律地位、设立的程序、投资者的利益和责任、资金的筹措、管理权的分配与税收等方面均有很大的不同。因此，选择适当的企业形式，对于企业的发展以及投资者期望的实现，具有非常重要的意义。目前，西方国家的商事组织主要有三种基本的法律形式：个人独资企业、合伙企业和公司，其中，公司是最重要的商事组织形式。

商事组织法（business organization law）是指调整个人或独资企业、合伙企业以及公司的设立及其经营管理活动的有关法律规范的总称。中国有关公司法等法律的出台完善了商事组织法，使得各种商事组织的运行有法可依。

■第一节　个人独资企业和合伙企业

一、个人独资企业

个人独资企业（sole trader，sole proprietorship，individual proprietorship），亦称个人企业或独资企业，是指由一名出资者出资与从事经营管理的企业。这是最古老的，也是最简单的企业法律形式。

从法律性质而言，个人独资企业不是法人，不具有独立的法律人格，其财产与出资人的个人财产没有任何区别，出资人就是企业的所有人，他以个人的全部财产对企业的债务承担无限责任。出资人对企业的经营管理拥有控制权与指挥权。尽管个人企业有时聘用经理或其他职员，但是其经营的重大决策权仍然属于出资人。出资人有权决定企业的扩大、停止或关闭等事项。个人企业是世界各国企业中数量最多的企业形式。

值得注意的是，个人独资企业不同于一人公司（one-man company），因为一人公司的投资人除了自然人之外，还可以包括法人，而个人独资企业仅由一个自然人出资设立。

个人独资企业的设立条件主要是：(1) 仅有一个自然人投资者。(2) 有合法的企业名称，个人独资企业也享有商号权，但企业名称中不得出现“有限”字样，也不得使用“公司”的称号。(3) 有投资人申报的出资，但该经营资金不是注册资本，只是经营的条件。

按照中国法律，在中国境内设立个人独资企业的程序是：首先由投资人或其代理人向企业所在地的登记机关提出设立申请，申请时应向登记机关提交下列文件：(1) 申请书；(2) 投资人身份证明；(3) 企业住所地证明和生产经营场所使用证明等文件；(4) 委托代理人申请设立登记的，应提交投资人的委托书和代理人的身份证明或者资格证明；(5) 国家工商行政管理机关规定的其他文件。

其次，登记机关应当在收到设立文件之日起15日内，对符合法律规定条件的予以登记，发给营业执照；不符合条件的，不予登记，并应当给予书面答复，说明理由。营业执照签发之日，为企业成立之日。

个人独资企业可以设立分支机构。由投资人或其委托的代理人向分支机构所在地的登记机关申请登记，领取营业执照。分支机构的民事责任由设立该分支机构的独资企业承担。

二、合伙企业

合伙企业（partnership）是指由两个或两个以上的合伙人（自然人、法人和其他组织）为共同经营、共同投资、共担风险与共享利润而组成的企业。

根据我国《合伙企业法》的规定，合伙企业有普通合伙企业、特殊合伙企业和有限合伙企业。简单地说，合伙企业是指由合伙人按照协议设立、运作的非法人企业。

普通合伙企业是指由两个以上的普通合伙人根据合伙协议，互相出资，经营共同事业，全体合伙人对合伙企业债务承担无限连带责任的营利性经济组织。普通合伙企业是常见的合伙形式。如果未加“有限”的字样，通常所说的合伙企业就是普通合伙企业。

特殊的普通合伙，是指在特定情况下，不由全体合伙人对合伙企业债务承担无限连带责任的普通合伙。西方发达国家称其为有限责任合伙（limited liability partnership，LLP），它发源于美国，并很快就移植到英国、加拿大和日本等地，主要是在会计师事务所和律师事务所中采用。我国也认可了这种合伙形态，适用范围限于以专业知识和专门技能为客户提供有偿服务的专业服务机构。

有限合伙企业，是指由对合伙债务承担有限责任的有限合伙人和对合伙债务承担无限责任或无限连带责任的普通合伙人共同组成的合伙企业。有限合伙企业与普通合伙企业相比，具有一定的优势。首先，它将有限责任引入合伙制度，为合伙企业融资提供了方便。与普通合伙企业相比，有限合伙企业具有资本的优势，因为有限合伙人享有有限责任特权，有利于鼓励投资。其次，它又具有信用优势，因为它不像普通合伙人对合伙企业债务承担无限责任或无限连带责任，而是可以为有能力的人和有财富的人的有机结合提供良好平台，也有利于发展风险投资业务。

一般来说，合伙企业是一种“人的组合”，合伙人与合伙企业关系密切，合伙人的死亡、退出或破产等都将导致合伙企业的解散。大多数国家的法律规定，合伙企业原则上不具有独立的法律人格。但是，法国与荷兰等一些大陆法国家以及苏格兰的法律规定，合伙企业也是法人。合伙企业在许多国家中是一种数量较多的企业形式，但是，由于其规模、组织以及资金来源等方面的限制，合伙企业基本上属于中、小型企业，特别是家族型企业。

■第二节　公司

一、概念与特征

由于各国的法律传统与公司法制度不同，因此，对公司概念的表述也不尽一致。

在英美法系国家，公司（company，corporation）是指数人出于共同的目的而进行的资本经营组合，一般是为营利而经营某种业务，同时，对于合伙企业难以胜任的联合，也往往采用这种组织形式。英美法系国家的公司法确认公司拥有两个基本属性，即法人与有限责任。

在大陆法国家，公司是指依法定程序设立的以营利为目的的社团法人。这区别于公法人、财团法人与公益性社团法人，是一种最具有普遍性的企业组织形式。

在中国，学术界对公司与企业的关系的认识并不一致，因此，对公司的概念也就有不同的理解。一种观点认为，公司与企业应当是两个外延完全重合的概念，公司与企业是等同的，即公司是企业，企业是公司；另一种观点认为，公司与企业是种属关系，企业的概念更加宽泛，即公司是企业的一种组织形式。后一种观点比较符合现实。

总之，公司是指依法定程序设立，由一个以上的股东设立的营利性法人。公司拥有独立的财产，享有法人财产权，是法人企业。在英文中，“corporation”既指“公司”，也指“法人”。

公司具有五个基本特征：人格性、社团性、营利性、股东责任有限性和永久存续性。其中，股东责任有限性和永久存续性是人格性特征的延伸。

1. 人格性

与合伙企业相比，公司的显著特征就是具有法人地位，在法律上是独立的“人”，尽管这种“人”并非有血有肉的自然人，纯属法律所拟制的人。公司虽由股东出资设立，但又独立于股东，具有自己的独立人格，具有独立的权利能力、行为能力和承担相应责任的能力。当公司与他人发生纠纷时，公司应以自己的名义在法庭提起诉讼，行使其诉讼权利。他人也只能对公司起诉。

2. 社团性

公司是法人组织，法人组织一般可以分为社团法人和财团法人。前者以社员的结合为基础，如公司、合作社等；后者以财产捐助的存在为基础，如慈善组织、基金会等。公司属于社团法人，尽管绝大多数国家已经认可一人公司，但这并不能否认公司的社团性特征。公司的社团性表现为集中管理制度，由于公司由股东结社而成，在社员众多的组织中，不可能每个社员都参与合资企业的具体运作管理。现代公司尤其是大中型公司无不实行所有权与经营权分离，均由职业经理进行经营管理。

3. 营利性

组建公司的目的就在于集中更多的资源，更好地营利。不仅公司追求价值最大化，而且股东投资也追求最佳投资回报。若不营利，就没有公司的长期存在，也就无法激起股东的投资热情。

4. 股东责任有限性

对于有限责任公司和股份有限公司来说，股东承担的责任是有限的。我国《公司法》第 3 条规定，有限责任公司的股东以其认缴的出资额为限对公司承担责任，股份有限公司的股东以其认购的股份为限对公司承担责任。究其原因，公司具有独立的人格，股东与公司的人格发生分立，公司实行集中管理，股东自然无须为他人的行为承担全部责任。

5. 永久存续性

公司具有独立的人格，拥有自己的生命。这就意味着，公司的生命与股东相分离，不因股东、代表人或雇员的变动或死亡，而影响其存续。股权作为股东的财产权，可以被继承和转让，股东在不断变化，公司的领导人在变化，公司雇员也在不断变化，而公司还是那个公司，代代相传，以至有百年老店，甚至千年老店也并非不可能。当然，这只是一种可能，既然公司由股东所创设，股东自然可以在公司章程中约定公司的存续期限，也可以决定解散其公司，还有相当数量的公司则因为激烈的市场竞争而被淘汰出局，难怪实践中多数公司都是“短命”的。据美国和日本对新注册的1 000家公司的调查，能够存活10年的公司，美国只有10%，日本只有18%。可见，尽管公司具有永久存续的可能，但能否实现“长寿”，则取决于各个公司的竞争力、盈利努力和持续发展能力。

现代公司已逾一个半世纪。公司的经典概念亦随着社会经济的变迁而不断发展，比如，私公司人格性的柔性化；公司的社团性对一人公司的包容；公司的营利性对社会责任的接纳；在特定情形下，公司法人人格被否认，股东还应承担无限责任等。这都是公司概念的新发展。

二、公司的类型

根据不同的标准或角度，可以对公司进行不同的分类。分类的目的是明确公司的地位、法律责任以及股东与公司的关系，以便在实践中具体分类规范与指导。概括起来讲，公司的分类主要有以下六种：

（1）根据公司股东对公司债务承担的责任不同，可以把公司分为无限（责任）公司、有限（责任）公司、股份有限公司、两合公司和股份两合公司。这是大陆法系国家对公司的最基本的分类。

（2）根据公司设立方式的不同，将其区分为法定公司①、特许公司②和注册公司，其中绝大多数都是注册公司，公司法都以注册公司为规范对象。这是英美法系国家对公司的最基本分类。在此基础上，依据股东承担责任的差异，将注册公司分为无限公司和有限公司，再依据股东在公司存续期间是否有出资义务，将有限公司分为股份有限公司和保证有限公司，依据股份有限公司是否公开发行股份，又将其区分为公公司（public company）和私公司（private company）。

（3）根据一家公司对另一家公司的控制与依附关系的不同，可以把公司分为母公司（parent company）与子公司（subsidiary company）。母公司是控制性公司，有时又叫作控股公司，但是两者是有区别的。控制性公司是指持有另一家公司的股份并已达到控股程度，并且直接掌握另一家公司经营活动的公司；控股公司是指凡是持有另一家公司的股份并且已达到控制程度，但是并不直接参与该公司业务活动的公司。两

① 法定公司在美国根据国会的特别立法而设立，通常用于设立公用企业，比如电力、煤气、铁路等。

② 特许公司在英国依据王室颁布的特许状而设立，如英国历史上的东印度公司。

者均为母公司。凡是大部分股份受其他公司控制的公司皆为子公司。母公司、子公司均为法人。一般而言，如果一个母公司控制了三个以上的子公司，便可以形成集团或企业集团。

(4) 根据公司的管辖系统不同，可以把公司分为总公司 (head office) 与分公司 (affiliate)。总公司是掌管全部公司组织的总机构，总公司在法律上具有法人资格，分公司是总公司所管辖的分支机构。因此，分公司不具有法人资格，一般均不是法人。

(5) 根据公司的国籍不同，可以把公司分为本国公司、外国公司与跨国公司。对公司国籍的认定具有不同的标准，例如，认许地国籍说、设立行为地国籍说以及住所地国籍说等。中国采取认许地国籍说，即凡是在中国登记与批准设立的公司，不论外资多少，均为中国公司，是中国的法人，反之均为外国公司。凡是母公司在一国政府 (如美国) 登记而其子公司在其所在国 (如中国) 登记的公司，均为跨国公司、多国公司或国际公司。

(6) 根据管理、营利与专业的标准，还有公营公司与私营公司、营利公司与非营利公司以及专业公司与非专业公司之分等。

下面简要介绍四种有代表性的公司，即无限责任公司、有限责任公司、两合公司与股份有限责任公司。

1. 无限责任公司

无限责任公司 (unlimited liability company) 是指股东对公司的债务负无限责任的公司。这是最早出现的公司形式，起源于中世纪的意大利与地中海沿岸的家族营业团体。这种公司的规模一般比较小，与其他公司类型相比较，它具有以下五个特点：(1) 股东责任的无限性；(2) 股东责任的连带性；(3) 公司组织的稳定性 (以信用作为股东结合的基础，是典型的人合公司)；(4) 内外关系的合伙性；(5) 所有权与经营权的统一性 (出资者既是公司的股东，也是公司的管理者)。

2. 有限责任公司

有限责任公司 (limited liability company) 是指股东人数较少，不发行股票，股份不得随意转让，股东对公司债务承担有限责任的公司。有限责任公司出现得比较晚，于1892年首创于德国，其目的在于融合合伙企业与股份有限公司的优点，以适应中、小型企业，特别是家族企业的客观需要。其后被法国、意大利、卢森堡与比利时等国家相继采用。英国的私募有限公司 (private limited company) 和美国的封闭式公司 (closely held company) 近似于此类公司。

与其他公司类型相比较，这种公司具有以下五个特点：(1) 股东责任的有限性。(2) 股东人数的有限性。(3) 公司资本的封闭性。这种公司只是内部发行股票，不通过公开发行股票和债券向社会公开募集资本，其股份一般不得随意转让，同时某一股东未经全体股东同意不得将其股份或出资转让给第三人，对于所要转让的股份或出资，其他股东享有优先购买权，此外，公司的财产情况与账目也不对外公开。(4) 公司组织的简便性。因为其设立简便，只有发起设立而没有募集设立，组织机构简便、灵活，可以设立股东大会，也可以不设立股东大会，所以，比较适合于中、小型企业的建立与发展。(5) 资合与人合的统一性。虽然其本质上是一种资本的联合，但股东相互之间又具有人身信任因素，因此，其也具有人合性质。

除一般有限责任公司外，我国还有两种特殊形式的有限责任公司，即一人有限责任公司（简称一人公司）和国有独资公司。如表 2-1 所示，一般有限责任公司与一人公司的主要区别在于：(1) 一人公司只能有一个股东，即一个自然人股东或者一个法人股东。若是由一个自然人组成一人公司，该自然人股东最多只能设立一个一人公司，不得再设立一人公司。(2) 一人公司无须设立股东会。(3) 一人公司的年度报告必须经会计师事务所审计。(4) 一人公司在维持公司的独立性方面具有更严格的要求，即只要股东不能证明公司财产与股东财产独立，就要对公司债务承担连带责任。

表 2-1　一般有限责任公司与一人公司和国有独资公司之比较

		一般有限责任公司	一人公司	国有独资公司
股东人数		至少 2 人	1 人	1 人
股东	自然人	√	√	×
	法人	√	√	×
	国家	√	×	√
股东会		√	×	×
董事会	董事会	√	√	√
	执行董事	√	√	×
监事会	监事会	√	√	√
	监事	√	√	×

资料来源：朱羿锟主编. 商法学通论. 北京：北京大学出版社，2015：50.

国有独资公司与一般有限责任公司的区别在于：(1) 投资主体的特定性。只有投入运营的国有资本由国家单独投资才能采取该形式，所以只有国务院或地方人民政府才能授权各级国有资产监督管理委员会（简称国资委）履行出资人职责。(2) 该公司无须设立股东会，国资委行使股东会职权。(3) 该公司的董事会必须设有职工董事。(4) 该公司的董事长、副董事长、董事、高级管理人员未经国资委同意，不得在其他有限责任公司、股份有限公司或者其他经济组织兼职。

3. 两合公司

两合公司（joint venture company）是由承担无限责任的股东与承担有限责任的股东所组成的公司。这种公司起源于 15 世纪意大利的卡孟达（commenda）组织，卡孟达是拉丁文的音译，有信用与委托的双重含义，即经营管理者以信用取得资本，投资者以出资委托他人经营而取得利润，因此，它具有资本与劳务两合的特点。

与其他公司类型相比，这种公司具有以下四个特点：(1) 公司中两种不同责任的股东并存；(2) 公司兼有无限公司和有限公司的特点，但是以无限公司的特点为主；(3) 公司的业务执行机关是无限责任股东，有限责任股东对公司业务有监督权；(4) 公司的法律地位与无限责任公司相同。这种公司在日本叫作“合资会社”，在英美法系国家叫作“有限合伙”，但不承认其具有法人资格。

4. 股份有限责任公司

股份有限责任公司（limited liability company by shares）简称股份有限公司，是指公司资本分成相等的股份，公司通过向社会公开发行股票来募集资本，股东对公司的债务负有限责任的公司。

这种公司起源于17世纪初期的荷兰与英国，例如，著名的荷兰东印度公司与英国东印度公司就是最早出现的一批这样的公司。

与其他公司类型相比较，这种公司具有以下五个特点：(1) 股东责任的有限性。(2) 资本募集的公开性。这可以扩大资本规模，因而可以扩大生产规模。(3) 股东出资的股份性。(4) 公司股票的流动性。股权转让方便，这样可以使投资者非常容易地将股票变现，即将股票转让以获得现金。(5) 公司财产的独立性。这样经营活动就可以由专业经理负责，没有任何经营经验与能力的投资者可以放心地对公司进行投资。

这种公司之所以成为众多投资者乐于选择的组织形式，是因为它具有其他公司形式所不具备的优点：(1) 便于集资；(2) 分散风险，股东的个人投资风险大大降低；(3) 投资灵活；(4) 组织永恒。其他公司形式比较重视股东的个人条件，或多或少具有人合的因素，因此，股东的变动往往影响其组织、营业与存续，而股份有限公司是以资本结合为基础的，是典型的资合公司，一般股东的变动对公司毫无影响，所以，它适合于长期性的企业。

三、股份有限公司与有限责任公司的异同

股份有限公司与有限责任公司既有联系，又有区别。其联系是：两者都是以营利为目的的企业，都具有法人资格，其股东对公司的责任均以其出资为限。但是，两者也有很大的区别，主要表现在以下六个方面：

(1) 性质不同。股份有限公司是开放型公司，而有限责任公司则是封闭型公司。

(2) 规模不同。股份有限公司通常是大型企业，而有限责任公司则一般是中、小型企业。

(3) 筹集资本的方式不同。股份有限公司是通过发行股票经营的，而有限责任公司则是通过股东认购出资经营的，即股份与出资是不一样的。

(4) 股东人数不同。股份有限公司的股东人数一般比有限责任公司的股东人数要多。

(5) 组织结构不同。在有些国家，股份有限公司都设有董事会或监事会，而有限责任公司简单得多，只有董事与监察人，一般都是一人。

(6) 所有权与经营权的分离程度不同。股份有限公司的所有权与经营权是完全分离的，合二为一的可能性很小，但是在有限责任公司，两者分离的可能性很小，合二为一的可能性比较大。

我国只有两种公司形式，即有限责任公司和股份有限公司，且均为大陆法系国家的公司形态。

■第三节　有限责任公司与股份有限公司

有限责任公司和股份有限公司是西方国家最重要与最具代表性的企业组织形式，尽管它们的数量并不占多数，但在规模、作用及影响方面是举足轻重的。我国及西方各国公司法对有限责任公司与股份有限公司的设立、公司的资本、公司的组织管理机构以及公司的解散与清算等事项都有明确的规定。

一、公司的设立

公司的设立是指依据法定程序组建公司并取得合法资格的过程。各国公司法对设立有限责任公司和股份有限公司的手续虽然各有不同的规定，但是，一般而言，公司的设立都要经过以下步骤：设立公司必须有一定数目的发起人；发起人负责制定公司章程及认购股份；由发起人召开公司创立大会并选出公司的第一届管理机构；向政府有关部门办理注册登记，经主管机关审查认为符合法律规定的条件准予登记后，公司即告成立。

公司的设立方式主要有两种，即发起设立和募集设立。有限责任公司只能采用发起设立方式；股份有限公司既可以采用发起设立，亦可采用募集设立。比较而言，募集设立的程序比较复杂，发起设立的程序比较简单。

1. 发起设立

发起设立是指发起人认足全部资本额而促成公司成立，亦称共同设立或单纯设立。采用这种设立方式，所有公司资本均来自发起人，不能公开向社会募集股份。有限责任公司和股份有限公司均可采用该方式。

2. 募集设立

募集设立，亦称渐次设立或复杂设立，是指公司发起人只认购部分股份，其余部分通过向社会公开募集或者向特定对象募集而成立公司。在各类公司中，只有股份有限公司在设立阶段才可以对外募集股份，该方式仅适用于股份有限公司。依据我国《公司法》第 77 条和第 84 条，募集设立包括公开募集和定向募集，发起人所认购的股份不得少于公司总股份的 35%。若股份有限公司采取发起设立方式成立，注册资本为在公司登记机关登记的全体发起人认购的股本总额；如采取募集方式设立，注册资本则为公司在登记机关登记的实收股本总额。

3. 设立条件

公司的设立条件因公司类型而异（见表 2－2）。有限责任公司需要符合五项条件，股份有限公司需达到六项条件，其中五项为其共有条件，唯有股份发行、筹办事项系专门针对股份有限公司。

（1）股东或发起人符合法定人数。

有限责任公司的发起设立有人数的要求，一般有限责任公司的股东为 2～50 人，既不能少于 2 人，也不能多于 50 人。一人公司则只能有一个股东，国有独资公司也只有一个股东——国家，国家为其股东，实际上由各级国资委履行出资人职责。

股份有限公司因涉及向公众发行股份，一般不可能限制最多股东人数。为满足公司社团性的要求，各国都规定了其最低发起人人数。法国、日本要求至少有 7 个发起人，德国要求至少 5 个。我国《公司法》第 78 条不仅规定了股份有限公司发起设立的最低人数，而且规定了最高人数，即不能少于 2 人，且不能多于 200 人。至于发起人是否限于本国人，大多数国家不加限制，有的要求本国人应占一定比例，我国也要求 1/2 以上发起人在中国境内有住所。

（2）最大资本限额。

有限责任公司存在于大陆法系，各国均对其设有法定最低资本限额，日本《公司法》取消了有限责任公司法定最低资本限额的规定。比较而言，我国 2014 年前《公司法》中 3 万元的要求比较符合发展中国家的实际情况，一人公司的最低资本限额为 10 万元，明显高于一般有限责任公司，对一人公司仍较为严格。2014 年 2 月，国务院印发了《注册资本登记制度改革方案》，取消了有限责任公司最低注册资本 3 万元、一人有限责任公司注册资本 10 万元、股份有限责任公司最低注册资本 500 万元的限制。所以，目前的《公司法》已没有最低注册资本的限制。

英国、美国、日本、爱尔兰和我国香港地区均未对私募公司设最低资本限额，美国和日本对公司亦未设最低资本限额，1 元即可开设公司。英国和爱尔兰分别对公司设有最低资本要求。大陆法系各国均对股份有限公司设有最低资本限额。

表 2－2　有限责任公司与股份有限公司的设立条件

<table>
<tr><td rowspan="2"></td><td colspan="3">有限责任公司</td><td rowspan="2">股份有限公司</td></tr>
<tr><td>一般有限责任公司</td><td>一人公司</td><td>国有独资公司</td></tr>
<tr><td>股东或发起人人数</td><td>股东：2～50 人</td><td>股东：1 人</td><td>国家</td><td>发起人：2～200 人</td></tr>
<tr><td>认缴（购）股份</td><td>√</td><td>√</td><td>√</td><td>√</td></tr>
<tr><td>股份发行</td><td colspan="3">不发行</td><td>发行</td></tr>
<tr><td>公司章程</td><td colspan="2">股东制定</td><td>国资监管机构制定或董事会制定</td><td>发起人制定，成立大会通过（募集设立）</td></tr>
<tr><td>公司名称、组织机构</td><td colspan="4">均需拥有</td></tr>
<tr><td>住所</td><td colspan="4">主要办事机构所在地</td></tr>
</table>

资料来源：朱羿锟主编. 商法学通论. 北京：北京大学出版社，2015：52.

（3）公司章程。

公司章程是指公司依法制定的规定公司名称、住所、经营范围、经营管理制度等重大事项的基本文件，也是公司必备的规定公司组织及活动基本规则的书面文件。公司章程是股东共同一致的意思表示，是公司的宪章。

有限责任公司的章程由股东共同制定，不仅是因为章程实质上就是股东之间的合约，理当由其制定，而且是因为股东人数有限，共同制定也具有可行性。一人公司的章程由股东一人制定，国有独资公司的章程要么由国有资产监督管理机构制定，要么由董事会制定，报国有资产监督管理机构批准。

股份有限公司章程的制定要求则有所不同，因采取募集设立的股份有限公司股东众多，不可能让其人人亲自签署章程，只要求发起人制定。采用募集方式设立的股份有限公司需经创立大会通过。后来加入的股东视为接受公司章程的约束。

（4）公司名称和组织机构。

公司名称系公司在营业活动中所使用的名称。有限责任公司必须在其名称中标明有限责任公司或者有限公司字样，股份有限公司必须在名称中标明股份有限公司或者股份公司字样。一人公司虽无须在其名称中特别标注，但应在公司登记中注明自然人独资或者法人独资并在公司营业执照中载明。公司名称中字号的选择需要符合我国的有关规定，如《企业名称登记管理规定》《企业名称登记管理实施办法》。

就组织机构而言，有限责任公司的组织机构通常为股东会、董事会和监事会，经理并非必设机关。股东人数较少或者经营规模较小的有限责任公司，也可以不设董事会和监事会，只设 1 名执行董事和 1～2 名监事。一人公司和国有独资公司不设股东大会。股份有限公司的必设组织机构有股东大会、董事会、经理和监事会。

（5）住所。

公司可能有多个生产经营场所，但只能有一个住所。有限责任公司和股份有限公司均以其主要办事机构所在地为住所，通常以登记机关核准登记的法定地址为住所。公司的住所具有重要的法律意义，如决定法律文件书送达的处所、债务履行地、登记管辖、诉讼管辖以及涉外民事关系中的准据法等。

（6）股份发行、筹办事项合法。

这是设立股份有限公司的要求。有限责任公司根本不发行股份，无须符合该条件，包括有关发行股份的核准手续、招股说明书、认股书、承销协议以及股款缴付等事项。

一般来说，公司设立都需要订立发起人协议、制定章程、确定股东、认缴资本、确立组织机构、办理登记等事项。如所从事的行业需要行政许可，还要依法取得相应的行政许可，比如设立商业银行、证券公司、保险公司、基金管理公司等。

二、公司的资本与融资

（一）公司资本的形成与融资方式

公司资本与资产犹如货币的正反面，资产反映其实物形态，资本反映其价值形态。公司资产是指公司所拥有或控制的能够以货币计量的经济资源，包括各种财产、债权和其他权利。公司资本则有广义和狭义两种。广义的公司资本反映公司资产的价值形态，狭义的公司资本是公司股本的同义词。公司法一般使用狭义的公司资本。

广义上的公司资本有两个来源，即债权融资和股权融资（见表 2－3）。债权人和股东都是出资人。股东成为公司的成员，在公司之内参与公司治理；而债权人处于公司之外，通常不能参与公司治理。究其原因，提供债权融资时债权人依据债权融资合同和融资条件获取固定的利息，旱涝保收，而提供股权融资的股东则只有在公司有盈利时才可能获取股利，即股东享有的是剩余索取权。为了确保股东的剩余索取权，应赋予其对公司事务相应的控制权，即通常所说的剩余控制权，因而股东参与公司治理。债权人获取固定的利息，且利息属于公司经营成本。这表明，在同等情形下，债权融资越多，可供股东分配的利润就越少。但是，公司承担的所得税就会减轻。从理论上讲，公司债权和股权融资的最优结构是存在的，单纯采用股权或债权融资均非上策。当然，公司选择股权和债权融资的合理结构受到税收、破产成本、资本市场发达程度以及金融市场结构等制约。

表 2-3 股权融资与债权融资

	股权融资	债权融资
出资方式	内源融资	外源融资
出资者的地位	股东	债权人
出资者的回报	股息	利息
风险大小	大	小
投资期限	永久	有期限
清算	股东最后参与剩余财产分配	债权人优先于股东获得清偿

资料来源：朱羿锟主编．商法学通论．北京：北京大学出版社，2015：55.

上述只是标准的股权与债权融资。在资本市场发达的国家和地区还有许多混合融资工具——混合证券（hybrid securities），这种融资方式兼有股权和债权融资的特征。一方面，参与债券、收益债券、调整债券（adjustment bond）的持有人均可参与公司盈利的分配，债权股权化。另一方面，股权又在债权化，普通股之外不仅有优先股，还有多种等级的优先股，如有担保的优先股、偿债基金优先股、参加优先股、限制公司财务比率的优先股、累积优先股、可调整利率的优先股、可转换优先股、特定目标普通股等。因其真实性质具有不确定性及信息不完全，市场流通性较为复杂。

（二）股权融资与债权融资

1. 股权融资——出资

股权融资的出资有三种模式，分别是法定资本制、授权资本制和折中资本制。

法定资本制，亦称确定资本制，是指公司在设立时，公司必须全部发行章程所记载的资本总额，并由其股东全部认足的股权融资制度。该制度盛行于大陆法系国家，我国采用该模式。法定资本制具有以下特征：第一，公司的章程须载明资本总额，且符合法律规定的最低资本限额，同时须公示。第二，公司章程确定的资本总额在公司设立的过程中必须全部发行完毕。第三，股东认足股份后，需要实际缴纳股款。第四，公司成立后如需增加资本，必须履行变更章程、发行新股等程序。

授权资本制是指公司设立时，须在章程中确定资本总额，但全部资本可以分期发行，发起人或股东只需认足章程中所规定的最低限额资本，公司即可成立，未发行的资本授权董事会根据公司营业需要随时发行或募集。

折中资本制是结合法定资本制和授权资本制的优势演变而成的资本形成制度。具体可以分为许可资本制和折中授权资本制。许可资本制是指在公司设立时，必须在章程中明确规定公司资本总额，并一次发行，全部认足。同时公司章程可以授权董事会在公司成立后一定期限内，在授权的公司资本的一定比例范围内发行新股，增加资本，而无需股东会的特别决定。其核心仍然是法定资本制。但是在公司成立前是法定资本制，之后是授权资本制。折中授权资本制是指公司设立时需要在章程中载明资本总额，发行和认购一定比例的资本，公司即可成立，未发行部分授权董事会根据需要发行，授权发行的部分不能超过公司资本的一定比例，其核心是授权资本制。

对于股份有限公司的资本，英国、美国与荷兰等国家采取授权资本制。根据这种资本制度，公司的资本分为授权资本（authorized capital，也称为核准资本）与发行资本（issued capital）。公司必须在公司章程中载明授权资本的数额，但是在公司设立时，不必根据授权资本的数额发行全部股份，可以先发行一部分，其余则留待日后根据公司业务发展的需要决定是否发行。所以，授权资本并不代表公司实际拥有的资本，只是公司有权通过发行股份而募集资本的最高限额，是一种名义资本。发行资本才是公司真实的资本。授权资本制使公司在财务方面具有一定的灵活性，减少了公司在授权资本额内增加资本的程序，而且便于公司在日后发行新股时把认股权给予本公司的高级职员。

德国、法国等大多数大陆法系国家采取法定资本制。根据这一制度，公司章程中所载明的公司资本额在公司设立时必须全部由认股人认购完毕，否则公司不得成立。如果公司增加资本，就必须修改章程。法定资本制有利于保证公司拥有充实的资本，防止利用公司进行欺诈与投机行为的发生。但是，法定资本制对于资本充足的要求过于严厉，已不适应现代股份公司发展的客观需要，因此，一些大陆法系国家已经开始放弃或部分放弃法定资本制而仿效授权资本制。例如，日本公司法规定，公司在设立时只需发行股份总数的 1/4 即可，其余股份可以在公司成立后由董事会决定发行。德国股份有限公司法规定，当董事会根据股东大会授权发行新股增加资本时，可以分一次或多次完成，但是期限不得超过 5 年。法国公司法也有类似的规定。

关于出资的形式，有限责任公司的股东和股份有限公司的发起人既可以用货币，也可以用实物、知识产权、土地使用权等以货币估价进行出资，采取募集设立的股份有限公司，公众认股人则只能用货币出资。有些国家规定了货币出资的最大比例，如意大利为 30%，法国和德国为 25%，瑞士和卢森堡为 20%。我国《公司法》既无货币出资的最低比例要求，亦未就特定非货币出资设置上限，完全实行公司自治（见表 2-4）。

表 2-4　股东和发起人的出资形式比较

<table>
<tr><td colspan="2" rowspan="2"></td><td rowspan="2">货币</td><td colspan="3">非货币</td></tr>
<tr><td>实物</td><td>知识产权</td><td>土地使用权</td></tr>
<tr><td colspan="2">有限责任公司</td><td>√</td><td>√</td><td>√</td><td>√</td></tr>
<tr><td rowspan="2">股份有限公司</td><td>发起人</td><td>√</td><td>√</td><td>√</td><td>√</td></tr>
<tr><td>公众认股人</td><td>√</td><td>×</td><td>×</td><td>×</td></tr>
</table>

资料来源：朱羿锟主编. 商法学通论. 北京：北京大学出版社，2015：56.

对于出资的期限，2014 年之前的《公司法》有规定，但新修订的《公司法》已取消了这一规定，认为出资缴纳的期限应由公司自治，股东只要能够达成一致，出资似乎无期限。当然，这种无期限实则是受到严格约束的，最大约束就是市场，如果股东出资迟迟不到位，难以取信于交易对方，随着市场体系日趋完善，商主体无限拖延缴纳出资，只能是自毁前程。

股东的出资和出资行为违反法律法规或公司章程的规定，即构成出资瑕疵。从出资行为瑕疵来看，我国《公司法》规定了三种情况。一是出资评估不实（对于非货币形式的出资）。《公司法》第27条规定：对作为出资的非货币财产应当评估作价，核实财产，不得高估或者低估作价。法律、行政法规对评估作价有规定的，从其规定。二是虚假出资（股东未交付或者未按期交付出资）。三是抽逃出资（公司设立后，股东抽逃其出资）。出资瑕疵自然会影响公司资本的完整性，损害公司及其债权人的利益，危害交易安全。因此，我国及许多国家都分别为其设定了民事责任和行政责任，构成犯罪的，还要追究刑事责任。

2. 股权融资——股份发行与转让

从广义来看，股权包括股份，这可以见诸有关部门规章，如中国证券监督管理委员会（简称中国证监会）于2005年9月发布的《上市公司股权分置改革管理办法》。这里所说的股权是指上市公司的股份。我国《公司法》则是狭义的股权，仅指有限责任公司股东的出资，而股份有限公司的股权单位则称为股份。这是我国沿袭德国和法国等大陆法系国家的做法，日本《公司法》将有限责任公司并入股份有限公司，这种区分不复存在，英美法系国家自然谈不上这种区分。

股份是构成股份有限公司资本的成分，是构成其资本最小的均等计量单位，公司所发行的股份就是其资本总额。其外在形式为股票，可以向发起人发行，亦可公开募集，可以上市交易，具有证券性。而有限责任公司股权的外在形式为出资证明书，不能公开发行，也不能上市交易，不具有证券性。

（1）股份发行。

股份发行是指股份有限公司为了筹集资金或其他目的而向投资者出售或分配其股份的行为。按照发行的时序，可以分为公司成立前的设立发行和公司成立后的新股发行。新股发行的目的不局限于增资，也可以股份发行代替现金分红。无论是采用发起设立方式还是募集设立方式，设立发行所筹集的资本均为公司设立的必要条件。

依据发行对象是否为公众，又可以区分为公开发行和非公开发行。公开发行，亦称公开募集，是指面向社会公众公开募集或向特定对象募集股份。无论是设立发行还是新股发行，均可采用公开发行。有下列情形之一的，为公开发行：①向不特定对象发行证券；②向特定对象发行证券累计超过200人，但依法实施员工持股计划的员工人数不计算在内；③法律、行政法规规定的其他发行行为。[①] 依据我国《证券法》的规定，无论是设立发行还是新股发行，只要公开发行，均需获得中国证监会核准，未经依法核准，任何单位或个人不得公开发行股份。若设立发行采用公开发行形式，发起人认购部分不得少于公司股份总数的35%。公开发行需要遵循“三公”原则，即公开、公平和公正，而非公开发行只需遵循公平和公正原则。

---

① 参见我国《证券法》第9条。

公开发行股份时，公司必须采用间接发行方式，即由证券公司承销，并与证券公司订立承销协议。股款由银行代收，公司应与银行订立代收股款协议。股款收足并经验资，公司即可办理设立登记或注册资本变更登记。

与公开发行对应的就是非公开发行。采用非公开发行方式的，比如采用发起设立方式，只要发起人认足章程所规定的股份，并依法缴纳首期出资，即可办理公司设立登记。非公开发行证券，不得采用广告、公开劝诱和变相公开方式。

（2）股份与股权转让。

股东可以依法转让股份。若股份已经上市，这种转让自由体现得最为充分。但股份公司的特定股份的转让受到限制：一是发起人持有的本公司股份，自公司成立之日起 1 年内不得转让。二是公司公开发行股份前已发行的股份，自公司股票在证券交易所上市交易之日起 1 年内不得转让。三是公司董事、监事、高级管理人员在任职期间每年转让的股份不得超过其所持有本公司股份总数的 25%，所持本公司股份自公司股票上市交易之日起 1 年内不得转让，其离职后半年内，亦不得转让其所持有的本公司股份。此外，公司章程还可对其转让所持有的本公司股份作出其他限制。①

股份转让的方式因股票是否记名而异。对于记名股，股东可以背书或法律、行政法规规定的其他方式转让。转让后，由公司将受让人的姓名或者名称及住所记载于股东名册。股东大会召开前 20 日内或者公司决定分配股利的基准日前 5 日内，不得进行股份转让的股东名册变更登记。但是，法律对上市公司股东名册变更另有规定的，从其规定。至于无记名股，手续更为简便，只要股东将股票交付受让人，即可发生转让效力。

公司股权转让时，可以采用内部转让、外部转让和强制执行的转让三种方式。对于内部转让和外部转让，公司章程可以自主安排，且该规定可以优先适用。比如，对于内部转让，章程可以要求，股东转让股权需经过董事会或股东大会批准。若章程无相应安排，法定默示规则为，股东内部可以相互自由转让股权，可以转让股东的全部股权，也可转让其部分股权。若向非股东转让股权，则属于外部转让。鉴于有限责任公司的人合性，这种转让受到一定限制，即应当经其他股东过半数同意。其他股东半数以上不同意转让的，不同意的股东应当购买该股权，不购买的，则视为同意转让。同时，经股东同意转让的股权，在同等条件下，全体股东有优先购买权。

至于强制执行的转让，所有股东都有权购买。法院应当通知公司及全体股东，其他股东在同等条件下有优先购买权。其他股东自法院通知之日起满 20 日不行使优先购买权的，视为放弃优先购买权，此时，法院即可将其转让给非股东。

无论是内部转让、外部转让还是强制执行的转让，公司均应注销原股东的出资证明书，向新股东签发出资证明书，并相应修改公司章程和股东名册中有关股东及其出资额的记载，对公司章程的该项修改不需再由股东会表决。②

不同的国家对于股份的转让有一些不同的规定。例如，有些国家的公司法规定，公司的发起人因为与公司有特殊的利害关系，所以，在公司成立未满一年时，不得出

① 参见我国《公司法》第 141 条。

② 参见我国《公司法》第 73 条。

让其股份。这是为了防止发起人以设立公司为名，从中进行欺诈。有些国家对把股份转让给外国人也有一定的限制。例如，英国公司法规定，如果把英国公司的股份转让给不居住在联合王国、海峡群岛、英属马恩岛、爱尔兰与直布罗陀的居民，则必须事先取得财政部的同意。

除法律上对公司股份的转让有一定的限制外，公司本身在其章程中也对其股份转让规定了具体的限制，其目的是防止由于股份的转让而使一些不受欢迎的外来人跻身于股东行列，但是这种限制必须合理。根据美国的法律，如果对股份转让的限制过严，实际上使得股份根本不能转让，这种限制将被认为违反公共政策，因而是无效的。

(3) 股份与股权的回购。

股份回购（share repurchase/redemption），亦称股份回赎，是指公司基于特定目的，以公开或协议方式将已发行在外的部分股份重新购回的行为。广义的股份回购包括股份有限公司的股份回购及有限责任公司的股权回购。2018 年我国《公司法》修订时，除了对股份有限公司回购股份的规定进行完善之外，也增加了对有限责任公司股权回购的规定。依据我国《公司法》第 142 条，准予回购股份的情形包括：①减少公司注册资本；②与持有本公司股份的其他公司合并；③将股份用于员工持股计划或者股权激励；④股东因对股东大会作出的公司合并、分立决议持异议，要求公司收购其股份。对于第①和②种情形，应由股东大会作出决议。因第①种情形而回购的，公司应当自收购之日起 10 日内注销；至于为激励职工而回购，则有数量限制，即回购数额不得超过本公司已发行股份总额的 5%。因第②和④种情形而回购的，公司应当在 6 个月内转让或者注销。

股权回购也是股份回购，是指上市公司利用盈余所得后的积累资金（即自有资金）或债务融资以一定的价格购回公司本身已经发行在外的普通股，将其作为库存股（treasury stock）或进行注销，以达到减资或调整股本结构的目的。股份回购与分拆、分立同属于资本收缩范畴，它是国外成熟证券市场一种常见的资本运作方式和公司理财行为。

至于有限责任公司，准予股权回购的情形要比股份有限公司少见得多。依据我国《公司法》第 74 条，只有异议股东行使异议股东股份收买请求权（评估权）时，公司才能回购股权。所许可的三种情形为：①公司连续 5 年不向股东分配利润，而公司该 5 年连续盈利，并且符合本法规定的分配利润条件的；②公司合并、分立、转让主要财产的；③公司章程规定的营业期限届满或者章程规定的其他解散事由出现，股东会会议通过决议修改章程使公司存续的。这实际上是对小股东的一种特殊救济手段。

股份回购的动机在于公司规避政府对现金红利的管理，或者是调整公司资本结构以应对其他公司的敌意收购。股份回购作为一种合法的公司行为，它和杠杆收购一样，是一种公司所有权与控制权结构变更类型的公司重组形式。公司在股份回购完成后，可以将回购的股份予以注销。但在绝大多数情况下，公司将回购的股份作为“库存股”保留，库存股仍属于发行在外的股票，但不参与每股收益的计算和分配。库存股日后可用于他用，比如实行员工股票期权计划、发行可转换公司债券等，或在需要资金时将其出售。

（三）债权融资：公司债券

1. 概念与特征

公司债券（bonds）是指公司依法发行的，约定在一定期限内还本付息的有价证券。债券持有人可以在规定的期限届满时收回全部债款，并可以按期向公司收取规定的利息，而且这种利息是固定的，不论公司盈亏如何，都必须按期向债券持有人支付。同股票一样，债券也是证权性证券，而非设权性证券。此外，债券还具有可转让性、收益稳定性、可赎回性和可转换性。

债券融资与股票融资一样，同属于直接融资，而信贷融资则属于间接融资。在直接融资中，需要资金的部门直接到市场上融资，借贷双方存在直接的对应关系。而在间接融资中，借贷活动必须通过银行等金融中介机构进行，由银行向社会吸收存款，再贷放给需要资金的部门。

作为债权融资的重要工具，尽管债券与股票均属证券，实践中公众股东与债券持有人并无实质性差异，但是两者在法律上仍有重大差别。债券与股票还有如下差异：

（1）股份有限公司和有限责任公司均可发行债券，而只有股份有限公司才能发行股票。

（2）公司债券不能在设立时发行，只能在公司设立后发行，而股票可以采用设立发行。

（3）债券发行核准机关为国务院授权的部门，而股票发行由中国证监会核准。

（4）债券面额一般较大，而股票面额则较小。

2. 类型

依据不同的标准，公司债券可以分为不同的类型。

（1）依据公司债券券面是否记载持有人的姓名或名称，可以将其分为记名债券和无记名债券。

（2）依据发债人是否提供担保，可以将其分为有担保公司债券和无担保公司债券。有担保公司债券是指以公司全部或部分资产作为偿还本息的担保而发行的债券，债券到期如不能还本付息，持有人可以以该担保财产作价抵偿债务或以变卖价金清偿债务。有时，这种担保财产可能来自第三人。无担保公司债券是指公司仅凭自身信用，而不是提供其他财产担保所发行的债券，所以又被称为信用公司债券。一般来说，政府债券无须提供担保，因为政府掌握国家资源，可以征税，所以政府债券安全性最高。金融债券大多数也可免除担保，因为金融机构作为信用机构，本身就具有较高的信用。公司债券不同，一般公司的信用状况要比政府和金融机构差，所以，大多数公司发行债券被要求提供某种形式的担保。但少数大公司经营良好，信誉卓著，也发行信用公司债券。信用公司债券的发行人实际上是将公司信誉作为担保。为了保护投资者的利益，可要求信用公司债券附有某些限制性条款，如公司债券不得随意增加、债券未清偿之前股东的分红要有限制等。无担保公司债券的债息往往高于有担保公司债券。

（3）依据公司债券是否可以转换为股票，可以将其分为可转换公司债券和非转换公司债券。可转换公司债券是指发行人依照法定程序发行，在一定期限内依据约定的条件可以转换成股份的公司债券。这种债券附加转换选择权，在转换前是公司债券形式，转换后相当于增发了股票。可转换公司债券兼有债权投资和股权投资的双重优势。可转换公司债券与一般债券一样，在转换前投资者可以定期得到利息收入，但此时不具有股东的权利；当发行公司的经营业绩取得显著增长时，可转换公司债券的持有人可以在约定期限内，按预定的转换价格转换成公司的股份，以分享公司业绩增长带来的收益。可转换公司债券一般要经股东大会或董事会的决议通过才能发行，而且在发行时，应在发行条款中规定转换期限和转换价格。

非转换公司债券是指持有人不能将其持有的债券转换为公司股份的债券。

（4）依据持有人的投资回报是否与公司经营情况挂钩，可以将其分为普通公司债券、参与型公司债券和垃圾债券。普通公司债券是指无论公司盈利有多高，仅按照原定债息支付利息的公司债券。参与型公司债券是在公司股利分配超过债息时，需要按照一定比例增加债券利息的公司债券，该债券已具有一定的股权性。而垃圾债券则被称为另类股权，属于没有达到投资等级的债券，风险较高，盛行于20世纪80年代的公司收购浪潮之中，现已不多见。

3. 发行与转让

无论是股份有限公司还是有限责任公司，均可发行公司债券，上市公司还可以发行可转换公司债券。按照我国的法律规定，公司债券的发行均需要取得国务院授权的部门的行政许可，即核准。发行可转换公司债券的，应获得中国证监会的核准。未经依法核准，任何单位和个人不得公开发行债券。公司获得核准后，即应公告公司债券募集办法，并应载明：（1）公司名称；（2）债券募集资金的用途；（3）债券总额和债券票面金额；（4）债券利率的确定方式；（5）还本付息的期限和方式；（6）债券担保情况；（7）债券的发行价格、发行的起止日期；（8）公司净资产额；（9）已发行的尚未到期的公司债券总额；（10）公司债券的承销机构。

公司债券可以自由转让，已经在证券交易所上市的公司的债券转让更为自由，手续极其便捷。债券转让价格受市场调节，由转让人与受让人自主协商，达成合意。转让方式因债券是否记名而异，记名公司债券的转让，要由转让人将受让人的姓名或名称及住所记载于公司债券存根簿。这样转让才有对抗效力。而无记名公司债券的转让则十分简便，只要有当事人的合意，并由持有人将债券交付受让人，即可发生转让效力。

三、公司治理结构

在现代公司治理结构中，由于大多数公司的业务管理交由有经验的专家组成的董事会负责，不让股东大会过多地干涉企业的经营管理，这对提高公司的管理水平，促进公司管理的科学化，为投资者赚取更多的利润是有好处的。根据各国公司法的规定，有限责任公司和股份有限公司的治理结构中的主要机构是股东大会、董事会、经理与监事会。

（一）股东大会

1. 概述

股东大会（shareholders meeting）[1] 是公司的最高权力机关，它由全体股东组成，对公司重大事项进行决策，有权选任和解除董事，并对公司的经营管理有广泛的决定权。股东大会既是一种定期或临时举行的由全体股东出席的会议，又是一种非常设的由全体股东所组成的公司制企业的最高权力机关。它是股东作为企业财产的所有者，并对企业行使财产管理权的组织。企业一切重大的人事任免和重大的经营决策一般都需经股东会认可和批准方才有效。

有限责任公司一般称为股东会，股份有限公司称为股东大会。作为公司的权力机构，它处于金字塔的塔顶（见图 2－1）。

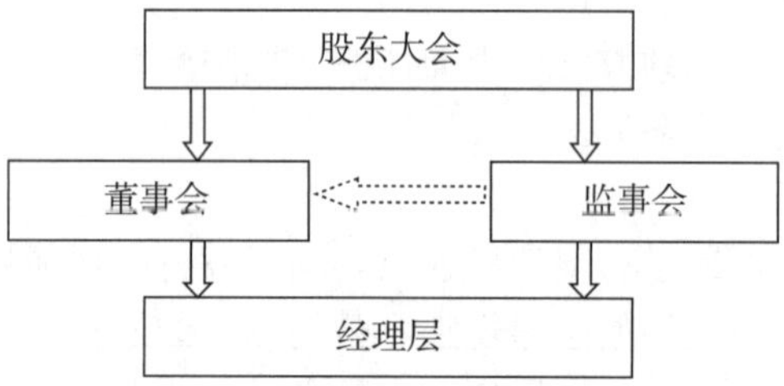

图 2－1　我国公司治理结构

依据我国《公司法》第 37 条和第 99 条，其职权为：（1）决定公司的经营方针和投资计划；（2）选举和更换非由职工代表担任的董事、监事，决定有关董事、监事的报酬事项；（3）审议批准董事会的报告；（4）审议批准监事会或者监事的报告；（5）审议批准公司的年度财务预算方案、决算方案；（6）审议批准公司的利润分配方案和弥补亏损方案；（7）对公司增加或者减少注册资本作出决议；（8）对发行公司债券作出决议；（9）对公司合并、分立、解散、清算或者变更公司形式作出决议；（10）修改公司章程；（11）公司章程规定的其他职权。

2. 股东大会的类型

股东大会有三种，即首次会议、定期会议和临时会议。

（1）首次会议。

首次会议，又称法定会议，凡是公开招股的股份有限公司，从它开始营业之日算起，一般规定在最短不少于 1 个月，最长不超过 3 个月的时期内举行一次公司全体股东大会。会议主要任务是审查公司董事在开会之前 14 天向公司各股东提出的法定报告，目的在于让所有股东了解和掌握公司的全部概况以及进行重要业务是否具有牢固的基础。有限责任公司的股东会首次会议由出资最多的股东召集和主持，而股份有限公司的创立大会则由发起人主持。

（2）定期会议。

股东大会定期会议又称为股东大会年会，一般每年召开一次，通常是在每一会计

① 本书中，股东会与股东大会为同一意思，不进行严格区分。

年度终结的 6 个月内召开。由于股东大会定期会议的召开大都为法律强制性的，所以世界各国一般不对该会议的召集条件做出具体规定。

股东大会年会内容包括：选举董事，变更公司章程，宣布股息，讨论增加或者减少公司资本，审查董事会提出的营业报告等。

（3）临时会议。

临时会议讨论临时的紧迫问题。股东大会临时会议通常是由于发生了涉及公司及股东利益的重大事项，无法等到股东大会年会召开而临时召集的股东会议。

关于临时股东大会的召集条件，世界主要国家大致有三种立法体例：列举式、抽象式和结合式。我国采取的是列举式，《公司法》第 100 条规定，有下列情形之一的，应当在两个月内召开临时股东大会：

①董事人数不足本法规定人数或者公司章程所定人数的 2/3 时；

②公司未弥补的亏损达实收股本总额 1/3 时；

③单独或者合计持有公司 10%以上股份的股东请求时；

④董事会认为必要时；

⑤监事会提议召开时；

⑥公司章程规定的其他情形。

德国、日本等国家的法律则采取的是抽象式的立法体例，即不具体列举召集条件，而将决定权交由召集权人根据需要确定。德国《股份公司法》第 121 条第 1 款规定，股东大会应当在法律或章程规定的情形下以及在公司的利益需要时召集。日本《商法典》也规定，临时全会于必要时随时召集。而英国《公司法》在规定临时股东大会的召集条件时，则采取了结合式的办法，即在规定抽象的召集条件之后，对法律认为重要的事项进行列举。其规定为，股东临时会议可于必要时随时召集，尤其当涉及章程变更、公司的转化、限制股份转让的新规则、董事敬业的认可、董事私人交易责任的免除等时。

3. 股东大会的性质

股东大会的性质主要体现在两个方面。

（1）体现股东意志。

股东大会是由全体股东组成的权力机关，它是全体股东参加的全会，而不应是股东代表大会。现代企业股权分散，股东有上万甚至几十万，不可能全部出席股东大会。因此，股东不能亲自到会的，应委托他人代为出席投票，以体现全体股东的意志。

（2）企业最高权力机关。

股东大会是企业经营管理和股东利益的最高决策机关，不仅要选举或任免董事会和监事会成员，而且企业的重大经营决策和股东的利益分配等都要得到股东大会的批准。但股东大会并不具体和直接介入企业生产经营管理，它既不对外代表企业与任何单位发生关系，也不对内执行具体业务，本身不能成为企业法人代表。

4. 会议决议

股东大会由董事会依照公司法规定负责召集，由董事长主持。董事长因特殊原因不能履行职务时，由董事长指定的副董事长或者其他董事主持。召开股东大会，应当将会议审议的事项于会议召开 30 日以前通知各股东，发行无记名股票的，应当于会议召开 45 日以前就将会议审议的事项作出公告。临时股东大会不得对通知中未列明的事项作出决议。

股东（大）会决议，亦称公司决议，是指经股东表决而形成的公司的意思表示。它以股东的意思表示为基础，依据多数表决原则而形成。我国法律规定的股东（大）会决议有普通决议、特别决议和书面决议三种。(1) 普通决议，即股东（大）会就一般事项依据简单多数原则而形成的决议。我国股份有限公司股东大会决议要求超过出席股东所持表决权的 1/2，有限责任公司则完全由公司自主确定。(2) 特别决议，即股东（大）会就特别重大事项依据绝对多数（出席会议的股东所持表决权的 2/3 以上）同意所形成的决议。无论是有限责任公司还是股份有限公司，特别决议均是指修改公司章程、增加或者减少注册资本，以及公司合并、分立、解散或者变更公司形式的决议。[①] (3) 书面决议，即无须召开会议而由全体股东签署同意所形成的决议。我国《公司法》第 37 条第 11 款规定：公司章程规定的其他职权。对前款所列事项股东以书面形式一致表示同意的，可以不召开股东会会议，直接作出决定，并由全体股东在决定文件上签名、盖章。这更有利于满足不同公司的个性化需求，降低治理成本，提高效率。我国有限责任公司可以采用该形式。

决议一经形成，即对公司机关、股东和公司产生约束力。但是，决议的内容和形成程序有瑕疵的，其效力不能得到法律认可，其法律地位视瑕疵类型而异。若决议内容违反法律或行政法规，则属于无效；若仅仅是会议召开程序、表决方式违反法律、行政法规或公司章程，或决议内容违反公司章程，则该瑕疵决议属于可撤销的决议。为了维护作为社团的公司的稳定性和交易安全，各国立法均为撤销请求权设置了时限，我国为自决议作出之日起 60 日内，日本为 3 个月内，德国为 1 个月内。[②]

一旦瑕疵决议被宣告无效或被撤销，若公司依据该决议已经办理了有关变更登记，公司即应向登记机关申请撤销变更登记。

5. 股东大会的职权

按照我国《公司法》第 37 条的规定，股东会行使下列职权：

(1) 决定公司的经营方针和投资计划；

(2) 选举和更换非由职工代表担任的董事、监事，决定有关董事、监事的报酬事项；

(3) 审议批准董事会的报告；

(4) 审议批准监事会或者监事的报告；

(5) 审议批准公司的年度财务预算方案、决算方案；

(6) 审议批准公司的利润分配方案和弥补亏损方案；

(7) 对公司增加或者减少注册资本作出决议；

(8) 对发行公司债券作出决议；

(9) 对公司合并、分立、解散、清算或者变更公司形式作出决议；

(10) 修改公司章程；

(11) 公司章程规定的其他职权。

---

① 参见我国《公司法》第 103 条。

② 参见德国《股份公司法》第 246 条，日本《商法典》第 248 条。

（二）董事会

1. 概述

董事会（board of directors）是由董事组成的、对内掌管公司事务、对外代表公司的经营决策与领导机构（governing body）。董事会是依照有关法律、行政法规和政策规定，按公司或企业章程设立并由全体董事组成的业务执行机关。具有如下特征：董事会是股东会或企业职工股东大会这一权力机关的业务执行机关，负责公司或企业业务经营活动的指挥与管理，对公司股东会或企业股东大会负责并报告工作。对于股东会或职工股东大会所作的决定，以及公司或企业重大事项的决定，董事会必须执行。董事会所作的决议必须符合股东大会决议，如有冲突，要以股东大会决议为准；股东大会可以否决董事会决议，直至改组、解散董事会。

依据我国《公司法》第46条，其职责为：

（1）召集股东会会议，并向股东会报告工作；

（2）执行股东会的决议；

（3）决定公司的经营计划和投资方案；

（4）制订公司的年度财务预算方案、决算方案；

（5）制订公司的利润分配方案和弥补亏损方案；

（6）制订公司增加或者减少注册资本以及发行公司债券的方案；

（7）制订公司合并、分立、解散或者变更公司形式的方案；

（8）决定公司内部管理机构的设置；

（9）决定聘任或者解聘公司经理及其报酬事项，并根据经理的提名决定聘任或者解聘公司副经理、财务负责人及其报酬事项；

（10）制定公司的基本管理制度；

（11）公司章程规定的其他职权。

董事会中心主义乃各国通例，董事会是公司的核心领导机构，其职能因各国董事会体制而异。

2. 产生、资格与任期

股东（大）会选举是董事产生的主要方式。唯设职工董事的公司，职工董事由公司职工通过职工代表大会、职工大会或其他民主形式选举产生。

作为公司董事会，其形成在资格、数量和工作安排上有具体要求，也有其具体职责范围。

（1）从资格上讲，董事会的各位成员必须是董事。董事是股东在股东大会上选举产生的。所有董事组成一个集体领导班子即董事会。

法定的董事资格如下：第一，董事可以是自然人，也可以是法人。如果法人充当公司董事，就必须指定一名有行为能力的自然人作为其代理人。第二，特种职业和丧失行为能力的人不能作为董事。特种职业如国家公务员、公证人、律师和军人等。第三，董事可以是股东，也可以不是股东。

（2）从人员数量上说，大多数国家较少干预，一般只规定最少人数，即董事的人数不得少于法定最低限额，因为人数太少不利于集思广益和充分集中股东意见。我国不仅规定了最少人数，而且规定了最多人数，有限责任公司和股份有限公司分别为3～13人和5～19人。

但人数也不宜过多，以避免机构臃肿，降低办事效率。因此，公司会在最低限额以上，根据业务需要和公司章程确定董事的人数。

由于董事会是会议机构，董事会最终人数一般是奇数。

(3) 从人员分工上，董事会一般设有董事长、副董事长、常务董事。人数较多的公司还可设立常务董事会。董事长和副董事长由董事会成员过半数互相选举产生，罢免的程序也相同。

(4) 在董事会中，董事长具有最大权限，是董事会的主席。主要行使下列职权：第一，召集和主持董事会会议；第二，在董事会休会期间，行使董事会职权，对业务执行的重大问题进行监督和指导；第三，对外代表公司，即有代表公司参与司法诉讼、签署重大协议的权力等。

在不同的国家和地区，董事长的任期是不一样的。我国《公司法》规定，董事任期由公司章程规定，但每届任期不得超过3年。董事任期届满，连选可以连任。董事任期届满未及时改选，或者董事在任期内辞职导致董事会成员低于法定人数的，在改选出的董事就任前，原董事仍应当依照法律、行政法规和公司章程的规定，履行董事职务。① 我国所有董事的任期一样，每届董事同时产生，同时换届，而美国、英国、加拿大等国家则准予采用交叉制董事会（staggered board），每年都更换一定比例的董事，比如1/3。各国董事任期一般为1～6年，我国以3年为限，但可连选连任，且无最长任期之限。不过，独立董事最长任期为6年。②

3. 董事会会议制度

董事会是采取会议形式集体决策的机构，必须有规范化的会议制度，按照法定程序运作。违反会议制度直接影响董事会合法有效地行使职权，也影响董事会决议的效力，所以董事会必须遵循以下会议制度。

(1) 会议次数。

董事会以会议形式作出决议，必须召开会议才能发挥它的功能，因此要保证召开会议的次数，防止因长期不召开董事会会议而削弱董事会的作用，甚至使董事会虚设。所以董事会每年至少召开两次会议（例会），因实际需要多开会议不受限制（临时会议）。

(2) 会议通知。

每次召开董事会会议，应当于会议召开10日以前通知全体董事。如果董事会召开临时会议，可以另定召集董事会的通知方式和通知时限。

---

① 参见我国《公司法》第45条。

② 与美国等英美法系国家不同的是，中国的公司立法属于大陆法系二元立法模式，在董事会之外已经具有监事会这个负责监督董事会与经理层的常设机构，并且与美国由于股权高度分散所导致的内部人控制不同，中国上市公司内部人控制的产生原因是股权过于集中，尤其是法人股、国有股一股独大（还包括私营上市企业中的家族股）。但是由于监事会的作用在公司治理实践中收效甚微，因此，中国上市公司中内部人控制所产生的损害公司及中小投资者利益的情形比起美国有过之而无不及，正是在这种情况下，中国证监会才引进了原属于英美法系的独立董事制度，以期提高公司治理水平与监督效率。

（3）会议主持人。

董事会会议由董事长主持，如果董事长不能主持，则由董事长指定的副董事长主持。

（4）会议法定人数。

董事会会议应由 1/2 以上的董事出席方可举行。因为董事会成员人数是有限的，所以以全体董事人数为基数，只有在半数以上的董事出席时会议才能召开，否则出席会议的董事人数太少，而使会议的代表性、权威性大大降低。

（5）会议决议。

董事会作出决议，各国惯例是必须经全体董事的过半数通过，表决实行一人一票，这是对决议程序的严格规定。必须以全体董事人数为基数，而不是以出席会议的董事人数为基数，这样就有一定的代表性，有利于决议的实施。

（6）董事本人出席。

董事会是公司的集体决策机构，对公司内部事务进行讨论，董事之间相互交换意见，因此，规定董事会会议应由董事本人出席。董事因故不能出席，可以书面委托其他董事代为出席董事会，委托书中应载明授权范围。这表明董事会会议应当由董事本人出席，本人不能出席时，可以委托其他董事代理出席，但不得委托非董事人员代理出席。

（7）会议记录。

董事会应当将会议所议事项的决定做成会议记录，出席会议的董事和记录员在会议记录上签名。即董事和记录员要对会议记录的真实性负责，不得有虚假的记载。至于董事会的瑕疵决议，其法律后果与股东大会瑕疵决议一样。

（三）经理

1. 概述

经理，亦称经理人，是公司的日常经营管理和行政事务的负责人，由董事会决定聘任或者解聘。经理对董事会负责，可由董事和自然人股东充任，也可由非股东的职业经理人充任。

经理在公司治理结构中的地位因各国法律传统、董事会体制以及董事会运行模式而异。各国法律以及公司治理结构一般都规定公司的经营管理权完全赋予董事会或由董事会决定，经理作为高管，只是依据公司章程或（董事会依据章程的）授权，而行使部分经营管理权，其权限大小则因公司而异。若董事会将自己定位为“看门型”董事会，只是负责战略决策和控制，经营管理事务均由经理执行，这种公司与其说是董事会中心主义，不如说是经理中心主义。若将其定位为经营型董事会，则经理无所作为，甚至可以取消经理的设置。尽管我国将经理作为公司机构，但由于经理职权仅为默示职权，公司可为其经理做出因地制宜的定位（见图 2－2）。

经理依照公司章程、公司法和董事会的授权行使公司经营权力，并有任免经营管理干部的权力。经理是公司对内生产经营的领导，也是公司对外活动的代表，其行为就是公司的行为，即使其行为违反了公司章程和董事会授权规定的权限范围，一般也都视为公司行为，后果由公司承担，这就是我国《民法典》第 172 条规定的为保护相对人利益的法理实践来源之一。

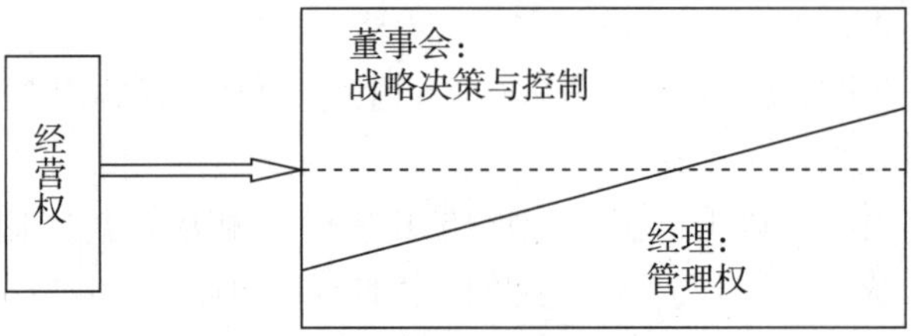

图 2-2 董事会与经理权力的边界

2. 资格与任免

经理，或者职业经理人，在中国是一个舶来品概念。经理人在广泛意义上被称为企业家，通俗地说就是以企业经营管理为职业的社会阶层，运用全面的经营管理知识和丰富的管理经验，独立对一个经济组织（或一个部门）开展经营或进行管理。因此，经理不仅需要具有履行职务所需的经营管理能力，同时还要在任职前取得有关机构核准的任职资格。比如，在中国，证券公司经理在任职前要取得中国证监会核准的任职资格；任职后，若经理因违法而被取消该资格，则不能再担任该职位。

经理的任免机关有三种，即董事会、监事会和股东会。绝大多数国家采用董事会任免的模式，我国也不例外。我国经理的提名和任免均由董事会决定；副经理虽仍由董事会任免，但由经理提名。董事会可因故或无故解聘经理，董事会或经理若因此违反合同约定，则都应承担违约责任。

3. 职权

经理职权有两个来源：一是法定职权，二是意定职权。法定职权是指依据有关国家法律或行政法规所享有的职权。依据我国《公司法》第 49 条和第 113 条，经理的职权为：

（1）主持公司的生产经营管理工作，组织实施董事会决议；

（2）组织实施公司年度经营计划和投资方案；

（3）拟订公司内部管理机构设置方案；

（4）拟订公司的基本管理制度；

（5）制定公司的具体规章；

（6）提请聘任或者解聘公司副经理、财务负责人；

（7）决定聘任或者解聘除应由董事会决定聘任或者解聘以外的负责管理人员；

（8）董事会授予的其他职权。

因公司章程可以作出另行规定，故这些职权属于默示职权。此外，经理还可能因章程的指定而成为公司的法定代表人。此时，经理还享有对外代表权。

意定职权是指由董事会决定的经理职权。各国一般准予董事会调整经理的职权，我国亦然。既然如此，经理职权可能受到各种限制。但是，这种限制不得对抗善意第三人。我国《民法典》第 926 条亦有类似规定。

（四）监事会

1. 地位与职责

有权必有责，用权必受监督，公司董事和经理自不例外。监事会（supervisory

board）就是由全体监事组成的对公司业务活动进行监督和检查的机构。这是我国股份有限公司和一般有限责任公司的必设机构，股东人数较少或者规模较小的有限责任公司可不设监事会，只设1～2名监事。

监事会，也称公司监察委员会，是在股东大会领导下，与董事会并列设置，对董事会和总经理行政管理系统行使监督的内部组织。

为了保证公司正常有序地经营，保证公司决策正确和领导层正确执行公务，防止滥用职权从而危及公司、股东及第三人的利益，各国都规定在公司中设立监察人或监事会。

依据我国《公司法》第53～54条，监事会、不设监事会的公司的监事行使下列职权：

（1）检查公司财务；

（2）对董事、高级管理人员执行公司职务的行为进行监督，对违反法律、行政法规、公司章程或者股东会决议的董事、高级管理人员提出罢免的建议；

（3）当董事、高级管理人员的行为损害公司的利益时，要求董事、高级管理人员予以纠正；

（4）提议召开临时股东会会议，在董事会不履行本法规定的召集和主持股东会会议职责时召集和主持股东会会议；

（5）向股东会会议提出提案；

（6）依照本法第151条的规定，对董事、高级管理人员提起诉讼；

（7）公司章程规定的其他职权。

监事可以列席董事会会议，并对董事会决议事项提出质询或者建议。监事会、不设监事会的公司的监事发现公司经营情况异常，可以进行调查；必要时，可以聘请会计师事务所等协助其工作，费用由公司承担。

2. 产生与任期

监事的资格基本上与董事资格相同，并必须经股东大会选出。监事可以是股东、公司职工，也可以是非公司专业人员。在我国，无论是有限责任公司还是股份有限公司，职工监事比例均不得少于1/3，具体比例由公司章程规定。监事会的专业组成类别应由公司法和公司章程具体规定。但公司的董事长、副董事长、董事、总经理、经理不得兼任监事会成员。

监事会一般需由3名以上监事组成，股东人数较少或者规模较小的有限责任公司可只设1～2名监事，而无须组成监事会，但我国法律规定，国有独资公司设立监事应不少于5人。

监事会设主任（主席）、副主任（主席）、委员等职。我国监事会设主席1人，股份有限公司还可以设副主席。主席、副主席均由全体监事过半数选举产生，国有独资公司由国有资产监督管理机构从监事中指定。

我国监事每届任期为3年，连选可以连任。若监事任期届满未及时改选，或者在任期内辞职导致监事会成员低于法定人数，在改选出的监事就任前，原监事仍应依照法律、行政法规和公司章程的规定，履行监事职责。

3. 监事会会议

作为集体决议机构，监事会亦需通过会议行使其职权。有限责任公司和股份有限公司分别有 2 个和 3 个顺序的会议召集人和主持人。主席为第一顺序召集人和主持人，若其不能履行或不履行职务，股份有限公司则由副主席作为第二顺序召集人和主持人，有限责任公司由半数以上的监事共同推举 1 名监事作为第二顺序召集人和主持人，若股份有限公司的第二顺序召集人不能履行或不履行职务，其第三顺序召集人和主持人为半数以上的监事共同推举 1 名监事。厘定该顺位，可预防因主席怠于行使职责而使监事会瘫痪。

监事会会议亦有例会与临时会议之分。有限责任公司的例会为每年 1 次，股份有限公司则为每年 2 次。临时会议则因监事的提议而随时召开。其会议方式和表决程序原则上由公司章程自治，唯决议的定足数有法定要求，即由半数以上监事通过。此外，还应将所议事项的决定做成会议记录，出席会议的监事均应在记录上签名，以体现其应承担的监事责任。

四、公司合并、兼并与收购

（一）公司合并

公司合并（consolidation），是指两个或两个以上的公司根据契约或法令，归并为一个公司的法律行为。

公司合并有两种形式：（1）吸收合并，是指两个以上的公司合并后，其中一个公司（吸收方）存续，而其他公司（被吸收方）解散；（2）新设合并，是指两个或两个以上的公司合并后，合并各方解散，另外创立一个新公司。

公司合并的程序一般是由同意合并的各个公司的董事就合并的条件进行磋商，各公司的董事在达成合并协议后，即由各有关公司召开股东大会再作出合并的决议。股东大会在作出决议后，各合并公司应编制资产负债表及财产目录，并将合并的办法公告及通知各债权人，债权人可以在规定的期限内提出异议。公司对持有异议的债权人应如数给予清偿，或向其提供适当的担保。各国法律还规定，反对合并的股东有权要求公司以公平的价格购买其持有的股份。公司在合并之后，应依法向有关主管部门进行登记。

在公司合并问题上，各国的法律规定逐渐趋于一致。德国的法律与意大利的法律认为，公司合并的法律性质是指被合并的公司把它的全部财产全面地转让给合并的公司，或者转让给合并后成立的公司，即由后者总括地承担前者的权利与义务，做到债权、债务与公司现有合同的全部转让。美国的法律亦认为，公司的合并是公司财产的总体转移，公司的合并引起被合并公司的解散，合并公司当然必须承担被合并公司的债权与债务。

我国的法律也有类似的规定。依据我国《公司法》第 173～174 条和第 176 条，公司合并，应当由合并各方签订合并协议，并编制资产负债表及财产清单。公司应当自作出合并决议之日起 10 日内通知债权人，并于 30 日内在报纸上公告。债权人自接到通知书之日起 30 日内，未接到通知书的自公告之日起 45 日内，可以要求公司清偿债务或者提供相应的担保。公司合并时，合并各方的债权、债务应当由合并后存续的公司或者新设的公司承继。公司分立前的债务由分立后的公司承担连带责任。但是，公司在分立前与债权人就债务清偿达成的书面协议另有约定的除外。这几项规定为公司合并时对债权人的保护确定了基本原则。

（二）兼并与收购

1. 概念

兼并（merger），是指两家或更多的独立企业或公司合并组成一家企业，通常是一家占优势的公司吸收一家或更多的公司，前者仍然保留自己的法人资格与名称，后者则丧失独立的法人资格，只是前者的一个组成部分。兼并的方法有三种：（1）用现金或证券购买其他公司的资产；（2）购买其他公司的股份或股票；（3）对其他公司股东发行新股以换取其所持有的股权，从而取得其他公司的资产与负债。

收购（acquisition），是指一家企业用现金或者有价证券购买另一家企业的股票或者资产，以获得对该企业的全部资产或者某项资产的所有权，或对该企业的控制权。

兼并一般指两家或两家以上公司合并，组成一个新的企业，原来公司的权利与义务由新的公司承担。按照新公司是否新设，兼并与合并一样通常有两种形式：吸收合并和新设合并。

收购是指一家企业购买另一家企业的资产、股票等，从而居于控制地位的交易行为。按照收购的标的，可以进一步分为资产收购和股份收购。

兼并和收购之间的主要区别在于：兼并是企业之间合为一体，而收购仅仅取得对对方的控制权。由于在实践中，兼并和收购往往很难严格区分开，所以习惯上都将二者合在一起使用，简称并购（M&A）。

并购是企业扩张与增长的方式，而且是通过内部或有机的资本投入实现增长的可供选择的方法。兼并、收购、接收等词，都是“并购”这一用语的一部分。在兼并中，多家公司组合起来，为了共同的目标而共享其资源，组合起来的公司中的各股东通常仍然是这一联合实体的共同所有者。而收购则更类似于一锤子买卖，一家公司购买另一家公司的资产或股权，收购该公司的股份，成为该公司的所有者。

2. 类型

根据并购双方的行业关系进行分类，可以将并购分为三种类型：横向并购、纵向并购与混合并购。

（1）横向并购，是指因为生产或销售同一类型的产品或提供同一类型的服务，而处于相互直接竞争的企业之间的并购。

（2）纵向并购，是指相同行业中处于不同阶段、不同环节，而实际上相互之间具有买卖关系的不同企业的联合。

（3）混合并购，是指在性质上既不是横向也不是纵向的并购，即某企业需要另外一家企业生产自己不能生产的产品，但又与那家企业在生产与销售有关产品上具有业务关系。如果这两家企业合并，就是混合并购，这种形式的并购称为产品扩张型并购；如果某企业为了扩大其竞争地盘而对还没有涉足的地区生产相同类型产品的企业进行并购，则称为市场扩张型并购；还有一种奇特类型的混合并购形式，就是将生产和经营与自己的主要业务关系不大的产品或服务的若干企业联合起来。

企业并购有各种各样的动机，比较常见的动机主要有以下四种。

（1）就企业的增长而言，并购是一种比自己投资扩大生产更加快捷的方式，这种方式更能够满足谋求扩大规模的企业的需求。

（2）为了企业间的增效作用。通过收购竞争对手（水平并购），或者供货商和客户（垂直并购），并购方可能会全面增值。这种并购可能会增加公司的市场力量，比如，如果某项法规规定，公司之间不得联合制定价格，那么并购完成后就能让公司保持高价格。如果并购方管理有方，那么通过提升目标公司的运营效率，合并后公司的自身价值就能得以提高。此外，规模经济也能为公司增值，比如，更强的购买力、更好的生产协作以及更为顺畅的配送渠道等。

（3）为了财务上的增效作用。该作用是指有关税收、借贷优势以及资产回报率的效应。就有关税收的增效作用而言，如果目标公司所在国实施税收优惠政策，那么并购方就能通过并购而获得税收上的优势。再有，如果被并购公司处于亏损状态，那么并购方就能以其利润冲抵被并购方的亏损，从而减少缴纳的税金。此外，并购还能为公司减轻税负。财务增效作用的另一方面是公司借贷能力的提高，而且公司可以以更优惠的利率获得贷款，因为并购能提高公司盈利的稳定性，合并后的公司在借贷者看来信用风险更低。最后，如果并购方拥有大量的现金，但商业机会很少，那么并购还能为公司的过量现金（超额现金）带来良好的回报。并购方可能运行于一个成熟的甚至是日趋没落的市场环境中，它可以并购一个拥有很多获取高回报机会但缺乏现金的公司。

（4）为了获取稀缺资源。如果某企业想获得自己稀缺的资源，例如自然资源、某种专有技术、专利权、市场营销渠道，甚至现金，那么并购是最好的或者是唯一的有效方法。

企业的并购，归根结底是产权通过交易进行转移的形式。根据企业资产的产权转移方式，并购可以分为以下六种：（1）用现金购买被并购方的资产；（2）用现金购买被并购方的股票，达到企业产权全部转移与控制；（3）用股票置换被并购方的资产；（4）根据商定的比例，以股票交换股票，使被并购方的股份成为并购方的股份；（5）通过协议的形式，有条件地无偿划拨资产，这往往发生在国有与集体所有制企业之间，其中一方的目的是解决就业或严重的债务困难等；（6）以借债与欠债的方式换股，以便拥有被并购方的产权，这又称为杠杆并购。

此外，还有通过协议或者非协议的方式进行的并购。协议并购，又称要约并购，是指一家公司出价从另一家公司各个股东手中收购股票，两家公司的董事会和大多数股东通常都会为并购达成一致。非协议并购，又称恶意并购，是指一家公司出价从另一家公司各个股东手中收购股票，这种收购可能有违目标公司（被收购公司）董事会和高管层的意愿。

五、公司变更与终止

（一）公司的变更

1. 公司变更的概念与特征

（1）公司变更的概念。

公司变更有广义、狭义之分。广义的公司变更是指包括公司主体、公司组织形式、公司资本、公司章程等的变更。狭义的公司变更仅指公司组织形式的变更。总之，公司变更，是指公司存续期间，依照法律、行政法规的规定，改变公司构成要素的法律行为。这些变化可能是公司名称、住所、法定代表人、经营范围、营业期限、股东或发起人等的变更，也可能是公司注册资本的增加或减少、公司的合并与分立等方面的变更。

（2）公司变更的特征。

公司的变更主要具有如下法律特征。

①公司变更是公司的某一（些）构成要素发生了变动。如包括公司的名称、住所、法定代表人、注册资本、公司类型、经营范围、营业期限、公司股东或发起人的姓名或名称等内容在内的一个或几个要素发生了变化。公司变更较为普遍的情形是：有限责任公司变更为股份有限公司，或股份有限公司变更为有限责任公司；公司注册资本增加或减少等。

②公司变更是一种法律行为。公司变更是由法律规定的合法行为，当事人必须严格遵守国家有关法律、法规，依照法定程序进行，由此所产生的一切变更行为皆具有法律效力，受法律保护。

2. 公司组织形式的变更

（1）公司组织形式变更的一般规定。

公司组织形式的变更，是指公司存续期间，由一种组织形式变更为另一种组织形式的法律行为。公司的组织形式也称为公司类型，公司法中有明确的规定。它本质上体现了市场主体在法律上所确定的行为结构模式。公司组织形式变更的制度设计简化了公司变更组织或转换公司类型的程序，避免了因中断公司业务活动而给公司和股东利益造成损失的弊端。

从公司变更的模式看，有限责任公司变更为股份有限公司，必须按下列要求进行：①必须由股东会对变更进行特别决议；②有限责任公司依法经批准变更为股份有限公司时，折合的股份总额应当与公司净资产额相等，国有独资公司变更为股份有限公司时，严禁将国有资产低价折股、低价出售或者无偿给个人；③有限责任公司依法经批准变更为股份有限公司，为增加资本向社会公开募集股份时，应当依照股份有限公司公开募集股份的法律规定执行；④有限责任公司依法变更为股份有限公司的，原有限责任公司的债权、债务，由变更后的股份有限公司承继。

我国公司法规定，有限责任公司变更为股份有限公司，必须经出席股东大会的股东所持表决权的2/3以上通过。公司变更的方式主要有公司合并和公司分立。

（2）公司分立。

公司分立，是指公司依法分解为两个或两个以上民事责任相互独立的公司的法律行为。公司分立是公司在市场竞争中基于经营战略的考虑或调整经营方向的需要，而采取的一种组织结构的变动方式，目的是能够更灵活地适应市场的需要。

公司分立的方式分为两种：一是新设分立，二是派生分立。①新设分立。也称解散分立，是指公司将其全部财产进行分割，形成两个或两个以上的新公司，原公司解散的行为。公司进行新设分立后，原公司法人资格消灭，其债权债务由各新设立的公司分别承受。②派生分立。也称存续分立，是指公司将其部分财产分离出去，而成立另一个或者几个新公司的行为。在派生分立中，原公司继续存在，新公司也取得法人资格而独立存在；原公司的债权债务可以由原公司与新公司分别承担，或者按协议归原公司独立承担。

公司分立不仅仅是公司形式及规模的变化，分立的结果关系到公司的股东、债权人的权益以及分立后其他公司的存在。依据我国《公司法》的有关规定，公司分立的具体程序为：①公司董事会拟定分立方案。②公司股东会作出特别决议，必须经代表2/3以上表决权的股东在股东会或股东大会会议上通过。国有独资公司分立，分立决议应当由国有资产监督管理机构审核后，报本级人民政府批准。股份有限公司的分立必须经国务院授权的部门或省级人民政府批准。③编制资产负债表及财产清单。④通知或公告债权人。公司应当自作出分立决议起10日内通知债权人，并于30日内在报纸上公告。⑤进行分立登记。公司分立后，应到登记主管机关进行相应的登记，并视分立的不同情形，进行公司的设立登记、注销登记或变更登记。

公司分立作为一种法律行为，其后果主要有：①公司财产被分割；②公司的规模发生变化；③公司分立前的债务由分立后的公司承担连带责任，公司与债权人达成书面协议另有约定的除外。

如果公司在分立的过程中未严格按照法定程序进行，则股东和债权人均可以请求法院判决该分立无效。公司分立经法院确定为无效后，因分立而设立的公司解散，原公司应重新恢复并进行恢复登记。

3. 公司章程的变更

（1）公司章程变更的概念。

公司章程变更的主体是股东，因为既然制定章程的是股东，变更章程的自然亦是股东。公司章程的变更，是指公司依法成立后，为适应客观情况的变化而增加、删减、改变章程内容的行为。

各国公司法对公司章程变更一般不作限制性规定，但变更后的章程仍是公司的自治性规章，因而不得违反法律、行政法规以及公司设立的目的。我国《公司法》及《公司登记管理条例》也对此作了规定。

（2）公司章程变更的内容。

公司章程的变更会涉及章程所确定的任何一项内容。按公司章程内容的性质通常可以分为绝对必要记载事项、相对必要记载事项和任意记载事项。绝对必要记载事项发生变更，必须依法办理变更登记。相对必要记载事项的变更则视法律、行政法规的规定，决定是否需办理变更登记。任意记载事项的变更则不需要办理变更登记手续。

（3）公司章程变更的程序。

公司章程生效后，应保持其内容的相对稳定，不得任意变更。但基于某种原因，公司章程有时不得不进行变更。因此，公司法规定了公司章程变更的法定程序。

根据我国《公司法》的有关规定：有限责任公司修改章程，必须经代表2/3以上表决权的股东通过；股份有限公司修改章程，必须经出席股东大会的股东所持表决权的2/3以上通过。

此外，公司章程应申请变更登记，公司章程变更事项涉及需要审批的事项的，还须报政府主管机关批准；属于向社会公开募集设立的公司还必须经国务院证券管理部门批准。其中，涉及《企业法人营业执照》载明事项的，登记机关将换发营业执照。

公司章程修改未涉及登记事项的，公司应当将修改后的公司章程或公司章程修正案送原登记机关备案。涉及需要公告事项的，应依法进行公告。

(二) 公司的终止、解散与清算

1. 公司终止与解散

(1) 公司终止与解散的概念。

公司终止与解散，是指公司因法律或章程规定的终止与解散事由出现而停止业务活动，并处理未了结事务的法律行为。公司终止与解散将直接导致公司法人主体资格的消灭。

关于公司解散，是先清算再终止其法人资格，还是先终止其法人资格再清算，各国有不同的立法规定。

根据我国《公司法》的规定，公司应于解散事由出现之日起的15日内成立清算组进行清算。一般认为，公司的法人资格于清算终了时消灭。公司解散后清算终了前，公司法人的权利能力受到限制，只能在清算范围内从事法律许可的活动，不能对外开展新业务。

公司解散是因某种法定事由或客观事由的出现产生的。公司一旦出现解散事由并开始解散时，应立即停止对外的一切经营活动。从公司解散到公司法人资格消灭往往有一个过程。从公司解散事由的出现到宣告公司终止，都可以看作公司解散；而公司法人资格的消灭则是在公司停止了对外活动，了结了内部事务，清算了公司全部资产后的最终结果。当然，公司法人资格的消灭意味着公司彻底解散，公司实体将不再存在。

公司解散是一种法律行为。公司解散必须依照法律、法规和公司章程的规定进行，否则其解散行为无效。

(2) 公司解散的原因。

关于公司解散的原因，我国《公司法》作出了具体规定。公司因下列原因解散：①公司章程规定的营业期限届满或者公司章程规定的其他解散事由出现；②股东会或者股东大会决议解散；③因公司合并或者分立需要解散；④依法被吊销营业执照、责令关闭或者被撤销；⑤公司经营管理发生严重困难，继续存续会使股东利益受到重大损失，通过其他途径不能解决的，持有公司全部股东表决权10%以上的股东，可以请求人民法院解散公司。

另外，公司因不能清偿到期债务，应公司债权人的申请，被依法宣告破产的，公司应当解散，进入破产程序，进行破产清算；公司实施违法行为或实施危害社会公共利益的行为时，主管登记机关有权吊销其营业执照，命令其解散。

(3) 公司解散的法律后果。

公司解散是公司法人主体资格消灭的原因，无论公司的解散发生在清算程序之前还是清算程序之后，公司解散均会产生一定的法律后果。这些法律后果归纳如下。

①公司进入清算程序，成立清算组织（简称清算组）。公司解散后，应成立清算组，由清算组代为行使公司原组织机构的权利。清算代表人在公司清算期间对外代表

公司，处理公司未完结的各项业务。原公司管理机构及其代表人丧失其权利能力。

②公司的权利能力受到限制，停止一切营业活动。公司宣告解散后，其权利能力受到较多的限制。这种限制的表现是：公司除为实现清算之目的，由清算组代表公司处理未完结的业务外，不得开展新的业务活动。

③公司被依法注销。公司清算结束后，经有关机构或有关主管机关确认，报送公司登记机关，申请注销公司登记，公告公司终止。自注销登记之日起，公司法人资格消灭，其权利能力和行为能力终止。其中，因破产或公司违法而引起公司解散的，公司及其主要责任人员还须依法承担其他民事责任和行政责任；公司法定代表人或其他直接责任人员、主管人员的行为构成犯罪的，须依法承担刑事责任。

2. 公司清算

（1）公司清算的概念与特征。

①公司清算的概念。公司清算，是指公司在解散过程中，了结公司业务，并在股东之间分配公司剩余资产，最终结束公司的所有法律关系，消灭公司法人资格的一种法律行为。

②公司清算的特征。公司清算具有以下特征：（a）公司清算是公司解散的必经程序，公司清算与公司解散密不可分。（b）公司清算必须由清算组织进行。清算组织是指在公司宣告解散后，负责接管公司、财产保管、清理、估价以及处理和分配，并独立于债权人、债务人，与公司财产没有利害关系的专门机构。依照我国《公司法》规定，公司清算应当成立清算组织进行清算。（c）公司清算意味着公司法人资格最终消灭的前置程序。公司清算的目的是了结公司的对内事务和对外债务，结束公司所有法律关系，解散公司。因此，在公司清算过程中，尽管公司法人资格形式上依然存在，但实质上已丧失了开展业务经营活动的能力。公司清算的结果必然导致其法人资格从形式到实质的最终消灭。

（2）公司清算的种类。

由于各国公司法所规定的公司类型不同，公司清算的种类也会有所不同。公司清算的主要分类如下。

①法定清算和任意清算。（a）法定清算，是指必须按法律规定的程序进行的清算。原则上讲，法定清算适用于任何类型的公司，主要适用于有限责任公司和股份有限公司，特别是资合公司。我国《公司法》规定的清算为法定清算，而无任意清算。（b）任意清算，是指依照公司章程规定或股东会决议的方法所进行的清算。任意清算与法定清算有较大的不同。它主要适用于人合公司，即无限公司和两合公司，而不适用于资合公司。

②普通清算和特别清算。（a）普通清算是由公司股东、董事或股东大会、股东会确定的人员组成清算组织，依法定程序自行进行的清算。（b）特别清算是在公司因行政决定或法院裁定而解散，并在法院监督下进行的清算。

③正常清算和破产清算。（a）正常清算也称公司清算，是指公司除因合并、分立或破产的原因解散外，公司因其他原因解散而适用的清算程序。（b）破产清算是指公司不能清偿到期债务，被依法宣告破产时适用的清算程序。正常清算和破产清算虽然都是终结现存公司的法律关系以及消灭公司法人资格的行为，但二者在进行债务清偿

时的顺序和范围是不同的。

（3）公司清算组的产生及其主要职责。

①清算组的产生。清算组即公司清算事务的具体执行机构。各国公司法对清算组成员的选任规定不尽一致，大致的做法归纳如下：一是由公司的执行业务股东或执行业务董事担任清算组成员；二是根据公司章程的规定，由股东或股东（大）会选任清算组成员；三是由法院指派清算组成员。通常情况下，清算组成员通过第一、二种方式产生，只有在公司解散事由出现后的法定期间内，公司逾期不成立清算组进行清算，又有债权人申请的情形下，法院才会进行指定。

公司解散后、清算终结前，股份有限公司的股东大会及监事会仍然存续，董事会的权力能力受到较大的限制，由清算组代为行使相应的权力。

至于清算组与公司之间的关系，一般来说，为民法上的委任契约关系，清算组是受托人，依受托范围和职权开展清算工作。

根据我国《公司法》第183条的规定，公司应当在解散事由出现之日起15日内成立清算组，开始清算。有限责任公司的清算组由股东组成，股份有限公司的清算组由董事或者股东大会确定的人员组成。逾期不成立清算组进行清算的，债权人可以申请人民法院指定有关人员组成清算组进行清算。人民法院应当受理该申请，并及时组织清算组进行清算。

②清算组的职责。公司清算组依法成立后，必须严格履行其法定职责。我国《公司法》第184条规定，清算组在清算期间行使下列职权：清理公司财产，分别编制资产负债表和财产清单；通知、公告债权人；处理与清算有关的公司未了结的业务；清缴所欠税款以及清算过程中产生的税款；清理债权、债务；处理公司清偿债务后的剩余财产；代表公司参与民事诉讼活动。

此外，清算组成员应当忠于职守，依法履行清算义务。清算组不依法向公司登记机关报送清算报告，或者报送清算报告隐瞒重要事实或者有重大遗漏的，由公司登记机关责令改正。

清算组成员因故意或者重大过失给公司或者债权人造成损失的，应当承担赔偿责任。我国《公司法》第206条规定，清算组成员利用职权徇私舞弊、谋取非法收入或者侵占公司财产的，由公司登记机关责令退还公司财产，没收违法所得，并可以处以违法所得1倍以上5倍以下的罚款。

清算组成员违反《公司法》规定，应当承担民事赔偿责任和缴纳罚款、罚金的，其财产不足以支付时，先承担民事赔偿责任。构成犯罪的，依法追究刑事责任。

（4）公司清算的程序。

根据《公司法》的规定，公司的清算一般需要经过以下程序。

①确定清算组成员。清算组成员的主要工作是在公司解散后，清理公司的财产和债务，执行公司的清算事务。根据清算程序的不同，清算组成员产生的途径各有不同。

②向债权人催告。向债权人催告，即公告、通知债权人并要求其申报债权。《公司法》规定，清算组应当自成立之日起10日内通知债权人，并于60日内在报纸上公告。债权人应当自接到通知书之日起30日内，未接到通知书的自公告之日起45日

内，向清算组申报其债权。

债权人申报债权，应当说明债权的有关事项，并提供证明材料。清算组应当对债权进行登记。在申报债权期间，清算组不得对债权人进行清偿。

③清算人清理公司财产、编制资产负债表和财产清单。清算人清理公司财产、债权债务并编制资产负债表和财产清单后，发现公司财产不足以清偿债务的，应当向法院申请宣告破产。公司经法院裁定宣告破产后，清算组应当将清算事务移交给法院，由法院按破产程序组织清算。

④清算人制定清算方案，报股东大会或者有关主管机关确认。根据《公司法》的规定，清算组在清理公司财产、编制资产负债表和财产清单后，应当制定清算方案，并报股东会、股东大会或者人民法院确认。

⑤处理与清算有关的公司未了结事务。清算人应收回公司的债权，并以公司财产支付清算费用、职工工资、所欠税款与公司债务等。

⑥分配剩余财产。公司财产在分别支付清算费用、职工的工资、社会保险费用和法定补偿金，缴纳所欠税款，清偿公司债务后的剩余财产，有限责任公司按照股东的出资比例分配，股份有限公司按照股东持有的股份比例分配。

⑦清算终结。公司清算结束后，清算组应当制作清算报告，编制清算期间收支报表及财产账册，报股东会、股东大会或者人民法院确认，并报送公司登记机关，申请注销公司登记，公告公司终止。除此以外，公司清算组在清理公司财产、编制资产负债表和财产清单后，发现公司财产不足以清偿债务的，应当依法向人民法院申请宣告破产。

公司经人民法院裁定宣告破产后，清算组应当将清算事务移交给人民法院。公司被依法宣告破产的，依照有关企业破产的法律、行政法规等规定实施破产清算。

案例 2.1

北京某公司于2000年成立，至2008年之前公司经营效益良好，后来，由于公司股东之间对公司经营方式发生分歧，公司经营出现重大问题。部分股东请求注销该公司，其他股东不能达成一致意见，公司内耗严重，公司清算注销工作无法开展，给股东的其他正常行为也造成了严重影响。试问：该公司的前景如何？应依法如何处理此种问题？

分析：

（1）由于股东之间对公司是否存续无法达成一致意见，根据《公司法》的规定，可由部分股东向法院提起公司解散诉讼。

（2）在法院作出公司解散的判决后，依据该判决组成清算组开展公司清算工作，对公司的债权、债务、资产、负债进行清理，形成公司清算报告。

（3）在完成清算工作后，分别向税务、财政、统计、质检、社保、银行、工商等部门办理注销手续。

最后该公司按照上述步骤有序地完成了公司的清算注销工作。

第四节 中国的外商投资企业

外商投资企业，是指依照中华人民共和国法律的规定，在中国境内设立的，由中国投资者和外国投资者共同投资或者仅由外国投资者投资的企业。其所称的中国投资者包括中国的公司、企业或者其他经济组织，外国投资者包括外国的公司、企业和其他经济组织或者个人。

一、外商投资企业与法律特征

外商投资企业是一个总的概念，包括所有含有外资成分的企业。依照外商在企业注册资本和资产中所占股份和份额的比例不同以及其他法律特征的不同，可将外商投资企业分为三种类型。

(1) 中外合资经营企业，指外国的公司、企业、其他经济组织或个人依照中国法律，经中国政府批准在中国境内，与中国的公司、企业或其他经济组织举办的，双方共同投资，共同经营，共担风险，共负盈亏的企业。

其主要法律特征是：它是中国的法人，受中国法律保护；外商在企业注册资本中的比例有法定要求；企业采取有限责任公司的组织形式，也可以是股份有限公司的形式。故此种合营称为股权式合营（equity joint venture）。

(2) 中外合作经营企业，指中国的企业或者其他经济组织与外国的企业和其他经济组织或个人，按平等互利的原则在中国境内共同举办的经济实体。

其主要法律特征是：合作企业可以是法人，也可以是自然人；外商在企业注册资本中的份额无强制性要求；企业采取灵活的组织管理、利润分配、风险负担方式，不计算双方的出资额、比例，关于收益、风险等问题完全由合同规定。故此种合营称为契约式合营（contractual joint venture）。

(3) 外资企业，指依照中国有关法律在中国境内设立的全部资本由外国投资者投资的企业，不包括外国的企业和其他经济组织在中国境内的分支机构。

其主要法律特征是：企业全部资本均为外商出资和拥有；东道国对其既有属地管辖权，又有属人管辖权；外资企业是独立承担民事责任的经济实体。

另外，还有外商投资合伙企业。其主要法律特征是：两个以上外国企业或者个人在中国境内设立的合伙企业，以及外国企业或者个人与中国的自然人、法人和其他组织在中国境内设立的合伙企业。

二、我国的外商投资企业立法

（一）外商投资法的概念与立法特征

外商投资法是指资本输入国制定的关于调整外国私人直接投资关系的法律规范的

总称，其作用在于调整资本输入国政府和私人与外国投资者之间的权利义务关系。

各国关于外资立法呈现出不同的特征，大致可分为以下三种立法体制和形式：

①制定统一的外商投资法或投资法典，集公司法、税法、商法、外汇管理法、劳动法等法律规范于一身。

②没有统一的外商投资法，而是在一系列有关外商投资的单行法律中对外商投资的待遇、保护、鼓励和限制等问题加以规定。中国目前实行的就是这种立法体制。

③不制定关于外商投资的基本法或单行法规，而是通过一般的国内法律、法规来调整外国投资关系，外国投资者享受国民待遇。

1979 年 7 月 1 日，第五届全国人民代表大会第二次会议通过了《中华人民共和国中外合资经营企业法》，后经多次修订。1988 年 4 月 13 日，第七届全国人民代表大会第一次会议通过了《中华人民共和国中外合作经营企业法》，该法也经过多次修改。1986 年 4 月 12 日，第六届全国人民代表大会第四次会议通过了《中华人民共和国外资企业法》，该法也经过多次修改。以上三个法律文件简称“外资三法”。除了上述基本法律以外，我国还制定了与之相配套的实施细则以及《外商投资产业指导目录》等，以法律的形式明确了外商投资的方向。

“外资三法”在我国改革开放初期和经济高速发展时期，对我国招商引资起到了重要作用。然而，中国经济从快速增长阶段进入了高质量发展阶段，中国对外开放也进入了一个新的历史时期，对外资政策等提出了新的要求。“外资三法”已难以满足新时期引进外资的需求，我国迫切需要一部全面系统的外资管理法律。早在 2015 年，我国便制定了《中华人民共和国外国投资法（草案）》，但因争议较大而被迫搁浅。

2018 年 12 月，《中华人民共和国外商投资法（草案）》出台，提请十三届全国人大常委会第七次会议初次审议。

2019 年 3 月 15 日，十三届全国人大二次会议表决通过了《中华人民共和国外商投资法》（简称《外商投资法》）。该法于 2020 年 1 月 1 日生效实施，替代了之前的“外资三法”。《外商投资法》是立足于中国对外商投资法规的内部变革需求和适应中国新时代改革开放的要求而出台的。

《外商投资法》是我国历史上第一部全面系统的外资立法，标志着我国迈进了制度型开放的新阶段，对扩大对外开放和促进外商投资具有里程碑式的意义。《外商投资法》确立了外商投资促进制度、外商投资保护制度和外商投资管理制度，明确了外商投资实行准入前国民待遇和负面清单管理制度，加强了对外商投资企业的产权保护，不得利用行政手段强制要求外商技术转让。

（二）《外商投资法》的基本内容

东道国对外商的投资一般要经过审批，特别是一些发展中国家。在审批制度下，一般做法有三种。①一般审批制度：东道国对外商投资一律进行审批。②个别审批制度：只对特殊项目或个别投资进行审批。③公告审批制度：以法令或公告形式明确规定政府许可投资的领域，对公告以外的投资领域必须审批。

我国《外商投资法》规定，对外商投资实行准入前国民待遇加负面清单管理制度。这已完全不同于之前的一般审批制度。

按照我国新颁布的《外商投资法》，其主要内容如下。

1. 坚持对外开放的基本国策，鼓励外国投资者依法在中国境内投资

国家实行高水平投资自由化便利化政策，建立和完善外商投资促进机制，营造稳定、透明、可预期和公平竞争的市场环境。

国家对外商投资实行准入前国民待遇加负面清单管理制度。准入前国民待遇是指在投资准入阶段给予外国投资者及其投资不低于本国投资者及其投资的待遇；负面清单是指国家规定在特定领域对外商投资实施的准入特别管理措施。国家对负面清单之外的外商投资给予国民待遇。负面清单由国务院发布或者批准发布。

2. 投资促进与保护

国家建立健全外商投资服务体系，为外国投资者和外商投资企业提供法律法规、政策措施、投资项目信息等方面的咨询和服务。

在中国境内进行投资活动的外国投资者、外商投资企业，应当遵守中国法律法规，不得危害中国国家安全、损害社会公共利益。国家依法保护外国投资者在中国境内的投资、收益和其他合法权益。

国家根据国民经济和社会发展需要，鼓励和引导外国投资者在特定行业、领域、地区投资。外国投资者、外商投资企业可以依照法律、行政法规或者国务院的规定享受优惠待遇。

国家对外国投资者的投资不实行征收。外国投资者在中国境内的出资、利润、资本收益、资产处置所得、知识产权许可使用费、依法获得的补偿或者赔偿、清算所得等，可以依法以人民币或者外汇自由汇入、汇出。

国家保护外国投资者和外商投资企业的知识产权，保护知识产权权利人和相关权利人的合法权益；对知识产权侵权行为，严格依法追究法律责任。

国家鼓励在外商投资过程中基于自愿原则和商业规则开展技术合作。技术合作的条件由投资各方遵循公平原则平等协商确定。行政机关及其工作人员不得利用行政手段强制转让技术。

3. 投资管理

外商投资准入负面清单规定禁止投资的领域，外国投资者不得投资。外商投资准入负面清单规定限制投资的领域，外国投资者进行投资应当符合负面清单规定的条件。外商投资准入负面清单以外的领域，按照内外资一致的原则实施管理。

外商投资企业的组织形式、组织机构及其活动准则，适用《中华人民共和国公司法》《中华人民共和国合伙企业法》等法律的规定。

外国投资者投资外商投资准入负面清单规定禁止投资的领域的，由有关主管部门责令停止投资活动，限期处分股份、资产或者采取其他必要措施，恢复到实施投资前的状态；有违法所得的，没收违法所得。

总之，外商投资企业法是指有关外商投资企业组织和活动的行为规范的法律、法规的总称。其主要内容包括外商投资企业的法律地位、组织形式、投资关系、法律文件、中外双方的权利义务、组织机构、经营管理、劳动关系、税收、外汇管理、解散与清算等。由于我国对外资已实行准入前国民待遇加负面清单管理制度，所以，凡是能够进入我国投资的外商投资企业都与内资企业的法律规定基本一致。

复习与思考题

1. 试比较个人独资企业、合伙企业与公司三种商事组织之间的优缺点。
2. 有限责任公司与股份有限公司有何区别?
3. 股份有限公司普通股东享有哪些主要权利?
4. 简述现代公司的治理结构。
5. 简述并购的类型及其动机。
6. 试比较中外合资经营与合作经营的异同。
7. 简述我国《外商投资法》出台的背景与意义。
8. 简述我国《外商投资法》规定的外资准入前国民待遇加负面清单管理制度。

主要参考文献

1. 曹祖平编著. 新编国际商法. 3版. 北京：中国人民大学出版社，2010.
2. 冯大同主编. 国际商法. 北京：对外经济贸易大学出版社，1991.
3. 郭寿康，赵秀文主编. 国际经济法. 北京：中国人民大学出版社，2006.
4. 朱羿锟主编. 商法学通论. 北京：北京大学出版社，2015.

第3章

合同法

本章提要

1. 合同的概念
2. 合同法的概念
3. 合同的成立
4. 合同的履行
5. 合同的消灭
6. 中国的合同法

关键术语

法律行为　要约　承诺　对价与约因　投邮（生效）原则　到达（生效）原则　根本违约　一般违约　违反条件　违反担保　预期违约　实际违约　给付不能　违约金　债权让与　债务承担　提存　抵销　诉讼时效

■第一节　合同法概述

一、合同概述

（一）合同的基本概念与特征

合同（contract）是平等主体的自然人、法人及其他组织之间设立、变更、终止民事权利义务关系的协议。合同是当今社会进行各种经济活动的基本法律形式。在商品经济条件下，如果没有各种经济合同，社会的经济生活就无法顺利进行，社会的经济秩序亦将难以维持。

世界各国对合同所下的定义并不完全相同。按照我国《民法典》第464条的规定：合同是民事主体之间设立、变更、终止民事法律关系的协议。依据这个定义，合同具有以下三个特征：

（1）合同主体的法律地位一律平等，合同是双方的民事法律行为，不是单方面的，且双方当事人的意思表示必须一致。

（2）订立合同的目的是产生某种民事法律上的效果。

（3）合同是合法行为，不是违法行为。因此，合同是具有法律约束力的协议。

大陆法系中的《德国民法典》运用“法律行为”这个抽象概念，把合同纳入法律的范畴内。法律行为包括：意思表示一致和其他合法行为。例如，依照德国法律，动产转让就是由双方当事人的意思表示，加上由一方把动产交付给另一方的行为合成的。也就是说，合同成立应包括两个方面的内容：一是当事人内在的意思，另一个是表示这种意思的行动，二者缺一不可。

《法国民法典》没有法律行为这一抽象的概念，而是使用“合意”（consensu）这个比较具体的概念，把合同作为一种合意。如《法国民法典》第1101条规定：合同是一人或数人对另一人或数人承担给付某物，做或不做某事的义务的一种合意。

英美法系国家对合同所下的定义与大陆法系国家不同。英美法强调合同的实质在于当事人所作出的许诺（promise），而不仅是达成协议的事实。例如，美国《合同法重述》对合同作了如下定义：“合同是一个许诺或一系列的许诺，对于违反这种许诺，法律给予救济（remedied），或者法律以某种方式承认履行这种许诺乃是一项义务。”按照英美法的理论，合同的要素是当事人所表示的许诺，即法律上强制执行的是当事人所作出的许诺，而大陆法则认为，法律上强制执行的是当事人间的协议或合意。

尽管各国对合同的概念在理论上存在着不少分歧，但实际上无论是英美法系国家还是大陆法系国家都把双方当事人的意思表示一致作为合同成立的要素。如果双方当事人不能达成协议，就不存在合同，在这一点上是没有实质性分歧的。

（二）合同的类型

1. *要式合同与不要式合同*

根据合同是否以法律规定或约定的形式作成，可以将其分为要式合同和不要式合同。要式合同是依法律规定或当事人约定，必须以某种特定形式作成，例如，以书面形式作成，否则是不成立或不生效的合同。根据特定形式是属于法律规定还是当事人约定，又分为法定要式合同与约定要式合同。不要式合同是指合同的形式无特别要求的合同，即合同的形式是自由的，可以是书面，也可以是非书面，包括口头合同都是有效的。这种区分的意义在于，两者成立生效的条件不同。要式合同只有符合法律规定或当事人约定的特别形式或程序时，合同才能成立生效。不要式合同则只要符合合同一般成立的要件，合同就能成立生效。

2. 单务合同与双务合同

以合同当事人是否都负有义务为标准，可以将其分为单务合同与双务合同。单务合同是只有一方当事人有向对方履行的义务，而另一方则无履行义务的合同，这种合同又被称为无约因合同或无对价合同，如赠与合同、捐献或援助合同。双务合同是双方当事人均有向对方履行义务的合同，绝大多数合同属于这种类型的合同，如买卖合同、借款合同、租赁合同等。这种区分的意义在于：双务合同有对价，要相互给付，同时可履行抗辩等，单务合同则无；双务合同一方履行不能时，他方可解除合同，而单务合同则没有这种情形。

3. 有偿合同与无偿合同

以合同当事人是否给付对价，又可以将其分为有偿合同与无偿合同。有偿合同是一方当事人从另一方取得合同权利，得向对方给付相应对价的合同。无偿合同是一方当事人从另一方取得合同权利，无须向对方给付对价的合同。这种划分虽与前述双务合同与单务合同的划分基本类似，但它们之间是有区别的：一般而言，双务合同都是有偿合同，但单务合同并非皆为无偿合同。这种划分的意义在于，当事人的注意义务不同。法律对有偿合同中债务人的注意义务要求较高，而无偿合同中的债务人则要负担较轻的注意义务，且对故意或重大过失负责。

4. 有名合同与无名合同

根据法律上是否对合同规定了一定的名称，可以将其分为有名合同与无名合同。有名合同，又称典型合同，是指法律上已为其确定了一定的名称及规则的合同。如我国《民法典》（第三编第二分编）所规定的19种合同，如买卖合同、赠与合同、租赁合同、融资租赁合同、保险合同、建设工程合同、运输合同、技术合同、保管合同等。无名合同，又称非典型合同，是指法律未对其确定一定的名称与规则的合同。从合同法的发展趋势看，为规范合同关系，合同法在扩大有名合同的范围，但这并不意味着干预当事人的合同自由。这种区分的意义在于：对于有名合同，当事人可以参照法律有关规定订立，在合同发生争议时，法院或仲裁机构应按照法律的有关规定裁判。对于无名合同，法律未作具体规定，其成立、生效及纠纷解决，除适用有关民事法律行为和合同一般规定外，可以参照与之类似的有名合同的法律规定。

5. 主合同与从合同

根据两合同之间存在的主从关系，可将其分为主合同与从合同。主合同是指两合同中不依赖另一合同而独立存在的合同，它不以其他合同的存在为前提。主合同与从合同是相对而言的，没有从合同就无主合同，没有主合同就无从合同。从合同是指两合同中以另一合同的存在为前提的合同。一般情况下，从合同依赖于主合同的存在而存在，从合同自身不能独立存在。如抵押合同、质权合同、保证合同、定金合同等担保合同与其所担保的合同之间的关系，就是主从合同关系。其中，担保合同是从合同，被担保合同为主合同。这种区分的意义在于：明确主从合同间的制约关系，在通常情况下，从合同以主合同的存在为前提，主合同变更或消灭，从合同原则上也随之变更或消灭。

二、各国合同法与国际统一商事合同法

世界各国合同法编制体例各不相同，但总体来讲，可以分为两个主要的法律体系，即大陆法系和英美法系。这两个法律体系在本质上是相同的，它们的合同法都是建立在生产资料私人占有的私有制基础之上。但是，两大法系在合同法的形式、编制体例以及某些具体的法律原则方面，又各有其不同的特点。

（一）大陆法系国家的合同法

在大陆法系国家，合同法是以成文法的形式出现的，如法国、德国、意大利、瑞士和日本等国，它们的合同法都包含在民法典或债务法典中。大陆法系国家的民法理论把合同作为产生“债”的原因之一，把有关合同的法律规范与产生债的关系的其他原因，如侵权行为、不当得利及无因管理等法律规范并列在一起，作为民法的一编，称为债务关系法。例如，《法国民法典》把有关合同事项集中在第三卷中加以规定，该卷第三编的标题就是“合同或合意之债的一般规定”，其内容包括合同有效成立的条件、债的效果、债的种类、债的消灭等，这些都是属于合同法的一般原则。除此以外，该卷在其后各编中进一步对各种具体合同作出规定，其中包括买卖、对销、合伙、借贷、委任、保证、和解等合同。

《德国民法典》与《法国民法典》相比有一个很大的特点，就是《德国民法典》设有“总则”一编，它使用法律行为这一概念，把有关合同成立的共同性问题，在“总则”中加以规定。该法典第二编就是“债务关系法”，对因合同而产生的债的关系、债的消灭、债权转让、债务承担、多数债务人与多数债权人以及各种债务关系等作了规定。其中，“各种债务关系”一章实际上就是合同法的具体体现，分别对买卖、对销、赠与、租赁、借贷、消费租赁、雇用、承揽、中介、委任、寄托、旅店寄托、合伙、终身定期金、赌金与赌博、保证、和解等合同作了具体的规定。总的来说，《德国民法典》对合同的规定比较系统，逻辑性较强，结构也较严谨。

（二）英美法系国家的合同法

在英美法系国家，关于合同的法律原则主要包含在普通法（common law）中，这是几个世纪以来由法院以判例形式发展起来的判例法，是不成文法（印度除外）。虽然英美等国家制定了一些有关某种具体合同的成文法，如英国于 1893 年制定的《货物买卖法》、美国的《1906 年统一买卖法》和 20 世纪 50 年代制定的《统一商法典》，但它们只是对货物买卖合同及其他一些有关的商事交易合同作了具体规定，至于合同法的许多基本原则，如合同成立的各项规则等，仍须按照判例法所确定的规则来处理。

（三）中国的合同法

《民法典》生效（2021 年 1 月 1 日）之前，我国的合同法见于 1987 年开始施行

的《民法通则》和1999年10月1日开始施行的《合同法》。《民法通则》对所有合同作出了原则规定，而《合同法》对经济合同作出了具体规定。《民法通则》规定的合同法的一般原则，主要包括民事权利与民事行为能力、民事法律行为和代理、债权、民事责任等内容。它所规定的各项原则基本上适用于一切合同。

《合同法》主要包括经济合同的订立、履行、变更和解除、违反经济合同的责任、纠纷的调解、仲裁等具体内容。

2021年1月1日开始生效的《民法典》取代了之前的《民法通则》和《合同法》。

（四）国际统一商事合同法

由于各国合同法的内容不统一，各国在进行经济贸易时遇到了许多法律上的障碍和不便。因此，从20世纪早期开始就有一些国际组织从事统一各国合同法的工作。它们试图通过国家间的协商，制定出一套在国际上统一适用的合同法。它们所采取的步骤是：首先从制定某种特定合同的统一法入手，然后在此基础上制定一部统一的国际商事合同法。为了实现这个目标，罗马国际统一私法协会于1980年成立了一个工作组负责起草《国际商事合同通则》，到1989年时，已经提出了两个修改文本，1994年最后定稿。但现在仍没有最后形成国际上各国普遍接受的通则。它还在不断地完善之中。如果这项工作进展顺利且取得成功，将对国际商事交易产生重大的影响。

■第二节　合同的成立

各国的法律对合同有效成立都要求具备一定的条件，即合同有效成立的要件。总体来看，各国对合同有效成立的要求，即构成合同有效成立的基本条件主要有以下几项：

（1）当事人之间必须达成协议，这种协议是通过要约（offer）与承诺（acceptance）达成的。

（2）当事人必须具有订立合同的能力。

（3）合同必须有对价（consideration）或合法的约因（cause）。

（4）合同的标的和内容必须合法。

（5）合同必须符合法律规定的形式要求。

（6）当事人的意思表示必须真实。

一、要约与承诺

（一）要约

1. 要约的含义

要约（offer），在商事业务上称为发盘或发价、报价、报盘。根据《联合国国际货物销售合同公约》第14条第1款的规定，向一个或一个以上特定的人提出的订立合同的建议，如果其内容十分确定并且表明发盘人有在其发盘一旦得到接受就受其约束的意思，即构成要约。要约的当事人称为要约人（offerer）和受要约人（offeree）。要约既可由卖方提出，也可由买方提出，因此，有卖方要约和买方要约之分。买方要约习惯上称为递盘（bid）。要约可以用书面形式作出，也可以用口头或行动作出。

2. 构成要约的条件

根据上述《联合国国际货物销售合同公约》对要约的规定，构成要约的主要条件如下。

（1）要约应向一个或一个以上特定的人提出。

向特定的人提出，即向有名有姓的公司或个人提出。提出此项要求的目的在于，把要约同普通商业广告及向广大公众散发商品价目单等行为区别开来。对向广大公众发出的商业广告是否构成要约的问题，各国法律规定不一。大陆法规定，要约需向一个或一个以上特定的人提出，凡向公众发出的商业广告，不得视为要约。英美法的规定则与此相反，如英国有的判例认为，向公众作出的商业广告，只要内容确定，在某些场合下也可视为要约。《联合国国际货物销售合同公约》对此问题持折中态度，该公约第 14 条第 2 款规定：非向一个或一个以上特定的人提出的建议，仅应视为邀请要约，除非提出建议的人明确地表示相反的意向。根据此项规定，商业广告本身并不是一项要约，通常只能视为邀请对方提出要约。但是，如果商业广告的内容符合要约的条件，而且登此广告的人明确表示它是作为一项要约而提出的，如在广告中注明“本广告构成要约”等，则此类广告也可作为一项要约。

我国《民法典》第 473 条规定：要约邀请是希望他人向自己发出要约的表示。拍卖公告、招标公告、招股说明书、债券募集办法、基金招募说明书、商业广告和宣传、寄送的价目表等为要约邀请。商业广告和宣传的内容符合要约条件的，构成要约。

（2）要约内容必须十分确定。

根据《联合国国际货物销售合同公约》第 14 条第 1 款的规定，要约的内容必须十分确定（sufficiently definite）。例如在商品买卖中，要约应标明货物的名称，应明示或默示地规定货物的数量或规定数量的方法，应明示或默示地规定货物的价格或规定作价方法。在实际业务中，要约人发出要约时，最好能明确标明要出售或要购买的货物的价格和数量。但是，有时价格无法在要约中做具体规定，则至少要确定作价方法。例如，在远期交货的情况下，交易双方为了避免承担价格波动的风险，可采取较为灵活的作价办法，即不规定具体价格，只规定一个确定价格的办法，如规定按交货时某个市场的价格水平来确定该货物的价格。同样，确定数量也是如此。

要约应包括的内容，各国的法律规定不尽相同。有些国家的法律要求对买卖合同的主要条件，如品名、品质、数量、包装、价格、交货时间与地点以及支付办法等，都要有完整、明确、肯定的规定，并不得附有任何保留条件，以便受要约人一旦承诺即可签订一项对买卖双方均有约束力的合同。《联合国国际货物销售合同公约》关于要约内容的上述规定，只是对构成要约的起码要求。在实际业务中，如要约的交易条件太少或过于简单，会给合同的履行带来困难，甚至容易引起争议。因此，在对外要约时，最好将品名、品质、数量、包装、价格、交货时间、地点和支付办法等主要交易条件一一列明。当然，要约人不必在要约中详细载明合同的全部内容，而只要达到足以确定合同内容的程度即可。至于某些条件，可以留待日后确定。在这一点上，大陆法和英美法的要求基本上是一致的。不过，美国《统一商法典》(Uniform Commercial Code，UCC) 在这个问题上采取了更为开放的态度。按照美国《统一商法典》的规定，在货物买卖中，要约的内容最重要的是要确定货物的数量或提出确定数量的方法，至于价格、交货条件或付款时间等内容，均可暂不提出，留待日后按照合理的标准来确定。关于何谓合理，属于事实问题，得由法院根据案情和周围的情况作出解释。美国《统一商法典》的这一规定是为了适应当代经济贸易发展的要求，尽可能使某些合同不致由于缺少某项条件而不能成立。

(3) 无保留条件，表明经受要约人接受，要约人即受约束的意思。

必须表明要约一旦被受要约人接受，要约人即受约束的意思。要约是订立合同的建议，这个意思应当体现在要约之中，如果要约人只是就某些交易条件建议与对方进行磋商，而根本没有受其建议约束的意思，则此项建议不能被认为是一项要约。例如，要约人在其提出的订约建议中加注诸如"仅供参考""须以要约人的最后确认为准"或其他保留条件，这样的订约建议就不是要约，而只是邀请对方要约。

我国《民法典》对要约及构成要件的规定同上述《联合国国际货物销售合同公约》的规定与解释基本上是一致的。我国《民法典》第472条规定，要约是希望与他人订立合同的意思表示，该意思表示应当符合下列条件：内容具体确定；表明经受要约人承诺，要约人即受该意思表示约束。

3. 要约的生效与有效期

要约的生效在不同的国家虽有不同的规定，但一般都是采用到达生效原则，即只有要约送达受要约人时，要约才开始生效。《联合国国际货物销售合同公约》采用的也是到达生效原则。我国采取的生效原则与国际公约的规定一致，亦是到达生效原则。我国《民法典》第137条规定：以对话方式作出的意思表示，相对人知道其内容时生效。以非对话方式作出的意思表示，到达相对人时生效。以非对话方式作出的采用数据电文形式的意思表示，相对人指定特定系统接收数据电文的，该数据电文进入该特定系统时生效；未指定特定系统的，相对人知道或者应当知道该数据电文进入其系统时生效。

要约都具体规定了一个有效期，通常有两种情况：一种是在要约中明确地规定了有效期限。这时，受要约人必须在规定期限内承诺才有效。但是各国对此也有不同的解释，有的解释为受要约人在规定期限内发出承诺即为有效；有的解释为承诺必须在规定的期限内送达要约人才有效。这实际上是关于承诺生效的问题，同样有到达原则和投邮原则两种，其规定与要约生效的规定相同。为了避免纷争，在实际业务操作中，一般明确规定有效期，并且明确以要约人收到承诺的时间为准。另一种是在要约中未明确规定具体的有效期限。当要约未具体列明有效期时，受要约人应在合理时间(reasonable time) 内承诺才有效。何谓"合理时间"，需根据具体情况而定，国际上没有明确、统一的解释，容易引起争议，一般不建议采用这种形式的要约。根据《联合国国际货物销售合同公约》的规定，采用口头要约时，除要约人要约时另有声明外，受要约人只能当场表示承诺方为有效。此外，当要约规定有效期时，还应考虑交易双方营业地点不同而产生的时差问题。

4. 要约的撤回与撤销

要约的撤回（withdrawal）与撤销（revocation）是两个不同的概念。前者是指在要约送达受要约人之前将其撤回，以阻止其生效。后者是指要约已送达受要约人，即要约生效之后将要约取消，使其失去效力。

（1）要约的撤回。

根据《联合国国际货物销售合同公约》的规定，一项要约（包括注明不可撤销的要约）只要尚未生效，都是可以修改或撤回的。根据《联合国国际货物销售合同公约》的规定，要约送达受要约人时生效。要约人可以用更迅速的通信方法将要约的撤回或更改通知赶在受要约人收到该要约之前或同时送达受要约人，则要约即可撤回或修改。

要约发出后，要约人是否可以撤回要约或变更其内容，在这个问题上，英美法与大陆法两大法系之间存在着尖锐的矛盾。英美法认为，要约原则上对要约人没有约束力。要约人在受要约人对要约表示承诺之前的任何时候都可撤回要约或变更其内容。而大陆法则认为，要约对要约人有约束力。如《德国民法典》规定，除非要约人在要约中注明要约人不受要约的约束，否则要约人就要受到要约的约束。

我国《民法典》第141条规定：行为人可以撤回意思表示。撤回意思表示的通知应当在意思表示到达相对人前或者与意思表示同时到达相对人。

（2）要约的撤销。

《联合国国际货物销售合同公约》规定，在要约已送达受要约人，即要约已经生效，但受要约人尚未表示承诺之前这一段时间内，只要要约人及时将撤销通知送达受要约人，仍可将其要约撤销。一旦受要约人发出承诺通知，则要约人无权撤销该要约。但是，下列两种情况下的要约一旦生效，则不得撤销：①在要约中规定了有效期，或以其他方式表示该要约是不可撤销的。②受要约人有理由信赖该要约是不可撤销的，并本着对该要约的信赖采取了行动。

我国法律与国际公约基本一致，我国《民法典》第477条规定：撤销要约的意思表示以对话方式作出的，该意思表示的内容应当在受要约人作出承诺之前为受要约人所知道；撤销要约的意思表示以非对话方式作出的，应当在受要约人作出承诺之前到达受要约人。

关于要约能否撤销的问题，英美法与大陆法也存在严重的分歧。英美法认为，在受要约人表示承诺之前，即使要约中规定了有效期，要约人也可以随时予以撤销，这显然对要约人较为有利。这种观点在英美法系国家中也不断受到责难。有的英美法系国家在制定或修改法律时，实际上已在不同程度上放弃了这种观点。大陆法系国家对此问题的看法相反，认为要约人原则上应受要约的约束，不得随意将其要约撤销。例如，德国法律规定，要约在有效期内，或没有规定有效期，则依通常情况在可望得到答复之前不得将其撤销。法国的法律虽规定要约在受要约人承诺之前可以撤销，但若撤销不当，要约人应承担损害赔偿的责任。

5. 要约效力的终止

一项要约在遇到下列情况之一时即终止或失效，要约人可不再受该要约的约束：

（1）在要约规定的有效期内未被承诺，或虽未规定有效期，但在合理时间内未被承诺，则要约的效力即告终止。

（2）要约被要约人依法撤销。

（3）被受要约人拒绝或反要约之后，即拒绝或反要约通知送达要约人时，要约的效力即告终止。

反要约（counter-offer），在商事业务上称为还盘或还价。反要约是指受要约人对要约内容不同意或不完全同意，并提出了修改意见，即反要约是对要约条件进行添加、限制或其他更改的答复。受要约人的答复如果在实质上变更了要约条件，就构成对要约的拒绝，其法律后果是否定了原要约，原要约即告失效，原要约人就不再受其约束。根据《联合国国际货物销售合同公约》的规定，受要约人对买卖货物的价格、付款、品质、数量、交货时间与地点、一方当事人对另一方当事人的赔偿责任范围或解决争端的办法等条件提出添加或更改，均作为实质性变更要约条件。

此外，对要约表示有条件的承诺，也是反要约的一种形式。例如受要约人在答复要约人时，附加有“待最后确认为准”等规定或类似的附加条件，这种答复只能视作反要约或邀请要约。反要约的内容凡不具备要约条件的，则为邀请要约。如反要约的内容具备要约条件，就构成一个新的要约，反要约人成为新要约人，原要约人成为新受要约人，他有对新要约作出承诺、拒绝或再反要约的权利。一笔交易往往要经过多次反要约才能达成协议。

（4）要约人发出要约之后，发生了不可抗力事件，如发生自然灾害或所在国政府对要约中的商品或所需外汇发布禁令等。在这种情况下，按出现不可抗力可免除责任的一般原则，要约的效力即告终止。

（5）要约人或受要约人在要约被承诺前丧失行为能力，则该要约的效力也可终止。

（二）承诺

1. 承诺的含义

承诺（acceptance），在商事业务上称为接受，它是指受要约人在要约规定的时限内，无条件地完全同意对方要约或反要约提出的交易条件，并愿意按这些条件订立合同的肯定表示。可见，承诺的实质是对要约表示同意，而且是无保留条件地接受。根据《联合国国际货物销售合同公约》的规定，受要约人对要约表示承诺，既可以通过口头或书面向要约人发表声明的方式承诺，也可以通过其他实际行动来表示承诺。沉默或不行为本身并不等于承诺，如果受要约人收到要约后，不采取任何行动对要约作出反应，而只是保持缄默，则不能认为是对要约表示承诺。

从法律责任来看，受要约人一般并不承担对要约必须进行答复的义务。但是，如果沉默或不行为与其他因素结合在一起，足以使对方确信沉默或不行为是同意的一种表示，即可构成承诺。假定交易双方有协议或按业已确认的惯例与习惯做法，受要约人的缄默也可以变成承诺。

2. 构成承诺的要件

构成一项有效的承诺，必须具备下列各项要件。

（1）承诺必须由合法的受要约人作出。

要约是向特定的人提出的，因此，只有特定的人才能对要约作出承诺。任何第三者作出的承诺，不能视为有效的承诺。

（2）承诺必须是无条件的，完全同意要约所提出的交易条件。

根据《联合国国际货物销售合同公约》的规定，一项有效的承诺必须是同意要约所提出的交易条件，只承诺要约中的部分内容，或对要约条件提出实质性的修改，或提出有条件的承诺，均不能构成承诺，而只能视作反要约。但是，若受要约人在表示承诺时，对要约内容提出某些添加、限制和更改，且这些添加、限制和更改是非实质性的，除非要约人表示反对，仍可构成有效的承诺，从而使合同得以成立。在此情况下，合同的条件就以该项要约的条件以及承诺中所提出的某些更改为准。

（3）承诺必须在要约规定的时效内作出。

《联合国国际货物销售合同公约》对要约生效的时间，原则上采取到达生效的规定。当要约规定了承诺的时限时，受要约人必须在要约规定的时限内作出承诺方为有效。如果要约没有规定承诺的时限，则受要约人应在合理时间内表示承诺。对何谓“合理时间”，往往有不同的理解。为了避免争议，最好在要约中明确规定承诺的具体时限。

我国《民法典》第481条也对此作了明确规定，承诺应当在要约确定的期限内到达要约人。要约没有确定承诺期限的，承诺应依照下列规定到达：①要约以对话方式作出的，应当即时作出承诺；②要约以非对话方式作出的，承诺应当在合理期限内到达。

（4）承诺必须以受要约人的某种行为表现出来。

《联合国国际货物销售合同公约》规定的表示方式有两种：一种是受要约人以口头或书面形式向要约人发出声明；另一种是通过某种行为表示承诺，如在货物买卖中，按要约规定发货、付款等。一般情况下，缄默或不行动不能认定是承诺。

3. 承诺的生效

在承诺生效的时间问题上，英美法与大陆法存在着严重分歧。英美法采用投邮生效的原则（简称投邮原则），即承诺通知一经投邮或交邮电部门发出则立即生效；大陆法系采用到达生效的原则（简称到达原则），即承诺通知必须送达要约人时才能生效，但法国例外。

英美法认为，在以书信、电报电传作出承诺时，承诺一经投邮，立即生效，合同即告成立。例如，以书信或电报电传作出承诺时，只要受要约人把书信投入邮局信箱或把电报交到电报局发出，承诺即告生效，即使表示承诺的函件在传递过程中丢失，只要受要约人能证明确实已给函件付了邮资，写妥地址交到邮局，合同仍可成立。其理由是，要约人曾默示地指定邮局作为他接受承诺的代理人，所以，一旦受要约人把承诺交到邮局，就等于交给要约人，承诺即时发生效力，即使由于邮局的疏忽把表示承诺的信函遗失了，那也应当由要约人负责，与受要约人无关，不得因此影响合同的成立。但这只是表面上的理由，真正的理由是为了缩短要约人能够撤销要约的时间。因为英美法固守“对价”（consideration）原则，认为要约人可不受要约的约束，在其要约被承诺前，随时都可以把要约撤销。即使要约规定了承诺期限，也可以在该期限届满以前把要约撤销。这项原则本来就对受要约人不利，如果对承诺生效时间的问题不是采取投邮原则，而是采取到达原则，即须待承诺到达要约人时才发生效力，这就意味着要约人从发出要约起至收到承诺止的这一段时间内，随时都可以撤销要约，无疑这将对受要约人更为不利，使他感到交易的安全缺乏应有的保障。所以，英美法对不同的意思表示采取了不同的原则，对要约和撤回要约的意思表示采取到达原则，而对承诺的意思表示则采取投邮原则，以此来调和要约人和受要约人之间的利益冲突。

大陆法特别是德国法，在承诺生效时间问题上，采取了与英美法不同的原则。《德国民法典》对承诺生效的时间没有具体规定，但按照德国法，无论是要约、承诺或撤回要约或承诺的通知等，都属于意思表示之列，适用有关意思表示的规定。而根据《德国民法典》第130条的规定，对于相对人以非对话方式所作的意思表示，于意思表示到达相对人时发生效力。换言之，德国法对承诺生效的时间是采取到达原则的。到达原则是指从信件到达收信人的支配范围时起，即由收信人承担风险，纵使收信人没有及时拆阅，不了解其内容，承诺亦于到达时生效。到达收信人的支配范围一般是指送达收信人的营业处所或惯常的居住地点，而不要求必须送到收信人的手中。

《法国民法典》对承诺何时生效没有作出具体规定。但法国最高法院认为，关于承诺生效的时间完全取决于当事人的意思，因此，这是一个事实问题，应根据具体情况，特别是根据当事人的意思来决定。但往往推定为适用投邮生效的原则，即根据事实情况推定承诺于发出承诺通知时生效，合同亦于此时成立。

《联合国国际货物销售合同公约》第18条第2款明确规定，承诺送达要约人时生效。此外，受要约人可以通过某种行为表示承诺，承诺在采取某种行为时生效。如果承诺未在要约规定的时限内送达要约人，或者要约虽没有规定时限，但在合理时间内未曾送达要约人，则该项承诺称作逾期承诺（late acceptance）。按各国法律规定，逾期承诺不是有效的承诺。

对于逾期承诺，《联合国国际货物销售合同公约》第21条第1款规定，只要要约人毫不迟延地口头或书面通知受要约人，认为该项逾期的承诺可以有效，愿意承受逾期承诺的约束，合同仍可于承诺通知送达要约人时订立。如果要约人对逾期的承诺表示拒绝或者没有立即向受要约人发出上述通知，则该项逾期承诺无效，合同不能成立。《联合国国际货物销售合同公约》第21条第2款规定，如果载有逾期承诺的信件或其他书面文件显示，依照当时的寄发情况，只要传递正常，它本来是能够及时送达要约人的，则此项逾期承诺应当有效。合同于承诺通知送达要约人时订立。除非要约人毫不迟延地口头或书面通知受要约人，认为其要约因逾期承诺而失效。以上表明，逾期承诺是否有效，关键要看要约人如何表态。

4. 承诺的撤回或修改

撤回承诺是承诺人阻止承诺发生效力的一种意思表示。承诺必须在生效以前才能撤回，一旦生效，合同即告成立，承诺人就不得撤回其承诺。由于世界各国法律对承诺生效的时间有不同的要求，因此，在承诺人能否撤回承诺的问题上，也有不同的情况。按照英美法国家的审判实践，由于其认为承诺的函电一经投邮就立即生效，因此，受要约人在发出承诺通知后，就不能撤回其承诺。但根据德国的法律，由于其认为承诺的通知必须到达要约人才能生效，所以，受要约人在发出承诺通知之后，原则上仍可把承诺撤回。但撤回的通知必须与承诺的通知同时或先到达要约人，才能把承诺撤回。承诺的修改与撤回的规定原则一样。

《联合国国际货物销售合同公约》第 22 条规定，如果撤回通知在承诺生效之前送达要约人，或与承诺同时送达要约人，承诺则可以撤回。在承诺的撤回或修改问题上，《联合国国际货物销售合同公约》采取了到达生效的原则。由于承诺在送达要约人时才产生法律效力，故撤回或修改的通知只要先于承诺通知送达要约人，或与承诺通知同时送达要约人，则承诺可以撤回或修改。如承诺已先一步送达要约人，即承诺生效，合同即告成立，就不得撤回承诺或修改其内容，因为这样做无异于撤销或修改合同。

二、合同的订立与生效

（一）合同订立的时间与地点

国际商务合同是不同国家的当事人按一定条件对商务交易达成的协议。只要交易双方中一方的要约被另一方有效地承诺，合同即告订立。合同即法律文件，依法订立的合同具有法律约束力。

在国际商务中，合同订立的时间是一个十分重要的问题。根据《联合国国际货物销售合同公约》的规定，合同订立的时间为承诺生效的时间。如前所述，承诺在送达要约人时生效，或者在受要约人采取某种表示承诺的行为时生效。由此可见，合同订立的时间有两个判断标准：一是有效承诺的通知到达要约人时，合同成立；二是受要约人作出承诺行为时，合同成立。在实际业务中，双方当事人通常约定，合同订立的时间以订约时合同上所写明的日期为准，或以收到对方确认合同的日期为准。

在现实经济生活中，有些合同成立的时间有特殊规定。如我国《民法典》第 490 条规定：当事人采用合同书形式订立合同的，自当事人均签名、盖章或者按指印时合同成立。在签名、盖章或者按指印之前，当事人一方已经履行主要义务，对方接受时，该合同成立。签字或盖章不在同一时间的，最后签字或者盖章时合同成立。以直接对话方式签订合同的，以相对人作出承诺的时间为合同订立的时间；以非对话方式签订合同的，以承诺送达要约人的时间为合同订立的时间。

合同订立的地点对法院管辖权的确定及法律选择适用密切相关。依据我国《民法典》第 492 条，承诺生效的地点为合同成立的地点，这是一般规则。作为特殊情形，一是采用数据电文形式订立的合同，收件人的主营业地为合同成立的地点。没有主营业地的，其经营居住地为合同成立的地点。当事人另有约定的，按照其约定。二是以合同书形式订立的合同，依据我国《民法典》第 493 条，当事人采用合同书形式订立合同的，最后签名、盖章或者按指印的地点为合同成立的地点，但是当事人另有约定的除外。

由于大陆法与英美普通法在承诺生效问题上存在差异，因而在合同订立的时间与地点上也必然存在差异，英美法对承诺生效采取的是投邮生效原则，因此，合同订立的时间就是承诺通知发出的时间，合同订立的地点则视双方当事人的具体情况而定。

（二）合同的生效

合同生效与合同订立是两个不同的概念。合同订立的判断依据是承诺是否生效；而合同生效是指合同是否具有法律上的效力。在通常情况下，合同订立之时，就是合同生效之日，二者在时间上是同步的。但有时，合同虽然订立，却不立即产生法律效力，而是需要其他条件成立时，合同才开始生效。

国际商事交易双方就各项交易条件达成协议后，并不意味着此项合同一定有效。根据各国合同法规定，一项合同，除双方就交易条件通过要约和承诺达成协议后，还需具备以下要件，才是一项有效的合同，才能得到法律上的保护。

1. 合同当事人必须具有签约能力

签订合同的当事人主要为自然人或法人。按各国法律的一般规定，自然人签订合同的行为能力，是指精神正常的成年人才能订立合同；未成年人、精神病人、醉汉等订立合同必须受到限制，这些人所订立的合同，根据不同的情况，有的是无效的（void），有的是可以撤销的（voidable）。这些法律规定的目的是保护未成年人和精神病人的利益。这些人由于年龄太小或者神志不清，缺乏判断力或经验，不能理解自身行为的后果，所以法律上需要给予特别的保护。

成年人除法律另有规定外，都具有订立合同的能力。但各国对于成年人的法定年龄规定不一。过去，大多数国家如英国、美国、德国、法国、荷兰、葡萄牙、西班牙、比利时、意大利、丹麦、瑞典、奥地利等国的法律，都以年满21岁作为成年人的标准。近年来，有些国家的法律已降低成年人的年龄标准，如德国、英国等都将18岁作为成年标准，但也有一些国家以20岁（如日本、瑞士）为成年标准。我国法律规定以18岁为成年标准。

关于法人签订合同的行为能力，各国法律一般认为，法人必须通过其代理人，在法人的经营范围内签订合同，即越权的合同不能发生法律效力。法人是由自然人组织起来的，它必须通过自然人才能进行活动。现在最常见的法人是公司。

我国《民法典》第143条～145条规定：行为人具有相应的民事行为能力；无民事行为能力人实施的民事法律行为无效。限制民事行为能力人实施的纯获利益的民事法律行为或者与其年龄、智力、精神健康状况相适应的民事法律行为有效；实施的其他民事法律行为经法定代理人同意或者追认后有效。

2. 合同必须有对价或约因

英美法认为，对价（consideration）是指当事人为了取得合同利益所付出的代价，即交易双方互为有偿，相互给付。法国法认为，约因（cause）是指当事人签订合同所追求的直接目的，例如，一方交出货物是为了得到货款，而另一方交款是为了得到货物。按照英美法和法国法的规定，合同只有在有对价或约因时，才是法律上有效的合同，无对价或无约因的合同是得不到法律保障的。

有无对价或约因是区别有诉权的合同（actionable contract）和无强制执行力的约定（unenforceable pact）或社交性的协议（social agreement）的一个根本标志。德国法与法国法不同，德国法认为，合同的有效成立取决于当事人之间的意思是否表示一致，而不以有无约因作为合同成立的要件。其理由是，在双务合同中，双方当事人互为允诺，互为给付，这是双务合同固有的特点，其本身就具备合同成立的条件，无须再借助于约因作为合同成立的条件。但在德国法中，约因这一概念在其他方面仍然有其作用。如在不当得利的情况下，法律上就可以使用无约因来解除不当得利者的权利或利益。不当得利是指无法律上的原因而取得他人的财产或其他利益。在这种情况下，由于缺乏法律上的原因，取得他人财产或利益的一方无权保留这种财产或利益，而必须把它归还给真正的所有人。

3. 合同的内容必须合法

许多国家往往从广义上解释“合同内容必须合法”，其中包括不得违反法律、不得违反公共秩序或公共政策，以及不得违反善良风俗或道德三个方面。

大陆法系各国都在民法典中对合同违法、违反公共秩序和善良风俗的情况及其后果作出明确的规定，但各国的处理方法有所不同。

《法国民法典》在总则中原则性地规定，任何个人都不得以特别约定违反有关公共秩序和善良风俗的法律；然后把违法、违反善良风俗与公共秩序的问题和合同的原因（即约因）与标的联系在一起加以规定。如《法国民法典》第 1131 条规定：“基于错误原因或不法原因的债，不发生任何效力……如原因为法律所禁止，或违反善良风俗或公共秩序，此种原因为不法的原因。”从上述规定中可以看出，按照法国法，构成合同非法的主要有两种情况：一种是交易的标的物是法律不允许进行交易的物品，例如贩卖毒品和其他违禁品等。另一种是合同的约因不合法，即合同所追求的目的不合法。例如，某甲与某乙相约，如某乙肯为某甲去做某种犯罪行为，某甲即允诺给予报酬若干元，这种允诺在法律上是无效的，因为他所追求的目的是驱使他人犯罪，而这种行为必然是法律所禁止的。

德国法与法国法的区别在于，德国法不具体规定合同的标的违法还是合同的约因违法，而是着重法律行为和整个合同的内容是否有违法的情事。《德国民法典》在总则第二章法律行为中规定，法律行为违反法律上的禁止者，无效；并规定违反善良风俗的法律行为亦无效。这些规定不仅适用于合同，也适用于合同以外的其他法律行为。

英美法认为，一个有效的合同必须具有合法的目标或目的。凡是没有合法目标的合同就是非法的（illegal），因而是无效的。在英美法中，违法的合同有两种情况：一种是成文法所禁止的合同；另一种是违反普通法的合同。但由于英美没有成文的民法典，因此，一般根据某些单行法规的规定和判例法所确立的原则，对各种违法的事由加以排列。根据某些英美法学者的分类，有三种合同是非法的：（1）违反公共政策的合同。公共政策是英美法的概念。所谓违反公共政策的合同是指损害公众利益，违背某些成文法所规定的政策或目标，或旨在妨碍公众健康、安全、道德以及一般社会福利的合同。（2）不道德的合同（immoral contract）。按照英美法的解释，所谓不道德的合同是指违反社会公认的道德标准，如对家庭婚姻生活起不良影响，或导致人们忽视夫妻义务的合同。英国判例认为，允诺以支付妻子生活费作为她同意离婚的交换条件的合同也是不道德的合同。（3）违法的合同。违法的合同范围很广，例如，差使他人去做犯罪行为的合同、以欺骗为目的的合同、与敌人进行贸易的合同、赌博合同等，都是违法的，因而是无效的。

根据我国《民法典》第143条和153条的规定，当事人订立、履行合同等民事法律行为，应当不违反法律、行政法规的强制性规定，不违背公序良俗。违反强制性规定及违背公序良俗的民事法律行为无效。例如倒卖文物、走私国家保护的濒危动植物等，不但得不到法律保护，而且将受到法律的制裁。

4. 合同必须符合法律规定的形式

从订立合同的形式的角度看，合同可以分为要式合同和不要式合同两种。要式合同是指必须按照法定的形式要求或手续订立的合同，不要式合同是法律上不要求按特定的形式订立的合同。

世界上大多数国家只对少数合同才要求必须按法律规定的特定形式订立，而对大多数合同特别是商务合同，一般不从法律上规定应当采取的形式。我国《民法典》第469条规定，当事人订立合同，可以采用书面形式、口头形式或者其他形式。即采取与国际惯例接轨的合同形式自由的原则与规定。

5. 合同当事人的意思表示必须真实

各国法律都认为，合同当事人的意思表示必须是真实的才能成为一项有约束力的合同，否则这种合同无效。合同是双方当事人意思表示一致的结果，如果当事人意思表示的内容有错误（mistake）或疑似与表示不一致，或是在受欺诈（fraud）或胁迫（duress）的情况下订立了合同，这时，双方当事人虽然达成了协议，但这种合意是不真实的。对于这种合同应当如何处理，作了错误的意思表示的一方，或受欺诈、胁迫的一方当事人能否以此为理由主张合同无效，或要求撤销该合同，是合同法上一个十分重要的问题。

（1）错误。

各国法律一致认为，并不是任何意思表示的错误，都足以使表意人主张合同无效或撤销合同，因为要是这样，交易安全就缺乏必要的保障。但与此同时，各国法律也都承认，在某些情况下，作出错误的意思表示的一方可以主张合同无效或要求撤销合同，这是为了使某些并非故意作出错误的意思表示的当事人不致承担过重的义务。至于在什么情况下有错误的一方可以要求撤销合同或主张合同无效，在什么情况下则不可以，各国法律有不同规定和要求。

按照法国法，以下两种错误可以构成合同无效的原因：①关于标的物的性质方面的错误。例如，买方以为他所买的是路易十五的椅子，但后来发现并非路易十五的古物，他可依法主张合同无效。②关于涉及与其订立合同的对方当事人所产生的错误。按照法国法，如果仅仅是在认定谁是订立合同的对象上产生错误，是不能构成合同无效的原因的。因为在大多数情况下，一个人或一个公司可以同任何人订立合同，所以，同什么人订立合同往往是无关紧要的。但是，如果对订约对象的考虑是订立该合同的主要原因，而在订约时错认了订约对象，那就可以作为合同无效的原因。但这种情况仅仅限于对方当事人本身具有特别重要意义的合同，如承包合同、雇佣合同或借贷合同等，因为在这些合同中，对方当事人的身份、能力、技能和品格对当事人决定是否同其订立合同具有重大意义。

法国法还认为，动机上的错误原则上不能构成合同无效的原因。

德国法认为下列两种错误都可以产生撤销合同的后果：①关于意思表示内容的错误，即表意人在订约时是在错误的影响下作出意思表示的。例如一方表示愿与对方订约，但这是由于他搞错了对方是谁以及对方具有的特长。对方也知道这项意思表示，他之所以知道这一点，是因为表意人在意思表示中表达了这项用意。②关于意思表示形式上的错误，例如把美元误写作英镑。法院在考虑上述两种错误是否足以撤销合同时，对第一种情形，法院将探索受错误影响的一方是否得到了他真正想得到的东西而定；对第二种情形，法院将探索表意人究竟想得到什么东西而定。

《德国民法典》第 119 条第 2 款还规定，关于人的资格或物的性质的错误，如交易上认为重要者，视为意思表示内容的错误。而在可按意思表示内容的错误处理这一点上，德国法与法国法不同，德国法所采取的是客观标准，即以该项性质的错误在交易上是否认为重要为条件，而不像法国法那样采取主观标准。

普通法认为，订约当事人一方的错误原则上不能影响合同的有效性。只有当该项错误导致当事人之间根本没有达成真正的协议，或者虽已达成协议，但双方当事人在合同的某些重大问题上都存在同样错误时，才能使合同无效。按照普通法，错误会导致合同自始无效。而按照衡平法，错误通常只是导致一方撤销合同。按照英国的判例，下列错误不能使合同无效：①一方当事人意思表示的错误。例如，一方当事人在计算价格时发生错误。②一方在判断上发生差错。例如，某人认为某物价值 10 000 英镑，但实际上只值 5 000 英镑。③一方当事人对自身的履约能力估计错误。例如，建筑商甲同意为乙建造厂房，合同约定 7 月 1 日竣工，实际上建至 9 月 1 日才完工。④在凭说明（description）的买卖中，对说明的含义的理解发生错误。

但是，如果某项错误导致双方当事人间根本没有达成真正的协议，则可以使合同无效，这主要包括：①在合同性质上发生错误。例如，把借贷误当作捐赠。②在认定当事人上发生错误，而且对方也明知有此种误会时，才可以使合同无效。③在认定合同的标的物时，当事人双方都存在着错误。例如，甲拟买的是红色的车，乙拟出售的是白色的车。④在合同的标的物存在与否或在合同的重大问题上，双方当事人发生共同的错误。例如，在订立合同时，双方当事人都以为合同标的物是存在的，但实际上已被烧毁，在这种情况下，合同不能成立。⑤一方已经知道对方有所误会，在这种情况下，对方可以主张合同无效。

美国法同样认为，单方面的错误原则上不能要求撤销合同。若双方当事人彼此都有错误，亦仅在该项错误涉及合同的重要条款，认定合同当事人或合同标的物的存在、性质、数量或有关交易的其他重大事项时，才可以主张合同无效或要求撤销合同。美国法院审判这类案件时，基本理念是宁愿让有错误的一方蒙受自身错误所造成的后果，而不把损失转嫁给对方。

显然，英美法在关于错误的问题上，要比大陆法严格。一般来说，英美法不允许以单方面的错误为理由使合同无效。

我国《民法典》第 147 条规定，基于重大误解实施的民事法律行为，行为人有权请求人民法院或者仲裁机构予以撤销。所谓行为人对行为的内容有重大误解，一般是指行为人因对行为的性质，对方当事人，标的物的品种、质量、规格和数量等产生错误认识，使行为人的后果与自己的真实意思相悖，并造成较大损失。

（2）欺诈。

欺诈是指以使他人发生错误为目的的故意行为。各国法律都认为，凡因受欺诈而订立合同时，蒙受欺骗的一方可以撤销合同或主张合同无效。

法国法与德国法对欺诈的处理有不同的原则。按照《法国民法典》第1116条的规定，如当事人一方不实行欺诈手段，他方当事人绝不签订合同者，此种欺诈构成合同无效的原因。即欺诈的结果将导致合同无效。而按照《德国民法典》第123条的规定，因被欺诈或被不法胁迫而为意思表示者，表意人得撤销其意思表示。按照这一规定，欺诈的结果是导致撤销合同。

英美法把欺诈称为“欺骗性的不正确说明”（fraudulent misrepresentation）。所谓不正确说明，是指一方在订立合同之前，为了吸引对方订立合同而对重要事实所作的一种虚假的说明。它既不同于一般商业上的吹嘘（puffing），也不同于普通的表示意见或看法。按照英国法的解释，如果作出不正确说明的人是出于诚实地相信真有其事而作的，那就属于非故意的不正确说明；如果作出不正确说明的人并非出于诚实地相信真有其事而作的，则属于欺骗性的不正确说明。英国法律对于欺骗性的不正确说明在处理上是相当严厉的，蒙受欺诈的一方可以要求赔偿损失，并可撤销合同或拒绝履行其合同义务。对于非故意的不正确说明，英国法区别两种情况：一种是非故意但有疏忽（negligence）的不正确说明，另一种是非故意且没有疏忽的不正确说明。在前一种情况下，蒙受欺骗的一方有权请求损害赔偿，并可撤销合同，但法院亦可裁定以损害赔偿代替撤销合同。在后一种情况下，受欺骗的一方可以撤销合同，无权主动要求损害赔偿，而只能由法官或仲裁员根据具体情况酌定是否可以以损害赔偿代替撤销合同。

至于仅对某种事实保持沉默是否足以构成欺诈的问题，各国的处理办法略有差异。德国法认为，只有当一方负有对某种事实作出说明的义务时，不作这种说明才构成欺诈，如果没有此种义务，则不能仅因沉默而构成欺诈。至于当事人是否有此义务，应按合同的具体情况决定。英国普通法认为，单纯沉默原则上不能构成不正确说明。因为一般来说，合同当事人没有义务把各项事实向对方披露，即使他知道对方忽略了某种重要事实，或他认为对方可能存在某种误会，他也没有义务向对方说明。但是，在某些情况下，英国法也认为当事人负有披露实情的义务，主要有以下两种。①如果在磋商交易中，一方当事人对某种事实所作的说明原来是真实的，但在签订合同之前发现此项事实已经发生变化，变得不真实了，在这种情况下，即使对方没有提出询问，该当事人也有义务向对方改正其先前作出的说明。②凡属于诚信合同（utmost good faith）的，如保险合同、公司分派股票的合同、处理家庭财产的合同等，由于往往只有一方当事人了解全部事实真相，所以，该当事人有义务向对方披露实情，否则构成不正确说明。

（3）胁迫。

胁迫是指以使人产生恐惧为目的的一种故意行为。各国法律都一致认为，凡在胁迫之下订立的合同，受胁迫的一方可以主张合同无效或撤销合同。因为在受胁迫的情况下所作的意思表示，不是自由表达的意思表示，不能产生法律上意思表示的效果。

德国法规定，因被胁迫而意思表示者，表意人得撤销其意思表示；但如果法律行为系乘他人穷困、无经验、缺乏判断能力或意志薄弱，使其为对自己或第三人的给付作财产上的利益的约定或担保，而此种财产上的利益比之于给付，显然为不相称者，法律上不予认可。高利贷就是其中的典型例子。《法国民法典》第 1111 条明确规定，对于订立合同承担义务的人进行胁迫，构成无效的原因。

英美法认为，胁迫是指对人身施加威吓、暴力或监禁。英美法除普通法上的胁迫外，在衡平法中还有所谓不正当影响（undue influence）的概念。现在，这两个概念已合二为一。“不正当影响”主要适用于滥用特殊关系以订立合同为手段从中谋利的场合，如父母与子女、律师与当事人、受信托人与受益人、监护人与未成年人、医生与病人之间所订立的合同，如果这类合同有不公正的地方，即可推定为有“不正当影响”，蒙受不利的一方可以撤销合同。至于以揭发对方的犯罪行为进行要挟，亦构成胁迫。按照英美法，受胁迫者不仅包括订约当事人本人，而且包括该当事人的丈夫、妻子或近亲，如果对后者施加威胁，迫使当事人不得不同意订立合同，也构成胁迫，当事人可以撤销合同。

根据我国《民法典》第 146 条、第 148～151 条和第 154 条等的规定，有下列情形之一的，合同无效：①行为人与相对人以隐藏行为与虚假的意思表示实施的民事法律行为；②一方以欺诈手段，使对方在违背真实意思的情况下实施的民事法律行为，受欺诈方有权请求人民法院或者仲裁机构予以撤销；③第三人实施欺诈行为，使一方在违背真实意思的情况下实施的民事法律行为，对方知道或者应当知道该欺诈行为的，受欺诈方有权请求人民法院或者仲裁机构予以撤销；④一方或者第三人以胁迫手段，使对方在违背真实意思的情况下实施的民事法律行为，受胁迫方有权请求人民法院或者仲裁机构予以撤销；⑤一方利用对方处于危困状态、缺乏判断能力等情形，致使民事法律行为成立时显失公平的，受损害方有权请求人民法院或者仲裁机构予以撤销。

以上所介绍的要约与承诺、对价与约因、当事人须有订约能力、合同形式、合同必须合法以及意思表示必须真实等，都是合同有效成立所必须具备的条件。如果任何一项不符合法律规定，合同就不能有效成立。

案例 3.1

A 向 B 要约（发盘），要约中说：“供应 50 台拖拉机，100 马力，每台 CIF 伦敦 3 500 美元，订立合同后 2 个月装船，不可撤销信用证付款，请电复。”B 收到要约后，立即电复说：“我接受你的要约，在订立合同后立即装船。”但 A 未作任何答复。问双方的合同是否成立？为什么？

分析：

A 与 B 之间的合同并未成立。因为合同要成立必须是一方发出要约后，另一方作出有效承诺（接受）。在本案例中，B 在接受通知中改变了原要约的条件，B 的接受并不是有效接受。A 在原要约中规定“订立合同后 2 个月装船”，而 B 在接受通知中提出订立合同后立即装船。由于装船日期是实质性条件，这一改变应视为重大或实质性的改变。在这种情况下，即使要约人对 B 的复电没有作任何答复，合同也是不能成立的。

《联合国国际货物销售合同公约》第19条规定：

(1) 对要约表示接受的答复如有添加、限制或其他更改，则为拒绝该项要约，并构成反要约。

(2) 但是，对要约表示接受但载有添加或不同条件的答复，如载有的添加或不同条件在实质上并不变更该项要约的条件，除要约人在不过分延迟的期间内以口头或书面通知反对其间差异外，仍构成接受。如果要约人不反对，合同的条件就以该项要约的条件以及接受通知内所载的更改为准。

(3) 有关货物价格、付款、货物质量与数量、交货地点和时间、一方当事人对另一方当事人的赔偿责任范围或争端解决等的添加或不同条件，均视为实质上改变原要约。

第三节 合同的履行

一、合同履行概述

合同的履行，是指合同当事人实现合同内容与目的的行为。例如，在买卖合同中，卖方应按合同规定的时间、地点、质量和数量交货，买方应按合同规定的时间、方式支付货款和受领货物等，都属于履行合同的行为。各国法律都认为，合同当事人在订立合同之后，都有履行合同的义务，如果违反应履行的合同义务，就要根据不同的情况，承担相应的法律责任。现将两大法系主要国家有关合同履行的法律规定进行简要介绍。

(一) 大陆法

大陆法中的《法国民法典》第1134条明文规定，依法成立的合同，在订立合同的当事人间具有相当于法律的效力。这就是说，合同当事人都必须受合同的约束，都必须履行合同所规定的义务。该法典第1147条又进一步规定，如债务人不能证明其不履行债务系由于不应归其个人负责的外来原因时，即使其个人并无恶意，债务人对于其不履行或迟延履行债务，应支付损害赔偿。

《德国民法典》也明确规定，债权人根据债务关系，有向债务人请求给付的权利。给付就是指履行合同的内容。给付可以是作为义务，也可以是不作为义务。前者要求债务人必须作某种行为，如买卖合同中卖方的交货义务和买方的付款义务都属于作为义务；后者要求债务人不作某种行为，如在包销协议中要求包销商不得经营有竞争性的商品，这就是不作为义务。

德国法还以诚实信用作为履行合同的一项基本原则。《德国民法典》第242条规定，债务人须依诚实与信用，并照顾交易惯例，履行其给付。诚实信用是罗马法以来大陆法各国民商法所沿袭的一项基本原则，它是一个抽象的法律概念，极富有弹性，可以由各国的法学家和法官根据具体情况作出不同的解释。有人认为，这是指人们可以期待的交易上的道德基础；有人认为，这是就当事人双方的利益，求其公平合理而言。例如，关于交货的时间和地点，如果合同已有明确规定，债务人原则上应当依照合同规定的时间和地点履行合同；如债务人打算提前交货，应当事先通知债权人，否则突然提交大批货物，使债权人无从准备仓栈，不能及时提货，这就有悖于诚实信用原则，债权人可以不负受领货物延迟的责任。总之，诚信履行原则要求当事人应当在诚实信用的基础上行使债权、履行债务，要求合同当事人应严格履行合同，不得擅自变更或者解除合同，并履行依照诚实信用原则派生的协助、告知、保密、防止损失扩大等附随义务。

（二）英美法

英美法认为，当事人在订立合同之后，必须严格按照合同的条款履行合同。按照英美的法律和判例，如果合同中规定了履约的时间，而时间又是该合同的要素时，当事人就必须在规定的时间内履行合同，否则债权人有权解除合同并要求损害赔偿。至于时间是不是合同的要素，应视合同中是否作出这种规定，或依合同的情况当事人是否确有此种意图而定。一般来说，在商务合同中如果对履约时间作出了具体规定，则该时间应当认为是合同的要素，因为在商业交易中，市场行情变化不定，履约时间对当事人来说是一个重要因素，如一方不按时履约，即构成违约，对方有权解除合同并可请求损害赔偿。但是，合同中关于付款时间的规定，除当事人另有约定外，一般不认为是合同的要素，因为相对地说，付款时间不像交货时间那样重要。因此，如果一方当事人未按时付款，对方一般不能要求解除合同，而只能要求赔偿利息或汇率变动的损失。当然，如果双方当事人在合同中明确规定付款时间是该合同的要素，那就另当别论。此外，如果双方当事人在合同中对履约时间没有作出规定，则可解释为应在合理的时间内履行。至于什么是合理的时间，这是一个事实问题，须由法院根据具体案情作出决定。

依照英美法，在履行合同的过程中，有一个重要的步骤叫作“提供”（tender）。所谓提供，就是合同当事人旨在履行其合同义务的一种表示。在许多情况下，合同一方当事人在履行其合同义务时，必须有对方的配合才能完成。例如，卖方交货时，必须买方接受货物才能使他完成交货义务；同样，当买方付款时，也必须卖方接受货款才能使买方完成其付款义务。如果一方拒绝接受对方的提供，对方就无法履行其合同义务。在这种情况下，如果一方已按合同提供了自己的履约义务，而被对方拒绝，则日后若对方指控其不履行合同，他就有权以自己已提供过履约义务作为抗辩的理由。例如，在买卖合同中，如果卖方已按合同规定的时间、地点、质量和数量向买方提供货物，买方却拒绝受领，则卖方可以解除其交货的义务。提供包括提供货物或其他财产，也包括提供应支付的款项。但在提供应支付的款项时，其情况同提供货物略有不同。债权人如拒绝接受提供的款项，并不能解除债务人的债务，但可以产生以下三种重要的法律后果：①如该项债务有担保利益，例如，以抵押作为该项债务的担保等，则自债权人拒绝适当提供给他的款项时起，该项担保利益即告消灭；②该项债务的利息亦自债务人提供款项之日起停止计算；③如债权人日后就该项债务提起诉讼，不能取得高于原来提供的金额时，则必须负担诉讼的费用。但是，提供必须是无条件的，而且必须与合同规定的时间、地点和履约方式一致。如果债务人在债务清偿期以前作出提供，这就不能认为是适当的提供，债权人有权拒绝受领，在这种情况下，该项债务的利息仍应照常计算。

二、合同履行规则与抗辩权

(一) 合同履行规则

合同的标的、数量是合同的必备条款，需要由当事人明确约定。当事人没有约定，或者约定不明确的，合同内容无法确定的，合同不成立。当事人约定了合同的标的、数量，欠缺其他条件的，不影响合同的成立，但对质量、价款、履约地点、履约方式、履约期限、履约费用未作出约定，或者约定不明确，当事人可以协议补充确定。不能达成补充协议的，可以通过合同的有关条款或者交易习惯确定。既不能通过协商达成补充协议，又不能按照合同的有关条款或者交易习惯确定的，则适用下列默示规范：(1) 质量要求不明确的，按照国家标准、行业标准履行；没有国家标准、行业标准的，按照通常标准或者符合合同目的的特定标准履行。(2) 价款或者报酬不明确的，按照订立合同时履约地的市场价格履行；依法应当执行政府定价或政府指导价的，按照规定履行。(3) 履约地点不明确的，如果给付货币，在接受给付一方的所在地履行。交付不动产的，在不动产所在地履行。其他标的在履行义务一方的所在地履行。(4) 履约方式不明确的，按照有利于实现合同目的的方式履行。(5) 履约期限不明确的，债务人可以随时向债权人履行义务，债权人也可以随时请求债务人履行义务。不能即时履行的，应当给对方必要的准备时间。(6) 履约费用的负担不明确的，由履行义务的一方负担履约费用。

(二) 合同履行中的抗辩权

合同履行中的抗辩权，是指符合法定条件时，当事人一方对抗对方当事人的履约请求权，暂时拒绝履行其债务的权利。它属于延期的抗辩权，只是暂时阻止对方当事人请求权的行使，而非永久的抗辩权。当抗辩权发生的事由消灭后，抗辩权消灭，当事人仍应履行自己的义务。合同履行中的抗辩权包括后履行抗辩权、同时履行抗辩权和先履行抗辩权三种类型。

1. 后履行抗辩权

后履行抗辩权，是指双务合同中应当先履行的一方当事人未履行或者不适当履行，到履行期限的对方当事人享有不履行、部分不履行的权利。依照我国《民法典》第526条，当事人互负债务，有先后履行顺序，应当先履行债务一方未履行的，后履行一方有权拒绝其履行要求。先履行一方履行债务不符合约定的，后履行一方有权拒绝其相应的履行请求。

2. 同时履行抗辩权

同时履行抗辩权，是指双务合同中应当同时履行的一方当事人在对方当事人未履行或未按约定履行时，享有不履行或者部分不履行的权利。依据我国《民法典》第525条，当事人互负债务，没有先后履行顺序的，应当同时履行。一方在对方履行之前有权拒绝其履行请求。一方在对方履行债务不符合约定时，有权拒绝其相应的履行请求。

主张同时履行抗辩权，需要具备三项条件：(1) 需基于同一双务合同。(2) 该合同需由双方当事人同时履行。所谓同时履行，是指双方当事人在同一时间同时相互给付。双务合同的当事人之间可以直接约定双方同时履行合同，或不能确定谁先履行合同，双方当事人可以同时履行。(3) 一方当事人未履行或未依约定履行。

3. 先履行抗辩权

先履行抗辩权，又称不安抗辩权，是指双务合同中，应先履行的当事人有证据证明对方当事人不能履行义务，或者有不能履行合同义务的可能时，在对方当事人没有履行或者提供担保之前，有权中止履行合同义务。在双务合同中，应当先履行的当事人虽没有后履行抗辩权，但可享有不安抗辩权，即在对方无能力履行的情况下享有拒绝履行合同义务的权利。依据我国《民法典》第527条，应当先履行债务的当事人，有确切证据证明对方有下列情形之一的，可以中止履行：(1) 经营状况严重恶化；(2) 转移财产、抽逃资金，以逃避债务；(3) 丧失商业信誉；(4) 有丧失或者可能丧失履行债务能力的其他情形。

主张不安抗辩权，亦需具备三项条件：(1) 需基于双务合同。(2) 享有不安抗辩权的当事人有先履行的义务。(3) 后履行的当事人发生了经营状况严重恶化或转移财产等法定情形。主张不安抗辩权的当事人负有举证责任，应当有证据证明对方当事人不能履行或不能履行合同的可能。应先履行的当事人有另一方当事人不能履行或不能履行可能的确切证据时，可以中止履行合同，并应及时通知对方当事人。先履行的当事人行使了不安抗辩权，中止履行并通知对方当事人后，对方当事人既未提供担保，也不能证明其履行能力，行使不安抗辩权的当事人有权解除合同。当事人没有确切证据就中止履行合同，行使不安抗辩权错误的，则应当承担违约责任。

三、违约及违约的救济方法

(一) 违约

1. 违约与违约责任的含义

违约 (breach of contract) 是指合同一方当事人由于某种原因，未按合同的约定完全履行或没有全部履行合同约定义务的行为。例如，在买卖合同成立后，货物灭失、损坏以致无法交货，或者因货价上涨，卖方拒绝交货，或者卖方没有按照合同约定的时间、地点、质量、数量交货等。在上述情况下，除某些例外情况，如出现不可抗力事故，卖方可以不负责任外，都属于违约行为，违约的卖方应负违约责任。

违约责任，亦称违反合同的民事责任，是指当事人因不履行合同义务或履行合同义务不符合约定而应承担的法律责任。其特征为：(1) 属于一种民事责任，而非行政责任，更不是刑事责任。(2) 是合同当事人不履行合同义务所产生的责任。违约责任的产生以当事人的合同义务为前提，当事人不履行合同义务则是违约责任的直接原因。(3) 具有相对性。违约责任只限于特定的当事人之间，而不涉及合同以外的第三人。(4) 承担违约责任的方式可以由当事人在合法的前提下约定，如违约金、损害赔偿金等。

在如何构成违约这个问题上，各国法律存在着重大差异，主要是英美法与大陆法存在的差异，主要表现在以下两个方面。

(1) 关于过失责任与无过失责任的原则。

大陆法以过失责任作为民事责任的一项基本原则。按照大陆法的解释，合同债务人只有当存在着可以归责于他的过失时，才承担违约的责任。换言之，如果仅仅证明债务人没有履行其合同义务，还不足以构成违约，而必须同时证明或推定债务人的上述行为有某种可以归责于他的过失，才能使其承担违约的责任。与此相反，英美法认为，只要允诺人没有履行其合同义务，纵使他没有任何过失，也构成违约，应承担违约的后果。这是英美法与大陆法的一个重要区别。

过失责任原则来源于罗马法。罗马债务法有两项责任原则：一个叫过失(cupla)，另一个叫故意(dolus)。凡因上述行为致使他人的财产或人身遭到损害者，都必须承担法律责任。故意是一种恶意的行为，它比过失更为严重，行为人在任何时候都要对此承担责任，而且不得在合同中事先排除这种责任。

罗马法的上述原则基本上被德国法所采纳。德国法认为，构成违约的情况必须要有可归责于该当事人的事由。《德国民法典》第276条规定：债务人除另有规定外，对故意或过失应负责任。并进一步规定：债务人基于故意的责任，不得预先免除。德国法还区分重大过失与轻微过失。在某些情况下，当事人仅对故意或重大过失负责，例如，在赠与合同中，赠与人仅对其故意或重大过失负赔偿责任；但一般地说，当事人对其轻微过失原则上亦须承担责任。在个别例外的情况下，即使债务人没有过失，也应负责，例如，在种类物的买卖中，在同种类的给付有可能时，债务人对于其个人的给付不能应负责任，即使其给付不能并非由于自己的过失也要负责。因为种类物是可以替换的，如小麦的买卖，即使债务人田里的小麦因遭遇天灾歉收，不能交货，但只要市场上还有同类小麦，他仍然可以从别处购进这种小麦来抵补交货，而不能以天灾不是他个人的过失为理由而免除交货义务。

《法国民法典》也以过失责任作为民事责任的基本原则。《法国民法典》第1147条规定，凡不履行合同是由于不能归责于债务人的外来原因所造成的，债务人即可免除损害赔偿的责任。

与此相反，英美法认为，一切合同都是“担保”，只要债务人不能达到担保的结果，就构成违约，应负损害赔偿的责任。《美国合同法重述》第314条对违约下了如下定义：凡没有正当理由的不履行合同中的全部或部分允诺者，构成违约。英美法不以允诺人有无过失作为构成违约的必要条件。

但是，从实际结果来看，英美法与大陆法在这个问题上的差别，并不像表面看起来那么大。法国法院和学者把合同分为两种：一种叫作“提供成果合同”(contract of result)，即允诺人承担提供某种成果的义务的合同；另一种叫作“采取措施合同”(contract of measures)，即债务人仅承担以合理的注意和技能处理问题的义务。在前一种情况下，只要债务人没有履行其义务，拿不出他所允诺的成果，就可以推定他是有过失的，从而使其承担违约的责任，除非他能证明不履约是由于不应归责于他的外部原因所造成的。在后一种情况下，如果债务人的行为达不到一个正常而谨慎从事的人所应做到的水准，他就应承担责任，因为这种行为的本身就构成过失。所以，实际上，英美法与大陆法在许多情况下是相同的。

（2）关于催告。

所谓催告（putting in default），是指债权人向债务人请求履行合同的一种通知。催告是大陆法的一种制度，在合同没有明确规定确定的履行日期的情况下，债权人必须首先向债务人作出催告，然后才能使债务人承担延迟履约的责任。如《法国民法典》规定，债务人的迟延责任，须于接到催告或其他类似证书时才能成立。《德国民法典》也规定，债务人于清偿期届满后，经债权人催告而不为给付者，自受催告时起负延迟责任。按照大陆法的解释，催告的作用主要有以下三点：①自催告生效之日起，不履约的风险完全由违约一方承担；②债权人有权就不履行合同请求法律上的救济；③从送达催告之日起，开始计算损害赔偿及其利息。

如果债权人在清偿期届满后，不向债务人作出催告，就表示他不拟追究债务人延迟履约的责任。但是，如果合同已明确规定了履行的日期，或者债务人已明确表示不拟按期履行合同义务，则债权人可以不作上述催告。至于催告的方式，法国法要求必须以书面作成，并由法警送达债务人。德国法则不要求任何特定的方式，书面或口头方式均无不可，唯一的要求是必须把催告传达给债务人。

英美法则根本没有催告这个概念。英美法认为，如果合同规定有履行期限，债务人必须按照合同规定的期限履行合同；如果合同没有规定履行期限，则应于合理的期间内履行合同，否则构成违约，债权人无须催告即可请求债务人赔偿由于延迟履约所造成的损失。就这一点来说，英美法对于履行合同的要求比大陆法更为严格。

2. 违约的特殊情况

违约的特殊情况，是指违约的发生不能归责于任何一方的情况，即承担违约责任的例外——不可抗力（force majeure）。不可抗力，又称不可抗力事件，是指人的力量不可抗拒的自然力量或其他社会力量（如战争）所造成的事故。一般是指在商务合同签订以后，不是由于合同当事人的过失或疏忽而是由合同当事人无法预见、无法控制、无法避免（或克服）的事件（如地震、暴风雨、海啸、台风等；战争、民变、罢工、起义等），以致不能履行或不能如期履行合同。这时，合同当事人可以免除履行合同的责任或推迟履行合同的时间。所以，不可抗力条款又称免责条款。

3. 违约的类型

总体上来讲，违约的类型可根据违约程度分为两种：根本违约和一般违约。也可根据违约时间分为两种：预期违约和实际违约。

（1）根本违约和一般违约。

根本违约（fundamental breach），是一方当事人违反合同的结果，使另一方当事人蒙受损害以致实际上剥夺了他根据合同规定所能得到的预期利益。判定根本违约的标准是受害人的预期利益是否根本受损。而不属于根本违约的其他违约，就属于一般违约。

根本违约在英美法中称为违反条件。在英美法中，合同条款被分为两种：一种是条件（condition），另一种是保证或担保（warranty）。条件条款是合同中重要的、根本性的条款，保证条款是次要的、从属于合同主要目的的条款。具体来讲，在商务合同中，关于履约的时间、货物的品质及数量等条款，都属于合同的条件，如果卖方不能按时、按质、按量交货，则买方有权拒收货物，并可以请求损害赔偿。但是合同中有关支付时间的规定，除双方当事人另有意思表示外，一般不作为合同的条件论处。至于合同规定的哪些事项构成“条件”，哪些不是合同的“条件”，这是一个法律问题，应由法官根据合同的内容和当事人的意思作出决定，而不是事实问题，不能由陪审员（jury）来决定。

按照英国法的解释，凡属合同中的重要条款，就称为“条件”，如果一方当事人违反了条件，即违反了合同的主要条款，对方有权解除合同，并可要求赔偿损失。违反担保的法律后果与违反条件有所不同。在违反担保的情况下，蒙受损害的一方不能解除合同，而只能向违约的一方请求损害赔偿。换言之，当一方违反担保时，对方不能以此为理由拒绝履行其合同义务，而仍须继续履行他所应承担的合同义务，但他有权以违反担保为理由请求损害赔偿。

美国已基本放弃使用“条件”与“担保”这两个概念，并使用重大违约与轻微违约的概念。重大违约可使受害方有权解除合同（当然亦可不解除合同），同时还可以请求赔偿损失；而轻微违约，也就是一般违约，受害方只能要求损害赔偿，而不能解除合同。

大陆法对违约的规定与分类与英美法大不相同。《德国民法典》把违约分为两类：给付不能（supervening impossibility of performance）与给付延迟（delay in performance）。给付不能是指债务人由于种种原因不可能履行其合同的义务，而不是指有可能履行合同而不去履行。阻碍债务人履行合同义务的原因各种各样，有法律上的原因，有事实上的原因，有主观上的原因，也有客观上的原因。《德国民法典》把给付不能分为自始不能和嗣后不能两种不同的情况。自始不能是指在合同成立时该合同即不可能履行。嗣后不能则是指合同成立时，该合同是有可能履行的，但在合同成立后，由于出现了阻碍合同履行的情况而使合同不能履行。这两种不同的情况，其法律后果也有所不同。根据《德国民法典》第306条，凡是以不可能履行的东西为合同的标的者，该合同无效。换言之，如属于自始不能的情况，合同在法律上是无效的。但是，如果一方当事人在订约时已经知道或理应知道该标的是不可能履行的，则对于信任合同有效而蒙受损害的对方当事人应负赔偿责任。至于嗣后不能的情况，则须区别是否可以归责于债务人的事由，而有以下不同的处理办法。

①非因债务人的过失所引起的给付不能。如给付不能并不是由于债务人的过失所造成的，债务人不承担不履行合同的责任。

②由于债务人的过失而引起给付不能。如果由于债务人的过失而造成给付不能，债务人应当承担损害赔偿责任。如果不是全部不能履行，只是部分不能履行，则当部分履行对债权人无利益时，债权人也可以拒绝部分履行而请求全部债务不履行的损害赔偿。

③不可归责于任何一方而引起的给付不能。按照《德国民法典》第323条，双方

合同当事人因不可归责于双方当事人的事由，致使自己不能履行应履行的给付者，双方均可免除其义务。最明显的例子是，在合同成立后，由于出现了不可抗力事故，以致合同不可能履行，在这种情况下，债务人可以免除履行合同的义务。

给付延迟是指债务已届履行期，而且是可能履行的，但债务人没有按期履行其合同义务。这里同样要区分两种不同的情况：一种是债务人没有过失的履行延迟，另一种是债务人有过失的履行延迟。这两种不同情况的法律后果也有所不同。第一种情况下，债务人不负延迟履行责任；而第二种情况下，债务人应负延迟履行合同的责任。还应当指出的是，按照《德国民法典》的规定，债权人必须向债务人提出催告，即履行期届满后，债权人催告债务人才能使债务人承担延迟履行的责任。除合同另有规定外，催告是债权人就履行延迟请求损害赔偿的必要条件。

《法国民法典》以不履行债务和延迟履行债务作为违约的主要表现形式。其基本法律原则与德国相似。

（2）预期违约和实际违约。

预期违约（anticipatory breach of contract），是指合同规定的履行期限到来之前，一方通过声明或以行为表明其不履行合同或不能履行合同。预期违约可能是一般违约，也可能是根本违约。根据《联合国国际货物销售合同公约》的规定，如果订立合同后，一方当事人不履行其大部分义务，另一方当事人就可以中止履行义务。中止履行义务的一方必须立即通知另一方当事人，如经另一方当事人对履行义务提供充分保证，则必须继续履行合同义务。我国《民法典》第578条存在与公约的上述规定一致的规则，当事人一方明确表示或以自己的行为（如经营状况严重恶化、转移财产、丧失或可能丧失履行债务能力、丧失商业信誉等）表明不履行合同义务的，对方可以在履行期限届满之前要求其承担违约责任。

实际违约是指合同规定的履行期限届满后发生的违约行为。现实中，大多数违约都属于实际违约，即在合同规定的期限届满时没有履行或没有完全履行合同义务。根据违约的程度，实际违约亦可以分为根本违约与一般违约，其法律后果与前述一样。

（二）违约的救济方法

违约的救济方法（remedies for breach of contract），是指一个人的合法权利被他人侵害时，法律上给予该受损害人的补充方法。各国法律对于不同的违约行为都规定了相应的救济方法，但是，对于哪些违约行为可以采取哪些救济办法，各国法律的规定并不完全相同。但归纳起来，违约的救济方法一般有实际履行、损害赔偿、解除合同、违约金等。

1. 实际履行

实际履行（specific performance）即具体履行或依约履行，一般有两层含义：一是指债权人要求债务人按合同的规定履行义务；二是指债权人向法院提起实际履行之诉，由执行机关运用国家的强制力，使债务人按照合同的规定履行义务。例如在房地产的买卖中，当卖方拒绝交付售出的房子时，如果买方不愿取得金钱的赔偿，买方可以向法院提起实际履行之诉，要求卖方交付合同所规定的房地产。如法院判决买方胜诉，买方即可根据法院的判决，要求执行机关予以强制执行，令卖方交付已售出的房地产。但各国法律对实际履行有不同的规定和要求。

我国《民法典》第577条规定：当事人一方不履行合同义务或者履行合同义务不符合约定的，应当承担继续履行、采取补救措施或者赔偿损失等违约责任。《民法典》第581条规定：当事人一方不履行债务或者履行债务不符合约定，根据债务的性质不得强制履行的，对方可以请求其负担由第三人替代履行的费用。《民法典》第583条规定：当事人一方不履行合同义务或者履行合同义务不符合约定的，在履行义务或者采取补救措施后，对方还有其他损失的，应当赔偿损失。我国《民法典》规定的违约救济方法包括继续履行、采取补救措施、赔偿损失以及解除合同。从我国《民法典》中可以看出，中国法律鼓励实际履行，而把赔偿损失放在最后选择。

但国外许多国家，尤其是英美法国家，将损害赔偿作为违约责任的主要形式，对实际履行加以严格限制。在英美法国家，实际履行乃是衡平法之救济，唯有在普通法上的损害赔偿救济不足时，才由法院命令履行。

在大陆法系国家，实际履行是一种普遍的救济方法。德国法认为，实际履行是对不履行合同的一种主要的救济方法。凡是债务人不履行合同的，债权人都有权要求债务人实际履行。《德国民法典》第241条规定：债权人根据债务关系，有向债务人请求履行债务的权利。这就是说，债权人可以请求法院判令债务人实际履行合同。但法院只有在债务人履行合同尚属可能时，才会作出实际履行合同的判决，如属于履行不可能的情况，就不能作出实际履行的判决。例如，在房地产买卖中，房屋因发生火灾被烧毁，或者在订立租船合同后，船只被政府征用等，在此类情况下，债权人就不能要求实际履行，因为实际履行已不可能。有时，债务人延迟履约也可能造成履行不可能。例如新年演出或结婚宴席，一旦履行期届满后，履行就属于不可能。在这样的情况下，要求实际履行已无意义，债权人可以要求损害赔偿。但是，在双务合同中，如债务人延迟履约，债权人得指定一个适当的期限，并告知债务人在该期限届满后，他将拒绝接受其履行；在这种情况下，如期限届满后，债务人仍不履行，债权人得要求损害赔偿或者解除合同，但不得要求实际履行。

必须指出的是，德国法虽然规定以实际履行作为不履约的主要救济办法，但实际上提起实际履行之诉的情况是很少的。当债务人不履行合同时，债权人在大多数情况下都是要求损害赔偿或解除合同，只有当债权人所要求的目标不是金钱赔偿所能满足的时，债权人才会提出实际履行之诉。但是，从理论上说，如果履行合同尚属可能，而债权人又有此请求，则德国法院仍须作出实际履行的判决。

法国法也承认，如债务人不履行合同，则债权人有权提起实际履行之诉。《法国民法典》第1184条规定，双务契约当事人的一方不履行其债务时，债权人有选择之权：或者在合同的履行尚属可能时，请求他方当事人履行合同；或者解除合同并请求损害赔偿。根据法国法的解释，实际履行是一种可供选择的救济方法，即在债务人不履行合同的情况下，债权人可以在请求实际履行或请求解除合同并要求损害赔偿二者之中任选其一。但只有在债务人履行合同尚属可能时，债权人才能提起实际履行之诉。这一点同德国法是一致的。

《联合国国际货物销售合同公约》关于实际履行作出了比较折中的规定。该公约作了如下规定：如果按照公约的规定，当事人一方有权要求他方履行某项义务，法院没有义务作出判决要求实际履行此项义务，除非法院依照其本身的法律对不受本公约支配的类似买卖合同可以这样做。换言之，各国法院依其国内法判决是否准予实际履行。由此可以看出，实际履行在西方国家并不是普遍的救济形式。

2. 损害赔偿

无论哪一方违约，无论违约程度如何，受损害一方除可以采取其他救济措施外，都可以要求损害赔偿（damages）。尽管各国法律对损害赔偿责任的成立、损害赔偿的方法及损害赔偿的计算各有不同的规定，但损害赔偿的基本原则是一致的，即一方当事人违反合同应负的损害赔偿额，应与另一方当事人遭受的包括利润在内的损失额相当。

（1）损害赔偿责任的成立。

大陆法认为，损害赔偿责任的成立必须具备以下三个条件：①必须要有损害的事实。如果根本没有发生损害，就不存在赔偿的问题。同时，对于发生损害的事实，一般须由请求损害赔偿的一方予以证明。②须有归责于债务人的原因。原则上债务人仅对其故意或过失所造成的损失负责。例如，《法国民法典》第1382条规定，任何人的行为使他人受损害时，因自己的过失而致行为发生的人，应对他人负赔偿责任。《法国民法典》第1147条规定，凡债务人不能证明其不履行债务系由于不应归其个人负责的外来原因时，即使在其个人方面并无恶意，债务人对于其不履行或延迟履行债务，仍应支付损害赔偿。例如，《德国民法典》规定，旅店的主人对旅客所携带的物品，如发生灭失或毁损，虽然店主没有过失，亦应负责赔偿。③损害发生的原因与损害之间必须有因果关系，即损害是由于债务人应予负责的原因所造成的。

英美法不同于大陆法。根据英美法的解释，只要一方当事人违反合同，对方就可以提起损害赔偿之诉，而不以违约一方有无过失为条件，也不以是否发生实际损害为前提。如果违约的结果并没有造成损害，债权人虽无权要求实质性的损害赔偿，但他可以请求名义上的损害赔偿（nominal damages），即在法律上承认他的合法权利受到了侵害。

（2）损害赔偿的方法。

损害赔偿的方法有恢复原状和金钱赔偿两种。所谓恢复原状，即恢复到损害发生前的原状。这种方法可以完全达到损害赔偿的目的，但有时实行起来不大方便，甚至不可能做到。例如，在特定物的买卖中，如特定物灭失，往往无法找到与此完全相同的物品作为替代。所谓金钱赔偿，就是以支付金钱来弥补对方所受到的损害。这种方法便于实施，但有时不能完全满足损害赔偿的本旨。因此，各国法例对这两种方法一般都予以考虑，有的是以金钱赔偿为原则，而以恢复原状作为例外；有的则以恢复原状为原则，而以金钱赔偿为例外。

德国法对损害赔偿是以恢复原状为原则，而以金钱赔偿为例外。按照《德国民法典》的规定，债权人仅在下列情况下才可以要求金钱赔偿：①人身伤害或物件损毁；②债权人对债务人规定一个时间，令其恢复原状，并声明如逾期未能恢复原状，债权人即可于期限届满后请求金钱赔偿；③当所受损害不能恢复原状，或恢复原状不足以赔偿债权人的损失时，债权人可以要求金钱赔偿；④当债务人须付出过高的费用才能恢复原状时，债务人也可以用金钱来赔偿债权人的损失。至于财产损害以外的损害，则只有在法律有相应规定时，才能请求以金钱赔偿。其中包括对名誉、道德上的损害赔偿。

法国法与德国法不同，法国法是以金钱赔偿为原则，而以恢复原状为例外。按照法国法，在大多数情况下，一方当事人违反合同义务都可以转变为损害赔偿之债，对方所得到的赔偿是适当数额的金钱。

英美法对损害赔偿采取金钱赔偿的方法，英美法称之为“金钱上的恢复原状”。英美法认为，损害赔偿的目的是在金钱可能做到的范围内，使权利受到损害的一方处于该项权利得到遵守时同样的地位。所以，英美法院对损害赔偿之诉一般都是判令债务人支付金钱赔偿。

（3）损害赔偿的范围。

损害赔偿的范围是指在发生违约情事以后，在请求损害赔偿时，应如何确定损害的范围，应根据什么原则来确定损害赔偿的金额。一般情况下，可以有两种办法来确定：一种是由双方当事人自行约定；另一种是在双方当事人没有约定时，由法律予以确定。

在法律确定损害赔偿的范围方面，《德国民法典》认为，损害赔偿的范围应包括违约所造成的实际损失和所失利益两个方面。所谓实际损失，是指合同所规定的合法利益，由于可归责于债务人的事由而受到损害，例如应交货而未交货，应交付优质商品而交付劣质商品，均属此列。所谓所失利益，是指如果债务人不违反合同本应该能够取得，但因债务人违约而丧失了的利益。一般地说，实际损失比较容易确定，而所失利益则较难确定。因此，《德国民法典》规定，凡依事物的通常过程，或依已进行的装备、准备或其他特别情形可以预期得到的利益，即视为所失利益。例如，某工厂如正常开工，本可以每日收入若干元，但因机器损坏，承包修理机器的承揽人未按合同规定及时修复机器，拖延若干天，则这段时间的损失可列入损害赔偿的范围。

法国法也有类似的规定，认为损害赔偿的范围应包括现实损害和所失利益两个方面的损失。

英美法认为，计算损害赔偿的基本原则，是使由于债务人违约而蒙受损害的一方在经济上能处于该合同得到履行时同等的地位。例如，在买卖合同中，如果卖方不履行交货义务，其损害赔偿的范围就是合同规定的价格与应交货之日的市场价格之间的差价。

美国《统一商法典》对买方或卖方发生违约情事时，如何计算损害赔偿作了具体规定。按照美国《统一商法典》的规定，在损害赔偿中还包括附带的损失和间接的损失。此外，按照英美法的要求，当一方违约时，受损害的一方有义务采取一切合理的措施以减轻由于违约所造成的损失。如果由于受损害的一方的疏忽，没能采取合理的措施去减轻损失，则受损害的一方对于违约发生之后本来可以合理避免的损失不能要求给予赔偿。

按照我国《民法典》第584条的规定，在确定损害赔偿的责任范围时，主要有以下两项原则：①违反合同一方的赔偿责任，应当相当于另一方因其违约所受到的损失。在另一方当事人所受到的损失中，一般应包括财产的损毁、减少、灭失和为减少或者消除损失所支出的费用，以及合同如能履行可以获得的利益。②赔偿的责任不得超过违约一方在订立合同时应当预见到的因违反合同可能造成的损失。这一规定是对上一项规定的限制。在订立合同时，如果一方认为一旦对方违约将会给他带来非常严重的损失，他应当让对方知道这种严重的后果，否则对方就可以以其在订立合同时不可能预见到违约会造成这样严重的后果为理由而拒绝承担责任。目前，一些国际公约和某些国家的国内法都倾向于采取这种所谓“可预见到的损失”的原则来限制违约一方的责任范围。

3. 解除合同

解除合同（resolution），是指在合同有效成立以后，当具备解除的条件时，因当事人一方或双方的意思表示，使合同关系归于消灭的行为。合同的解除有三种类型：一是协议解除。当事人双方通过协商同意将合同解除的行为，这并不以解除权的存在为必要。二是法定解除。合同解除的条件由法律直接规定，这种解除就是法定解除，例如违法合同的解除。三是约定解除。当事人以合同形式，约定为一方或双方保留解除权的解除。下面我们重点介绍约定解除的情况。

（1）解除权的发生。

罗马法原则上不承认债权人在债务人不履行合同或不完全履行合同时，有权解除合同。但在买卖合同中，则允许卖方在买方未于一定期限内支付价款时，可以解除合同。这项原则在16世纪时被法国接受，并被推广适用于一切双务合同，认为在一切双务合同中，都有这样一个默示条款，即当一方不履行合同时，对方有权要求解除合同。这项原则也反映在德国法中，德国法认为，在债务人不履行合同时，债权人有权解除合同。不履行合同包括履行不可能、履行延迟、拒绝履行和不完全履行四种情况。《德国民法典》第325、326条明文规定，在一方当事人履行不可能或履行延迟的情况下，对方有权解除合同。对于拒绝履行或不完全履行的情况，《德国民法典》虽然没有明文规定，但学者一般认为，在发生这种情况时，对方当事人也有权解除合同。

英美法同大陆法有所不同。如上所述，英国法把违约分为违反条件与违反担保两种不同的情况。只有当一方当事人违反条件时，对方才可以要求解除合同；如果一方仅仅是违反担保，对方只能请求损害赔偿，而不能要求解除合同。美国法则把违约区别为重大违约与轻微违约，只有当一方的违约构成重大违约时，对方才可以要求解除合同，如果只是轻微违约，就只能请求损害赔偿，不能解除合同。因此，在英美法中，只有在违反条件或重大违约时，才发生解除合同的问题。

按照我国《民法典》第563条的规定，有下列情形之一的，当事人可以解除合同：

①因不可抗力致使不能实现合同目的；

②在履行期限届满前，当事人一方明确表示或者以自己的行为表明不履行主要债务；

③当事人一方迟延履行主要债务，经催告后在合理期限内仍未履行；

④当事人一方迟延履行债务或者有其他违约行为致使不能实现合同目的；

⑤法律规定的其他情形。

应当指出，在上述得以解除合同的5种情况中，只有第②～④项是属于对违反合同的补救方法，第①项和第⑤项则不是由于一方违反合同而引起的，不属于违约责任范围。

（2）解除权的行使。

根据各国法律的规定，行使解除权的方法主要有两种：一种是由主张解除合同的一方当事人向法院起诉，由法院作出解除合同的判决；另一种是无须经过法院，只需向对方表示解除合同的意思即可。

法国法采取第一种办法。《法国民法典》第1184条规定，债权人解除合同，必须向法院提起。但是，如果双方当事人在合同中订有明示的解除条款，则无须向法院提出。德国法采取第二种办法。《德国民法典》第349条规定，解除合同应向对方当事人以意思表示为之。换言之，主张解除合同的一方当事人只需把解除合同的意思通知对方即可，不必经过法院的判决。

英美法认为，解除合同是一方当事人由于对方的违约行为而产生的一种权利，他可以宣告自己不再受合同的约束，并认为合同已经终了，而无须经过法院的判决。

按照我国《民法典》的规定，主张解除合同的一方应通知对方，但不一定要经过法院判决。我国《民法典》第565条规定：当事人一方依法主张解除合同的，应当通知对方。合同自通知到达对方时解除；通知载明债务人在一定期限内不履行债务则合同自动解除，债务人在该期限内未履行债务的，合同自通知载明的期限届满时解除。对方对解除合同有异议的，任何一方当事人均可以请求人民法院或者仲裁机构确认解除行为的效力。

（3）在解除合同时能否同时请求损害赔偿。

关于在解除合同时能否同时请求损害赔偿的问题，各国法律的规定基本一致，即解除合同与请求损害赔偿是可以同时行使、并行不悖的。但《德国民法典》的规定有所不同。根据《德国民法典》第325、326条的规定，债权人只能在解除合同与损害赔偿请求权二者中任择其一，而不能同时享有两种权利，即两者不能在同一债务关系中并存。如果债权人要求解除合同，他就不能要求损害赔偿；如果他要求损害赔偿，就不能解除自己应承担的合同义务。

我国《民法典》第566条规定，合同解除后，尚未履行的，终止履行；已经履行的，根据履行情况和合同性质，当事人可以请求恢复原状或者采取其他补救措施，并有权请求赔偿损失。

（4）解除合同的后果。

解除合同的法律后果是消灭合同的效力。合同一经解除，合同的效力即告消灭。但这种消灭的作用是溯及既往，还是指向将来，各国法律有不同的规定。

法国法认为，解除合同是使合同的效力溯及既往的消灭，未履行的债务当然不再履行，即使已经履行的债务，亦因缺乏法律上的原因，而发生恢复原状问题。《法国民法典》第1183条规定，解除条件成就时，债的关系归于消灭，并使事物恢复至订约前的状态，就像从来都没有订立过合同一样。因此，在解除合同时，各方当事人应把从对方所取得的东西归还给对方，如应返还的物品因毁损、消耗而无法返还时，则应偿还其价额。在这个问题上，德国法与法国法的处理办法基本上是相同的。《德国民法典》第346条规定，在解除合同时，各方当事人互负返还其受领的给付的义务。

如已履行的给付是劳务的提供或以自己的物品供对方利用者，因无法恢复原状，应补偿其代价。

英国法律与大陆法不同，英国法认为，由于违约造成的解除合同，并不使合同自始（initiation）无效，而只是指向将来，即只是在解除合同时尚未履行的债务不再履行。至于已经履行的债务，原则上不产生返还的问题。因此，任何一方当事人原则上都无权要求取回已交付给对方的财产或已付给对方的金钱。解除合同是一方当事人由于对方的违约行为所产生的一项权利，基于此项权利，他可以不再受合同的约束。他可以认为合同已经告终，并可对全部违约请求损害赔偿。但是，英国法在解除合同时，允许当事人提起“按所交价值偿还”之诉，以便收回他所提供的财物或服务的代价。

在这个问题上，美国法与英国法有很大的差别。美国法认为，解除合同应产生恢复原状的效果。各个当事人均应把他从对方取得的东西返还给对方，尽可能恢复原来的状态。在这一点上，美国法同大陆法有相似之处。

4. 违约金

违约金（liquidated damages）是指以保证合同履行为目的，由双方当事人事先约定，当债务人违反合同时，应向债权人支付的金钱。

（1）大陆法中不同性质的违约金。

就违约金的性质来说，大陆法有两种不同的违约金：具有惩罚性质的违约金和作为预定损害赔偿总额的违约金。

①具有惩罚性质的违约金。德国法认为，违约金是对债务人不履行合同的一种制裁，具有惩罚性质。《德国民法典》第 339 条规定：债务人对债权人约定在不履行债务或不以适当方式履行债务时，应支付一定金额作为违约金者，于债务人延迟时，罚其支付违约金。由于德国法认为违约金具有惩罚性质，因此，当债务人不履行债务时，债权人除了请求违约金外，还可以请求由于违约所造成的损害赔偿。如《德国民法典》第 340 条规定，债权人有基于不履行之损害赔偿请求权时，得请求以违约金作为损害赔偿的最低额，但不妨碍其主张其他损害赔偿。

②作为预定损害赔偿总额的违约金。法国法认为，违约金的性质属于预先约定的损害赔偿金额。《法国民法典》第 1229 条规定：违约金是对债权人因主债务不履行所受损害的赔偿。换言之，就是双方当事人事先约定，如债务人违约时，应付给债权人一定的金额作为损害赔偿。这种做法从程序上看也有一定的便利。因为在没有事先约定违约金的情况下，债权人对债务人违约提出损害赔偿请求时，必须承担诉讼程序上的举证责任以证明确有损害发生的事实，并须证明损失的多少，才能要求债务人给予赔偿。这种举证有时是十分困难的，而且容易引起纠纷。但是，如果双方当事人预先约定损害赔偿，作为违约时应支付的违约金，则只要发生违约的事实，债权人就可以请求约定的违约金，而不必证明损害发生及损害赔偿金额之多寡，手续比较简便。由于法国法认为违约金具有预定损害赔偿金额的性质，所以，法国法原则上不允许债权人在请求违约金的同时，要求债务人履行主债务或另行提出不履行债务的损害赔偿。《法国民法典》规定，债权人对于主债务及违约金，只能任择其一，不能并行请求。但也有一些例外情况，即如果违约金是纯粹为履行延迟而约定者，当债务人履行延迟时，债权人既可以要求债务人支付约定的违约金，也可要求继续履行合同。这种做法在对外

贸易合同中经常采用。例如，许多国际货物买卖合同都规定，当卖方不按时交货时，如延迟交货一周，应支付违约金若干，但违约金的支付并不免除卖方的交货义务。

(2) 英美法对违约金的规定。

英美法认为，对于违约只能要求赔偿，而不能予以惩罚。因此，英美两国法院对于双方当事人在合同中约定，当一方违约时应向对方支付一定金额的条款，首先要区别这一金额是作为罚金（penalty）还是作为预先约定的损害赔偿金额，这种区分在英美法上是十分重要的。如法院认为双方当事人约定支付的金额是罚金，则当一方违约时，对方不能得到这笔金额，而只能索取他所遭受的实际损失的损害赔偿；如法院认为这一约定的金额是预先约定的损害赔偿，则当一方违约时，对方即可取得这一约定的金额。一般地说，如果这一金额是双方当事人在订约时考虑到作为违约可能引起的损失，法院将认为这是真正预先约定的损害赔偿金额，当一方违约时，对方即有权取得这一约定的金额；但如果双方当事人约定的金额过高，大大超出违约所能引起的损失，或者带有威胁性质，目的在于对违约的一方施加惩罚，则法院将认为这是罚金，对于罚金，法院一律不予承认，受损害的一方只能按通常的办法就其实际所遭受的损失请求损害赔偿。

(3) 中国法律有关违约金的规定。

我国《民法典》第585条规定，当事人可以约定一方违约时应当根据违约情况向对方支付一定数额的违约金，也可以约定因违约产生的损失赔偿额的计算方法。约定的违约金低于造成的损失的，人民法院或者仲裁机构可以根据当事人的请求予以增加；约定的违约金过分高于造成的损失的，人民法院或者仲裁机构可以根据当事人的请求予以适当减少。当事人就迟延履行约定违约金的，违约方支付违约金后，还应当履行债务。

这项规定表明，在我国法律中违约金具有损失赔偿的性质。因此，从原则上说，如果当事人取得了违约金，就不能对违约再提出赔偿损失的要求，但违约造成对方的损失大大超出违约金额者例外。

(4) 联合国国际贸易法委员会制定的《关于在不履行合同时支付约定金额的合同条款的统一规则》。

鉴于国际商务合同往往订有预先约定的损害赔偿条款或罚金条款，规定当一方当事人不履行合同时，应向另一方当事人支付一笔约定的金额。但各国法律对这种条款的态度和处理方式存在着很大的分歧，使这种条款的作用和有效性往往处于不确定状态。这种状况已经成为国际商务活动的一种障碍。为了解决这个问题，联合国国际贸易法委员会制定了一些适用于这种条款的法律原则，名为《关于在不履行合同时支付约定金额的合同条款的统一规则》（简称《统一规则》）。联合国大会于1983年通过决议建议各国郑重考虑，可采用样本法或订立国际条约的方式，将这些规则付诸实施。现将这项规则的适用范围及主要内容简介如下。

①《统一规则》的适用范围。《统一规则》适用于当事人约定在一方不履行合同时，另一方有权取得约定的金额的国际合同，不论此项约定的金额是作为罚金（penalty）还是作为赔偿金（compensation）。

②《统一规则》的实体规定。《统一规则》的实体规定有以下几项：第一，如果

债务人对不履行合同没有责任，则债权人无权取得约定的金额。换言之，只有当债务人对不履约应承担责任时，债权人才能取得这项约定的金额。第二，如果合同规定，一旦延迟履行，债权人有权取得约定的金额，则债权人在有权取得约定的金额的同时，还有权要求履行合同义务。第三，如果合同规定，当出现延迟履行以外的不履约情事时，债权人有权取得约定的金额，则债权人有权要求履行合同，或者要求支付约定的金额；但是，如果约定的金额不能合理补偿不履约所造成的损失，则债权人有权在要求履行合同的同时，要求支付约定的金额。第四，如果债权人有权取得约定的金额，则在该项约定金额所能抵偿的范围内的损失，债权人不得请求损害赔偿；但是，如果损失大大超过约定的金额，则对于约定金额所不能抵偿的部分，债权人仍可请求损害赔偿。第五，除非约定的金额与债权人所遭受的损失很不相称，法院或仲裁庭均不得减少或增加合同约定的金额。

案例 3.2

我国某进出口公司 A（卖方）与荷兰某实业公司 B（买方）以 CFR 鹿特丹价格签订了一份出口 1 万吨大米的合同。货物由承运人某远洋运输公司 C 从上海装船运输，货物运输中由保险公司 D 办理了海运货物保险。运输途中因海员过失，延迟 30 天才到达目的港。货物到达目的港后发现 1/3 大米变质，公司 B 因此提出索赔。问荷方应分别向谁提出索赔？为什么？

（1）货损（1/3 大米变质）发生后，公司 B 应向谁提出索赔？

（2）对货物延迟 30 天才到达目的港的损失，公司 B 应向谁提出索赔？

分析：

（1）1/3 大米变质，从案例提供的信息来看，不能直接归因于运输方延迟 30 天才到达目的港，是否属于保险责任范围亦不是很清楚，这可能是由卖方提交的货物有内在缺陷造成的，如所含水分有可能超出正常范围，在出口检验时虽然可能符合合同要求，但对于进口方来说，同样具有商品检验的权利，而且与出口检验具有同等的法律效力。因此，买方可直接向卖方提出索赔，或向保险公司索赔（若投保了一切险）。

（2）对货物延迟 30 天才到达目的港的损失，包括货物没有及时到达而使生产受到一定影响，或错过了销售旺季遭受价格损失等，可直接向运输方提出索赔。因为这是由于运输方（船员）过失造成的，因此必须承担由其过失导致的相应损失的责任。

■第四节　合同的让与以及为第三人利益签订的合同

一、合同的让与

合同的让与是指合同的主体发生变更，即由新的合同当事人代替旧的合同当事人，但合同的客体，即合同的标的并没有发生变化。合同的让与有两种情形：一是债权转移，即由原债权人将其债权转让给新的债权人，从而使新债权人取代了原债权人的地位。例如，甲欠乙1万元，乙又欠丙1万元，乙将其对甲的债权转让给丙，以清偿其对丙的债务。二是债务承担转移，即由新债务人代替原债务人负担债务。例如，甲欠乙1万元，丙又欠甲1万元，甲让丙直接向乙支付1万元，以清偿其对乙的债务。在上述例子中，债权人和债务人都发生了变化，但债的性质及内容没有改变，虽然债权、债务经过转让，但债的性质仍是金钱之债，其金额仍为1万元。

合同的让与是随着社会经济发展的需要逐渐形成的一种法律制度。罗马法在开始时是不承认债权让与和债务承担的，因为古罗马法认为，债的关系是一种法律的锁链，是特定人与特定人之间的关系，彼此不能分割开来。所以，无论是更换债权人还是更换债务人都是不允许的。但是，随着商品交换的发展，到了查士丁尼一世时代，古罗马法的这种僵硬的原则已不能适应社会经济生活的需要，于是就产生了一些变通的办法来处理债的转让问题，起初是允许债权受让人以债权人的诉讼代理人的身份向债务人提起诉讼，并允许其取得胜诉所得的金额，借以达到债权转让的目的。后来则发展到只要债权受让人把债权让与的事实通知债务人，债务人就有义务向受让人清偿债务，如债务人仍向原债权人清偿，就不能解除其债务。

现代西方各国法律对合同让与问题都作了一些规定，但在许多方面存在着重大差异，现分别简单介绍如下。

（一）债权让与

债权让与是指债权人不必征得债务人的同意，而将其债权转让给第三者，后者基于债权让与成为新的债权人，他取代原债权人的地位，如债务人不履行义务，新的债权人有权以自己的名义向债务人提起诉讼，请求依法予以救济。

债权让与有两种方法：一种是民法上的债权让与，另一种是商法上的债权让与。民法上的债权让与手续比较复杂，一般必须受制于以下两项原则：第一，必须把债权人变更的事实通知债务人；第二，新债权人所取得的权利不得优于原债权人，凡债务人得以对抗原债权人的抗辩，同样可以对抗新的债权人。商法上的债权让与则比较简单，其办法是以背书方式进行转让，无须通知债务人，同时，新的债权人可取得优于原债权人的权利，债务人不得以可向原债权人提出的抗辩事由来对抗新的债权人。这种方法对于加速商业周转是有积极作用的。这里我们主要介绍民法上的债权让与，关于商法上的债权让与，因其主要是适用于流通证券的转让，将在介绍票据法时详加讨论。

债权让与涉及三个方面：①让与人（assignor），即出让债权的当事人，也就是原债权人；②受让人（assignee），即从债权转让中取得债权的当事人，也就是新的债权人；③债务人（debtor）。

债权让与是原债权人（让与人）与新债权人（受让人）之间订立的一种合同，按照这种合同，前者将其债权转让给后者。但是，他们之间的这种合同却与债务人有密切的关系，因为债务人要向新的债权人履行债务，因此，在债权让与中，如何保护债务人是一个十分重要的问题，各国法律对此都有一些规定。

1. 大陆法

大陆法中的《德国民法典》第 398 条规定：债权得依债权人与第三人的合同而转移于第三人，新债权人依合同的成立取得债权人的地位。按照这一规定，债权让与无须征得债务人的同意，也无须通知债务人，这里就可能产生一个问题：如果债务人不知道债权已经让与第三者，仍向原债权人清偿债权，在这种情况下，债务人能否因此而解除债务？这就涉及如何保护债务人的问题。根据《德国民法典》的解释，凡债务人不知道有债权让与情事而向原债权人清偿者，其债务即行解除。但是，如债务人已经知道有债权让与的事实，不管他是从原债权人、新债权人还是从其他途径获悉的，在这种情况下，如他仍向原债权人清偿，则不能解除债务。换言之，在债权让与的场合下，债务人仍向原债权人作清偿能否解除债务，关键取决于对债权让与是否知情。

为了保护债务人的利益，《德国民法典》第 404 条规定：债务人在债权让与当时对原债权人的抗辩，均得以向新债权人主张。这是因为债权让与只是变更债权的主体，而不是改变债权的内容，如果原来的债权含有瑕疵，这种瑕疵亦必须随同债权移转于受让人，受让人不能取得优于让与人的地位，所以，债务人得以对抗原债权人的事由，均可用以对抗新债权人。例如，债务人因受胁迫而与原债权人订立了一项合同，答应付给原债权人 10 万元，原债权人将此项债权转让给新的债权人，则债务人的这项抗辩权仅以在债权让与的时候可向原债权人提出的抗辩事由为限。如果债务人对原债权人的抗辩事由是发生在债权业已让与新债权人之后，就不能用以对抗新债权人。

应当注意的是，德国法把债权让与作为“抽象”的法律行为，认为债权让与合同是一种不要因的合同，即这种合同是与作为它的基础的合同分离独立的，不因其基础合同的瑕疵而受到影响。这是德国法的一个特点。主要是为了便于债权的连续让与，目的是保护第二受让人。因为如果债权让与是一种要因合同，一旦原因有瑕疵，则将直接影响到债权让与合同的效力，这样一来就会使第二受让人遭受损失。因此，德国法主张债权让与是不要因合同，即使原债权人对第一受让人所作的债权让与缺乏原因或其原因有瑕疵，但该债权让与合同仍然有效，不受影响。在这种情况下，原债权人可向第一受让人请求不当得利的返还作为救济办法。如第一受让人已将债权让与第二受让人，则第二受让人的权利不因原债权人与第一受让人之间在债权让与方面的原因有任何瑕疵而受到影响。

法国法也承认债权让与制度，认为债权人有权不经债务人的同意而把债权转让给第三者。法国法同德国法的区别主要在以下几个方面。

（1）法国法认为，债权让与是一种买卖行为，让与人是作为卖方出售债权，而受让人是作为买方购买债权。既然是买卖行为就必须有约因（cause），所以，法国法不承认债权让与是抽象法律行为或不要因合同。

（2）法国法把债权让与合同对让与人与受让人的效力同对债务人的效力加以区别。根据《法国民法典》第 1689 条的规定，债权让与在让与人向受让人交付权利证书时，即认为已履行交付的义务。换言之，在让与人与受让人之间，合同一成立，就发生效力，让与人不能再把此项债权转让给其他人，也不能把该债权作为质押向别人提供担保。但对债务人来说，则必须在接到债权让与的通知之后，或者在公证文书中对债权让与作出承诺之后，才能发生效力。按照《法国民法典》的解释，债权让与合同须以通知债务人或由债务人在公证文书上作出承诺作为对第三人发生效力的必要条件。这里所谓第三人既包括债务人，也包括事后让与人再把该债权让与的其他人。因此，如果债务人未接到债权让与的通知，他仍应向原债权人清偿债务，而且法国的判例认为，债务人不得以知道债权让与理由，径行向受让人清偿债务，并以此为依据对抗原债权人。但如果债务人已接到债权让与的通知或已在公证文书上作出承诺，他就必须向债权受让人清偿债务。

(3) 法国法认为，如原债权人在与受让人（第一受让人）订立债权转让合同之后，又把同一债权让与第二受让人，则在第一受让人与第二受让人间究竟应由谁取得债权的问题，须取决于谁先把债权让与的事实通知债务人。因为按照法国法，债权让与合同必须通知第三者或由第三者在公证文书上作出承诺才对第三者发生效力。所以，如果发生第二次债权让与的情事，第二受让人如先于第一受让人把债权让与的事实通知债务人，即可取得债权，债务人只要向第二受让人进行清偿即可解除债务。第一受让人如未向债务人办理通知手续，就不能仅以其先受转让为理由来对抗第二受让人。这一点也是与德国法不同的。德国法认为债权让与合同对受让人、债务人和其他第三者是同时生效的，而不以是否通知债务人或其他第三者作为对他们生效的前提条件。但这仅仅针对两个或两个以上受让人之间谁有权取得债权而言，而对于债务人，在同一债权发生多次转让的情况下，他究竟应向谁清偿债务，则仍取决于债务人对债务转让情事是否知情。

2. 英美法

债权让与制度在英国法中经历了一段很长的演变过程。英国法像罗马法一样，认为债权债务关系是人与人之间的一种十分密切的关系，因此，任何一方当事人都不能把他的合同权利或义务转让给第三者。但是，随着商业的发展，债权让与需要日益增多，英国普通法开始采用一些变通的办法来处理这个问题。其办法就是所谓授予代理权的制度，即由债权人授权受让人，允许他以债权人的名义就该项债权提起诉讼，并可保留胜诉后取得的款项。开始时普通法就是通过这种办法来达到债权让与的目的。所以，英国直至今天仍把债权称为 chose in action，意思是说这是一种只有通过诉讼才能实现的财产权，而不是实际占有的财产。现在，英国的债权让与制度有以下几个特点。

(1) 现代英国法原则上承认债权可以让与，但有例外，即属于具有高度个人特色的权利不能让与，例如，属于提供个人劳务的合同权利，非经对方当事人的同意，不能让与。

(2) 英国法对债权让与有两种不同的处理办法：一种是按成文法规定进行的债权让与（statutory assignment），另一种是按衡平法的原则进行的债权让与（equitable assignment）。

按成文法进行的债权让与必须符合《1925 年财产法》（Law of Property Act, 1925）所规定的三项要求：①必须以书面形式作成，并由让与人签字；②债权让与必须是绝对的、无条件的，应包括全部债权，而不是债权的一部分；③必须以书面形式通知债务人。如符合法律规定的要求，受让人即可用自己的名义对债务人提起诉讼。

而且按成文法进行的债权让与不要求对价（consideration）。

在某些情况下，如果债权让与由于欠缺成文法所要求的转让条件，但当事人确有债权让与的意思，则在衡平法上仍可认为是有效的。按衡平法进行的债权让与不以通知债务人为必要条件，但通知债务人可以起到以下两个作用：①凡债务人在接到债权让与通知以前所得向原债权人提出的抗辩，均得用以对抗受让人（新债权人），但在接到债权让与通知之后产生的对原债权人的抗辩事由，就不能用以对抗受让人。例如，债务人在接到债权让与通知之前，向原债权人（让与人）作了清偿，即可解除债务，但在接到通知之后，仍向让与人清偿，则不能解除债务。②如债权让与把同一债权转让给几个受让人，则先向债务人发出债权让与通知的受让人可对该项债权取得优先权。

现代美国法承认债权是可以让与的，只有某种具有个人特色的合同权利，如提供个人的劳务、技能或判断力的合同，才不允许转让。根据美国《统一商法典》的规定，除当事人另有协议外，买方或卖方都可以把他们的权利转让给第三人，除非这种转让会大大改变对方的义务，或者大大增加对方的负担，或严重损害对方获得履行的机会。但是，凡属于按需要或产出（needs or output）供应货物的合同，原则上都不能转让，因为债权让与是以新的债权人来取代原债权人的地位，而不同债权人的需要或产出也可能会有很大的不同。

此外，如果债权人把同一债权先后转让给两个以上的受让人，究竟是第一受让人还是第二受让人取得债权？美国法的处理方法也与英国法有所不同。按照美国法，在这种情况下，应由第一受让人取得该项债权。其理由是，让与人不能把他没有的权利转让给他人。所以，让与人既已把其债权让与第一受让人，就没有东西可以再次转让给第二受让人。但英国法则认为，在上述情况下，应由首先把债权让与的事实通知债务人的受让人取得该项债权。在这个问题上，美国法同德国法是一致的，而英国法则与法国法雷同。

（二）债务承担

债务承担是指由新债务人代替原债务人履行债务，新债务人称为承担人。债务承担只是更换了债务人，但债务的内容并没有改变。罗马法认为，债务的转移是不可能的，因为债务转移比债权让与问题更为复杂。债权让与只是更换了债权人，一般不会影响债务人的履行能力，但债务转移要更换债务人，不同债务人的资信情况、履约能力、经营作风等可能有所不同，这就可能会对债权人的利益带来严重的影响。因此，罗马法不允许原债务人与承担人之间以协议方式转移债务。但罗马法也采取了一些办法来达到债务转移的目的，这就是所谓的债务更新（novation），即债权人应债务人的请求，同愿意承担该项债务的第三者订立一个新的合同，由后者来承担原债务人的债务。

现代西方各国法律对债务承担有不同的规定。德国法和瑞士法承认债务承担制度，并在法律上作了具体规定，英美法和法国法原则上认为债务不能转移，但为了适应现代经济生活的客观需要，也采取了一些间接的办法来达到债务转移的效果。现分别介绍如下。

1. 大陆法

大陆法中的德国法认为，债务承担是一种合同关系。债务承担合同有两种方式：(1) 由承担人与债务人订立合同，代替原债务人，承担其债务；(2) 由承担人与债务人订立债务承担合同，让承担人向债权人履行债务。但这种债务承担合同必须经债权人的追认才能发生效力。《德国民法典》第415条明文规定：第三人与债务人约定承担债务者，须经债权人的追认始发生效力。这是因为债务人的更换对债权人关系甚大，为了保护债权人的利益，法律特别规定，这一种债务承担合同必须取得债权人的同意。

按照德国法，债务承担的效力主要表现在以下两个方面：第一，由承担人代替原债务人负担债务，从而使原债务人脱离债务关系，免除了他的债务；第二，承担人得以援用原债务人的抗辩事由。德国法认为，债务承担与债权让与一样，都是抽象的法律行为，是不要因的合同，所以，尽管承担人替原债务人承担债务总是基于某种原因，不会无缘无故地替别人偿还债务，但债务承担合同不受此种原因的影响。《德国民法典》明确规定：新债务人（承担人）基于自己与债务人间承担债务原因的法律关系所有的抗辩，不得向债权人提出。这项规定的目的是保护债权人，同时也是债务承担制度赖以存在的基础。因为如果新债务人得以把对原债务人提出的抗辩来对抗债权人，则债权人在接受债务承担时风险就很大，债务承担的办法就将更难为债权人所接受。

法国法同德国法不同。《法国民法典》没有专设条目对债务承担作出明确的规定，而是采取一些变相的办法来达到债务承担的目的。这主要表现在如下三个方面。

(1)《法国民法典》原则上允许由第三人代替原债务人向债权人清偿债务。该法典第1236条规定：债务亦得由无利害关系的第三人清偿之，但以该第三人以债务人的名义并以消灭债务人的债务为目的者为限。

(2) 按照法国法，债务的转移主要是通过债的更新的办法来实现的。《法国民法典》第1271条第2款规定：债权人得解除旧债务人的债务而由新债务人代替之。债的更新是指消灭旧的债务，成立新的债务，因此严格地说，这不是一般意义上的债务承担，而是为了达到债务承担目的所采用的一种变通办法。

(3) 法国法承认概括承受。所谓概括承受是指在自然人死亡或法人合并时，由其继承者概括性地继承其一切财产，其中既包括债权，也包括债务。这也可以说是债务承担的一种形式，但这是在特定情况下，依照继承法规定所进行的债务转移，它与在平常的业务活动中，依照双方当事人的意思所作的债务转移是有区别的。

2. 英美法

英国法认为，合同的债务非经债权人的同意是不得转移的。债务转移只能通过更新的办法来实现，而债的更新必须取得债权人的同意。按照英国法的解释，债的更新是债权人应债务人的请求，同意以新的债务人代替原债务人的一种新的合同。更新的效力是解除原债务人的债务，并把这项债务加之于新债务人头上。

美国为了适应商业上的需要，在法律上对债务转移采取比较灵活的态度。美国法虽然也认为合同的债务原则上不能转移，但在某些情况下则允许代行债务（delegation of duties)，即允许他人代替原债务人履行债务。例如，在建筑上的工程合同中，如此项工程并不一定非由原债务人履行，则允许原债务人通过别人来履行其义务。但原债务人不能因此而解除自己的义务，如果代其履行义务的一方没有履行义务，原债务人仍应承担责任。

美国《统一商法典》规定，除合同当事人另有协议，或债权人对由原债务人履行合同具有重大的利害关系者外，债务人得通过他人代其履行义务。但替代履行并不解除债务人的履行义务或对违约所产生的责任。

3. 中国法律有关合同变更和转让的规定

我国法律允许一方当事人将合同的权利和义务转让给第三方。按照我国《民法典》第545条的规定，债权人可以将债权的全部或者部分转让给第三人，但是有下列情形之一的除外：(1) 根据债权性质不得转让；(2) 按照当事人约定不得转让；(3) 依照法律规定不得转让。当事人约定非金钱债权不得转让的，不得对抗善意第三人。当事人约定金钱债权不得转让的，不得对抗第三人。

我国《民法典》第551条规定：债务人将债务的全部或者部分转移给第三人的，应当经债权人同意。债务人或者第三人可以催告债权人在合理期限内予以同意，债权人未作表示的，视为不同意。

我国《民法典》第555条和第556条规定：当事人一方经对方同意，可以将自己在合同中的权利和义务一并转让给第三人。合同的权利和义务一并转让的，适用债权转让、债务转移的有关规定。

二、为第三人利益订立的合同

为第三人利益订立的合同是涉他合同的一种，它是指双方当事人在合同中约定，由债务人向合同以外的第三人履行合同所规定的义务。该第三人是合同的受益人，他可以用自己的名义直接要求债务人履行合同。如果债务人违反合同义务，受益人有权直接向债务人请求损害赔偿。

罗马法是不承认涉他合同的效力的，因为罗马法认为，合同只对双方当事人有拘束力，不能及于第三人。合同以外的第三人既不能就别人的合同取得权利，也不因别人的合同而承担义务。关于罗马法有一句格言：任何人都不得替他人作出约定。这是罗马法的一项原则。但是，随着经济的发展，为第三人利益订立合同越来越多，例如，人寿保险合同、运输合同等都是典型的为第三人利益订立的合同。因此，近代西方各国法律都在不同程度上承认为第三人利益订立的合同，但各国法律有所不同，现分别介绍如下。

（一）大陆法

1. 德国法

德国法把为第三人利益订立的合同称为向第三人给付的合同。《德国民法典》第328条规定：当事人可以合同约定向第三人履行给付，并具有使第三人直接要求给付的权利的效力。按照德国法的解释，为第三人利益订立的合同中，第三人可以“直接”取得请求给付的权利，即无须第三人对此表示同意，或作出其他附和的意思表示，甚至未出生的人也可以作为此种合同的受益人，例如，父亲死亡前以遗腹子女为受益人所订立的合同即属于此类。但是作为受益人的第三人可以拒绝接受基于此种合同所取得的权利。至于为第三人利益订立合同的债权人，是否可以不经第三人的同意而取消或变更其权利的问题，主要取决于债权人在合同中对此项权利是否有所保留，如合同没有就此作出规定，则由法院根据合同的情形以及合同的目的予以确定。

为第三人利益订立的合同涉及三个人。在合同的双方当事人中，其中一方为债权人，另一方为债务人。债权人让债务人向第三人履行合同的义务，因此，除双方当事人以外又涉及作为受益者的第三人。所以，关于这种合同的效力，也要区别不同的人做具体的分析。

(1) 对于第三人的效力。第三人是合同的受益人，根据《德国民法典》的规定，第三人得依照这种合同取得直接请求履行的债权，其中包括以自己的名义直接请求债务人履行合同，和在债务人不履约时请求损害赔偿或申请法院强制执行等。但是，由于该第三人不是合同的当事人，所以第三人无权撤销合同或解除合同，此项撤销权或解除权仅能由合同的双方当事人行使。

(2) 对于债权人的效力。合同的债权人有权要求债务人向第三人履行合同。但必须指出，在为第三人利益订立的合同中，合同的债权人所享有的债权与第三人所取得的债权是不同的。合同的债权人只有请求债务人向第三人履行合同的权利，而没有请求债务人向自己履行合同的权利。第三人则享有请求债务人向自己履行合同的权利。同样地，在债务人不履行债务时，第三人的损害赔偿请求权也不同于债权人的损害赔偿请求权。第三人是请求赔偿因债务人未向自己履行合同所造成的损失，而债权人则只能请求赔偿因债务人未向第三人履行合同所引起的损失。

(3) 对于债务人的效力。为第三人利益订立的合同成立后，债务人即负有向第三人履行合同的义务。如有违约情事，债务人须负违约责任。但与此同时，债务人基于该合同所产生的一切抗辩事由，均可用以对抗受益的第三人。例如，如果该项为第三人利益订立的合同由于某种原因而宣告无效或撤销，债务人亦可据此向第三人主张合同无效或已被撤销。

2. 法国法

法国法虽然也承认为第三人利益订立的合同，但态度不够明朗，不像德国法那样明确。如《法国民法典》第1119条规定：任何人原则上仅得为自己订约，并以自己名义订立合同。《法国民法典》第1165条规定：合同仅于缔约当事人间发生效力。从上述规定看，法国法似乎是不允许为第三人利益订立合同的，但其实并非如此。因为《法国民法典》第1121条规定：人们为自己与他人订立合同时，或对他人赠与财产时，亦得为第三人利益签订条款，作为该合同或赠与的条件，当第三人声明有意享受此条款的利益时，为第三人订立合同的人即不得予以取消。

按照《法国民法典》的规定，为第三人利益订立的条款必须具备以下两个条件之一才能生效：(1) 债权人必须在合同中为自己保留某种利益，因为他在为自己与他人订立合同时，为第三人利益订立了条款；(2) 债权人对他人赠与财产时，附加上为第三人利益订立的条款。所以，法国法承认为第三人利益订立的合同是有一定条件的，这是法国法与德国法的不同之处。产生这种区别的主要原因是，《法国民法典》是

1804 年公布的，它比《德国民法典》早了整整一个世纪，当时在社会经济生活中，为第三人利益订立合同远没有后来那样广泛，因此，作为社会上层建筑的法律也只能反映那个时代社会经济基础的要求。19 世纪以来，随着人寿保险和商业的发展，为第三人利益订立的合同被普遍采用，《法国民法典》的上述规定已不能适应社会经济发展的要求，因此，现在法国法院的判例已经放弃了《法国民法典》第 1121 条的两项要求。例如，丈夫在人身保险合同中规定，一旦他死亡，保险公司须将其全部保险金额付给他的妻子。在这种人身保险合同中，丈夫并没有为他个人保留任何利益，但法院认为，这里存在某种道义上的利益（moral benefit），所以，这种合同是有效的。

关于债权人在为第三人利益订立合同之后，对于第三人的利益可否予以取消或更改的问题，法国法也与德国法有所不同。德国法在这个问题上主要是取决于当事人的意思，即取决于合同的债权人在合同中对这一点有无保留权利，而法国法则取决于第三人是否已接受合同给予他的权利。按照《法国民法典》第 1121 条的解释，在第三人声明表示接受合同所给予的权利之前，债权人可以撤销或更改为第三人利益订立的条款。但当第三人已声明表示接受合同给予的利益之后，该第三人对合同的利益就具有直接权利，因此，即使债权人破产，其破产管理人也不能获取该项合同的权利，因为它已经不再是该债权人的财产了。

（二）英美法

1. 英国法

英国法是不承认为第三人利益订立的合同的。英国法的基本原则之一是，只有合同的当事人才能依据合同提起诉讼，合同以外的第三人是不能以自己的名义就合同提起诉讼的。英国在 1883 年有这样一个判例：甲与乙订立合同，双方约定，如乙为甲完成某项工作，甲将付给丙一笔款项。乙完成该项工作后，甲拒绝向丙付款，丙向法院起诉，法院判决，丙无权取得这笔款项，因为他不是合同的当事人。英国王座法院的法官在作出这一判决时，对第三人之所以不能取得合同的利益提出以下两个理由：（1）合同仅在当事人间有效，第三人不是合同的当事人，所以不能取得合同的利益；（2）在原告（第三人）与被告（合同的债务人）之间缺乏对价。因为英国法认为，对价必须来自受允诺人（主张债权的一方）。

在该案中，合同双方当事人之间有对价关系，但第三人无对价关系，因此，他不能取得合同的利益。但是，为了适应社会经济生活的需要，英国法也采取了一些变通的办法，使某些为第三人利益订立的合同得以实现，主要如下。

（1）以成文法的规定来突破普通法中关于只有合同当事人才能对合同提起诉讼的原则。如 1906 年英国《海上保险法》规定，保险合同能使第三人成为受益人，取得保险合同上的利益。

（2）通过法院判例确认某些承认第三人利益的商业惯例。信用证（letter of credit，L/C）就是一个典型的例子。信用证是对外贸易中经常使用的一种支付方式，它是银行根据进口人的请求，开给出口人的一种保证按规定条件向出口人支付货款的凭证。如果出口人已按信用证的要求履行了他的义务，而银行拒绝付款时，出口人是否可以直接凭信用证向银行提起诉讼？按照商业惯例，这是可以的，否则就会给商业活动带来极大的不便。但按照传统的普通法原则，这是不可以的。英国法院在1958年的一个判例中，实际上已打破了合同仅在当事人间有效的原则，确认了这种商业上的习惯做法，允许卖方以自己的名义对银行提起支付价金之诉。

（3）通过衡平法上的信托制度来使第三人取得合同上的利益。信托是英国衡平法上的一种制度，它通常是指信托人（trustor）把财产交给受托人（trustee），而指定一个第三人为其受益人（beneficiary）。衡平法认为，在信托制度下，第三人可以取得信托所给予的利益，即衡平法认为这种制度解释适用于某些为第三人利益订立的合同。这种做法叫作默示的信托关系（constructive trust），即当事人虽然没有明示地设定信托关系，但法律上推定其有信托关系，从而使合同以外的第三者可以取得合同给予的利益。英国有这样一个判例：某经纪人介绍租船人与船东订立一项租船合同，合同规定应付给经纪人一笔佣金。经纪人因没有得到佣金对船东提起诉讼，并把租船人作为共同被告，英国上议院（House of Lord）判决经纪人胜诉。法官认为，租船合同是船东与租船人之间的合同，经纪人虽然没有参加，但在本案中，租船人是经纪人的受托人，因此，这个诉讼应视为向作为经纪人的受托人的租船人提起的诉讼。但要注意的是，按照衡平法有关信托制度的诉讼程序，受托人应首先采取措施让合同对方向受益人履行合同的义务，如向法院起诉，应以受托人的名义提起。如果受托人拒绝起诉，则受益人可以自行起诉，但要把受托人牵连在内作为共同被告。但由于衡平法并非普遍承认一切为第三人利益订立的合同都存在有默示的信托关系，而且诉讼程序相当复杂，有很多不便之处，因此，英国法律修改委员会曾建议，凡合同中明确规定有为第三人利益订立条款者，应允许第三人以自己的名义要求履行合同。

2. 美国法

美国法与英国法不同，美国法承认为第三人利益订立的合同。美国法认为，只要双方当事人在订立合同时，有意思使第三人享受合同的利益，该第三人就可以凭合同向法院提起诉讼，要求取得合同给予的利益。美国各州的法律把为第三人利益订立的合同分为以下三种情况。

（1）以受赠人为受益人。如果债权人在为第三人利益订立合同时，其主要目的是向第三人赠与，该第三人即称为受赠人受益人。在这种情况下，如债务人不向受益人履行合同的义务，债权人和受益人都可以向债务人提起诉讼，受益人有权请求取得合同规定给予他的利益；债权人则可请求赔偿由于债务人没有向受益人履行合同而使其遭受的损失，但一般只能取得名义上的损害赔偿。

（2）以债权人为受益人。这是指为第三人利益订立合同的一方为了向第三人清偿债务，而在合同中规定以该第三人为受益人，而让合同的对方向该第三人履行合同，该第三者即称为债权人受益人。如果合同对方不履行其义务，该受益人也有权以自己的名义依据合同提起诉讼。

（3）偶然的受益人。这是指合同当事人在订立合同时，只是为他自己的利益而订立合同，并没有把任何利益给予第三人的意思，但由于履行该合同的结果使第三人从中得到某种利益，这个第三人即称为偶然的受益人。例如，甲与乙订立合同，由乙负责给甲修建水渠，由于该水渠通过丙的农场，从而使丙也得到某种好处，在这种情况下，由于丙既不是合同的当事人，也不是合同所指定的受益人，因此，丙在法律上不能就该合同取得任何权利，如果乙违反合同，只能由甲根据合同对乙提起诉讼，丙无权对乙起诉。严格地说，这种合同不能算是为第三人利益订立的合同，因为为第三人利益订立的合同必须由当事人在合同中表明有为第三人利益订立合同的意思，而且应当在合同中指定为受益人的第三人，或者至少应当根据合同能够确定谁是受益人，而所谓附带的受益人或偶然的受益人根本不具备这种条件。

■第五节　合同的消灭

合同的消灭（discharge of contract）是指合同由于某种原因而不复存在。合同的消灭是英美法的概念，大陆法各国则把合同的消灭包括在债的消灭的范畴之内，作为债的消灭的内容之一。这是因为大陆法各国都用“债”这个总概念，把合同、侵权行为、代理权的授予、无因管理、不当得利都作为产生债的不同原因。合同只是债的一种，而不是债的全部，所以，大陆法各国在其民法典或债务法典中，也仅就债的消灭作出规定，而没有专就合同的消灭作出规定。英美法与大陆法不同，英美法有合同法与侵权行为法（tort）之分，在合同法与侵权行为法之上没有“债”这个总概念，因此，英美法没有债的消灭的法例，而只有合同的消灭的法例。

一、大陆法各国对债的消灭的有关规定

大陆法各国对债的消灭的有关规定基本上大同小异。大陆法各国除了认为合同的撤销、解除以及履行不可能等，均可作为债的消灭的原因外，还在民法典或债务法典上对债的消灭的各种原因作了具体的规定。如根据《法国民法典》的规定，债有下列情形之一者即告消灭：（1）清偿；（2）更新；（3）自愿免除；（4）抵销；（5）混同；（6）标的物灭失；（7）取消；（8）解除条件成就；（9）时效完成。

《德国民法典》规定，债的消灭原因有以下四种：（1）清偿；（2）提存；（3）抵销；（4）免除。《日本民法典》把债的消灭的原因规定为五项，前四项均与《德国民法典》的规定相同，第五项是混同。对此，《德国民法典》虽无明文规定，但实际上也承认这是债的消灭的原因之一。现将其中的一些主要规定介绍如下。

1. 清偿

所谓清偿（payment），就是向债权人履行债的内容，即指债务人向债权人履行合同规定的义务。例如，在买卖合同中，卖方向买方交货，买方向卖方支付价金，这都叫清偿。各国法律一致认为，清偿是债的消灭的主要原因。当债权人接受债务人的清偿时，债的关系即告消灭。

大陆法原则上允许债务人以外的第三者向债权人清偿债务，但如果由于债的性质必须由债务人亲自履行者，则不能由第三者履行，例如，提供个人劳务的合同，由于各人的专长、技能、水平各不相同，因此，这种合同的义务就不能由债务人以外的第三者代为履行。

清偿的标的物一般应当是合同规定的标的物。例如，借钱还钱，借米还米等。但

是如果债权人同意，债务人也可以用规定的标的物以外的物品来清偿其债务。例如，欠钱可以还米，欠米也可以还钱。这在大陆法上称为代物清偿。代物清偿也可以产生债的消灭的效力，但必须取得债权人的同意。如《德国民法典》第364条规定，债权人受领约定给付以外的他种给付以代替原定的给付者，债务关系消灭。《日本民法典》也有类似的规定。

至于清偿的地点与期限，大陆法各国法律也有一些具体的规定，清偿地亦称履行地，即债务人应履行其义务的地点。如果合同对履行地已有明确的规定，则应在规定的地点履行。如果合同对此没有作出规定，则根据标的物的不同性质而有两种不同的情况：(1) 如属特定物的债务，应于订约之时该特定物所在地交付。(2) 如果属于其他债务，究竟应当在债权人的住所地交付还是在债务人的住所地交付，各国法律分别采取两种不同的办法。第一种办法称为往取债务，即以债务成立时债务人的住所为清偿地，法国、德国、瑞士等采取这种办法。第二种办法称为赴偿债务，即以债权人现时的住所地为清偿地，日本采取这种办法。前者着重于维护债务人的利益，后者着重于维护债权人的利益，各有不同的侧重。清偿地在法律上有重要的意义，它是确定法院管辖权和确定合同适用的法律的标准之一。关于履行的期限，如果合同已有规定，应按合同的规定履行；如合同没有作出规定，则称为未定期限债务，债权人在合同成立以后随时可以向债务人要求清偿，债务人也可以随时向债权人清偿。应当注意的是，许多大陆法国家的法律认为，有关期限的规定一般应推定它是为了债务人的利益而订立的，如《德国民法典》明文规定，在合同规定了履行期限的情况下，债权人虽然无权在规定的期限届至以前请求债务人清偿债务，但债务人可以在期限届至以前履行其义务。

关于清偿的费用，如当事人在合同中没有其他规定，一般应由债务人负担。但是，当由于债权人的住所发生变更，清偿费用有所增加时，其增加的部分应由债权人负担。

2. 提存

提存（deposit）是指在债务人履行债务时，由于债权人受领延迟，债务人有权把应给付的金钱或其他物品寄托于法定的提存所，从而使债务的关系归于消灭的一种行为。如《德国民法典》第372条规定，债权人负受领延迟责任时，债务人得为债权人的利益将应给付的金钱、有价证券、其他权利证书以及贵重物品提存于公共提存所。其他因债权人本身的缘故，或非因债务人的过失而不能确定谁是债权人，以致不能清偿其债务或不能安全清偿者，亦可按此办理。根据大陆法的解释，提存必须具备以下条件。

(1) 债权人受领迟延。所谓受领迟延，是指在债务人提出清偿时，债权人拒绝予以接受，在这种情况下，债务人不能无限期地等待，因此，各国法律都允许债务人把应给付的金钱或其他物品寄存在法定的提存所，借此免除债务人的责任。

(2) 不能确定谁是债权人。由于不能确定谁是债权人，不知道谁有权受领给付，在这种情况下，债务人就很难清偿其债务。例如，债权人死亡后，有子女若干人，其中谁是继承人尚未确定，此时债务人即可把应给付的金钱或其他物品寄存于提存所，使债的关系归于消灭。

关于如何确定提存所的问题，一般有两种解决办法：一是由法律规定，二是由法院指定。例如，《瑞士债务法典》第 92 条规定，提存之处所，应由清偿地之法院指定。法院可以指定它认为适当的机构来办理保管提存物的业务。交付提存的标的物，一般应当是合同所规定的标的物，但如果合同的标的物由于其性质不适宜提存（如易腐、易变质的商品），或者保管的费用过高（如牲畜的保管需要饲养）时，按德国法的规定，债务人经法院的许可，可以在当地进行拍卖，而将拍卖所得的价金寄存于提存所而解除其责任。

债务人提存后，应立即将有关情况通知债权人，如债务人没有及时发出通知，致使债权人蒙受损失，债务人须负赔偿责任。但如果由于实际情况有困难不能通知（例如，不能确定谁是债权人），则无须通知。

提存是债务人与提存所之间的寄存合同，同时又具有向第三者给付的合同的性质，它使债权人取得直接向提存所请求交付提存物的权利。但债权人须于一定期限内行使此项权利。按照德国法的规定，如债权人在 30 年内不行使其受领权，此项权利即告消灭。

债务人也有权取回提存物，但如果他已放弃取回权，或债权人已向提存所表示接受提存，或经法院判决债权人胜诉并将判决通知提存所后，债务人即不得取回其提存物。

3. 抵销

抵销（set-off）是指两个人彼此互负债务，而且债务的种类相同，并均已届清偿期，因而，双方均得以其债务与对方的债务在等额的范围内归于消灭。例如，甲欠乙 1 万元，乙亦欠甲 5 000 元，经过抵销，乙欠甲的 5 000 元债务归于消灭，抵销的结果是甲仍欠乙 5 000 元，如甲乙二人互欠的债务相等，则两者同时归于消灭。抵销是债的消灭的方式之一，其优点主要有以下两个方面：

（1）手续方便，可以避免交换履行。如果不采用抵销的方法，则双方当事人必须分别向对方履行各自的债务，但采用抵销的方法，则可不必经过两道履行手续，对当事人比较方便。

（2）当一方当事人破产时，采用抵销方法，可以避免交换履行所引起的不公平的结果。例如，甲乙二人互负债务，甲已宣告破产，如果没有抵销的方法，则乙欠甲的债务仍须继续清偿，而甲欠乙的债务，甲已无力清偿，乙只能根据破产程序参与破产财产的分配，最后能分到多少没有保障，这对乙是不利的，而采用抵销的方法，则可避免这种不公平的结果。

抵销的方法主要有以下三种：

（1）法定抵销。这是《法国民法典》规定的抵销方法。该民法典第 290 条规定双方互负债务时，债务人双方虽均无所知，依法律的效力仍然可以发生抵销。法国法称之为当然抵销。

（2）以当事人单方面的意思表示的抵销。《德国民法典》、《日本民法典》和《瑞士债务法典》均认为，双方互负债务时，任何一方当事人均得以意思表示通知对方进行抵销。

（3）约定抵销。各国法律都允许互负债务的双方依照合同的约定，将各自的债务进行抵销。

4. 免除

免除（release）是指债权人免除债务人的债务，即债权人放弃其债权，这也是债的消灭的原因之一。免除是否需要债务人的同意才能生效，各国法律有不同的规定。法国法和德国法认为，免除是双方的法律行为，须经债务人的同意才能成立。德国法还认为，免除是抽象的法律行为，与其原因相互独立；《日本民法典》则认为，免除是单独行为，只要债权人有免除债务的意思表示，无须债务人的同意，债的关系亦可归于消灭。

5. 混同

混同（merger）是指债权与债务同属于一个人，即同一人既是债权人，同时又是债务人，在这种情况下，债的关系已无存在的必要，应归于消灭。如《法国民法典》、《日本民法典》及《瑞士债务法典》都规定，债权与债务同归于一人时，其债权因混同而消灭。《德国民法典》虽无明文规定，但实际上也是承认混同这种制度的。混同的原因主要有以下几点：

（1）民法上的继承。在自然人死亡时，如该死者是债务人或债权人，而由其债权人或债务人继承债务或债权，在这种情况下，其债权或债务即因混同而消灭。

（2）商法上的继承。作为债权人的公司和作为债务人的公司进行合并时，公司的债权债务也可能因混同而消灭。

（3）特定继承。如因债权转让或债务承担而使债权债务集中于一人身上，也可发生混同而使债的关系归于消灭。

但是，在某些特殊情况下，虽然债权债务发生混同，但债的关系并不因此而消灭，这主要有以下两种情况：①债权已被作为他人权利的标的。例如，甲把对乙的债权出质于丙，成为丙的质权的标的，日后即使乙继承了甲的债权，债权债务已发生混同，其出质的债权也并不因此而消灭，这是为了保护第三人的利益。如《日本民法典》第529条规定，债权与债务同归一人时，其债权消灭，但其债权为第三人之权利标的者，不在此限。②票据法上的特殊规定。例如，各国的票据法均规定，汇票可以用背书方式转让给出票人、承兑人、付款人或其他票据的债务人，这就可能发生混同。因为汇票的流通过程是：首先由出票人把汇票开出给收款人，收款人可以把汇票背书转让给被背书人，被背书人还可以把汇票背书转让给另一个被背书人，最后由付款人承兑付款。在这个过程中，出票人、付款人、承兑人及其以前的各个背书人都是债务人，而收款人以及最后的一个被背书人则是债权人。因此，当出票人、承兑人或付款人成为最后一个被背书人时，债权债务就集中于同一人身上，即发生混同，在这种情况下，汇票的权利理应归于消灭，但是，为了确保票据的流通性，各国的票据法规定，在上述情况下，只要该票据尚未到期，仍可以背书方式继续转让。

此外，各国法律都承认，时效完成也是债的消灭的原因之一。关于这个问题，将在下面专门予以介绍。

二、英美法有关合同的消灭的法例

英美法认为，合同的消灭有以下几种方式：①合同因双方当事人的协议而消灭；

②合同因履行而消灭；③合同因违约而消灭；④合同依法律而消灭。现分别介绍如下。

1. 合同因双方当事人的协议而消灭

英美法认为，合同是依照双方当事人的协议成立的，因此它也可以按照双方当事人间的协议而解除。如果双方当事人达成协议，解除其中一方当事人履行合同的义务，则这种协议必须有对价，或者必须要以签字蜡封（deed）的形式作成，否则就不能强制执行。但是，如果双方当事人达成协议，彼此免除各自对尚待履行的合同的履行义务，则不需要另外的对价，因为在这种协议中，双方当事人都放弃了他们在尚待履行的合同中的权利，这本身就是对价。以协议方式来消灭合同的权利义务有各种不同的做法。

（1）以新合同代替原合同。如果双方当事人约定以一个新的合同代替其原来的合同，则原来的权利与义务即告消灭。同样，如果双方当事人达成协议，对原合同的某些条款加以修改或删除，则原来所规定的相应权利义务亦告解除，按照普通法的原则，这种协议必须要有对价，或者必须采用签字蜡封的方式作成。但是，根据美国《统一商法典》第 2-209 条的规定，买卖合同的双方当事人可以通过协议对合同进行修改，不要求有对价。

（2）更新合同。合同更新也是指以一个新的合同代替原来的合同，它与上述办法的不同之处在于，在合同更新的情况下，至少要有一个新的当事人参加进来，这个新的当事人得享有原合同的权利并承担原合同的义务。合同一经更新，原合同即告消灭。

（3）依照合同自身规定的条件而解除合同。双方当事人可以在合同中规定，如果遇到某种情况，合同即告解除。这种情况的条件有两种：①先决条件。如果先决条件不能实现，当事人即可解除该合同的义务。例如，在对外贸易合同中，有时规定该合同须经当事人所属国家的政府签发进口或出口许可证才能生效，如果政府拒绝签发许可证，合同即告消灭。②后决条件。合同规定的后决条件一旦出现，当事人即可解除合同。例如，在买卖合同中经常规定，当发生战争、水灾、火灾、地震等不可抗力事故时，因受不可抗力事故的阻碍而无法履行合同的一方可以通知对方解除合同。

（4）弃权。弃权（waiver）是指合同一方当事人自愿放弃其依据合同所享有的权利，从而解除了他方的履约责任。例如，买方对卖方所交付的货物有异议，应在合理的时间内通知卖方，或向卖方提出损害赔偿，如没有在合理时间内通知对方，则将视为弃权。

2. 合同因履行而消灭

履行是合同消灭的主要原因。合同一经履行，当事人之间的债权债务关系即告消灭。关于履行合同的问题，在前面已有介绍，在此不再赘述。

3. 合同因违约而消灭

英美法把违约作为消灭合同的一种方法，这是不太确切的，因为这要视违约的情况而定，只有一方违反条件或发生重大违约，即发生根本违约时，才使对方取得解除合同的权利。按照英美法的解释，违约有三种情况：①一方当事人表示不愿履行合同；②一方当事人以自己的行动使履约成为不可能；③一方当事人不履行其合同义务。在上述三种情况下，都有可能使对方取得解除合同的权利。其标准是看上述违约行为是不是根本违约。

4. 合同依法律而消灭

在英美法中，有一些法律规定可以使合同在某些情况下归于消灭，主要有以下几种情况：①合并（merger），这种情况与大陆法的混同类似；②破产（bank-ruptcy），根据有关破产法的规定，如破产人宣告破产后，经过破产清理程序，取得了法院的解除命令（order of discharge），破产人即可解除一切债务和责任；③擅自修改书面合同。如果一方当事人擅自对书面合同作了修改，对方即可解除责任，但这种修改必须是未经对方同意擅自修改或对合同的主要部分作了修改。根据英国票据法的规定，凡汇票未经所有当事人同意而擅自作重大修改者，一律无效。

三、中国法律的有关规定

1. 关于合同的消灭

我国《民法典》对合同的消灭没有专门的规定，但是，一般原则是，债权人无正当理由拒绝债务人履行义务，债务人将履行的标的物向有关部门提存的，应当认定债务已经履行。因提存所支出的费用，应当由债权人承担。提存期间，财产收益归债权人所有，风险责任由债权人承担。除了提存以外，在中国的司法与仲裁实践中，抵销、免除与混同也是导致合同消灭的原因。

2. 关于合同的终止

我国《民法典》第557条规定，有下列情形之一的，债权债务终止：(1) 债务已经履行；(2) 债务相互抵销；(3) 债务人依法将标的物提存；(4) 债权人免除债务；(5) 债权债务同归于一人；(6) 法律规定或者当事人约定终止的其他情形。合同解除的，该合同的权利义务关系终止。

合同的消灭与合同的终止在许多情况下是一致的。或者说，合同的消灭就是合同的终止。但关于合同的终止与合同的消灭的关系，在中国学者间存在不同的理解。有的学者认为，合同终止是指当事人之间根据合同确定的权利、义务的消灭。① 按照这种理解，合同的终止就是合同的消灭。但也有学者认为，合同的终止只有合同履行的停止，或合同不再继续履行，不一定是合同全部权利、义务都归于消灭。例如，部分抵销、部分免除，就只能消灭被抵销、被免除的那一部分合同权利义务，至于其余的合同权利义务则仍然存在。② 因此，他们不主张把合同的终止与合同的消灭完全等同起来。

四、诉讼时效

大多数国家都把时效完成作为消灭合同和其他债的关系的原因之一。如《法国民

①② 江平，张佩霖编著．民法教程．北京：中国政法大学出版社，1986：251，258.

法典》第 1234 条明文规定，债的关系得因时效完成而消灭；英美法系的一些国家也把诉讼时效（limitation of action）已经完成作为合同消灭的一个重要原因。在不同的国家虽然对此有不同的解释，但一般都认为，由于时效完成，债权人的请求权即告消灭，或者至少也认为债务人得以时效完成作为抗辩的事由。因此，在事实上时效完成仍然起到消灭债的关系的作用，所以，这里专门把时效完成作为合同消灭的一个重要原因加以介绍。

（一）时效的基本含义

时效是指依照法律的规定，在一定期间内，由于一定事实状态的继续存在，而引起民事法律关系的消灭或发生的一种法律制度。例如，在债务人不履行义务时，如债权人在时效期间内不行使权利（比如不向法院起诉），法律对这种债权即不予保护。又如，占有人占有别人的财产，原所有人在一定期间内没有行使权利，善意占有时效期满后，所有人就丧失了所有权，占有人就取得所有权。

时效制度主要有两个方面的作用：一是保持社会关系的稳定，如占有他人财产，经过长久时间之后，如无人提出异议，法律即承认善意占有人的所有权，嗣后不能再提出异议。二是避免在举证上发生困难。因为年代越久远，证据越容易湮没，一旦涉讼，搜集证据和提出证据都会有很大困难。因此，法律对行使权利的期间加以一定的限制，超出规定的期间，法律就不再予以保护，使权利人不能长久地不行使其权利，这就是时效制度的要旨。

大陆法系各国把时效分为两种，一种叫取得实效，一种叫消灭时效。取得时效是关于取得物的所有权的制度，即占有人在取得时效期满后即可取得该物的所有权。消灭时效是关于诉权的制度，即债权人在诉讼时效期间内不行使权利，期满后其诉权即归于消灭。英美法则没有这种区分，在英美法上只有一种时效，即诉讼时效。

关于消灭时效的效力，各国法律的解释略有不同。有的国家认为，消灭时效完成后，权利本身即归于消灭，如《日本民法典》第 167 条规定，债权经过 10 年期间不行使而消灭。有的国家则认为，消灭时效完成后，只是使请求权（即诉权）归于消灭，但权利本身依然存在，这种权利是没有诉权的权利，即所谓自然之债（obligation naturalism）。对于自然之债，债权人不能向法院要求救济，但仍可向债务人请求履行，债务人可以照常履行，也可以以实效完成为理由拒绝给付。如《德国民法典》第 222 条规定，消灭时效完成后，债务人有拒绝给付的权利，并规定，如请求权已因时效而消灭，但债务人仍履行其义务者，虽因不知消灭时效而为给付，亦不得请求返还。此外，有的国家法律还规定，审判员不得自动援用时效的方法，也就是说，当债权人在时效完成后向法院起诉时，法官不得主动提出以时效完成为理由拒绝予以受理，而只能由被告提出以时效完成作为抗辩理由，要求法院驳回原告的请求，判决原告败诉。

（二）各国法律关于时效期间的规定

各国法律对于时效期间都有具体的规定。大陆法各国把消灭时效分为普通期间与特别期间两种。前者较长，后者较短。如《德国民法典》和《法国民法典》规定，普通消灭时效期间为30年;《日本民法典》规定为20年;《瑞士债务法典》规定为10年。除普通时效期间以外,对于某些权利由于其性质和特点必须在短期内行使者,各国法律还专门就这些权利规定了特别时效期间。如《法国民法典》规定,教师的讲课报酬请求权、旅馆及饭店对住宿费及饮食费的请求权、工人对工资的请求权,经过6个月不行使即告消灭;律师对其费用及报酬的请求权,经过2年不行使即告消灭。其他国家也有类似规定。

英美法系国家则有不同的区分方法,根据英国《1939年时效法》(Limitation Act, 1939)第2条的规定,简式合同的时效期间为6年,签字蜡封式合同的时效为12年。请求权中包括人身伤害的请求权者,其时效期间为3年。美国没有全国统一的时效法律,有关诉讼时效问题,由各州以成文法予以规定,各州大都区别口头合同和书面合同,分别规定不同的时效期间。口头合同的时效期间多数州规定为5年或6年,书面合同的时效期间多数州规定为10年。此外,美国《统一商法典》对货物买卖合同的时效期间规定为4年。

(三)诉讼时效的起算、中止、中断及延长或缩短

1. 诉讼时效的起算

诉讼时效都有一定的期间,此期间从什么时候开始计算,对权利人关系重大。一般地说,诉讼时效应当从请求权发生时开始计算。具体地说,有以下三种情况:

(1)如合同订有履行期,则自履行期到临,债务人不履行义务时开始计算。

(2)如合同未规定履行的期限,则从合同成立之日开始计算。

(3)由于侵权行为引起的损害赔偿请求权,从侵害行为发生时开始计算。

2. 诉讼时效的中止

如果权利人在诉讼时效期间内,由于发生不以自己的意志为转移的事故,阻碍了他向法院起诉,在这种情况下,为了保护权利人的利益,法律允许中止诉讼时效的进行,即阻碍权利人不能行使诉权的这段时间,不计入时效期间之内,等该事故消灭以后,时效期间再继续进行,这就叫作诉讼时效的中止。但是,要注意的是,一般是在时效期间的最后几个月内发生意外事故才能中止时效进行,例如《德国民法典》和《日本民法典》都规定,权利人在时效期间最后6个月内,停止消灭时效的进行。

3. 诉讼时效的中断

在诉讼时效进行中,如果发生了法律规定的情事,以前经过的时效期间不算,等法定中断的情事终结之后,诉讼时效重新开始计算,这就叫作诉讼时效的中断。时效中断主要有以下三种情况。

(1)起诉。如权利人向法院提起诉讼,要求法院保护其权利,则时效从起诉时中断。《德国民法典》第209条规定,权利人提起履行或确认请求权之诉时,时效中断。在这种情况下,诉讼时效一般应从法院判决生效时起,重新开始计算,起诉前已经过去的期间不再予以考虑。西方各国法律都认为,起诉是引起时效中断的主要原因之一,这一点是没有分歧的。但对于权利人不向法院起诉,而仅向债务人提出履行合同的请求,这能否产生时效中断的效力,各国法律分歧较大。多数国家的法律认为,只有向法院起诉才能产生时效中断的效力,如仅向对方当事人提出履行请求,则不能产

生时效中断的效力。但《日本民法典》和《瑞士债务法典》认为，不论权利人是向法院起诉还是仅向对方提出履约的请求，都可以发生中断时效的效力。

（2）承认。承认是指债务人向债权人承认其债务。各国法律都认为，承认可以产生时效的中断效力。

（3）部分履行。如债务人部分履行其债务，时效亦告中断。债务人支付利息亦会产生同样的法律效果，在这种情况下，诉讼时效应从债务人最后付款之日起重新开始计算。

4. 诉讼时效的延长或缩短

诉讼时效是否可以由双方当事人约定予以延长或缩短，各国法律有不同的规定。有些国家认为，诉讼时效是强制性的规定，不允许当事人予以延长或缩短，《瑞士债务法典》第 129 条就作了这样的规定。但有些国家的法律则认为，时效期间虽然不能延长，但可以缩短。其理由是，延长时效时间是与时效制度的目的背道而驰的，因为制定时效制度本来就是为了把行使权利的时间限定于法律规定的期间之内，因此不应当允许当事人以协议予以延长。但缩短时效期间是可以的，因为这样做并不违反时效制度的本旨。如《德国民法典》第 225 条规定，消灭时效不得以法律行为抛弃或加重之，消灭时效得减轻之，特别是缩短时效的时间。美国《统一商法典》第 2－725 条规定，买卖合同的诉讼时效为 4 年，从诉讼原因发生时开始计算。双方当事人可以在合同中把这一期限缩短至 1 年，但不得予以延长。

（四）英美法与大陆法在时效制度上的主要区别

英美法与大陆法在时效制度问题上的主要不同之处在于，英美法认为，时效属于程序法的范畴，所以，英美法把时效叫作“limitation of action”，直译就是“诉讼的限制”；而大陆法则认为时效是属于实体法，是民法典或商法典中加以规定的。这种区别在涉外民事诉讼中，特别是在对外贸易合同的诉讼中，可能会产生一些意想不到的后果。因为在这种诉讼中，双方当事人分属于不同的国家，这就产生了一个问题：这个合同应当受哪一个国家的法律支配？应当适用哪一个国家的法律？这个问题被称为法律冲突，它是属于国际私法的研究对象，西方各国都有一些规则来处理这种问题，这种规则叫作法律冲突规范（rules of conflict of laws），其中有一条叫作“诉讼程序依法院所在地法”。这就是说，凡属于程序法方面的问题，都必须按照法院所在地的程序法的有关规定办理，理由是程序法（或称诉讼法）属于公法范畴。由于英美法与大陆法在时效制度上有不同的规定，这就可能出现下述情况：如果一个法国人同一个英国人签订了一项合同，合同所适用的法律是法国法，但如当事人在英国向英国法院提起诉讼，则关于诉讼时效的问题就必须按照英国的时效法来处理，因为英美法认为，诉讼时效属于程序法，必须适用法院所在地的诉讼程序法，而不能适用《法国民法典》有关时效的规定。如果按照英国有关时效的法律，认为当事人的诉讼时效已过（按照英国时效法的规定，简式合同的时效为 6 年，签字蜡封式合同的时效为 12 年），即使按照《法国民法典》有关时效的规定，该项时效尚未完成（按照《法国民法典》规定，普通时效为 30 年），但该当事人也不能再向英国法院主张其请求权。

（五）中国法律规定的诉讼时效

我国《民法典》对诉讼时效作了具体规定，但对取得时效没有加以规定。按照我国《民法典》第188条的规定，向人民法院请求保护民事权利的诉讼时效期间为3年。法律另有规定的，依照其规定。诉讼时效期间自权利人知道或者应当知道权利受到损害以及义务人之日起计算。法律另有规定的，依照其规定。但是，自权利受到损害之日起超过20年的，人民法院不予保护，有特殊情况的，人民法院可以根据权利人的申请决定延长。

《民法典》对诉讼时效的中止和中断也作了明确规定。按照《民法典》第194条的规定，在诉讼时效期间的最后6个月内，因下列障碍，不能行使请求权的，诉讼时效中止：(1) 不可抗力；(2) 无民事行为能力人或者限制民事行为能力人没有法定代理人，或者法定代理人死亡、丧失民事行为能力、丧失代理权；(3) 继承开始后未确定继承人或者遗产管理人；(4) 权利人被义务人或者其他人控制；(5) 其他导致权利人不能行使请求权的障碍。

自中止时效的原因消除之日起满6个月，诉讼时效期间届满。

根据《民法典》第195条的规定，有下列情形之一的，诉讼时效中断，从中断、有关程序终结时起，诉讼时效期间重新计算：(1) 权利人向义务人提出履行请求；(2) 义务人同意履行义务；(3) 权利人提起诉讼或者申请仲裁；(4) 与提起诉讼或者申请仲裁具有同等效力的其他情形。

对于诉讼时效期间已过的权利，人民法院不予保护。但如果当事人自愿履行，则不受诉讼时效限制。

(六) 联合国国际货物买卖时效期限公约

联合国国际贸易法委员会成立后，曾主持拟订了一项《联合国国际货物买卖时效期限公约》(United Nations Convention on the Limitation Period in the International Sale of Goods)。现将这一公约的主要内容简单介绍如下。

1. 公约的适用范围

该公约适用于国际货物买卖合同，即营业地点处于不同国家的卖方与买方之间订立的买卖合同。该公约第1条规定，公约将确定买卖双方彼此之间对由于国际货物买卖合同或者有关该合同的违反或者有效性的请求权，从何时起即因期限届满而不得行使。

但该公约并没有普通法的法律约束力，双方当事人可以用明示方式排除其适用。该公约不适用于下列条件买卖：(1) 供私人、眷属或家庭使用的货物；(2) 拍卖；(3) 执行判决或法律授权进行的买卖；(4) 股票、股份、投资证券、流通票据或货币；(5) 船只、船舶或航空器；(6) 电力。

该公约也不适用于基于人身伤亡、核损害以及担保物权等情事所提出的请求权。

2. 时效期限的存续与开始

根据该公约的规定，国际货物买卖合同的时效期间为4年。原则上，时效期间应自请求权发生之日起算。具体来说，由于违约而产生的请求权应从发生违约情事之日起算；由于货物有瑕疵或者不符合合同规定而产生的请求权应从货物实际交付给买方或买方拒收之日起算；由于欺诈而产生的请求权应从发现该项欺诈或在合理范围内可能发现之日起算。

3. 时效期间的中断和延长

按照公约的规定，如果债权人采取了某种行动，而此种行动依起诉地法院所适用的法律被认为是对债务人开始司法程序，以期获得清偿或承认其请求权，时效期间应中断计算。如果债务人在时效期间届满以前以书面形式向债权人承认其所负债务，为期 4 年的时效期间应从作出此种承认之日起重新计算；债务人给付利息或者部分履行债务，如能合理推定此种给付或履行系债务人承认债务，为期 4 年的时效期间亦应从作出此种给付或履行之日起重新计算。

公约所规定的时效期间不能由双方当事人以协议或声明予以变更。

4. 时效期间届满的后果

在时效期间届满之后，任何请求权在任何法律程序中均不得予以承认或执行。但是，在任何法律程序中，只有在当事人提出请求的时候，才能对时效期间届满的问题予以考虑。换言之，如果被告没有提出以时效届满为抗辩的理由，法院或仲裁庭都不得主动以时效届满驳回原告的请求。

债务人在时效届满以后自动履行其债务者，即使他在履行其债务时不知道时效期间业已届满，嗣后亦不能以此为理由要求归还已履行的给付。

复习与思考题

1. 简述要约的含义、特点与作用。
2. 简述承诺的含义、特点与作用。
3. 试述构成合同有效成立的基本条件。
4. 试述违约及违约的救济方法。
5. 简述大陆法与英美法对债权让与和债务承担的相关规定。
6. 简述各国对债的消灭的有关规定。
7. 简述中国法律对诉讼时效的规定。

第4章 买卖法

本章提要

1. 有关货物买卖的国内立法
2. 国际公约与国际贸易惯例
3. 贸易术语与《国际贸易术语解释通则》（简称《通则》）
4. 卖方与买方的义务
5. 对违反买卖合同的救济方法
6. 货物所有权与风险的转移

关键术语

贸易术语　《1932年华沙-牛津规则》　《1990年美国对外贸易定义修订本》　2020年《国际贸易术语解释通则》　FOB　CFR　CIF　FCA　CPT　CIP　DAP　DPU　品质担保　权利担保　留置权

第一节　有关货物买卖的国内立法、国际条约与国际贸易惯例

一、各国有关货物买卖的国内法

现代经济是以市场经济为基础的商品经济，商品的买卖关系在各国经济中起着极其重要的作用。因此，各国都制定了一套有关货物买卖的法律，用来调整商品买卖过

程中所产生的买方和卖方之间的权利、义务关系，以保障商品交换的顺利进行。

各国买卖法所采取的形式和内容并不完全相同。主要是两大法系的规定上有差别。

（一）大陆法

从历史上看，早在古罗马法中就出现了调整商务活动和商务关系的法律，但当时还没有制定专门的商事法，而只是把调整商事关系的法律作为私法的内容之一。

近代欧洲各国的商法主要源自中世纪形成的商人习惯法，它在 11 世纪出现于威尼斯，后来随着海外贸易的发展逐步扩及西班牙、荷兰、法国、德国及英国。自 17 世纪以后，随着欧洲中央集权国家的日益强大，欧洲各国逐渐采用各种方式把商法纳入本国的国内法，使之成为国内法的一部分。

现在大陆法系各国大都把有关商事交易活动或买卖的法律编入民法典内，作为民法典的一个组成部分。但在大陆法系各国除民法典外，还定有商法典，专门就商行为、海商、保险、票据或公司等方面的法律分别作出具体规定。即采取民法与商法分立的做法，把民法与商法分别编纂为两部法典，以民法为普通法，以商法作为民法的特别法。但也有一些大陆法国家采取民法与商法合一的形式，只有民法典而没有单独的商法典，例如，意大利就只有民法典，瑞士只有债务法典。

（二）英美法

在英美法系各国，原则上不存在民法与商法的区分。英国在 18 世纪时就已经把商法吸收到普通法中，成为普通法的一个组成部分。英美法系各国的买卖法由两个部分组成：一是普通法，即由法院以判例形式所确立的法律原则，属于不成文法；二是成文法，即有关货物买卖的具体立法，如英国 1893 年《货物买卖法》和美国《1906 年统一买卖法》[现为美国《统一商法典》(Uniform Commercial Code，UCC)]。

英美商法典与大陆法系国家的商法典有很大的不同，它不是由立法机关——国会两院制定，而是由法律与商业团体制定供各州自由采用的一部法律样本。美国的《统一商法典》对各州无强制力，因为美国是联邦制国家，联邦和各州在宪法规定的范围内都享有立法权，根据美国宪法规定，关于买卖与贸易方面的立法权原则上属于各州，只有涉及州际贸易及国际贸易时才由联邦进行立法。所以各州对于是否采用上述《统一商法典》，有完全的自主权。但由于美国《统一商法典》能够适应当代美国经济发展的要求，因此，现在美国 50 个州中，除了保持大陆法传统的路易斯安那州之外，其他州均已通过本州的立法程序采用了《统一商法典》。

（三）中国有关货物买卖的法律

我国《民法典》于 2020 年 5 月 28 日通过并颁布，2021 年 1 月 1 日施行。其中，第三编第二分编第九章买卖合同中规定了有关货物买卖的法律（第 595 条～第 647 条）。《民法典》第一编总则有关民事权利和民事法律行为的规定和第二编物权的有关规定都与货物买卖有密切的关系。但中国没有单独的买卖法。

二、关于货物买卖的国际公约

为了使各国关于货物买卖的法律尽量一致以减少分歧，统一调整国际货物买卖的法律规范，一直是世界各国、各种法律与贸易团体追求的目标。国际社会在这方面作出了不懈努力。有代表性的成果是国际统一私法协会于 1964 年制定的《国际货物买卖统一法公约》（Convention on Uniform Law for the International Sale of Goods，ULIS）和《国际货物买卖合同成立统一法公约》（Convention on Uniform Law for the Formation of Contracts for the International Sale of Goods，ULF），以及联合国国际贸易法委员会于 1980 年制定的《联合国国际货物销售合同公约》（The United Nations Convention on Contracts for the International Sale of Goods，CISG，简称《公约》）。

（一）《国际货物买卖统一法公约》和《国际货物买卖合同成立统一法公约》

由于各国货物买卖法方面存在着不少分歧，在国际经济交往中不可避免地会引起法律冲突，这对国际贸易的发展是不利的。为了解决这个问题，早在 1930 年，罗马国际统一私法协会就决定拟定一项有关国际货物买卖的统一法，以便协调和统一各国国际货物买卖的实体法。后来因为第二次世界大战，这项工作一度中断，第二次世界大战后，该所继续进行这项统一法的起草工作。1964 年，海牙会议通过了《国际货物买卖统一法公约》和《国际货物买卖合同成立统一法公约》。前者于 1972 年 8 月 18 日生效，后者于 1972 年 8 月 23 日生效。前者主要规定了合同双方的基本义务，如货物的交付、货物与合同规定相符、价款的支付、不履行的免责、违约救济和损失风险等。后者主要规定了要约和承诺、要约的撤销、反要约等有关问题。但批准或加入这两个公约的国家很少，开始有九个：英国、联邦德国、意大利、荷兰、比利时、卢森堡、圣马力诺、以色列和冈比亚，但后来德国、意大利、荷兰、比利时、卢森堡相继退出了该公约，实际上现在只有四国参加：英国、圣马力诺、以色列、冈比亚。

以上两个公约之所以在国际上没有被广泛接受和采用，原因是许多国家认为这两个公约受欧洲大陆法传统的影响较大，内容比较烦琐，有的概念比较晦涩难解。实际上，上述两个公约并未达到其预期的目的，没有起到统一国际货物买卖法的作用。

（二）《联合国国际货物销售合同公约》

1964 年有关国际货物买卖的两个公约通过后，即受到了广泛的批评。因此，联合国国际贸易法委员会对两个公约进行了研究，旨在使之能够为不同法律、不同社会和经济制度的国家所接受。该工作的成果即 1980 年 4 月 11 日在维也纳外交会议上通过的《联合国国际货物销售合同公约》，该公约于 1988 年 1 月 1 日生效。目前有 70 多个国家参加，但日本、英国以及东南亚主要国家未加入该公约。

该公约是关于国际货物买卖的一个最重要的国际公约，它一共有 4 个部分（101 条）。它适用于国际货物买卖合同的订立、买卖双方因此种合同而产生的权利和义务。

但公约不涉及合同或其他任何条款的效力，不涉及任何惯例的效力，对于卖方所售货物造成的人身伤亡的责任，公约不适用，但卖方所售货物造成人身伤亡之外的损失，公约适用。

中国是其最早的成员国之一。但应注意的是，中国在加入该公约时，曾依据该公约第 95 条（国际私法规则保留）和第 96 条（书面合同保留）的规定，对该公约提出了两项重要的保留。

（1）关于公约适用范围的保留。根据公约第 1 条第 1 款（a）项的规定，如果合同双方当事人的营业地处于该公约的不同缔约国，该公约就自然适用于他们之间订立的货物买卖合同。但按（b）项规定，如果按照国际私法规则的规定，尽管他们的营业地所在国不是公约的缔约国，但只要使用某一缔约国的法律，则该公约亦将适用于这些当事人之间订立的国际货物买卖合同。这项规定的目的是扩大公约的适用范围，使该公约不仅适用于营业地处在缔约国的当事人之间订立的买卖合同，而且适用于营业地处于非缔约国的当事人之间所订立的买卖合同。对于这一点，中国提出了保留，认为该公约的适用范围仅限于（a）项的规定。

（2）关于采用书面形式的保留。按照中国加入公约时的法律规定，中国对合同订立、修订或终止，或要约、承诺及其他意思表示，仅适用书面形式。要注意的是，中国从 1999 年 10 月 1 日起施行的《合同法》到 2020 年 5 月颁布的《民法典》都已承认非书面合同的有效性，不过这项保留仍然有效。

三、关于货物买卖的国际贸易惯例

（一）国际贸易惯例概述

1. 国际贸易惯例的含义

国际贸易惯例（international trade customs and practice usages）是指在国际贸易的长期实践中，在某一地区或某一行业逐渐形成的、为该地区或行业所普遍认知适用的商业做法或贸易习惯。现在的国际贸易惯例经过人们的整理，编纂成册，表现为书面的成文形式。简单来说，国际贸易惯例就是在长期的国际贸易实践中所形成的约定俗成的行为准则。

国际贸易中的惯例很多，涉及不同种类和方面。在贸易术语（trade terms）方面，有国际商会（The International Chamber of Commerce，ICC）的《国际贸易术语解释通则》、《1932 年华沙-牛津规则》（Warsaw-Oxford Rules 1932）、《1990 年美国对外贸易定义修订本》（Revised American Foreign Trade Definitions 1990）；在国际结算与支付方面，有《跟单信用证统一惯例》（UCP600）、《托收统一规则》（URC522）等。

2. 国际贸易惯例的特点

（1）它是在长期国际贸易的实践中逐渐形成的。

国际贸易的一些习惯做法开始只流行于一定的地区和行业，后来随着国际贸易的发展、国际交往的增多，它的影响才不断扩大，有的甚至在世界范围内通行起来。例如国际商会制定的《国际贸易术语解释通则》等。

(2) 它具有确定的内容且被许多国家认可和接受。

国际贸易惯例是由地区、行业以及国际社会组织或商业团体对国际贸易的习惯做法或通则加以整理而形成的。它们把一些习惯做法归纳成文，并对有关的名词、术语给予明确的含义和解释，从而被越来越多的国家和地区认可和接受。

(3) 它不是法律，一般不具有强制性，不能自动适用。

国际贸易惯例是由贸易双方当事人在自愿的基础上遵行的。它与国内法中的某些强制性规定以及国际条约不同，不具有法律约束力，一方不能强制另一方遵行，也不能自动适用，一般也不能直接约束有关国家和公民。但是只要有关当事人在合同中约定了适用某项国际贸易惯例，则其相应地具有了法律约束力。《联合国国际货物销售合同公约》第9条规定，双方当事人应受他们业已同意的任何惯例的约束；并进一步规定，除另有协议外，双方当事人应视为已默示同意他们已经知道或理应知道的惯例的约束。注意，当惯例与合同规定发生矛盾时，合同条款的效力优于惯例。

(4) 它是国际贸易法律的重要渊源之一。

国际贸易惯例虽然与国际贸易公约有区别，不具有法律的绝对约束力，但它是国际贸易法律的重要渊源之一，对确定双方当事人的权利与义务等有重要的作用，也是解决当事人的争议，处理索赔、理赔案件等的主要依据，而且许多国际公约的规定源自国际贸易惯例。

(二) 有关贸易术语的国际贸易惯例

贸易术语（trade terms）是指在国际贸易中用来表示价格构成的，在货物交接过程中用于划分买卖双方的责任、费用和风险的，以三个英文大写字母表示的专门用语。例如：FOB、CIF 等。

与贸易术语有关的国际贸易惯例主要有《1932年华沙-牛津规则》、《1990年美国对外贸易定义修订本》和2020年《国际贸易术语解释通则》。

1.《1932年华沙-牛津规则》

《1932年华沙-牛津规则》是国际法协会在1928年于华沙制定，后在1932年牛津会议上修订的专门解释 CIF（Cost, Insurance and Freight，即成本加保险费、运费）合同的统一规则。

19世纪中叶以后，CIF 贸易术语开始在国际贸易中得到广泛采用，然而对使用这一术语时买卖双方各自承担的具体义务，并没有统一的规定和解释。对此，国际法协会于1928年在波兰首都华沙开会，制定了关于 CIF 买卖合同的《1928年华沙规则》，共包括22条。其后，在1930年的纽约会议、1931年的巴黎会议和1932年的牛津会议上，将此规则进行了一定的修改，并修订为21条，更名为《1932年华沙-牛津规则》，沿用至今。

该规则完全是针对 CIF 合同制定的，它对 CIF 合同中买卖双方所承担的责任、费用与风险及所有权转移的方式等作了详细的规定，反映了西方各国对 CIF 合同中买卖双方权利、义务的一般解释，在国际上（主要是欧洲一些国家）有一定的影响，但已基本上被国际商会的《国际贸易术语解释通则》所代替。

2.《1990 年美国对外贸易定义修订本》

《1990 年美国对外贸易定义修订本》对美国在对外贸易中经常使用的贸易术语 FOB（Free on Board——在运输工具上交货）作了解释，具体规定了 6 种贸易术语中买卖双方在交货方面的权利与义务。它最早是在 1919 年由美国九大商业团体（美国商会、美国对外贸易协会等）以美国贸易中习惯使用的 FOB 合同条件为基础，制定了《美国出口报价及其缩写条例》。1941 年，在美国第 27 届全国对外贸易会议上对该条例作了修改，称为《1941 年美国对外贸易定义修订本》。1990 年，美国商业团体对该文本进行了修改，改称《1990 年美国对外贸易定义修订本》。它对如下 6 种贸易术语作了解释：

（1）Ex Works（产地交货）；

（2）Free on Board，FOB（在运输工具上交货）；

（3）Free along Side，FAS（在运输工具旁边交货）；

（4）Cost and Freight，CFR（成本加运费）；

（5）Cost，Insurance and Freight，CIF（成本加保险费、运费）；

（6）Delivered Ex Quay，DEQ（目的港码头交货）。

该规则又将 FOB 细分为 6 种，包括 FOB（named inland carrier at named inland point of departure，即在指定内陆发货地点的指定内陆运输工具上交货）和 FOB [named inland carrier at named inland point of departure，freight prepaid to（named point of exportation），即在指定内陆发货地点的指定内陆运输工具上交货，运费预付至（指定的出口地点）] 等。其中只有第 5 种，即指定的装运港船上交货（FOB Vessel）才同国际商会《国际贸易术语解释通则》中 FOB 的含义大体相同，而其余 5 种 FOB 的含义则不同。

这一规则在北美、加勒比海地区广泛使用。但应注意的是，它对贸易术语的解释，特别是（2）、（3）两个术语与国际商会的《国际贸易术语解释通则》有着明显的区别，即根据美国的这一规则，（2）、（3）两种贸易术语都是可以在任何运输工具上或旁边交货，而国际商会《国际贸易术语解释通则》中 FOB 与 FAS 则是只能在船上或船边交货。因此，在与北美洲地区进行交易时应特别注意。

3. 2020 年《国际贸易术语解释通则》（INCOTERMS 2020）

《国际贸易术语解释通则》英文原文为 International Rules for the Interpretation of Trade Terms，而缩写形式为 INCOTERMS（International Chamber of Commerce Terms），即国际商会术语，简称《通则》。它是国际商会（ICC）为了统一对各种贸易术语的解释而制定的。国际商会在《通则》的引言中指出，制定《通则》的宗旨是为国际贸易中最普遍使用的贸易术语提供一套解释的国际规则，以避免因各国解释不同而出现的不确定性，或至少在相当程度上减少这种不确定性。需要强调的是，《通则》涵盖的范围只限于销售合同当事人的权利和义务中与已售货物（指“有形的货物”，不包括“无形的货物”，如电脑软件）交货有关的事项。作为买卖合同的卖方，其基本义务可概括为交货、交单和转移货物的所有权，而《通则》也仅仅涉及前两项的内容，它不涉及所有权和其他产权的转移问题，也不涉及违约及其后果等问题。

国际商会最早是在1936年首次公布了该套通则，名为1936年《通则》，以后又于1953年、1967年、1976年、1980年、1990年、2000年进行了补充和修订，为了适应国际贸易实践的不断发展，2010年，国际商会正式出版了第7次修订本，即2010年《通则》，该版本已于2011年1月1日生效。

2010年《通则》与2000年《通则》相比，其主要变化如下。

(1) 贸易术语的数量由原来的13种变为11种。

(2) 删除了2000年《通则》中D组的4个贸易术语，即DDU (Delivered Duty Unpaid)、DAF (Delivered at Frontier)、DES (Delivered Ex Ship)、DEQ (Delivered Ex Quay)，只保留了2000年《通则》D组中的DDP (Delivered Duty Paid)。

(3) 新增加了两种D组贸易术语，即DAT (Delivered at Terminal) 与DAP (Delivered at Place)。

(4) 贸易术语分类的调整。2010年《通则》将原来的E、F、C和D 4组分为两类，适用于各种运输方式和水运。2010年《通则》把11种贸易术语按适用的运输方式分为适用于各种运输的贸易术语7个（第1组）——EXW、FCA、CPT、CIP、DAT、DAP和DDP，与适用于水上运输的贸易术语4个（第2组）——FAS、FOB、CFR和CIF。

(5) E组、F组、C组的贸易术语不变。保留的贸易术语在2010年《通则》中仍然按2000年《通则》的解释不变，即“E组”(Ex Works，EXW)，指卖方在自己的地点将货物交给买方；“F组”(FCA、FAS和FOB)，指卖方须将货物交至买方指定的承运人；“C组”(CFR、CIF、CPT和CIP)，指卖方须订立运输合同并支付运费，但对货物灭失或损坏的风险以及装船和起运后发生意外所产生的额外费用，卖方不承担责任；“D组”(DAT、DAP和DDP) 中新增的贸易术语DAT和DAP基本上包括了DAF、DES、DEQ和DDU 4种贸易术语的内容，总之，“D组”指卖方须承担把货物交至目的地国所需的全部费用和风险。

(6) 风险划分 (FOB、CFR和CIF) 由以装运港“船舷为界”改为货物在装运港口被装上船时为界。

2019年9月10日，国际商会发布了2020年《国际贸易术语解释通则》，该《通则》于2020年1月1日生效。

2020年《通则》与2010年《通则》的主要区别有以下几个方面。

(1) 将DPU (Delivered at Place Unloaded) 代替DAT (Delivered at Terminal)：国际商会在2020年《通则》中对DAT和DAP进行了两处修改。第一，调整DAP与DAT的位置，将DAP调至DAT之前。第二，将DAT改为DPU，这是为了反映作为目的地的交货地点可以是任何地方而不仅仅是终点。但要注意，如果该地点不在终点站，卖方应确保其打算交付货物的地点是能够顺利卸货的地点。

(2) FCA：增加了卖方提交提单 (B/L) 的相关规定。2020年《通则》中FCA术语下就提单问题引入了新的附加机制。根据该新引入的附加机制，买方和卖方同意买方指定的承运人在装货后将向卖方签发已装船提单，然后由卖方向买方做出交单（可能通过银行链）。2010年《通则》中FCA术语存在的一个主要问题是，该术语的交货效力在货物装船前就已经随货交承运人而截止（交货是在货物装船之前完成的，卖方不能从承运人处获得已装船提单）。但是在一般情况下，已装船提单是银行在信用证项下的常见单据要求，因此对FCA规则的修订充分考虑到这一市场上的实际情况。也就是说，在2020年《通则》中，使用CIP术语，卖方承担的保险义务变大，而买方的利益会得到更多保障。

（3）CIP：提高了投保险别。在2020年《通则》适用CIP术语的贸易中，最低保险范围已经提高到《协会货物保险条款》（A）条款的要求，即“一切险”，不包括除外责任［原来要求卖方购买符合劳埃德市场协会/国际承保协会（LMA/IUA）《协会货物保险条款》（C）条款要求的货物保险］。

（4）FCA/DAP/DPU/DDP：增加了买方/卖方自己运输货物的可能性。在2020年《通则》中，我们都是假定在从卖方运往买方的过程中货物是由第三方承运人负责的，而承运人受控于哪一方则取决于买卖双方使用哪一种贸易术语。然而，货物从卖方运至买方，可以完全不雇用任何第三方承运人。因此，在采用DAP、DPU、DDP时，卖方完全可以选择自己的运输工具，不受条款限制，同样，在采用FCA条款时，买方也可以选用自己的交通工具，不受条款限制。

■第二节　2020年《国际贸易术语解释通则》

在2020年《国际贸易术语解释通则》中，按照交货地点来划分，11个贸易术语又可以分为在出口国交货的贸易术语8个，即原E组、F组和C组的贸易术语，在进口国交货的贸易术语3个，即原D组贸易术语。

一、在出口国交货的贸易术语

按照国际商会的2020年《通则》，有8种贸易术语是在出口国的内地或港口交货。即原E组、F组和C组的EXW、FCA、FAS、FOB、CFR、CIF、CPT和CIP。按这8种交货条件成交的合同被称为装运合同，即在出口国交货的合同。

1. EXW

EXW是原E组唯一的贸易术语，它的英文全称是Ex Works（... named place），即工厂交货（……指定地点）。

EXW贸易术语是指，当卖方在其所在地或其他指定的地点（如工场、工厂或仓库等）将货物交给买方处置时，即完成交货，卖方不办理出口清关或将货物装上任何运输工具。由此可见，按照EXW条件成交时，卖方承担的风险、责任以及费用都是最小的。但是，在实务中，卖方经常会帮助买方将货物装至买方的运输工具上。若买方希望卖方承担更多的义务，应在销售合同中写明。

这一贸易术语代表了在商品产地和所在地交货的各种条件，例如，EX Plantation（农场交货）、EX Mine（矿山交货）、EX Warehouse（仓库交货）等。按这一交货条件达成的交易，在性质上类似于国内贸易，只是购买方不是本国人，而是外国人罢了。卖方在本国交完货后，一切风险、责任和费用都由买方来承担。

依据 2020 年《通则》，EXW 术语适用于各种运输方式。

2. 原 F 组贸易术语

原 F 组贸易术语包括三种：FCA、FAS 和 FOB。其共同点是，由卖方将货物交到买方指定的承运人所在地，从交货地点至目的港（地）的运输事项由买方办理。

（1）FCA。

FCA 的英文全称是 Free Carrier（... named place），即货交承运人（……指定地点）。

FCA 贸易术语是指卖方只要将货物在指定的时间、地点交给由买方指定的承运人，并办理了出口清关手续，即完成交货。买方要自费订立从指定地点起运的运输契约，并及时通知卖方。

依据 2020 年《通则》，FCA 贸易术语适用于各种运输方式，包括多式联运。无论采用哪种运输方式，卖方承担的风险均于货交承运人时转移。风险转移后，与运输、保险相关的责任和费用也相应转移。

（2）FAS。

FAS 的英文全称是 Free alongside Ship（... named port of shipment），即船边交货（……指定装运港）。

FAS 贸易术语是指卖方在约定的时间内将合同规定的货物交到装运港买方指派的船只的船边，在船边完成交货义务。买卖双方负担的风险和费用均以船边为界。如果买方所指派的船只无法靠岸，则卖方要负责用驳船把货物运至船边，仍在船边完成交货。装船的责任和费用由买方承担。

FAS 术语要求卖方办理出口清关手续。注意在 1990 年《通则》中则是规定买方安排办理出口手续。2000 年《通则》之所以作出这项改动，是考虑到原先的规定在实际操作时，给买方带来了诸多困难和不便。

依据 2020 年《通则》，FAS 贸易术语仅适用于海运或内河运输。

（3）FOB。

FOB 的英文全称是 Free on Board（... named port of shipment），即船上交货（……指定装运港），又称装运港船上交货。在我国进出口业务中，人们习惯称为“离岸价”。

FOB 贸易术语是指当货物在指定的装运港被装上船时，卖方即完成交货义务。买方必须从该点起承担货物灭失或损坏的一切风险。

FOB 术语早在 19 世纪初就已出现，目前仍是国际贸易中最常采用的贸易术语之一。特别是在卖方出口大宗货物，或当卖方出口租船订舱不便、运费过高等情况下，更是大量采用 FOB 术语成交。

依据 2020 年《通则》，FOB 贸易术语仅适用于海运或内河运输。

案例 4.1

我某公司以 FOB 条件出口一批冻鸡。合同签订后接到国外买方来电，称租船较为困难，委托我方代为租船，有关费用由买方负担。为了方便合同履行，我方接受了对方的要求，但时至装运期我方在规定装运港仍无法租到合适的船，且买方又不同意改变装运港。因此，到装运期满时货仍未装船，买方因销售旺季即将结束，便来函以我方未按期租船履行交货义务为由撤销合同。试问：我方应如何处理？

分析：

我方应拒绝买方撤销合同的无理要求。因为按 FOB 条件成交的合同，按惯例要由买方负责租船订舱。卖方可以接受买方的委托代为租船订舱，但卖方不承担租不到船的责任。就本案来说，因卖方代为租船没有租到，买方又不同意改变装运港，因此，卖方不承担因自己未租到船而延误装运的责任，买方也不能因此要求撤销合同。

3. 原 C 组贸易术语

原 C 组贸易术语包括 4 种：CFR、CIF、CPT 和 CIP。它们的共同特点是：卖方在出口国的内地或港口完成交货后，还要负责办理货物从交货地点到目的地（港）的运输费用，但风险都在出口国的交货地点由卖方转移给买方。

（1）CFR。

CFR 的英文全称是 Cost and Freight（... named port of destination），即成本加运费（……指定目的港）。

CFR 贸易术语是指在装运港货物被装上船时，卖方即完成交货，卖方必须支付将货物运至指定的目的港所需的运费。但交货后货物灭失或损坏的风险，以及由于各种事件造成的任何额外费用，即由卖方转移到买方。

CFR（成本加运费），又称运费在内价，在以前的业务中，用 C&F 表示，1990 年《通则》中改为 CFR。鉴于实际业务中仍有人用 C&F，2000 年《通则》再次强调要采用 CFR 表示。CFR 也是国际贸易中常用的贸易术语之一。与 FOB 不同的是，在 CFR 条件下，与船方订立运输契约的责任和费用改由卖方承担。

依据 2020 年《通则》，CFR 贸易术语适用于海运或内河运输。

（2）CIF。

CIF 的英文全称是 Cost Insurance and Freight（... named port of destination），即成本加保险费、运费（……指定目的港）。

CIF 贸易术语是指在装运港货物被装上船时，卖方即完成交货，卖方必须支付将货物运至指定的目的港所需的运费。但交货后货物灭失或损坏的风险，以及由于各种事件造成的任何额外费用，即由卖方转移到买方。在 CIF 下，卖方还必须办理买方货物在运输途中灭失或损坏风险的海运保险并支付保险费。注意，在 CIF 术语下，只要求卖方投保最低限度的保险险别。如果买方需要更高的保险险别，则需要与卖方明确达成协议，或者自行做出额外的保险安排。

CIF 也是国际贸易中最常用的三种贸易术语之一。

在业务上，有人将 CIF 误称为“到岸价”，这很容易引起误解。实际上，按照 CIF 成交时，卖方仍是在装运港完成交货，它所承担的风险也是在装运港货物被装上船之前，货物在装运港口被装上船以后，风险就由买方承担，而且货物装船后产生的除运费、保险费以外的费用，也要由买方承担。CIF 条件下，卖方只要提交了约定的单据就算完成了交货义务，它并不保证将货物按时运送到对方港口。

依据 2020 年《通则》，CIF 贸易术语适用于海运或内河运输。

（3）CPT。

CPT 的英文全称是 Carriage Paid to（... named place of destination），即运费付

至（……指定目的地）。

为了适应运输方式发展的需要，在 CFR 的基础上，发展出了 CPT。CPT 贸易术语是指卖方向其指定的承运人交货，还必须支付将货物运至目的地的运费。依据 2020 年《通则》，CPT 贸易术语适用于各种运输方式，包括多式联运。

按照 CPT 与 CFR 贸易术语成交，卖方承担的风险均是在交货地点随着交货义务的完成而转移至买方，都是在风险转移以后，卖方仍要负担从交货地点到指定目的地的运输及费用。按照 CPT 与 CFR 贸易术语订立的合同均属于装运合同，卖方只需保证按时交货，无须保证到货。

但是，CPT 与 CFR 也有很多区别，例如，二者适用的运输方式不同。前者适用于任何运输方式，后者只适合水上运输方式。另外，二者的交货地点和风险划分界限也不相同。前者交货地点因运输方式的不同而由双方约定，风险划分以货交承运人为界；后者交货地点为装运港，风险划分以在装运港口货物被装上船时为界。

（4）CIP。

CIP 的英文全称是 Carriage and Insurance Paid to（... named place of destination），即运费和保险费付至（……指定目的地）。

CIP 术语是指卖方向其指定的承运人交货，但卖方还必须支付将货物运至目的地的运费，即买方承担卖方交货之后的一切风险和额外费用。按照 CIP 术语，卖方还必须办理货物在运输途中灭失或损坏风险的保险。因此，由卖方订立保险合同并支付保险费。

依据 2020 年《通则》，CIP 贸易术语适用于各种运输方式，包括多式联运。

按照 CIP 与 CIF 贸易术语成交的合同都属于装运合同，并且其价格中均包含了通常的运费和保险费。但是二者又有很多区别，具体表现在它们各自适用的运输方式、交货地点、风险划分界限以及卖方须承担的责任和费用等方面。前者适用于各种运输方式，交货地点依运输方式的不同而由双方约定，风险在货交承运人时从卖方转移到买方，卖方要负责办理从交货地点到指定目的地的全程运输，须办理的保险也是全程险，而不仅仅是水上运输险；后者适用于水上运输方式，交货地点在装运港，风险划分以在装运港口货物被装上船时为界，卖方负责租船订舱，支付从装运港到指定目的港的运费，办理水上货物运输保险，支付保险费。可见，在 CIP 下，卖方须承担更多的责任和费用，这也会在货价中表现出来。

案例 4.2

我某外贸公司以 CIF 伦敦向英商出售一批核桃仁，凭不可撤销即期信用证(L/C)付款。由于该货物季节性很强，到货的迟早会影响货物的价格，因此，双方在合同中规定："买方须于 9 月底前将 L/C 开到，卖方须于 10 月自中国港口装运，并保证载货轮船不得迟于 12 月 2 日抵达目的港。否则，买方有权取消合同，如货款已经收妥，则须退还买方。"试问该合同的订法是否妥当？如有不妥，请具体说明。

分析：

首先，在国际货物买卖中，确定合同的性质是至关重要的。采用什么样的贸易术语，即属于什么样的合同性质。因为贸易术语本身就规定了买卖双方的有关责任、费用和风险界限的划分（合同中另有规定的除外）。在本案中，在CIF术语下竟然要限定到货日期，这是不符合2020年《通则》规定的。按CIF价格术语来说，是在装运港交货，只能规定装运期，货物在装运港被装上船之后的一切风险均由买方负责，与卖方无关。显然该合同的订法不妥。

其次，CIF术语是凭单交货，只要卖方提供齐全、正确的运输单据，买方则不能拒收单据，拒付货款。而该合同规定，如运货船只不能如期到达，买方将收回货款，这实际上成了货到付款，成了目的地交货，与CIF本意相抵触，所以卖方不应接受，或双方应重新确定贸易术语。若买方一定要在某一时间接到货物，可采用D组的贸易术语，如DAP或DPU等。

二、在进口国交货的贸易术语

按照国际商会的2020年《通则》，在两国边境或进口国完成交货义务的贸易术语有3种，分别为DAP、DPU和DDP，即由2010年《通则》中修改后的D组贸易术语构成。按照这些术语成交的合同，称为到达合同或到货合同。D组术语的共同点是，它们都是实际交货的贸易术语。

1. DAP

DAP的英文全称为Delivered at Place（... named place of destination），即目的地交货（……指定目的地），类似于2000年《通则》中的DAF、DES和DDU术语，指卖方在指定的目的地交货，只需做好卸货准备而无须卸货即完成交货。术语所指的到达车辆包括船舶，目的地包括港口。卖方应承担将货物运至指定的目的地的一切风险和费用（除进口费用外）。DAP术语适用于任何运输方式，包括多式联运方式及海运。

在使用DAP时，应注意，要以合同条款明确卸货费用的归属。虽然DAP术语已经明确了卸货费用的划分，从理论上避免了由卸货费用产生纠纷的可能。但是，由于DAP术语还不为很多人所熟悉，而且在一些港口存在关于卸货费用的惯例，因此术语本身的规定依然不能完全避免因此产生的纠纷、损失。所以，在订立商品买卖合同时，最好通过合同条款来明确这一问题。

此外，DAP和DPU术语二者的差别实际不大，主要区别有两个：一是卸货费用的分担，二是交货地的适用范围。因此，如果卸货费用的问题由合同中的条款明确，那么通常更建议使用DAP术语。

2. DPU

DPU的英文全称是Delivered at Place Unloaded（... named terminal at port or place of destination），即目的地卸货后交货（……指定港口或目的地的运输终端或地点）。在使用时，术语后应注明“INCOTERMS 2020”。

这一术语的基本责任、义务与费用划分是，从出口方国内工厂出货开始，到进口国买方港口或目的地的所有费用都由卖方承担。它类似于2000年《通则》中的DEQ术语，但是，DPU术语的使用范围要远大于DEQ，卖方必须承担货物运至指定目的港的一切风险和费用。依据 2020 年《通则》，只有当货物经由海运、内河运输或多式联运在目的港交货时，才能使用 DPU 贸易术语。但 DPU 可适用于任何运输方式或多式联运。

DPU 是卖方在规定期限内负责将合同规定的货物，按照通常航线的惯常方式运至目的港或目的地指定的运输终端，将货物卸下，并承担卸货费用。当卖方在指定港口或目的地的指定运输终端将货物从抵达的载货运输工具上卸下，交给买方处置时，即完成交货。其中，“运输终端”意味着任何地点，而不论该地点是否有遮盖，例如码头、仓库、集装箱堆积场或公路、铁路、空运货站等。

使用 DPU 时应注意：首先要根据卖方义务选用合适的术语。由于卖方要负责将货物运至指定目的港或目的地运输终端并卸下、交由买方处置之前的风险和费用，其后产生的一切风险、费用均由买方承担，如果买卖双方试图要求卖方承担货物由该运输终端运输和搬运至另一地点的风险和费用，则应当使用 DAP 或者 DDP 术语。此外，该术语对于出口方来说，存在着相对风险责任大、业务环节多、贸易情况较为复杂、交货时间难以掌控的特点。因此，选用这一术语要求出口方必须对可能产生的风险有明确的认识，并采取相应的措施进行完备的风险管理。

3. DDP

DDP 的英文全称是 Delivered Duty Paid（... named place of destination），即完税后交货（……指定目的地）。

DDP 贸易术语是指卖方在指定的目的地，办理完进口清关手续及交纳进口关税后，将在运输工具上尚未卸下的货物交给买方，即完成交货。卖方须承担将货物运至目的地的一切风险和费用，包括在需要办理海关手续时在目的地应交纳的任何进口“税费”（包括办理一切海关手续，交纳海关手续费、关税、其他税款和其他费用的责任和风险）。DDP 是 2020 年《通则》所包含的 11 种贸易术语中卖方承担风险、责任和费用最大的一种贸易术语。因此，若卖方不能直接或间接地取得进口许可证，则不应使用该术语。

如果当事各方希望将任何进口时所要支付的一些费用（如增值税）从卖方义务中扣除，则应在销售合同中明确规定。如 DDP VAT Unpaid，即“完税交货，增值税未付”。

依据 2020 年《通则》，DDP 贸易术语适用于各种运输方式。

贸易术语是确定合同性质、决定买卖双方权利和义务的重要因素，因此，选择合适的贸易术语对于国际贸易的开展，促进合同的订立和履行，提高企业的经济效益具有非常重要的意义。

■第三节　国际货物买卖合同的成立

货物买卖合同是指卖方为了取得货款而把货物的所有权移交给买方的一种双务合同。在这种合同中，卖方的基本义务是交出货物的所有权，买方的基本义务是支付货款，这是货物买卖合同区别于其他种类合同的一个主要特点。国际货物买卖合同与一般货物买卖合同的区别在于它具有国际因素。对于应当按照什么标准来确定某个合同是否属于国际合同的问题，在国际上曾引起许多争论。按照《联合国国际货物销售合同公约》的规定，国际货物买卖合同是指营业地处于不同国家的当事人所订立的货物买卖合同。该公约所采用的是以营业地是否分别处于不同的国家作为衡量国际合同的标准，至于双方当事人的国籍及其他因素均不予考虑。按照该公约的标准，只要买卖双方当事人的营业地点处于不同国家，即使他们的国籍相同，他们所订立的货物买卖合同仍被认为是国际货物买卖合同，属于公约的适用范围；反之，如果买卖双方的营业地点处在同一个国家之内，即使他们的国籍不相同，他们所订立的买卖合同也不能被认为是国际货物买卖合同，不在该公约的适用范围之内。

国际货物买卖合同的订立同其他合同一样，是双方当事人意思表示一致的结果。具体地说，它是通过一方提出要约，另一方对要约表示承诺而成立的。本书第 3 章所介绍的有关合同的各项基本原则，一般都可适用于国际货物买卖合同。关于国际货物买卖合同的成立所涉及的法律问题，我国《民法典》和《联合国国际货物销售合同公约》都作了明确的规定，这些内容在第 3 章中也都已经进行了介绍，在此就不再赘述。

第四节　卖方与买方的义务

买卖双方的义务是买卖法的核心内容。《联合国国际货物销售合同公约》第三部分第二、三、五章用大量的篇幅对卖方和买方的义务作了详细的规定。本节将着重介绍公约的上述规定，同时也简要介绍某些西方主要国家国内法的有关规定。

一般来说，公约关于买卖双方义务的规定，都属于非强制性的规定。双方当事人可以排除其适用或作出不同的规定，如果当事人在合同中对各自的义务作出了与公约不同的规定，则应按合同的规定办理。只有当买卖合同对某些事项没有作出规定，而该合同又适用公约时，才援引公约的有关规定来确定买卖双方当事人的权利与义务。

一、卖方的义务

根据《联合国国际货物销售合同公约》的规定，卖方的主要义务有以下三项：①交付货物；②移交一切有关货物的单据；③把货物的所有权转移于买方。现将《联合国国际货物销售合同公约》及若干主要西方国家法律中有关卖方义务的主要规定介绍如下。

（一）交货的时间与地点

如果买卖合同对交货的时间和地点已有明确的规定，卖方应按合同规定的时间与地点交货。但是，如果合同对交货的时间与地点没有作出规定，就应按照合同所适用的法律办理。下面先介绍一些国家在民法或买卖法中对卖方履行交货义务的时间与地点的规定，然后介绍《联合国国际货物销售合同公约》的有关规定，以便进行比较。

1. 大陆法的有关规定

在大陆法系国家，关于卖方履行交货义务的问题，是在民法典关于债的篇章中规定的。这些规定不仅适用于买卖合同，而且适用于其他合同。关于交货地点与时间方面，大陆法有如下规定。

(1) 关于交货地点。按照大陆法的规定，卖方履行交货义务的地点应当是合同规定的地点。如果买卖合同未指定地点，则应视所交付的货物是特定物还是非特定物来确定交货地点：①如果买卖合同所交付的标的物是特定物，根据法国、日本和瑞士法律的规定，卖方应在订约时该特定物的所在地交货。②如果买卖合同所交付的标的物是非特定物，根据法国、德国和瑞士法律的规定，应于卖方的营业所在地交货，但《日本民法典》规定应于买方的营业地交货。

(2) 关于交货时间。按照大陆法系各国法律的规定，如果买卖合同对交货的时间没有作出具体的规定，买方有权要求即时交货，卖方也有权在合同成立后即时交货。但应当指出，大陆法认为，履行的期限是为债务人的利益而定的。因此，在合同规定了履行期的情况下，买方不能要求卖方在履行期到来之前交货，但卖方有权提前交货。如《德国民法典》规定，合同订有履行期者，债权人不得于期限前请求给付，但债务人得于期限到来之前履行其给付。不过债务人在履行债务时，必须遵守诚信原则。如果债务人（卖方）打算提前交货，应当事先通知债权人（买方），否则突然提前交货使债权人来不及做好受领货物的准备（如仓储设备等），这就违背了诚实信用原则，债权人可不负受领延迟的责任。

2. 英美法的有关规定

关于卖方交货的时间和地点等问题，英国1893年的《货物买卖法》和美国《统一商法典》都有具体规定。

(1) 关于交货的地点。按照英国法，如果买卖合同没有规定交货的地点，一般应在卖方的营业地点交货。如果买卖合同的标的物是特定物，而且买卖双方在订约时已经知道该特定物在其他地方者，则应该在该特定物的所在地交货。

(2) 关于交货的时间。英国《货物买卖法》对卖方交货的时间有以下几项规定：

①如果合同没有规定卖方交货的时间，则卖方应在合理的时间内交货。

②如果买方授权或要求卖方把货物运交买方，则卖方为了把货物运交买方而把货物交给承运人，就可推定为已向买方交货。在这种情况下，卖方应负责订立适当的运输合同。如果涉及海上运输，卖方还有义务及时通知买方，以便买方投保海上货物运输保险，否则，卖方应承担货物在运输中的风险。

③如果卖方同意在货物出售地点以外的其他地点把货物交给买方，则除合同另有规定外，应由买方承担货物在运输中腐烂、变质的风险。

④关于使货物处于可交付状态（deliverable state）的费用，如包装、容器等费用，除双方当事人另有约定外，应由卖方承担。

3.《联合国国际货物销售合同公约》的有关规定

《公约》第31至33条对卖方履行交货义务的时间与地点作了如下几项规定。

(1) 关于交货的地点。如果买卖合同对交货地点已有规定，卖方应按合同规定的地点交货。如果合同对交货地点没有作出规定，根据《公约》第 31 条的规定，卖方应按下述三种不同的情况履行其交货义务。

①如果合同没有规定具体的交货地点，而该合同又涉及货物的运输，即要求卖方把货物运送给买方，如铁路交货合同、装运港船上交货合同等，则卖方的交货义务就是把货物交给第一承运人，即使这批货物需要经过两个以上的承运人才能运送到买方，卖方也只需把货物交给第一承运人，即认为已履行交货义务。不仅如此，根据《公约》第 67 条的规定，在这种情况下，从货物按照合同规定交付给第一承运人时起，风险即由卖方转移于买方。

②如果买卖合同既没有规定具体的交货地点，又不要求卖方把货物运送给买方，即合同中没有涉及卖方应负责运输事宜，则按照《公约》的规定，如果该合同出售的货物是特定物，或者是从某批特定物的存货中提取的货物，或者是尚待加工生产或制造的未经特定化的货物（例如买卖的订货将在某地某间工厂加工制造），而双方当事人在订立买卖合同时已经知道这些货物存放在这个地方，或者已经知道它们将在某个地方生产或制造，则卖方应在该地点把货物交给买方处置。

③除上述情况外，在其他情况下，卖方的交货义务是在其订立买卖合同时的营业地点把货物交给买方处置。所谓交给买方处置（at the buyer's disposal），是指卖方采取一切必要的行动，让买方能够取得货物。如果卖方已把货物交给仓库或承运人照管，则卖方将有关单据如提单或仓库单据交给买方，即认为已将货物交给买方处置。

但是，《公约》的上述规定只有在买卖合同对交货地点没有作出规定时才适用。如果双方当事人已经使用某种贸易术语明确规定了交货的地点，则卖方的义务就不是交到第一承运人或在特定物的所在地交货，而是应当把货物交到指定地点。

《公约》第 32 条还规定，当买卖合同涉及货物运输事宜时，即合同要求卖方通过承运人把货物运交买方时，卖方还应承担一些额外的义务，如把货物进行特定化（如果所交货物没有特定化）、与承运人订立运输合同、对货物的运输办理保险（如采用 CIP 或 CIF 术语成交）等。

（2）关于交货时间。《公约》第 33 条对如何确定卖方交货的时间作了如下几项规定。

①如果合同中规定了交货的日期，或从合同中可以确定交货的日期，则卖方应在该日期交货。

②如果合同中规定了一段交货的期间（如 5 月至 6 月），或从合同中可以确定一段时间，则除情况表明买方有权选定一个具体日期外，卖方有权决定在这段时间内的任何一天交货。

③在其他情况下，卖方应在订立合同后的一段合理的时间内交货。至于何谓合理的时间，应根据交易的具体情况来确定。

4. 中国法律的有关规定

关于卖方交货的时间和地点问题，我国《民法典》做出了具体规定。

（1）关于交货时间。

《民法典》第 601 条和第 602 条规定：出卖人应当按照约定的时间交付标的物。

约定交付期限的，出卖人可以在该交付期限内的任何时间交付。当事人没有约定标的物的交付期限或者约定不明确的，适用本法第510条、第511条第四项的规定。①

（2）关于交货地点。

《民法典》第603条规定，出卖人应当按照约定的地点交付标的物。当事人没有约定交付地点或者约定不明确，依据本法第510条的规定仍不能确定的，适用下列规定：①标的物需要运输的，出卖人应当将标的物交付给第一承运人以运交给买受人。②标的物不需要运输，出卖人和买受人订立合同时知道标的物在某一地点的，出卖人应当在该地点交付标的物；不知道标的物在某一地点的，应当在出卖人订立合同时的营业地交付标的物。

（二）提交有关货物的单据

在国际货物买卖中，装运单据具有十分重要的作用，它们是买方提取货物、办理报关手续、转售货物以及向承运人或保险公司请求赔偿所必不可少的文件。按照国际贸易惯例，在大多数情况下，卖方都有义务向买方提交有关货物的各种单据，而且，买卖合同也往往规定以卖方移交装运单据作为买方支付货款的对流条件。《公约》还明确规定，移交有关货物的单据是卖方的一项主要义务。根据《公约》第34条的规定，如果卖方有义务移交有关货物的单据，他必须按照合同规定的时间、地点和方式移交这些单据。这类与货物有关的单据主要是提单、保险单和商业发票，有时还可能包括领事发票、原产地证书、重量证书或品质检验证书等。

《公约》还规定，如果卖方在上述时间以前已经移交了这些单据，他可以在这个时间届满以前对单据中任何不符合合同之点加以修改，但卖方在行使这项权利时不得使买方遭受不合理的不便或承担不合理的开支，而且买方有权保留按照《公约》规定请求损害赔偿的权利。

（三）卖方的品质担保义务

关于卖方对货物的品质担保义务，各国法律和公约都有具体的规定。一般来说，如果买卖合同对货物的品质规格已有具体的规定，卖方应按合同规定的品质、规格交货；如果合同对货物的品质规格没有作出具体规定，则卖方应按合同应适用的法律的有关规定办理。现将一些主要国家的法律和《公约》有关卖方对货物的品质担保义务的规定分别介绍如下。

1. 大陆法的有关规定

大陆法把卖方对货物品质的担保义务称为对货物的瑕疵担保义务，即卖方应保证他所出售的货物没有瑕疵。按照《德国民法典》的规定，卖方应向买方保证他所出售的物品在风险责任转移于买方的时候不存在失去或减少其价值，或降低其通常的用途及合同规定的使用价值的瑕疵。并规定，卖方应担保货物在风险责任转移于买方时确

① 《民法典》第510条规定，合同生效后，当事人就质量、价款或者报酬、履行地点等内容没有约定或者约定不明确的，可以协议补充；不能达成补充协议的，按照合同相关条款或者交易习惯确定。第511条第四项规定，履行期限不明确的，债务人可以随时履行，债权人也可以随时请求履行，但是应当给对方必要的准备时间。

实具有他所担保的品质。但是，如果买方在订立买卖合同时，已经知道出售的货物有瑕疵者，卖方可不负瑕疵担保的责任。此外，《德国民法典》还规定，如买卖的标的是根据质权以公开拍卖的方式出售者，卖方对货物的瑕疵不负担保责任。法国法对卖方的品质担保亦有类似的规定。

2. 英美法的有关规定

英美法关于卖方对货物品质担保责任的规定比大陆法更详细和具体。其中，具有代表性的是英国《货物买卖法》和美国《统一商法典》的有关规定，现分别介绍如下。

（1）英国《货物买卖法》的有关规定。

英国1893年的《货物买卖法》有关卖方对货物品质的担保义务的规定，已按照1973年的《货物供应（默示条款）法》[Supply of Goods（Implied Terms）Act] 作了修改。按照修改后的《货物买卖法》第12～15条的规定，卖方所出售的货物必须符合下列默示条件。

①凡是凭说明的交易（sale by description），卖方所交的货物必须与说明相符。按照英国法的解释，如果双方对货物的情况已在买卖合同中作了说明，而买方又是依据此项说明订立合同的，即属于凭说明的交易。

②如果卖方是在营业中出售货物，则应当包含一项默示条件，即卖方依据合同提供的货物应具有商销品质（merchantable quality）。但有下列情况之一者，则不包含货物应具有商销品质：（a）有关货物的各种缺陷在订约之前已特别提醒买方的注意；（b）买方在订约之前已对货物进行过检验，而货物所存在的缺陷经过检验本来是应当能够发现的。

③如果卖方是在营业中出售货物，而且买方已经明示地或默示地让卖方知道，他要求货物须适用于某种特定的用途，在这种情况下，合同就包含一项默示条件，即卖方依据合同所提供的货物应有理由信赖卖方的技能和判断力。

④凡属凭样品成交的买卖（sale by sample），应认为包含下列默示条件：（a）卖方所交的货物在品质方面必须与样品相符；（b）买方应有合理的机会把样品与整批货物进行比较；（c）卖方所交的货物应当没有任何对样品进行检验所不能发现的、不合商销的缺陷。

⑤如果在交易中既有样品，又有说明，那么卖方所交的货物必须与样品和说明一致。

英国法把卖方的上述义务称为默示条件，所谓默示条件，一般包含以下三个方面的含义：第一，如果双方当事人在合同中没有相反的规定，上述默示条件即依法适用于他们之间的合同。第二，英国法把合同中的各项条款分为条件与担保两大类。如果一方违反了条件，则对方可以解除合同并有权请求损害赔偿；但如果一方只违反了担保，则对方只能请求损害赔偿，不能解除合同。第三，为了保护消费者的利益，对于供私人使用的消费交易，卖方不得在合同中列出上述默示条件，但是，这项规定只适用于国内贸易，不适用于国际贸易。

（2）美国《统一商法典》的有关规定。

美国《统一商法典》与英国《货物买卖法》有所不同，它不把合同条款分为条件与担保，而是把卖方对货物的担保义务都称为担保，并把这类担保分为明示担保（express warranties）与默示担保（implied warranties）两种。

①明示担保。所谓明示担保是指卖方明白地、直接地对其货物所作出的保证。明示担保是买卖合同的组成部分，并且是买卖双方达成交易的基础。根据美国《统一商法典》第2-313条的规定，明示担保可以通过以下方式产生：对买方就有关货物在事实方面作出了确认或许诺，并作为交易基础的部分，就构成一项明示担保，即保证他所出售的货物与他所作的确认或许诺相符。这种对事实所作的确认或许诺可以用货物的标签、食品说明及目录等方式表示，也可以记载在合同内。

②默示担保。默示担保与明示担保的区别在于，它不是由双方当事人在合同中规定的，而是法律认为应当包括在合同之内的，只要买卖双方在合同中没有作出相反的规定，则法律上所规定的默示担保就可以依法适用于他们之间的买卖合同。按照美国《统一商法典》的规定，卖方对货物品质的默示担保主要有以下两项：(a) 关于适销性的默示担保。美国《统一商法典》第2-314条规定，如果卖方是经营某种商品的人，则在这类商品的买卖合同中，卖方应承担一项默示担保义务，即保证他所出售的货物必须具有适合商销的品质。(b) 关于适合特定用途的默示担保。美国《统一商法典》第2-315条规定，如果卖方在订立合同时有理由知道货物将要用于某种特定的用途，而且买方相信卖方具有挑选或提供适合该用途的商品的技能和判断力，则卖方应承担所售货物必须适合这种特定用途的默示担保义务。

在卖方对货物的担保责任问题上，美国法与英国法有一点区别，那就是美国法允许卖方在合同中排除上述各项明示担保和默示担保（产品责任除外）。但卖方在排除这些担保义务时，必须按法律规定的要求办理。而且明示担保一般是比较难以排除的，因为按照美国《统一商法典》的规定，如果双方当事人在进行交易时，既有表示明示担保的言辞或行为，又有否定这种明示担保的言辞或行为，则对于所有这些言辞或行为都应尽可能作出一致的解释，如果二者之间有矛盾，就认为卖方应承担明示担保的义务。

此外，按照美国《统一商法典》的规定，当有下列情况之一时，卖方亦将被认为排除了对货物品质的默示担保义务：第一，如果在交易时，卖方使用了"依现状"（as is）、"含有各种残损"（with all faults）或其他能引起买方注意的措辞，以表明卖方不承担任何默示担保义务者；第二，如果买方在订立合同以前，已经检验过货物或样品、模型等，或者买方拒绝进行检验，则卖方对于通过此项检验本应能发现的缺陷，就不承担任何默示担保义务；第三，根据双方当事人过去的交易做法、履约做法或行业惯例，也可以排除卖方的默示担保义务。

3.《联合国国际货物销售合同公约》的有关规定

《公约》对卖方的品质担保义务作了明确的规定，其内容与英美法上的默示担保义务有不少相同之处。按照《公约》第35条的规定，卖方交付的货物必须与合同所规定的数量、质量和规格相符，并须按照合同所规定的方式装箱或包装，除双方当事人另有协议外，卖方所交的货物应当符合下列要求，否则认为其货物与合同不符：

（1）货物应适用于同一规格货品通常使用的用途。

（2）货物应适用于订立合同时买方曾明示或默示地通知卖方的任何特定用途，除非情况表明买方并不依赖卖方的技能和判断力，或者这种依赖对卖方来说是不合理的。

（3）货物的质量应与卖方向买方提供的货物样品或样式相同。

（4）货物应按同类货物通用的方式装入容器或保证，如无此种通用方式，则应按足以保全和保护货物的方式装进容器或包装。

《公约》还对卖方承担上述义务的时间作了明确的规定。如《公约》第 36 条规定，卖方应对货物在风险移转于买方时所存在的任何不符合的情况承担责任，即使这种不符合合同的情况在风险移转于买方之后才明显表现出来。这就是说，《公约》认为，卖方对货物应符合合同要求的责任，原则上虽然是以风险移转的时间为衡量标准。即只要货物在风险移转于买方的时候符合合同的要求，卖方就算是履行了他的义务。如果在风险移转于买方之后，货物发生腐烂、变质、生锈等情况以至于与合同的要求不符，卖方不承担责任，但是，也有例外的情况，即如果货物与合同的要求不符的情形要在风险移转于买方一段时间之后才能发现或显露出来。例如，有些货物需要经过科学鉴定甚至需要经过使用一段时间后才能显示其是否与合同的要求相符。在这种情况下，尽管风险已经移转于买方，但如果货物的缺陷在风险移转于买方之前就已经存在，则卖方仍应承担责任。

《公约》还规定，在某些情况下，卖方对货物在风险移转于买方之后发生的任何不符合合同要求的情形应承担责任，即使这种不符合合同情形的发生是由于卖方违反了他的某项义务，包括违反了货物在一定时间内将继续适于其通常用途或某种特定用途的保证。在这方面最明显的例子是，在机械设备交易中，如合同规定卖方对其提交的机械设备产品的保证期为 1 年，尽管该设备的风险早已移转于买方，而且在风险移转的时候该设备是符合合同要求的，但如果在 1 年的保证期内，买方发现该设备的质量与合同的要求不符，则卖方仍须对此负责。

（四）检验货物的时间和地点

为了鉴定卖方所交的货物是否与合同相符，各国法律一般都承认买方有权对货物进行检验，如果经过检验发现货物与合同不符，买方有权向卖方要求赔偿损失甚至可以要求退换货物。《联合国国际货物销售合同公约》对检验货物的时间与地点作了明确的规定，现简要介绍如下。

1. 检验货物的时间

《公约》第 38 条第 1 款规定，买方必须在按情况实际可行的最短时间内检验货物或由他人检验货物。检验货物的时间在外贸业务中是一个相当重要的问题，如果买方不在合同或法律规定的时间内对货物进行检验，就会失去主张货物与合同不符的权利。《公约》对检验货物的时间没有作出硬性的规定，而只是要求买方必须在“按情况实际可行的最短时间内检验货物或由他人检验货物”。何谓按情况实际可行的最短时间，主要根据货物的性质、交易的情况和贸易惯例来确定。例如，先进的技术设备和需要复杂的测试手段进行检验的商品实际所需的检验时间应长于一般农副产品所需的时间。由于国际货物买卖种类繁多，商品千差万别，其所需要的检验时间也不可能完全一样。在实际业务中，买卖双方往往在买卖合同中对货物的检验时间作出具体规定，如规定“货到后60天进行检验”。在这种情况下，买方必须在合同规定的期限内对货物进行检验，否则，对方可以检验期限已过为理由拒绝赔偿。

2. 检验货物的地点

《公约》第38条第2款和第3款对检验的地点作了规定。其中第2款规定，如果合同涉及货物的运输，检验可推迟到货物到达目的地后进行。这一规定反映了国际贸易的通常做法。在国际贸易中，大多数合同都涉及货物运输，如果要求买方在装运以前对货物进行检验，则会给买方带来许多困难和不便，因此，《公约》明确规定，在合同涉及货物运输的情况下，买方可以在货物到达目的地后进行检验。

《公约》第38条第3款进一步规定，如果货物在运输途中改运或买方须再发运货物，没有合理机会进行检验，而卖方在订立合同时已经知道或理应知道这种改运或再发运的可能性，则检验可推迟到货物到达新目的地后进行。这项规定的意旨是在货物需要转运的情况下，允许把检验的地点延展到新目的地。但在援用这一规定时，必须符合以下要求：

（1）货物须在中途改运或买方须再发运。

（2）在改运或再发运以前，买方没有合理机会对货物进行检验。买方之所以在改运或再发运时没有合理机会检验货物，主要是由于货物的性质或包装等原因所致。例如，成套设备在中途或转运地无法进行检验；用集装箱运输的货物在其到达最终目的地以前也不便开箱等。

（3）卖方在订立合同时已经知道或理应知道这种改运或再发运的可能性。这主要是指买方在订立合同时已将所购货物需要改运或再发运往其他地方的情况通知了卖方，也包括卖方根据客观情况或双方的习惯做法理应知道货物有改运或再发运往他地的可能性。我国在进出口业务中，有很多货物在到达沿海目的口岸之后，还要转运给内地的用户。在这种情况下，检验地点究竟是在沿海口岸还是在内地，往往会引起争议。为了避免发生分歧，应在合同中对检验地点作出具体的规定。

（五）卖方对货物的权利担保义务

权利担保是指卖方应保证对其所出售的货物享有合法的权利，没有侵犯任何第三人的权利，并且任何第三人都不会就该项货物向买方主张任何权利。在货物买卖中，卖方最重要的义务就是保证他确实享有出售货物的权利。具体来说，卖方的权利担保义务主要包括以下三个方面的内容：①卖方保证对其出售的货物享有合法的权利；②卖方保证在其出售的货物上不存在任何未曾向买方透露的担保物权，如抵押权、留置权等；③卖方应保证他所出售的货物没有侵犯他人的权利，包括商标权、专利权等。按照各国的法律，上述权利担保义务是卖方的一项法定义务。现根据《联合国国际货物销售合同公约》和某些国家的法律规定，对卖方的这一义务分别说明如下。

1. 英国法的有关规定

英国1893年《货物买卖法》第12条规定，卖方对货物的权利应承担下列默示担保义务：（1）除另有规定外，在任何买卖合同中，卖方有一项默示的义务，保证他享有出售该项货物的权利，并且有一项默示的担保，保证他所出售的货物不存在任何订约时未曾告知买方的担保权益，从而使买方能安稳地占有货物，不受他所不知道的第三人的干扰。(2) 如果买卖合同表明，卖方所能够转移给买方的权利只是他所拥有的那一部分权利，或者表明某个第三人对货物享有某种权利，则卖方应承担一项默示担保，保证凡是他所知道而买方并不知道的有关货物的一切负担或债务，已于订立合同之前告知买方。

按照英国《货物买卖法》第52条第3款的规定，卖方不得在买卖合同或其他合同中排除上述默示义务，合同中有关免除卖方上述默示义务的规定一律无效。

2.《联合国国际货物销售合同公约》的有关规定

《联合国国际货物销售合同公约》对卖方的权利担保义务，主要有以下两项规定。

(1) 卖方所交付的货物必须是第三方不能提出任何权利或请求的货物。《公约》第41条规定，卖方所交付的货物必须是第三方不能提出任何权利或请求的货物。除非买方同意在受制于这种权利或请求的条件下，收取这项货物。

这项规定实质上就是要求卖方保证对所出售货物享有合法权益，如果有任何第三人对货物提出权利主张或请求权，卖方应对买方承担责任。这往往涉及货物的所有权或担保物权方面的问题。这里应当注意的是，根据《公约》第4条的规定，该公约是不涉及买卖合同对货物所有权所产生的影响等问题的。因此，如果卖方把不属于他所有或未经货主合法授权出售的货物卖给了买方，而买方由于不知情而买了这批货物，一旦这批货物的真正所有人向买方提出权利请求，该善意的买主能否在法律上受到保护？货物的真正所有人能否把这批货物追回来？这些问题是不能按照《公约》来处理的，因为《公约》没有涉及这方面的问题。如果出现这种情况，只能按照该合同所适用的国内法来处理。

根据《公约》第41条的规定，卖方不仅要向买方保证他所交付的货物必须是第三方不能提出任何权利的货物，而且必须是第三方不能提出任何请求（claim）的货物。这项规定包含了两重意义：①如果第三方对买方起诉，主张他是货物的真正所有人或对货物享有某种权利，结果胜诉，这固然表明该第三方对货物享有权利，并可以认定卖方违反了《公约》第41条的规定，应对买方承担责任。②即使第三方对货物提出某种请求后，由于法律上的依据不足而败诉了，但卖方仍将被认为违反了《公约》第41条规定的义务，因为按照《公约》的规定，卖方有义务保证第三方不能对货物提出任何请求。所以，尽管第三方的请求不能成立，但他毕竟提出了请求，使买方受到了干扰或损失，卖方仍须对此负责。《公约》之所以这样规定，主要是保护善意买方的利益，因为买方的本意是买货物，而不是买“官司”来打。

(2) 卖方所交付的货物不得侵犯任何第三方的工业产权或其他知识产权。根据《公约》第42条的规定，卖方所交付的货物必须是第三方不能根据工业产权或其他知识产权提出任何权利或请求的货物。这一规定同某些国内法的规定是一致的，但国际买卖比国内买卖更为复杂。因为在国内买卖中，一般只涉及侵犯本国所保护的工业产权或其他知识产权；而在国际交易中，侵犯工业产权（如商标权、专利权）或其他知识产权（如版权）大都涉及卖方国家以外的其他国家（如进口国或转售国）。例如，卖方所交付的货物可能既没有侵犯卖方国家的工业产权，也没有侵犯买方国家的工业产权，但由于买方把这批货物转销往其他国家而侵犯了该国的工业产权或知识产权。工业产权或知识产权是具有地域性的，各国授予的工业产权或知识产权是相互独立的，同一种商品在甲国被认为没有侵犯他人的工业产权，但在乙国可能会被认为侵犯了他人的工业产权。基于上述复杂情况，《公约》并不是绝对地要求卖方必须保证他所交付的货物不得侵犯任何第三人的工业产权或其他知识产权，而是有一定的条件限制的，这些限制性的条件如下。

①卖方只有当其在订立合同就已经知道或不可能不知道第三方对其货物会提出工业产权方面的权利或请求时，才对买方承担责任。

②卖方并不是对于第三方依据任何一国的法律所提出的工业产权或知识产权的权利或请求，都要向买方承担责任，而只是在下列情况下才须向买方负责：(a) 如果买卖双方在订立合同时已知买方打算把该项货物转售到某一个国家，则卖方对于第三方依据该国法律所提出的有关工业产权或知识产权的权利请求，应向买方承担责任。因为卖方在订约时既然已经知道货物将转销往该国，他就应保证其货物在该国销售不会侵犯该国的工业产权或知识产权。(b) 在任何其他情况下，卖方对于第三方根据买方营业地所在国法律所提出的有关侵犯工业产权或知识产权的请求，应向买方承担责任。

③如果买方在订立合同时已经知道或不可能不知道第三方对货物提出有关侵犯工业产权或知识产权的权利或请求，则卖方对由此而引起的后果不承担责任。

④如果第三方所提出的有关侵犯工业产权或知识产权的权利或请求，是由于卖方按照买方提供的技术图纸、图案或其他规格为其制造产品而引起的，则应由买方对此负责，卖方对此不承担责任。美国《统一商法典》也有类似规定。

此外，《公约》还规定，买方在已经知道或理应知道第三方对货物的权利或请求后，应在合理时间内通知卖方，否则，买方就会丧失援引上述第41条和第42条规定的权利，除非买方对未及时通知卖方能提出合理的理由。

二、买方的义务

买方的主要义务有两项：一是支付货款；二是受领货物。现将世界主要国家买卖法和《公约》中买方义务的规定分别介绍如下。

(一) 大陆法系国家的有关规定

关于买方的义务，大陆法系国家是在民法典中作出规定的，其中有代表性的是《德国民法典》和《法国民法典》的有关规定。如《法国民法典》第1650条规定，买方的主要义务是按照买卖合同规定的时间和地点支付价金。第1651条规定，如果在买卖时，对支付价金的时间和地点没有作出规定，买方应在交付标的物的地点和时间支付价金。第1654条规定，如果买方不支付价金，卖方得请求解除买卖合同。

《德国民法典》明确规定，买方对卖方负有支付约定价金及受领买得物的义务。如果双方在订约时未规定价金而依市价确定价金者，则应按清偿时清偿地的市价为准。如果合同对付款地点没有作出规定，则债务人（即买方）应在债权人（卖方）的所在地付款。

（二）英美法国家的有关规定

1. 英国《货物买卖法》的有关规定

英国《货物买卖法》对买方义务所作的规定比大陆法更为详细和具体。按照该法第27条的规定，买方有义务按照合同的规定收受货物和支付货款。英国法认为，除合同另有规定外，卖方交付货物和买方支付货款是对流条件，两者应同时进行，即卖方以交货换取货款，买方以支付货款换取货物。

关于买方接受货物的义务，根据英国《货物买卖法》的规定，有两点需要进一步加以说明。

（1）英国《货物买卖法》把买方接受货物的义务同他对货物的检验权利结合起来。根据该法第34条的规定，当卖方提交货物时，除另有规定外，买方有权要求有合理的机会检验货物，以便确定其是否与合同的规定相符。凡是未曾检验过货物的买方，都不能被认为已经接受了货物，因而也没有丧失其拒收货物的权利，直到他有合理的机会检验货物为止。如果买方在有机会检验货物时，却不对货物进行检验，那就是放弃了检验权利，在这种情况下，买方就丧失了拒收货物的权利。

（2）在英国《货物买卖法》中，买方收到货物与接受货物是有所区别的，收到货物并不等于接受货物（acceptance of goods）。买方如果接受了货物，他就丧失了拒收货物的权利，但如果买方仅仅收到了货物，则日后如发现货物与合同不符，他仍然可以拒收货物。根据英国《货物买卖法》第35条的规定，只有在下列情况下，买方才被认为接受了货物：①如果买方通知卖方，表示他已接受该项货物。②如果货物已交付买方，而买方对货物作出了任何与卖方的所有权相抵触的行为。例如，买方以货物所有人的身份对货物作了处分，把货物转卖给第三人或已付诸使用，在这种情况下，买方就将被认为已经接受了货物。③如果买方收到货物后把货物留下来，经过一段合理时间之后，并没有通知卖方拒收此项货物，则买方亦将被认为接受了货物，从而丧失了拒收货物的权利。至于何谓“合理时间”，这是事实问题，需视具体情况而定。因此，对买方来说最好是在货物运到目的地后就尽快进行检验，以便决定是拒收货物还是接受货物。

2. 美国《统一商法典》的有关规定

美国《统一商法典》的特点是把买方的付款义务与接受货物的义务，同检验货物的权利联系在一起。根据该法典第2-513条的规定，除双方当事人另有约定外，买方在支付货款和接受货物之前，有权对货物进行检验，检验的时间、地点和方法应按合同的规定办理，如合同对此没有作出规定，则在卖方负责把货物运到目的地的场合下，应在货物的目的地进行检验。在其他情况下，则应在合理的时间、地点，以合理的方法进行检验。如检验的结果表明货物与合同相符，检验费用应由买方负责；如检验结果证明货物与合同不符，则检验费用应由卖方负担。

如果合同规定采用交货付现（cash on delivery，COD）或交单付款（document against payment）等条件付款，则买方必须在检验之前付款。在国际贸易中，大都采用交单付款的方式，因此，买方通常都是在卖方移交装运单据时支付货款，待货物运抵目的地后再进行检验。在这种情况下，买方虽已按合同规定支付了货款，但这并不构成对货物的接受，也不影响买方在货物运到后进行检验的权利以及采取各种法律上的补救措施的权利。

(三)《联合国国际货物销售合同公约》的有关规定

《公约》第三部分第三章对买方的义务作了详细规定。其中，第一节规定了买方支付货款的义务；第二节规定了买方收取货物的义务。现分别介绍如下。

1. 支付货款

按照《公约》的规定，买方支付货款的义务涉及许多方面的问题，如履行必要的付款手续、合理确定货物的价格、确定付款的时间和地点等。对这些问题，《公约》的规定比许多国家的国内法都更为详细和具体。

(1) 履行必要的付款手续。《公约》第54条规定，买方支付货款的义务包括履行合同或任何法律、规章所要求的步骤及手续，以便使货款得以支付。这一点在国际贸易中是十分重要的，因为国际贸易的付款程序远比国内贸易复杂，并且涉及外汇的使用问题，如果买方不履行必要的付款手续，到时就有可能付不了货款。《公约》这项规定的目的是把买方为付款所必须采取的准备行动作为其付款义务的一个组成部分。

如果买方没有办理各种必要的手续，使货款得以支付，即构成违反合同。在这种情况下，卖方可以规定一段合理的额外时间，让买方履行其义务。如买方在这段额外时间内仍不履行其义务，卖方即有权宣告撤销合同。如果买方不办理有关手续，其本身即构成根本违反合同，则卖方就无须给买方一段合理的额外时间让其履行其义务，即可宣告撤销合同。

(2) 确定货物价格。如果买卖合同已经规定了货物的价格或规定了确定价格的方法，买方应当按合同规定的价格付款，这是毫无疑问的。但是，如果合同没有明示或默示地规定货物的价格或规定确定价格的方法，在这种情况下，如合同已有效成立，则应当认为双方当事人已默示引用订立合同的时候这种货物在有关贸易中的类似情况下出售的通常价格。这项规定可能适用于下列场合。例如，买方以电报向卖方订购某种型号的机床若干台，要求立即装运，但没有规定价格或计价方法；卖方收到电报后，即按其要求将机床装运给买方，在这种情况下，买卖合同在卖方装运机床时就告成立，至于机床的价格，则可按同类机床在合同成立时在类似交易中的通常价格来计算。《公约》这项规定的目的是使合同不致由于没有规定价格或作价方法而不能履行，但《公约》的这一项规定同某些国家的法律规定有所不同。按照某些国家如英美等国的法律，如果买卖合同没有规定货物的价格或确定价格的方法，一般应按交货时的合理价格来确定货物的价金，但《公约》规定应按订立合同的时候的通常价格来确定货物的价金。

《公约》第56条还规定，如果货物的价格是按照货物的重量来确定的，当有疑问时，应按货物的净重来确定。换言之，如果买卖合同对货物究竟是按毛重还是按净重来计算货价的问题没有作出具体规定，则应按净重计算，货物的包装不计算在内。当然，如果买卖合同中已明确规定“以毛作净”，则另当别论。

(3) 支付货款的地点。在国际货物买卖中，在什么地方支付货款，对买卖双方特别是对卖方来说，是一个不可忽视的问题。因为一旦遇到约定的支付地点实行外汇管制，或因外汇短缺而限制外汇的汇出，买方就无法履行其付款义务，卖方也不能取得货款。如果双方在买卖合同中对付款的地点已有明确的规定，买方应在合同规定的地点付款。

如果买卖合同对付款地点没有作出具体的规定，买方应按《公约》第 57 条的规定，在下列地点向卖方支付货款：①在卖方的营业地付款。如果卖方有一个以上的营业地点，则买方应在与该合同及合同的履行关系最为密切的那个营业地点向卖方支付货款。②如果是凭移交货物或单据支付货款，则买方应在移交货物或单据的地点支付货款。

在国际货物买卖中，当采用 CIF、CFR 或 FOB 等条件成交时，通常都是凭卖方提交装运单据支付货款。无论是采用信用证付款方式还是跟单托收的支付方式，都是以卖方提交装运单据作为买方付款的必要条件。所以，交单的地点就是付款的地点。问题是：在什么地方提交单据？是在卖方的营业地还是在买方的营业地交单？对于这个问题，公约没有作出规定。但是，按照国际贸易的通常做法，一般可以认为，如果是采用跟单托收的支付方式，卖方应通过托收银行在买方的营业地点向买方提交有关的装运单据，并凭单据付款，如果是采用银行信用证（L/C）付款，卖方通常是向设在出口地（卖方营业地）的议付银行提交有关的装运单据，由议付行凭单付款。

此外，按照《公约》的规定，如果卖方的营业地点在订立合同后发生变动，则由于卖方营业地点的变动而引起的在支付方面增加的开支，应由卖方承担。

（4）支付货款的时间。《公约》第 58 条规定了买方支付货款的时间与条件，包括以下三项内容：①根据《公约》第 58 条第 1 款的规定，如果买卖合同没有规定买方应在什么时候付款，则买方应当在卖方按合同和《公约》的要求把货物或把代表货物所有权的装运单据（如提单）移交给买方处置时，支付货款。卖方可以把支付货款作为移交单据的条件，即付款与交单互为条件。如果买方不付款，卖方就没有义务把货物或单据交给买方；反之，如果卖方不把货物或单据交给买方，买方也没有义务支付货款。②如果合同涉及货物的运输，卖方可以在发货时订明条件，规定必须在买方支付货款时，方可把货物或代表货物所有权的装运单据交给买方。③《公约》规定，买方在未有机会检验货物以前，没有义务支付货款，除非这种检验的机会与双方当事人约定的交货或支付程序相抵触。这项规定同美国《统一商法典》的规定基本上是雷同的。但是，在国际货物买卖中，买方不一定能够在支付货款之前就有机会对货物进行检验，特别是采用 CIF 条件成交时，通常都是凭单付款在前，货到检验在后，买方不能要求先对货物进行检验，再付货款，而必须先凭卖方提交的装运单据付款，等货物运到目的港后，再对货物进行检查。为了适应国际贸易的这种惯常做法，《公约》明确指出，如果买方在付款之前要求对货物进行检验的权利与双方约定的交货或付款程序相抵触，买方就无权要求在付款以前先检验货物。上面所讲的就属于这类情况。但这并不是说买方就放弃了检验货物的权利，因为即使买方已付了货款，但货到目的地后，买方仍有权对货物进行检验，如发现货物与合同不符，买方仍有权要求卖方赔偿损失，或采取《公约》所规定的其他补救办法来维护其正当权益。

此外，《公约》第 59 条还规定，买方必须按合同和《公约》规定的日期付款，无须卖方提出任何要求或办理任何手续。这项规定主要是针对某些大陆法系国家的法律的，因为有些大陆法系国家如法国和德国的法律认为，债权人必须先向债务人发出催告通知，才能使债务人承担延迟履行的责任。英美法则没有这种催告制度。有鉴于此，《公约》明确规定，买方必须按合同和《公约》规定的日期付款，无须卖方提出请求或办理任何催告之类的手续。如果买方不按时付款，应负延迟付款的责任。延迟付款应支付延迟的利息。

2. 收取货物

买方的另一项基本义务是收取货物。根据《公约》第60条的规定，买方收取货物的义务主要包括以下两项内容：

（1）采取一切理应采取的行动，以便卖方能交付货物。这项规定主要是要求买方合作，采取必要的行动，如及时指定交货地点或按合同规定安排有关运输事宜，以便使卖方能履行其交货义务。特别是在采用FOB条件成交时，买方的配合更是必不可少的。因为在FOB条件下，装运货物的运输工具是由买方负责指派的，如果买方不按合同规定的时间将运输工具派往装货地点，卖方就无法履行其交货义务。对此，买方应承担责任。

（2）接收货物。买方有义务在卖方交货时接收货物。如买方不及时接收货物，有时可能会对卖方的利益产生直接影响，因为当卖方有义务将货物运送给买方时，卖方一般都要求买方及时卸货并提走货物。如果买方不及时提货，卖方可能要对承运人支付滞期费及其他费用，对此买方应承担责任。

第五节　对违反买卖合同的救济方法

买卖合同订立后，卖方和买方都有可能发生违约行为。有时是卖方违约，如不交货、不按时按质交货，或不按合同规定提交与货物有关的单据等；有时是买方违约，如无理拒收货物或拒绝支付货款等。按照各国法律的规定，当一方违反合同使对方的权利受到损害时，受损害一方有权采取适当措施，以维护自身的合法权益。这种措施在法律上称为对违反合同的救济办法。

关于违约的救济办法，第3章已经介绍，对于买卖双方都可以采取的救济方法，完全与第3章中介绍的一样，包括实际履行（依约履行）、损害赔偿、撤销合同、违约金以及给予一定宽限期与其他补救办法。由于前面已经介绍过了，在此不再赘述。下面仅就国际货物买卖合同履行中比较特殊的一些情况，如价格调整（减价或提高价格）、数量调整（超量或短量）、分批交货、物权与债权等方面的救济方法进行介绍。

一、卖方违反合同时买方的救济方法

卖方违反合同主要有以下几种情况：①不交货；②延迟交货；③交付的货物与合同不符；④不交单；⑤交单不符合合同规定等。《联合国国际货物销售合同公约》没有分别就每一种违约情况规定相应的救济方法，而是从总的方面对卖方违反合同时买方可以采取的各种救济方法作出规定。根据《公约》的规定，如果卖方不履行他在合

同和《公约》中的任何义务，买方可以采取前述的各种救济方法。此外，还可以要求向卖方请求以下几方面的权利。

1. 要求卖方交付替代货物

《公约》第 46 条第 2 款规定，如果卖方所交付的货物与合同规定不符，而且这种不符合同的情形已构成根本违反合同，买方有权要求卖方另外再交一批符合合同要求的货物，以替代原来那批不符合同的货物。但是，买方在采用这种救济方法时，受一项条件的限制，即只有当卖方所交货物不符合同的情形相当严重，业已构成根本违反合同，买方才可以要求卖方交付替代货物。如果卖方所交付的货物虽然与合同不符，但情况并不严重，尚未构成根本违反合同，买方就不能要求卖方交付替代货物，而只能要求卖方赔偿损失或对货物不符之处进行修补等。这是因为要求卖方交付替代货物会给卖方带来重大的损失，如交付替代货物的运费、处理原来所交付的不符合同的货物的费用等，因此，《公约》对这种救济方法加以一定的限制。

从法律上看，要求卖方交付替代货物，实质上是要求卖方实际履行的一种方式。根据《公约》的规定，如果买方要求卖方交付替代货物，买方必须在向卖方发出货物与合同不符的通知时提出此项要求，或者在发出通知后的一段合理时间内提出这种要求。

2. 要求卖方对货物不符合同之处进行修补

《公约》第 46 条第 3 款规定，如果卖方所交付的货物与合同规定不符，买方可以要求卖方通过修理（repair）对不符合同之处作出补救。这项规定适用于货物不符合同的情况并不严重，尚未构成根本违反合同，只需卖方加以修理，即可使之符合合同要求的情形，这样做对买卖双方都是比较方便的。

但是，如果根据当时的具体情况，要求卖方对货物不符合同之处进行修理的做法是不合理的，则买方就不能要求卖方对货物不符合同之处进行修理。例如，货物的缺陷轻微，只需略加修理即可符合合同的要求，在这种情况下，买方可以自行修理或请第三人进行修理，所需费用或开支可以要求卖方予以赔偿。

3. 要求减价

按照《公约》第 50 条的规定，如果卖方所交的货物与合同不符，不论买方是否已经支付货款，买方都可以降低价格。减价按实际交付的货物在交货时的价值与符合合同的货物在当时的价值两者间的差价计算。但是，如果卖方已按《公约》规定对其任何不履行合同义务之处作出了补救，或者买方拒绝接受卖方对此作出补救，买方就不得减低价格。现将这项规定的主要含义解释如下。

（1）这是针对卖方交货与合同规定不符而规定的救济方法。它主要适用于下列场合：卖方交货虽然与合同不符，但买方仍然愿意收下这项与合同不符的货物，而不愿撤销合同，退还货物；或者买方由于种种原因不能或不愿采取请求损害赔偿的做法，而宁愿采取减价的办法。

（2）减低价金的计算办法是按照实际交付的货物在交货时的价值与符合合同的货物在同一时间的价值两者之间的差价计算。例如，买方购买一批货物，合同规定为一等品，价值为 10 万美元，假定交货时价格不变，其价值仍为 10 万美元。货物运到目的地后发现严重受损，价值只有 4 万美元，二者之间的差价为 6 万美元，买方则可以减价6万美元，仅付4万美元。

4. 交付部分货物或只有部分货物符合合同时的救济方法

根据《公约》第51条的规定，当卖方只交付一部分货物，或者卖方所交付的货物中只有一部分与合同的要求相符时，买方只能对少交的货物或对与合同要求不符的那一部分货物，采取上述第46条至第50条所规定的救济方法，包括退货、减价及要求损害赔偿等。但一般不能宣告撤销整个合同或拒收全部货物，除非卖方不交货，或者不按合同规定交货，已构成根本违反合同时，买方才可以宣告撤销整个合同。例如，在机器设备的买卖中，卖方所交的机器设备里有一个重要的零件与合同不符，使整个机器不能使用，或少交了这个重要零件，影响了全局，构成了根本违反合同，在这种情况下，买方就可以宣告撤销整个合同。

5. 卖方提前交货或超量交货时买方可以采取的救济方法

《公约》第52条规定，如果卖方在合同规定的日期以前交货，则买方可以收取货物，也可以拒绝收取货物。但如果卖方在提前交货遭到拒绝后，等到合同规定的交货期再次向买方提交货物，则买方仍需收取这批货物。

《公约》还规定，如果卖方所交货物的数量大于合同规定的数量，则买方可以收取全部货物，也可以拒绝收取多交部分的货物，而只收取合同规定数量的货物，但不能拒收全部货物。如果买方收取多交部分的货物，他就必须按合同规定的价格付款。

如果买方由于某种实际原因不能仅仅拒收多交部分的货物，例如，卖方只提交了一份包括整批货物的提单并要求买方凭提单对整批货物（包括多交的货物）付款，这时买方就不能仅收下合同约定数量的货物而拒收多交部分的货物。在这种情况下，如果这种超量交货的做法已构成卖方根本违反合同，买方可以宣告撤销合同；如果这种超量交货的做法并未构成根本违反合同，或者按照商业上的习惯，买方不得不收下整批货物，则买方可以要求卖方赔偿他因此而遭受的损失。

6. 对分批交货合同发生违约的救济方法

分批交货合同是指一个合同项下的货物分成若干批交货。例如，一项买卖20万吨小麦的合同，可以分为5批交货，每批交4万吨。在这种情况下，如果卖方对其中一批货物没有履行合同的义务，并构成根本违反合同，那么买方能否宣告撤销整个合同，或者只能宣告合同对这一批货物无效，而不能撤销整个合同？这些情况买卖双方都有可能遇到，因此，《公约》第73条专门就此作了规定。根据这一规定，主要有以下三种情况：

(1) 在分批交货合同中，如果卖方不履行对其中任何一批货物的义务，便已对该批货物构成根本违反合同，则买方可以宣告合同对该批货物无效，即宣告撤销合同对这一批交货的效力，但不能撤销整个合同。

(2) 如果卖方不履行对其中任何一批货物的义务，使买方有充分理由断定今后各批货物亦将会发生根本违反合同，则买方可以在一段合理时间内宣告合同今后无效，即撤销合同对今后各批货物的效力，但对在此以前已经履行义务的各批货物不能予以撤销。

(3) 当买方宣告合同对某一批交货无效时，如果合同项下的各批货物是互相依存、不可分割的，不能将其中的任何一批货物单独用于双方当事人在订立合同时所设想的目的（如大型设备分批装运交货、计算机设备），则买方可以同时宣告合同对已经交付或今后将交付的各批货物均为无效，即可宣告撤销整个合同。

案例 4.3

有一份合同，出售中国大米 10 000 公吨，合同规定："自 2 月开始，每月装运 1 000 公吨，分十批交货。"卖方从 2 月开始交货，但交至第五批大米时，大米品质有霉变，不适合食用。因而买方以此为理由，主张以后各批交货均应撤销。问：(1) 针对上述情况，买方能否享有此权利？为什么？(2) 若此份合同交易的是一套大型成套的机械设备，也发生第五批品质不符，买方又能享有什么权利？为什么？(3) 此笔交易凭信用证结汇，卖方第五批交货违反了交货期，买方又能坚持什么权利？为什么？

分析：

(1) 买方没有权利主张撤销各批以后的交货。因为大米属于各批交货可以独立分开的货物，因此，这属于《公约》规定的分批交货合同违约中的第一种情况，买方只能宣告合同对这一批货物（第五批大米）无效，而不能撤销整个合同。

(2) 买方可以撤销整个合同。因为这种分批交货合同违约情况属于《公约》规定的第三种情况，成套设备合同项下的各批货物是互相依存、不可分割的，因此买方可以同时宣告合同对已经交付或今后将交付的各批货物均为无效，即可以宣告撤销整个合同。

(3) 买方只能要求卖方赔偿因违反了交货期而造成的损失，但只要卖方提交的单据符合信用证规定的各项条件，就必须对货物进行付款，这是由信用证的性质决定的，因此要把支付货款与卖方违约进行的索赔分开处理。

二、买方违反合同时卖方的救济方法

买方违反合同主要有以下几种情况：①不付款；②延迟付款；③不收取货物；④延迟收取货物。根据《公约》的规定，买方不履行他在合同和《公约》中的任何义务，卖方可以采取前述的各种救济方法。总的来说，《公约》关于买方违约问题的规定是比较简单、扼要的。从比较法的角度看，英美法对这方面问题的规定比较具体，因此，下面拟对英美法的有关规定作一介绍。

1. 英国法的有关规定

英国《货物买卖法》对买方违反合同时卖方可以采取的救济方法作了若干规定。根据该法的规定，如果买方拒绝支付价金或拒收货物，卖方可以采取以下两种不同的救济方法：一是物权方面的救济方法，二是债权方面的救济方法。现分述如下。

(1) 物权方面的救济方法。

物权方面的救济方法是指未收到货款的卖方对货物所享有的权利。它与债权方面的救济方法的主要区别在于：前者是卖方对货物的权利，是一种对物权；后者是卖方对买方的权利，是一种诉权，必须通过诉讼来实现其权利。

所谓"未收到货款的卖方"是指，全部货款尚未得到支付或偿还的卖主，或者当采用汇票或其他流通票据作有条件的付款时，该票据虽被承兑，但由于遭到拒付或其他原因，使得原来据以承兑的条件不能实现的卖方，亦属于未收到货款的卖方。根据英国《货物买卖法》第39条至第48条的规定，未收到货款的卖方可以对货物行使以下三项权利。

①留置权（lien）。当货物仍在卖方的占有之下时，不论货物所有权是否已转移于买方，未收到货款的卖方在一定条件下可以对货物行使留置权，即把货物留下来作为支付价金的担保，直至买方支付全部价金为止。卖方行使留置权的条件是：第一，货物并不是以赊销条件出售；第二，货物虽然是以赊销条件出售，但付款期限已到而买方不付款；第三，买方失去偿付能力。

②停止交货权。按照英国《货物买卖法》第44条的规定，当买方无清偿能力时，已经不再占有货物但又未收到货款的卖方，对在运输过程中的货物享有停止交货的权利。也就是说，在整个运输过程中，他都可以收回对货物的占有，并可保留货物一直到价金得到支付或偿还为止。未收到货款的卖方在行使停止交货权时，必须符合下列条件：第一，卖方已经交出了对货物的占有，这是行使停止交货权与行使留置权的不同之处。卖方只有在占有货物时才能对货物行使留置权，一旦他已交出了对货物的占有，他就不能行使留置权而只能行使停止交货权。第二，卖方必须在买方无清偿能力时才能行使停止交货权，而不能仅因其尚未支付货款而行使停止交货权。

卖方并不因为他已把货物交由买方承租的船舶进行运输，或因提单的抬头填写了买方的名字，或因卖方已把原来是以卖方名字为抬头的提单交给了买方而失去停止交货的权利。但如果买方在收到上述提单后已经以背书方式把提单转让给善意的、付出了对价的第三者，则未收到货款的卖方就将丧失其停止交货的权利，或者一旦货物已由买方或其代理人从承运人或货物保管人处提取了货物，卖方即丧失其停止交货的权利。

③卖方转售货物的权利。根据英国《货物买卖法》的规定，货物买卖合同并不因为未收到货款的卖方行使了留置权或停止交货权而告解除。但未收到货款的卖方得在下列情况下将收回的货物另行出售：第一，如果是易腐货物，未收到货款的卖方无须事先通知买方即可将货物另行出售；第二，如果不是易腐货物，未收到货款的卖方必须把另行出售的意思通知买方，如买方未在合理的时间内付清货款，卖方才可以把货物另行出售；第三，如果卖方已在买卖合同中保留了另行出售货物的权利，则在买方违约时，卖方即可将货物另行出售或作其他处理。

当卖方按上述条件把货物另行出售时，原来的买卖合同即告解除，货物所有权亦复归于卖方。因此，卖方有权取得另行出售货物的全部所得，不管它是多于还是少于原来合同规定的价金。如果转售所得多于原来合同规定的价金，则卖方无须把多出的金额退还给原来的买方；如果转售所得少于原来合同规定的价金，则卖方有权向违约的买方请求损害赔偿。

（2）债权方面的救济方法。

英国《货物买卖法》把卖方的救济方法同货物所有权是否已经转移给买方的问题联系起来考虑，当买方不支付货款或不收取货物时，卖方享有哪些救济方法，须视货物的所有权是否已经转移于买方而有所不同。

①当货物所有权尚未转移于买方时，如买方拒绝受领货物或拒不付款，卖方一般不能对买方提起支付价金之诉，而只能以买方不受领货物或不支付货款为理由，对买方提起损害赔偿的诉讼。其损害赔偿的金额在货物有市价的情况下，应按合同价格与买方应受领货物之时的市场价格之间的差额计算。如果该项货物没有市价，则应按由于买方拒收货物或拒付货款而自然地、直接地发生的损失计算，这一般就是指卖方从该合同中本来可以获得的利润。

②如果货物的所有权已经转移于买方，则有两种情况：一种情况是买方无理拒绝受领货物，在此情况下，卖方可以向买方请求损害赔偿，也可以对买方提起支付价金之诉；另一种情况是买方已经接受了货物，但拒绝支付货款，在这种情况下，卖方的救济方法就是向买方提起支付价金之诉，要求买方支付货款。

但是，如果买方不是用现金而是用汇票来支付货款，则在汇票规定的付款期限届满以前，卖方不能对买方提起支付价金之诉。在国际贸易中，大都使用汇票作为支付工具，因此，这种情况是有实际意义的。

③当买方的行为构成预期违约时，即买方在合同规定应当受领货物或应当支付货款的日期到来之前，已向卖方明确表示他届时将不履行其义务，在这种情况下，卖方有两种救济办法可供选择：一是立即宣告解除合同并请求损害赔偿；二是等到买方应履行其合同义务的日期到临时，再向买方起诉。

此外，根据英国《货物买卖法》第 10 条的规定，除双方当事人另有约定外，买卖合同中有关付款时间的规定不能认为是买卖合同的要件。这就是说，买方没有按照合同规定的时间支付货款，只能算是违反担保而不是违反条件，对此，卖方只能请求损害赔偿，但不能解除合同。

2. 美国法的有关规定

根据美国《统一商法典》第 2－703 条的规定，如果买方错误地拒收货物或撤销已经接受的货物，或不支付已到期的货款，或撕毁合同，则受损害的卖方可以采取下列各种救济方法。

（1）扣交货物（withhold delivery of the goods）。当卖方发现买方无清偿能力或未能在交货前或交货时支付已到期的货款，或有无理拒收货物等违约行为时，除非买方同意支付现金，否则卖方有权扣交货物。这项规定的主要目的之一是，使卖方在买方破产时不致因处于无担保权益的债权人的地位而蒙受损失。

（2）停止运交货物。如果卖方已把货物交给承运人或其他受委托人以运交买方，在这种情况下，当买方失去清偿能力或拒付货款时，卖方可以行使停止运交货物的权利。根据美国《统一商法典》第 2－705 条的规定，卖方行使此项权利应区别以下两种情形。

①如果卖方已发现买方失去清偿能力，卖方可以停止运交货物。在这种情况下，不论货物是否装满整个车皮、整个卡车或整架飞机，卖方都可以行使停止运交货物的权利。

②如果买方在交货前未能如期支付货款，或有其他违约行为足以使卖方有权扣交货物或追还货物，则卖方有权对装满整个车皮、整个卡车或整架飞机的货运或大宗的海运货物行使停止运交货物的权利。这项规定适用于买方丧失清偿能力以外的其他违

约情事，如买方在货物抵达目的地以前已表示他将无理拒收货物或不支付货款等。在这种情况下，卖方亦可以行使停止运交货物的权利，但仅限于对大宗货物或装满整个运输工具的货物才可以行使此项权利，这是因为卖方行使停止运交货物的权利会给承运人带来很多麻烦或不便，如卖方对小批量的货物也行使此项权利，承运人将不胜其烦，故法律上对此加以一定的限制。

卖方的上述权利相当于英国法中未收到货款的卖方的权利，但它所适用的范围比英国法更为广泛。英国法对未收到货款的卖方停止交货权仅适用于买方丧失清偿能力的场合，而美国法则将卖方的此项权利救济扩及买方的其他违约场合。

当然，买方违约，卖方亦可以请求损害赔偿、解除合同以及其他的救济方法。

■第六节　货物所有权与风险的移转

一、货物所有权的移转

在国际贸易中，货物所有权从何时起由卖方移转于买方，是关系到买卖双方切身利益的一个重大问题。因为一旦货物的所有权移转于买方之后，如果买方拒付货款或遭遇破产，卖方就将蒙受重大的损失。除非卖方保留了对货物的所有权，或在货物上设定了某种担保权益，否则，一旦买方在付款前破产，卖方就只能以普通债权人的身份参与破产财产的分配，其所得可能会大大少于应收的货款。

各国在民法或买卖法中对所有权移转的问题都有一些具体规定，但各国法律在这个问题上差异比较大。现将各国法律及《联合国国际货物销售合同公约》与国际贸易惯例的有关规定分别介绍如下。

（一）各国国内法有关货物所有权转移的规定

1. 英国《货物买卖法》的有关规定

在英国《货物买卖法》中，货物所有权从何时起由卖方移转于买方是一个十分重要的问题，它决定着谁承担货物的风险、谁对货物有保险利益，并直接影响到买卖双方在一方违约时可能采取的救济方法，以及其他有关的权利和义务。具体来说，英国《货物买卖法》对所有权移转问题，主要是区别特定物的买卖（sale of specific goods）与非特定物的买卖（sale of unascertained goods）这两种不同的情况，分别加以规定。

(1) 特定物的买卖。按照英国《货物买卖法》第17条的规定，在特定物或已特定化的货物买卖中，货物的所有权应在双方当事人意图移转的时候移转于买方，即所有权何时移转于买方完全取决于双方当事人的意旨，如果双方当事人在合同中对此没有作出明确的规定，则法院可根据合同的条款、双方当事人的行为以及当时的具体情况来确定订约双方的意旨。一般来说，法院应根据下列规则来确定双方关于何时将货物所有权移转给买方的意旨。

①凡属无保留条件的特定物的买卖合同，如该特定物已处于可交付的状态（deliverable state），则货物所有权在合同订立时即移转于买方，至于付款时间或交货时间是否在其之后，是无关紧要的。

②在特定物的买卖合同中，如果卖方还要对货物作出某种行为才能使之处于可交付的状态，则货物的所有权需于卖方履行了此项行为，并在买方收到有关通知时，才移转于买方。

③在特定物的买卖合同中，如该特定物已处于可交付状态，但卖方仍需对货物进行衡量、丈量、检验或其他行为才能确定其价金者，则需在上述行为也已完成，并在买方收到有关通知时，货物所有权才移转于买方。

④当货物是按"试验买卖"（sale on approval）或按"余货退回"（sale or return）条件交付给买方时，货物的所有权应按下列时间移转于买方：（a）当买方向卖方表示认可或接受该货物，或以其他方式确认这项交易时，所有权即移转于买方；（b）买方虽然没有向卖方表示认可或接受该项货物，但他在收到货物后，在合同规定的退货期届满之前没有发出退货通知，或者合同没有规定退货期限，在经过一段合理的时间后没有发出退货通知，货物的所有权即移转于买方。

所谓"试验买卖"或"余货退回"的买卖，是一种特殊的交易方式，其具体做法是，卖方把货物交给买方，合同中规定在约定期限内可以退货，如届时不退货，即等于买方接受了货物，其所有权即移转于买方。如果合同中没有规定退货期限，则买方应于合理期限内将货物退回，如果逾期不退货，亦等于接受了货物，其所有权亦移转于买方。至于何谓合理期限，则属于事实问题，需视具体案情而定。在这类交易中，卖方为了维护自身的利益，防止买方取得货物所有权后拒绝支付货款，一般都在合同中规定，在买方付清货款之前，货物的所有权不移转于买方。

（2）非特定物的买卖。非特定物即非特定的货物，通常是指仅凭说明或证明（sale by description only）进行交易的货物。按照英国《货物买卖法》的规定，凡属仅凭说明买卖未经指定或未经特定化的货物，在将货物特定化之前，其所有权不移转于买方。所谓特定化就是把处于可交货状态的货物无条件地划拨于合同项下的行为（unconditionally appropriated to the contract）。这种划拨行为可以由卖方提出征得买方的同意，也可以由买方提出征得卖方的同意。买方在表示同意时，可以明确表示同意，也可以默示同意；可以在划拨之前作出同意的表示，也可以在划拨之后予以确认。一般地说，如果按照合同的规定，卖方以把货物运交买方为目的而将货物交给了承运人，而又没有保留对货物的处分权，则可以认为卖方已经无条件地把货物划拨于合同项下。但是，将货物加以特定化只是移转货物所有权的前提，至于把货物特定化之后，货物的所有权是否移转于买方，尚需视卖方有无保留对货物的处分权而定。

（3）卖方保留对货物的处分权。无论是在特定物的买卖中，还是在非特定物的买卖中，即使在货物已经特定化之后，卖方都可以保留对货物的处分权。在这种情况下，在卖方所要求的条件得到满足以前，货物的所有权仍不移转于买方。根据英国《货物买卖法》第 19 条的规定，在下述情况下，应认为卖方保留了对货物的处分权：①卖方可以在合同条款中作出保留对货物处分权的规定。②卖方可以通过提单抬头的写法表示卖方保留对货物的处分权。如果货物业已装船，而提单的抬头载明该项货物需凭卖方或卖方的代理人的指示交货，则在卖方将该项提单背书交给买方或其他代理人以前，应推定卖方保留了对货物的处分权。③卖方可通过对装运单据（主要是提单）的处理方法来表示卖方保留对货物的处分权。如果卖方已按合同规定的货价向买方开出以买方为付款人的汇票，并将汇票和提单一起交给买方，要求买方承兑该汇票或见票付款，在这种情况下，如买方拒绝承兑或拒绝付款，他就必须把提单退回给卖方；如果买方非法扣下提单，货物的所有权亦不因此而移转于买方。

2. 美国《统一商法典》的有关规定

美国在采用《统一商法典》以前，关于货物所有权移转的法律同英国法基本上是一致的。当时，美国法也同英国法一样认为所有权的移转是一个至关重要的问题，它决定着风险的移转、保险利益的归属、买卖双方可享有的救济方法以及有关的权利义务。但是后来美国许多法学界人士认识到，把所有权的概念同与它无直接关系的问题搅在一起，是不符合当代商业发展的要求的。因此，美国在制定《统一商法典》时就抛弃了这种陈旧过时的观念，把所有权的移转问题同风险移转及救济方法等问题分离开来，分别作出具体规定，而不再把所有权的移转作为决定风险与救济方法的关键因素。

根据美国《统一商法典》的规定，在把货物确定在合同项下以前，货物的所有权不移转于买方，这是美国关于所有权移转的一项基本原则。该法规定，除双方当事人另有约定外，货物的所有权应于卖方完成其履行交货义务时移转于买方，而不管卖方是否通过保留货物所有权的凭证来保留其对货物的权利，因为按照《统一商法典》的规定，卖方保留货物所有权的凭证（如提单），一般只起到担保权益的作用，即以此作为买方支付货款的担保，但这并不影响货物所有权按照该法典的规定移转于买方。

按照《统一商法典》的规定，货物所有权移转于买方的时间主要应区别以下两种不同的情况。

（1）当货物需要运输时。如果按照合同的规定，卖方需要把货物运交买方，但并未规定具体的目的地，则货物的所有权应于货物装运的时间和地点移转于买方。如果合同要求卖方把货物运到指定的目的地，则货物的所有权应于目的地交货时移转于买方。

（2）当货物无须移动时。有时卖方可能已经把货物交给第三人保管，如已把货物存入仓库而让买方到指定的仓库提货，在这种情况下，卖方在交货时就无须移动货物，而只要把仓库收据交给买方让其自行提货即可。这时，货物的所有权应按下列规定移转于买方：①如果卖方已将货物交给一个作为第三方的保管人保管，并由保管人（如仓库保管人）对货物出具了可转让的物权凭证，则货物的所有权在卖方将此项物权凭证背书交给买方时即移转于买方。②如果上述保管人没有出具任何可以转让的物权凭证，而且货物在订立合同时已经确定在合同项下，则货物的所有权应于订立合同时移转于买方。

3.《法国民法典》的有关规定

《法国民法典》原则上是以买卖合同的成立决定货物所有权的移转。按照《法国民法典》第1583条的规定，当事人就标的物及其价金相互同意时，即使标的物尚未交付、价金尚未支付，买卖即告成立，而标的物的所有权即依法由卖方移转于买方。

但是，在审判实践中，法国法院会根据案件的实际情况适用于下述原则：

（1）如果买卖的标的物是种类物，则必须经过特定化之后，其所有权才能移转于买方，但无须交付。

（2）如系附条件的买卖，例如试验买卖，则必须待买方表示确认后，所有权才移转于买方。

（3）买卖双方可以在合同中规定所有权移转的时间。例如，可以规定所有权需于货物运到目的地后，或需于买方支付价金后才移转到买方等。

4.《德国民法典》的有关规定

德国法与法国法不同，德国法认为，所有权的移转是属于物权法的范畴，而买卖合同则属于债法的范畴，买卖合同本身并不起到移转所有权的效力。依照德国法，所有权的移转必须符合下列要求：如为动产，以交付标的物为必要条件。在卖方有义务交付物权凭证的场合，卖方可以通过交付物权凭证而把货物所有权移转于买方。如属于不动产，其所有权的移转需以向主管机关登记为条件。

5.我国《民法典》的有关规定

我国《民法典》第224～228条规定：动产物权的设立和转让，自交付时发生效力，但是法律另有规定的除外。船舶、航空器和机动车等的物权的设立、变更、转让和消灭，未经登记，不得对抗善意第三人。动产物权设立和转让前，权利人已经占有该动产的，物权自民事法律行为生效时发生效力。动产物权设立和转让前，第三人占有该动产的，负有交付义务的人可以通过转让请求第三人返还原物的权利代替交付。动产物权转让时，当事人又约定由出让人继续占有该动产的，物权自该约定生效时发生效力。

（二）《联合国国际货物销售合同公约》和国际贸易惯例的有关规定

1.《联合国国际货物销售合同公约》的有关规定

《公约》第4条（b）款明确规定，该公约不涉及买卖合同所售货物所有权可能产生的影响。因此，《公约》除原则性地规定卖方有义务把货物所有权移转于买方，并保证他所交付的货物必须是第三方不能提出任何权利或请求权的货物之外，对所有权移转给买方的时间、地点和条件，以及买卖合同对第三方货物所有权所产生的影响等问题，都没有作出任何规定。这主要是因为各国关于所有权移转问题的法律分歧较大，不容易实现统一。所以，在拟订《公约》的过程中，各国代表都同意把风险移转问题同所有权移转问题分开来处理，《公约》着重规定货物的风险从卖方移转于买方的时间与条件，而对所有权移转的问题则没有任何具体规定。

2.国际贸易惯例的有关规定

在国际贸易惯例中，只有国际法协会制定的关于CIF合同的《1932年华沙-牛津规则》对所有权移转于买方的时间与条件作了规定，其他国际贸易惯例，包括国际商会制定的《国际贸易术语解释通则》都没有涉及所有权移转的问题。根据《1932年华沙-牛津规则》第6条的规定，在CIF合同中，货物所有权移转于买方的时间，应当是卖方把装运单据（提单）交给买方的时刻。换言之，在CIF合同中，货物的所有权既不是在订立合同的时候移转，也不是在装运货物的时候移转，而是在卖方把代表货物所有权的单据交给买方的时候才移转于买方。虽然《1932年华沙-牛津规则》是针对CIF合同的特点制定的，但一般认为这项原则也可以适用于卖方有提供提单义务的其他合同，其中包括CFR合同与卖方有义务提供提单的FOB合同。至于卖方没有提供提单义务的合同，例如工厂交货（EXW）合同，则一般可以推定货物的所有权是在卖方把货物交给买方支配的时候移转于买方。

二、货物风险的移转

在国际货物买卖中，风险是指货物可能遭受的各种意外损失，包括损坏与灭失，如盗窃、火灾、沉船、破碎、渗漏以及属于正常损耗的腐烂变质等。风险移转的关键是时间问题，即从什么时候起，货物的风险就从卖方移转于买方。在国际贸易中，风险移转直接涉及买卖双方的基本义务，并关系到由卖方还是由买方承担损失的问题。如果货物的风险已由卖方移转于买方，则货物即使遭受损害或灭失，买方仍有义务按合同规定支付价金；如果风险尚未移转于买方，则一旦货物发生损坏或灭失，不仅买方没有支付价金的义务，而且卖方要对不交货承担损害赔偿责任，除非卖方能证明这种损失是由不可抗力的原因造成的。

现将各国法律及《联合国国际货物销售合同公约》和国际贸易惯例有关风险移转的规定分别介绍如下。

（一）各国法律有关风险移转的规定

西方各国法律对货物的风险从何时起由卖方移转于买方的问题都有一些具体规定，但其内容不完全相同，其主要的分歧如下。

（1）有些国家把风险移转同所有权移转联系在一起，以所有权移转的时间决定风险移转的时间。这就是所谓“物主承担风险”的原则。英国法和法国法属于这一类。

根据英国《货物买卖法》第20条的规定，除双方当事人另有约定外，在货物的所有权移转于买方之前，货物的风险由卖方承担，但所有权一经移转给买方，则不论货物是否已经交付，其风险即由卖方移转于买方。但是，如果由于买卖双方中任何一方的过失，致使交货延迟，则货物的风险应由有过失的一方承担，特别值得注意的是，按照英国《货物买卖法》第332条第3款的规定，当买卖合同涉及海上运输，而依照通常情形需要投保海上货物运输保险时，卖方有义务通知买方购买保险，如卖方没有向买方发出通知，致使买方不能向保险公司投保，则卖方须承担货物在运输过程中的风险。这项规定虽然是针对海运而言，但有些英国法学者认为，它也可以类推适用于空运和海陆联合运输。

（2）有些国家则不把风险移转问题同所有权移转问题联系在一起，而是以交货时间（time of delivery）来决定风险移转的时间。美国、德国、奥地利以及斯堪的纳维亚半岛各国的法律都采取这种处理办法。例如，美国《统一商法典》的起草人就舍弃了英国《货物买卖法》中以所有权的移转决定风险移转的陈旧概念。他们认为，风险移转是一个很现实的问题，而所有权的移转则是一个抽象的、不可捉摸的甚至是难以证明的问题，因此，以所有权的移转来决定风险移转的做法是不可取的。他们主张应当把所有权移转的问题与风险移转的问题区别开来，原则上应以交货时间来确定风险移转的时间，而不管货物的所有权是否已经移转给买方。具体来说，美国《统一商法典》对风险移转有以下几项规定。

①买卖双方当事人可以通过协议来划分双方承担风险的界限，也可以通过采用某种国际贸易术语，如FOB、CIF、CFR等来确定各方应承担的风险。

②如果双方当事人在合同中对风险移转问题没有作出规定，则在没有发生违约的正常情况下，应根据下述两种不同的情况来确定风险移转的时间：(a) 当货物需要交由承运人运输时。第一，如果买卖合同授权或要求卖方把货物交由承运人运交买方，但并不要求卖方把货物交到某个特定的目的地，则货物的风险应于卖方把符合合同的货物适当地交付给承运人时起移转于买方。第二，如果买卖合同要求卖方把货物交到指定的目的地，则货物的风险需于卖方在目的地向买方提交货物并让买方能够受领货物时，才移转于买方。运输途中的风险，应由卖方承担。(b) 当货物已存放在受托人处无须移动即可交货时。如果货物已存放在受托人处，例如已存放入仓库由保管人掌管，卖方可以不移动货物而让买方直接向仓库提货。在这种情况下，货物的风险从何时起移转于买方，需视受托人是否出具了代表货物所有权的单据（如仓库收据），以及他所出具的是可转让的物权单据还是不可转让的物权单据而定。如果受托人出具了可转让的物权凭证，则货物的风险应从卖方把这项可以转让的物权凭证交给买方之时起移转于买方；如果受托人没有出具可转让的物权凭证，则应经过一段合理时间，在该受托人承认买方有权占有货物时，货物的风险才移转于买方。如果受托人拒绝按照单据上的指示交货，则卖方的交货不能成立，货物的风险仍由卖方承担。

（二）《联合国国际货物销售合同公约》的有关规定

关于货物的风险从何时起由卖方移转于买方的问题，《公约》所采取的某些原则同美国法有相似之处。它舍弃了风险随所有权移转的陈旧观念，原则上以交货时间来确定风险移转时间。《公约》第66条至第70条对风险移转问题规定了下列几项原则。

1. 允许双方当事人在合同中约定有关风险移转的规则

根据《公约》的规定，双方当事人可以在合同中使用某种国际贸易术语或以其他办法来规定货物损失的风险从卖方移转于买方的时间及条件。如果双方当事人在合同中对此作了具体规定，其效力将高于《公约》的规定。因此，下面所介绍的《公约》有关风险移转的各项规则，仅在买卖合同对此没有作出具体规定时才适用，如双方当事人在合同中已就此作出规定，则应按合同的规定办理。

2. 风险移转所产生的后果

《公约》第66条规定，如果货物在风险移转给买方后发生灭失或损坏，买方支付货款的义务并不因此解除，除非这种灭失或损坏是由于卖方的行为或不行为所造成的。根据这项规定，一旦风险移转于买方之后，买方就要对货物的损失承担责任，即使货物发生灭失或损坏，买方仍须支付货款，而不得以此为理由拒付货款，但是，如果这种损失是由于卖方的行为或不行为所造成的，则不受此限。例如，在一项购买大米的买卖合同中，卖方租用了一艘曾经装运过有毒物质的船舶来装运大米，致使大米受到污染，失去食用价值，在这种情况下，即使这批大米的风险在卖方把大米交付给承运人时已经移转给买方，但这种损失是由于卖方的行为所造成的，买方可以不支付货款。

3. 当货物在运输途中出售时风险何时移转

当卖方先把货物装上开往某个目的地的船舶，然后寻找适当的买方订立买卖合同时，这种交易就是在运输途中进行的货物买卖，在外贸业务中称之为“海上路货”(floating cargo)。按照《公约》第68条的规定，对于在运输途中出售的货物，从订立合同时起，风险就移转给买方承担。但是，如果情况表明有需要，则从货物交付给签发载有运输合同单据的承运人时起，风险就由买方承担。尽管如此，如果卖方在订立合同时已经知道或理应知道货物已经遭受损坏或灭失，而他又不将这一事实告知买方，则这种灭失或损坏应由卖方负责。

在运输途中出售货物时，其风险如何划分是一个十分困难的问题，因为在订立买卖合同时，货物已经装在运输工具上，买卖双方都可能不大清楚货物是否有损坏或灭失等情事。在这种情况下，如果货物在运到目的地后发现损坏或灭失，往往很难判断这种损失究竟是发生在运输过程中的哪一个阶段，是在订立买卖合同之前还是在订立买卖合同之后，因而就很难确定这种损失的风险究竟应当由卖方还是由买方承担。对于这个问题，《公约》规定了以下三种解决办法。

(1) 对于在运输途中出售的货物，原则上从订立买卖合同时起，风险移转给买方承担。

(2) 如果情况表明有需要，则从货物交付给签发载有运输合同单据的承运人时起，风险就由买方承担。这项规定的作用是把风险移转的时间提到了订立合同之前，即提前到货物交付给承运人的时候移转。这是从实际情况出发考虑的，因为如上所述，在这种交易中，往往很难判断货物发生损失的确切时刻，所以，《公约》采取了一种比较简单的处理方法：如果情况表明有需要，风险就从卖方把货物交给签发了含有运输合同的单据的承运人时起，移转给买方承担。在这种情况下，如果货物发生损坏或灭失，买方可以根据运输合同的规定向有责任的承运人请求损害赔偿。至于何谓“情况表明有需要”，则需要根据具体案情来确定。

(3) 如果卖方在订立买卖合同时已知道或理应知道货物已发生灭失或损坏，而他又隐瞒这一事实不告知买方，则这种损失应由卖方负责。

4. 根本违反合同对风险移转的影响

根据《公约》的规定，即使卖方已根本违反合同，也不损害买方对这种根本违反合同采取各种补救方法。对于这项规定有两点需要进一步加以说明：

(1) 此项规定仅适用于卖方根本违反合同的场合，如果卖方虽然有违约行为但尚未构成根本违反合同，则不能援引此项规定。

(2) 按照这项规定，即使卖方已根本违反合同，也并不影响货物的风险按《公约》的规定移转给买方，不过，在这种情况下，买方对卖方根本违反合同所应享有的采取各种补救方法的权利不应受到损害。如因卖方根本违反合同，货物发生灭失或损害，即使货物的风险已经按照《公约》第67条至第69条的规定移转于买方，买方仍然有权采取撤销合同、要求卖方交付替代货物或请求损害赔偿等救济方法。

（三）国际贸易惯例的有关规定

在国际上，一些影响较大的贸易惯例，例如国际商会制定的《国际贸易术语解释通则》和国际法协会制定的《1932 年华沙-牛津规则》等，对风险移转的时间都有明确的规定。例如，按照《国际贸易术语解释通则》的规定，在工厂交货（EXW）合同中，货物的风险是从卖方在工厂把货物交给买方支配时起移转给买方；在目的港交货（如 DAP、DPU 和 DDP）的合同中，货物的风险是在货物运到目的港交由买方支配时起移转于买方。因此，如果双方当事人在买卖合同中采取了上述贸易术语，则应按这些贸易术语的规定来确定风险移转的时间，而不按《公约》的规定来确定风险移转的时间。因为《公约》承认，双方当事人在合同中作出的规定具有高于《公约》规定的效力。至于上述贸易术语的具体内容，在《国际贸易实务》教材或《国际贸易法》教材中已有详细介绍，此处不再赘述。

复习与思考题

1. 国际贸易惯例的含义与特点是什么？
2. 国际贸易惯例与法律有何异同？如果合同条款与惯例有冲突，应以什么为准？
3. 贸易术语的含义与作用是什么？与贸易术语有关的国际贸易惯例主要有哪些？
4. 简述 2020 年《通则》对 2010 年《通则》作出的重要修改。
5. 简述 EXW 术语的含义及卖方完成交货的条件。
6. 简述 FOB 术语与 FCA 术语的异同点。
7. 试比较 FOB、CFR、CIF 和 FCA、CPT、CIP 两组贸易术语之间的异同点。
8. 简述 CFR 术语买卖双方的主要责任、交货地点、风险划分。
9. 简述 DAP、DPU 术语的含义及其适用范围。
10. 根据大陆法、英美法以及《联合国国际货物销售合同公约》，卖方和买方的义务主要是什么？
11. 当卖方违反交货义务时，买方可以得到哪些救济？
12. 大陆法、英美法主要国家以及《联合国国际货物销售合同公约》对货物所有权和风险的移转是如何规定的？
13. 有一份 CIF 合同，货物已在合同规定的时间和装运港装船，受载船只离港 3 小时后触礁沉没。第二天，当卖方凭手中持有的提单、保险单、发票等装船单据要求买方付款时，买方以货物全部损失为理由，拒绝接受单据和付款。试问在上述情况下，卖方有无权利凭规定的单据要求买方付款？为什么？
14. 我方从一美商购进某种商品一批，合同价格规定为每公吨 1 500 美元 FOB 纽约，我方受载货轮驶抵纽约港后，通知对方装货，但对方要求我方负担从纽约城内仓库至装上船的一切费用。试问，我方应如何处理？为什么？

第5章 保险法

本章提要

1. 保险的含义、作用与基本原则
2. 保险合同
3. 财产保险合同
4. 中国海上货物运输保险
5. 平安险、水渍险、一切险与附加险
6. 人身保险合同

关键术语

保险费　保险费率　财产保险　人寿保险　保险利益原则
最大诚信原则　代位追偿（求偿）原则　投保　承保　告知义务
保险标的　保险价值　保险金额　索赔与理赔　平安险　水渍险
一切险　一般附加险　特殊附加险　除外责任　责任起讫

在国际商务中，一笔交易的货物或财产，从卖方交到买方的手中，要经过许多环节，特别是在国际贸易中，货物一般要经过长途运输，遭受自然灾害和意外事故的可能性很大。这种风险不是买卖双方自身力量所能控制的，而一旦发生风险与损失，将会影响到交易的正常进行。有鉴于此，买卖双方或债权人与债务人为了在遭受损失之后取得一定的经济补偿或转嫁所遭受的风险与损失，使其经营得以持续，一般需要进行货物或财产保险，而保险公司则通过办理各项保险业务，承担了风险与损失补偿工作，并取得了保险费收入。在国际商务中，保险已成为交易中不可缺少的重要组成部分。

第一节 保险概述

一、保险的基本概念

从经济学的角度来看，保险（insurance）是一种经济补偿制度，是分摊灾害事故造成损失的一种经济方法。保险集合了大量同质的风险，运用概率论和大数法则，正确估算损失概率和损失金额，并据以确定保险费率。通过向投保人收取保险费（premium），建立保险基金，用以补偿被保险人不幸遭受的财产损失。

从法律的角度来看，保险是一种合同行为，其实质是一种社会经济关系。

从业务的角度来看，保险是指投保人根据合同约定，向保险人支付保险费，保险人对于合同约定的可能发生的事故因其发生所造成的财产损失承担赔偿保险金责任，或当被保险人死亡、伤残、疾病或达到合同约定的年龄、期限时承担给予保险责任的商业保险行为。

从国际贸易实务的角度来看，保险是被保险人（投保人）对一批或若干批货物向保险人按一定金额、投保一定的险别并交纳保险费，保险人承保后，如果所保货物在以后发生约定范围内的损失，应按照它所出立的保险单的规定，给予被保险人经济上的补偿。

投保人或被保险人在货物装运以前，按照一定的投保金额，向承保人即保险公司投保货物运输险。投保人按投保金额、投保险别及保险费率，向承保人支付保险费并取得保险单证。投保货物若在运输过程中遭受损失，则承保人负责对投保险别责任范围内的损失，按投保金额及损失程度赔偿保险单证的持有人。

按照保险标的或对象的不同，保险可以分为四类：(1) 财产保险。即以物质财富及同它有关系的利益作为标的的一种保险。这是保险中最为广泛的一种，我们后面介绍的海运货物保险就属于这种类型。(2) 人寿保险。又称为人身保险或生命保险，是对人的寿命、健康、伤害等进行保险。(3) 责任保险。即以民事伤害赔偿责任为标的的一种保险，如医疗责任保险等。(4) 保证保险。这是类似于银行保函的一种保险。

二、有关海运货物保险的历史简介

公元 9 世纪，地中海一带已经有广泛的海上贸易活动，当时运输货物的船只都是木帆船，在遭到海上风暴时，为了保持船只平衡，往往要抛掉部分货物，以避免船只和其他货物同归于尽。当时已经在商人中间形成一条原则：抛货损失由受益各方共同分摊。这就是沿用至今的共同海损的分摊原则。到中世纪时，海外贸易已经非常频繁，意大利、荷兰、西班牙和英国成为航海与海外贸易的强国。特别是在资本主义生产方式产生后，即到了 17 世纪后期，英国的航海业和海外贸易已相当发达，横跨泰晤士河的伦敦已是一个初具规模的商埠和港口，沿河开了不少咖啡馆、酒馆，那里经常聚满了商人和船员，海上遇险是他们经常谈论的话题。开始是因为打赌，后来货东（货主）或船东提出一些书面的保证文件，愿意承保者在下面签字，所以英文将保险商称为“underwriter”（下面签字者）。当时有一个叫爱德华·劳埃德（Edward Lloyd）的资本家，收集了船舶吨位、服务期限、遇险情况、受损情况、各地港口设施条件与变化及天气情况，编成小报，起名叫《劳埃德新闻》（*Lloyd's News*），提供给保险商和投保人，于是形成了一个保险市场（即劳合社）。现在劳合社已经成为世界上最大的保险垄断组织之一，拥有4万多个保险承保人会员，可以各自接受保险业务，负无限责任，对国际海上保险市场影响很大。

三、保险的职能与作用

1. 经济补偿作用

这是保险的最基本功能或职能。从保险的概念就可以看出其主要作用是对被保险人遭受风险或损失进行经济补偿。

2. 积累资金作用

保险人可以积少成多，集中收取保险费进行投资。同时，一国通过对外贸易货物的国内保险，可以节约外汇开支，增加外汇收入，为国家积累资金。

3. 注重研究财产的防损作用

保险公司从承保货物的赔偿案件中，找出致损原因及规律，开展防损工作，对改进商品的质量、包装、装卸、运输、储运条件及促进国际贸易发展起到很大作用。

四、保险的基本原则

货物运输保险作为财产保险的一种，保险人和被保险人应共同遵守保险合同的一般原则，即保险利益原则、最大诚信原则、补偿原则与代位追偿原则、近因原则等。

1. 保险利益原则

保险利益（insurable interest）又称可保利益，是指被保险人对保险标的（subject matter insured）拥有的合法利益。保险人只允许对保险标的具有可保利益的一方投保，对保险标的物具有可保利益的人才能与保险公司签订保险合同。被保险人如对保险标的不拥有合法利益，则保险合同无效。这就是保险利益原则。

一般认为，对保险标的享有所有权或经营管理权的人、保险标的的合法占有人、担保权人以及期待权人，对保险标的享有保险利益。对于人身保险，投保人在订立保险合同时就应对被保险人以及谁享有保险利益作出说明，如果没有特别说明，依据我国《保险法》第31条的规定，投保人对下列人员具有保险利益：（1）本人；（2）配偶、子女、父母；（3）前项以外与投保人有抚养、赡养或者扶养关系的家庭其他成员、近亲属；（4）与投保人有劳动关系的劳动者。除前款规定外，被保险人同意投保人为其订立合同的，视为投保人对被保险人具有保险利益。订立合同时，投保人对被保险人不具有保险利益的，合同无效。

国际货运保险并不要求被保险人在投保时便拥有保险利益，而仅要求其在保险标的发生损失时必须拥有保险利益。例如，按照保险利益原则，利用 FOB、CFR、CPT、FCA 等贸易术语成交的合同，买方便无法在货物装船或货交承运人之前对该货物办理保险事宜，实际业务中，是允许买方办理投保手续的，这被称为买方具有预期可保利益。这是由国际贸易的特点决定的。

2. 最大诚信原则

保险合同建立在最大诚信（utmost good faith）基础之上，保险人和被保险人在订立合同的时候，以及在保险合同有效期内，应保持最大诚意，恪守信用，互不欺瞒。保险作为危险或风险分散机制，需遏制败德行为，其对当事人诚信程度的要求也就远远高于其他行为，故称为最大诚信原则。

在国际贸易中，海上货物运输保险人在与投保人签订合同时，往往远离船、货所在地，对保险标的一般不作实际查勘，仅凭投保人的说明来承保。因此，保险人应向被保险人说明保险合同的条款内容，并就保险标的或者被保险人的有关情况提出询问，被保险人应如实相告。最大诚信原则主要有两方面要求：（1）重要事实的告知；（2）保证，即保证诚实、实事求是，不能有欺骗行为。

重要事实的告知是指被保险人在投保时应将所知的，或者在通常业务中应当知道的有关保险标的物的重要事实如实相告保险人，以便其判断是否同意承保或决定承保的条件。投保人对保险公司拟订的格式合同的内容往往不甚了解，为了保护被保险人的利益，保险合同中规定有关保险公司责任免除的条款，保险公司负有向投保人明确说明的义务，否则，这些免责条款不产生效力。[①]

保证是指在保险合同中，以书面文字或法律规定的形式，使被保险人保证某一事实状态存在与否，或持续存在与否，或保证履行某种行为或不行为。保证以书面形式载入保险合同，即构成明示保证。如果以法规或惯例形式体现，则构成默示保证。

3. 补偿原则与代位追偿原则

补偿原则（principle of indemnity）是指被保险人支付对价（保费）并遭受保险责任范围内的损失时，保险人将对被保险人给予补偿，使其恢复到损失前的经济状况。补偿原则意味着：

（1）被保险人与保险人订立合同之后，一旦因保险事故造成经济损失，被保险人有权获得全面、充分的赔偿。

（2）补偿只能恢复到损失发生前的经济状况，而不能超过这种状况。换言之，保险人的赔偿不应使被保险人获得额外的利益，否则便容易引发道德风险。

根据补偿原则，如果被保险货物遭受部分损失而仍有残值，保险人在赔付时应对残值作相应扣除。如果保险事故是由第三方所致，被保险人从保险人处得到全部损失赔偿后，应将其对第三方追偿的权利转让给保险人。这就从补偿原则中派生出了重要的代位追偿原则。

代位追偿原则是指在财产保险中，当保险人赔偿被保险人因保险事故遭受的经济损失后，在保险人赔偿范围内，保险标的物的相应权利应转让给保险人。保险人履行了损失赔偿的责任后，有权获得被保险人在该项损失中向第三者责任方要求索赔的权

---

① 我国《保险法》第 17 条。

利。保险人取得该项权利后，即可站在被保险人的地位上向责任方进行追偿。

4. 近因原则

保险人对保险合同项下赔付责任的履行不完全取决于是否发生了承保风险，也不完全取决于是否产生了承保风险损失，而是取决于在符合保险合同规定的前提下，承保风险与承保损失之间的因果关系。即保险人只对承保风险与标的物损失之间有直接因果关系的损失负赔偿责任。

根据英国1906年《海上保险法》，保险人仅对以承保危险为近因的损失承担赔付责任，习惯上将此称为“近因原因”（proximate cause）。

通常只有当同时存在几个致损因素，损失可能归咎于其中一个因素时，才需要使用近因原则。英美等国法院在审理较为复杂的保险案件时多采取“只考虑近因，不考虑远因”的原则。例如，有一批食品在海运过程中由于被海水浸湿发生霉变，如果投保的险别是水渍险，保险公司就应该负责赔偿，因为食品的变质与被海水浸湿之间有直接的因果关系。

■第二节 保险合同

一、保险合同概述

（一）保险合同的概念与特征

保险合同，亦称保险契约，是指投保人与保险人约定保险权利义务的协议。为了分散和转移风险，投保人依约向保险人交付保险费，如遇到保险事故，保险人则依约向被保险人或受益人支付赔偿金或保险金。确切地说，保险合同就是投保人支付规定的保险费，保险人对于承保标的因保险事故所造成的损失，在保险金额范围内承担补偿责任，或在合同约定期限届满时给付保险金的协议。

保险合同具有以下五个特征：

（1）最大诚信合同。这是保险法的最大诚信原则的具体体现。

（2）双务、有偿合同。投保人有缴纳保险费的义务，而保险人则在发生保险事故时，具有承担由其所造成的财产损失的赔偿责任，或在被保险人死亡、伤残、疾病或达到约定年龄、期限时，承担给付保险金的义务。

（3）射幸合同。亦称机会合同，系与交换合同相对应的概念，是指当事人一方支付的对价，所获取的只是一个机会，可能因此获得巨大利益，也可能毫无收益。保险合同正是如此，财产保险合同尤其如此。对投保人而言，他有可能获得远远大于所支付的保险费的效益，但也可能没有利益可获；对保险人而言，他所赔付的保险金可能远远大于其所收取的保险费，但也可能只收取保险费而不承担支付保险金的责任。

（4）附和合同。亦称定式合同、格式合同、标准合同，指合同条款和内容并非双方经充分讨价还价，其中一方只限于接受或拒绝另一方提出的条件而订立的合同。保险合同的条款由保险公司单方面制定，投保人要么接受、服从，要么拒绝。

(5) 非要式合同。即合同的形式是自由的，只需双方当事人达成合意或一致，无须履行特定方式作为合同成立要件。一般说来，保险合同双方就保险条款达成一致，保险合同即可成立。即使保险事故发生在保险单或暂保单签发之前，亦不影响保险合同的效力。

（二）保险合同的类型

1. 财产保险合同与人身保险合同

依据保险合同的标的属性，可以将其分为财产保险合同与人身保险合同。财产保险合同以财产及其有关利益为保险标的，而人身保险合同则以人的寿命和身体为保险标的。

2. 定值保险合同与不定值保险合同

依据保险标的价值是否确定，可以将其分为定值保险合同与不定值保险合同。鉴于人身保险合同为定额保险合同，不存在保险价值问题，该分类只适用于财产保险合同。定值保险合同是指双方当事人事先确定保险标的的实际价值，并载明于合同中的保险合同。不定值保险合同是指双方当事人在订立合同时不预先确定保险标的的保险价值，仅载明需至危险事故发生后，再行估计其价值而确定其损失的保险合同。

3. 足额保险合同、不足额保险合同与超额保险合同

依据保险金额与保险价值的关系，又可以将其分为足额保险合同、不足额保险合同与超额保险合同。其中，超额保险合同一般是被保险法所禁止的。足额保险合同，亦称全额保险合同，是指保险金额等于保险价值的保险合同。不足额保险合同，亦称低额保险合同，是指保险金额低于保险价值的保险合同。一旦发生保险事故，保险人对被保险人损失的赔偿责任以保险金额为限，超出保险金额的部分，保险人不予赔偿。超额保险合同是指保险金额超过保险价值的保险合同。

4. 补偿性保险合同与给付性保险合同

依据保险合同的目的，可以将其分为补偿性保险合同与给付性保险合同。补偿性保险合同，是指在发生保险事故时，由保险人评估被保险人的实际损失，从而补偿其损失的保险合同。给付性保险合同，是指当被保险人死亡、伤残、疾病或者达到合同约定的年龄、期限时，由保险人向被保险人或者其受益人给付保险金的保险合同。人身保险合同大多属于给付性保险合同。

5. 原保险合同与再保险合同

依据保险人承担责任的次序，还可以将其分为原保险合同与再保险合同。顾名思义，原保险合同就是保险人直接对被保险人承担保险责任的保险合同，其当事人为保险人与投保人，与再保险合同相比，该赔偿责任具有原始性。再保险合同是指保险人将其承保的保险业务，以分保形式部分转移给其他保险人，而与接受该分保业务的保险人所订立的保险合同。该合同大多用于财产保险，人身保险中则少见。

（三）保险合同的主体

保险合同的主体可以分为当事人、关系人和辅助人。

1. 当事人

任何合同均有缔约当事人，保险合同亦不例外。保险合同当事人，是指订立保险合同，并享有和承担保险合同权利与义务的人，包括保险人和投保人。

（1）保险人。

保险人（underwriter or insurer），亦称承保人，依法经营保险业务，与投保人订立保险合同、收取保险费，在保险事故发生或保险期限届满时，承担赔偿或者给付责任的保险公司。只有依法设立的保险公司方可经营保险业务，且各保险公司只能在核定的业务范围内从事保险经营活动。

（2）投保人。

投保人（policy holder），是指与保险人订立保险合同，并依约支付保险费的人。投保人可以是自然人，也可以是法人；可以是被保险人本人，也可以是被保险人以外的第三人。作为保险合同当事人一方的投保人，应具有相应的权利能力和行为能力，无行为能力和限制行为能力人所订立的保险合同，除经法定代理人或监护人的代理或同意外，属于无效保险合同。

2. 关系人

一般合同的当事人均为自己利益而订立相应的合同，但保险合同既可以为自己利益订立，也可以为他人利益而订立，从而产生了第三方当事人，即保险合同的关系人，包括被保险人和受益人。

（1）被保险人。

被保险人，是指其财产或人身受保险合同保障，享有保险金请求权的人。无论是财产保险合同，还是人身保险合同，投保人均可为被保险人，自然也可以是与投保人不同的人。尽管被保险人不是合同当事人，但对于以死亡为给付保险条件的保险合同而言，其订立需经被保险人书面同意，并认可保险金额，否则，该保险合同无效。保险人所签发的保险单不得转让或质押。作为例外，父母为其未成年子女投保人身保险不受此限。

（2）受益人。

受益人，亦称保险金受领人，是指人身保险合同中由投保人或被保险人指定的享有保险金请求权的人。投保人、被保险人或第三人均可为受益人，以被保险人、投保人的指定为准，但投保人指定受益人需经被保险人同意。若投保人、被保险人和受益人三位一体，投保人就是为自己利益而订立保险合同；若投保人为他人利益订立保险合同，则受益人为被保险人或第三人。对于受益人而言，不受民事行为能力以及保险利益之限制。

3. 辅助人

保险业务的技术性很强，随着保险市场分工的日益精细化，利用自身专业知识和技能帮助保险人和投保人订立保险合同的保险辅助人应运而生。主要保险辅助人包括保险代理人、保险经纪人和保险公估人。

保险代理人，是指根据保险人的委托，向保险人收取代理手续费，并在保险人授权的范围内代为办理保险业务的单位或个人。保险代理机构有合伙企业、有限责任公司和股份有限公司三种组织形式。保险代理人应当按照核定的保险代理业务范围以及保险公司授予的代理权，开展保险代理业务。按照我国《保险法》的规定，保险代理人在办理保险代理业务过程中，应遵循保险公司所规定的业务流程，接受保险公司对其委托的保险业务的指导、监督与核查；设立专门账簿记载保险业务收支情况，并接受中国银行保险监督管理委员会（简称中国银保监会）的监督。

保险经纪人是基于投保人的利益，为投保人与保险人订立保险合同提供中介服务，并依法收取佣金的单位，包括直接保险经纪人和再保险经纪人。按照《保险法》的规定，保险经纪人仅限于保险经纪机构，不包括个人经纪人，有合伙企业、有限责任公司和股份有限公司三种组织形式。与保险代理业务相比，保险经纪业务范围更为广泛。保险经纪机构必须在中国银保监会核定的业务范围和客户授权范围之内，开展保险经纪业务。

保险公估人，是指依法设立的，接受保险当事人委托，专门从事保险标的的评估、勘验、鉴定、估损、理算等业务的单位。它既是服务于保险活动的辅助人，又是独立于保险业的营利组织。与保险经纪机构一样，保险公估人亦仅限于公估机构，不存在个人公估人。保险公估机构应与委托人订立书面合同，依约收取报酬。在开展业务过程中，保险公估机构应向客户告知其名称、住所、业务范围、法律责任等事项。因其自身过错给保险当事人造成损害的，应依法承担法律责任。

二、保险合同的订立与效力

（一）保险合同的订立

合同的订立采用要约与承诺的方式。对于保险合同而言，要约和承诺分别表现为投保和承保，同时投保人的告知和保险人的说明义务也是保险最大诚信原则在保险合同订立中的体现。

1. 投保

投保是指投保人提出订立保险合同的意思表示，这是投保人单方面的意思表示，即保险要约，未经保险人接受即不产生保险的效力。投保的表现形式通常为书面的投保单，该投保单一般是保险人准备的统一格式，投保人只要依照其所列项目逐一填写即可，交付保险人，即构成投保，从而产生合同要约的效力。

2. 承保

承保是指保险人同意投保人的保险要约的意思表示，即保险承诺。保险人一经承诺，保险合同即告成立。一般来说，保险人收到投保人的投保单后，经必要审核，同意承保的，保险合同即告成立。作为非要式合同，保险合同的成立并不以保险单或暂保单的签发为准，只要就保险合同的条款达成协议，保险合同即告成立。

3. 告知与说明义务

作为最大诚信原则的体现，在订立保险合同时，投保人负有告知义务，保险人则负有说明义务。依照我国《保险法》第16条，对于投保人履行告知义务的方式，我国采用的是询问回答方式，只要投保人对保险人就保险标的或被保险人的有关情况的询问做了如实回答，即算履行了告知义务。相应地，对于保险公司中有关保险人责任免除的条款，保险人在订立合同时负有向投保人明确说明的义务。如保险人违反义务，则该条款不产生效力。

（二）保险合同的生效

作为非要式合同，保险合同的成立并不以书面形式为要件，当事人就保险合同的条款达成合意即告成立。保险合同的生效无须办理批准、登记等手续，一经成立即告生效。这就意味着，只要保险合同主体具备相应的民事行为能力，其意思表示真实，合同内容和形式合法，保险合同即可生效。当然，当事人可以对保险合同的生效附条件。附生效条件的合同，自条件成就时生效；附解除条件的合同，自条件成就时失效。当事人为自己的利益不正当地阻止条件成就的，视为条件已成就；不正当地促成条件成就的，视为条件不成就。由此可见，尽管保险合同不以书面形式为生效要件，也不以投保人缴纳保险费为生效条件，但是法律另有规定，或当事人在保险合同中另有约定的，则可能成为生效要件。

一般来说，保险合同自其成立时生效。作为例外，法律对其生效时间有规定的，从其规定。此外，当事人还可以对合同生效作出特别约定，比如约定生效期限，该合同自期限届至时生效。如保险合同对合同生效时间约定不清，依据我国《保险法》第 30 条，应作出有利于被保险人和受益人的解释。

（三）无效

保险合同的无效，是指保险合同因法定原因或约定原因，而全部或部分不产生法律约束力的情形。全部无效是指保险合同全部不发生法律效力；部分无效则是指部分条款不发生法律效力，而其他条款的效力不受影响。保险合同无效就法定事由而言，一是因违反保险法而无效，主要情形包括无保险利益、超额保险、未经被保险人同意的死亡保险、保险人违反说明义务等。二是因违反其他法律而无效，比如，具备我国《民法典》关于民事法律行为的效力所规定的合同无效事由。

保险合同无效，自始不发生法律效力。如属全部无效，整个合同均不发生法律效力；如为部分无效，则只是部分条款无效，其余条款的效力不受其牵连。在发生保险合同约定的保险事故时，保险人不承担保险责任。当事人因无效合同所取得的财产，应予以返还，或依法予以收缴。有过错的一方应赔偿对方因此所遭受的损失；双方都有过错的，应各自承担相应的责任。

三、保险合同的履行

作为双务合同，一方的合同权利即为对方的合同义务，反之亦然。保险合同一经生效，当事人即应依约全面履行自己的义务，实现保险合同的目的。

（一）投保人的义务

投保人的义务涉及面较广，既有法定义务，也有合同约定义务，主要包括缴纳保险费、维护标的安全和危险增加的通知义务、出险通知义务以及出险施救义务等。

1. 缴纳保险费

依据我国《保险法》第 14 条，保险合同成立后，按约交付保险费，是投保人的主要义务。对于财产保险合同，保险费一般应在合同成立后一次缴清，经双方特别约定，也可以分期支付。若投保人未按约定交付保险费，保险人可以请求交付，也可以通知被保险人终止合同。对于人身保险合同，保险费多为分期支付。如约定分期支付，投保人应于合同成立时支付首期保险费，并应依约按期支付其余各期的保险费。投保人支付首期保险费后，除合同另有约定外，如投保人超过规定的期限 60 日未支付当期保险费，合同效力即告中止，或者由保险人依约减少保险金额。但是，对于人身保险的保险费，保险人不得以诉讼方式要求投保人支付。

2. 维护保险标的安全和危险增加的通知

保险系危险的分散与转移机制，为避免投保人、被保险人的败德行为，他们有义务维护保险标的安全，遵守国家有关消防、安全、生产操作、劳动保护等方面的规定。如怠于履行义务，保险人有权增加保险费或解除保险合同。在保险合同的有效期内，如保险标的危险程度增加，投保人或被保险人应依约及时通知保险人，保险人有权要求增加保险费或者解除合同。如被保险人违反该义务，对于因保险标的危险增加所发生的保险事故，保险人不承担赔偿责任。

3. 出险通知

依据我国《保险法》第 21 条，投保人、被保险人或者受益人负有出险通知义务。目的在于，保险人能够迅速勘查现场，调查取证，采取适当的措施，防止损失进一步扩大，或保全保险标的的残余部分，以便赔偿或给付保险金。通知义务人为保险事故发生后，获悉发生保险事故的投保人、被保险人或受益人。任何一方只要获悉保险事故，即有通知义务。

4. 出险施救

依据我国《保险法》第 57 条，在出险时被保险人负有施救义务。为支持和鼓励被保险人施救，保险人应承担被保险人为防止或减少保险损失所支付的必要的合理的费用，其所承担的数额在保险标的损失赔偿金以外另行计算，但最高以保险金额为限。反之，被保险人应承担不利的后果。

（二）保险人的义务

1. 及时签发保险单

保险合同一经成立，保险人即应及时向投保人签发保险单或其他保险凭证。这是保险合同成立后保险人的法定义务。保险人违反该义务，因此导致投保人、被保险人损失的，保险人应依法承担赔偿责任。

2. 赔偿或给付保险金

这是保险人最主要的义务，与投保人交纳保险费的义务相对应。一旦发生保险事故，或保险合同约定的条件成就，凡是属于保险责任的，保险人即应依约履行赔偿或给付保险金的义务。对于不属于保险责任的情形，应向被保险人或受益人发出拒绝赔偿或拒绝给付保险金的通知书，并说明理由。

至于赔偿或给付时间，保险合同有约定的，从其约定。如无约定，在保险人与被保险人或受益人达成有关赔偿或给付保险金金额的协议后10日内，履行赔偿或给付义务。为防止保险人“久核不决”，我国《保险法》第25条对核定时间达到60日的情形，规定了保险人的先予支付义务。也就是说，如保险人自收到赔偿或者给付保险金的请求和有关证明、资料之日起60日内，仍不能确定赔偿或者给付保险金的数额的，即应根据已有证明和资料可以确定的最低数额先予支付，并在最终确定赔偿或者给付保险金的数额后，支付相应的差额。如保险人违反其义务，未及时履行赔偿或给付保险金的义务，其后果有二：一是继续履行支付保险金义务；二是赔偿被保险人或受益人因此所遭受的损失。

3. 保密

作为最大诚信原则的体现，投保人在订立保险合同时负有告知义务，保险人因而掌握了投保人、被保险人、受益人或分保人的业务和财务情况以及个人隐私。为切实维护投保人、被保险人、受益人的合法权益，预防保险人滥用有关信息和资料，保险人、再保险人负有保密义务。

（三）索赔和理赔

索赔和理赔系履行保险合同的最重要的组成部分。索赔是指被保险人或受益人在保险标的出险后，依约向保险人主张保险金的行为。理赔则是保险人依据其工作程序，核定保险责任，确定是否支付保险金的行为。无论是索赔还是理赔，均应遵守规定的程序。

保险人核定完毕，确认属于保险责任，并核算出保险金，被保险人、受益人即可依法领取保险金。保险金一般采用现金方式给付，对于特殊标的或保险合同另有约定的，保险人可以采取修复、重建或重置等方式予以赔偿。

对于财产保险合同而言，保险人在赔偿或给付保险金之后，还要进行损余处理。如属足额保险，保险人已支付了全部保险金额，受损保险标的的全部权利归于保险人；如属低额保险，保险人按照保险金额与保险价值的比例取得受损保险标的的部分权利。如对保险标的的损害归责于第三者，保险人一旦赔偿被保险人，即可在赔偿金额范围内取得对该第三者的代位追偿权。被保险人无权对第三者追偿，否则保险人不承担赔偿保险金的责任。

四、保险合同的变更、解除和终止

（一）变更

保险合同生效后，在依法履行完毕之前，当事人可以变更。这是合同当事人的权利，只要合同当事人协商一致，即可变更保险合同，无须办理批准、登记手续。

保险合同的变更包括两种类型：一是投保人、被保险人的变更；二是合同内容的变更。其中，投保人、被保险人的变更，可使用通知变更方式，无须征得保险人的同意，只要投保人通知保险人，即发生合同变更的效力。比如，海上货物运输保险合同经被保险人背书即可转让。合同内容的变更需采用协议变更方式，即合同当事人就变更事项达成合意，才能发生变更的效力。

（二）解除

保险合同的解除，是指保险合同生效后，在有效期届满前，当事人依法提前终止合同的法律行为。对于保险人而言，保险合同生效后，如无法定原因或合同另行规定，不得解除保险合同。对于投保人而言，则完全相反，只要没有法定限制或合同另行约定，即可解除保险合同。但是，就货物运输合同和运输工具航程保险而言，保险责任开始后，双方均不得解除合同。

依据解除合同的事由，可以将其分为任意解除、约定解除和法定解除。任意解除是指当事人依法可以根据自己的意愿解除合同。投保人享有这种任意解约权，保险人则不具有该权利。约定解除，是指双方当事人可依合同所约定的解除合同条件解除合同，一旦条件成就，任何一方均可解除保险合同。无论是投保人，还是保险人均可行使约定解除权。法定解除，是指只要具备法定事由，任何一方当事人即可行使合同解除权。保险人虽不具有任意解除权，但在具备特定法定事由时，即可依法解除合同，消灭已生效的保险合同关系。这些事由主要有：

（1）投保人违反告知义务；

（2）被保险人、受益人谎称发生保险事故；

（3）投保人、被保险人、受益人故意制造保险事故；

（4）保险标的的危险增加；

（5）人身保险合同的投保人申报的被保险人年龄不真实，而其真实年龄不符合合同约定的年龄限制。

为防范保险人滥用上述情形，我国《保险法》第 16 条和第 32 条对保险人的解除权作出了相应的限制：一是期限行权。保险人应自知道解除事由之日起 30 日内行权，否则该权利消灭。二是不可抗辩规则。保险合同成立超过 2 年的，保险人不得行使解除权，发生保险事故的，应当承担赔偿或者给付保险金的责任。三是保险人在订立合同时明知投保人没有如实告知或者年龄不真实的，不得行使解除权。

任何一方行使解除权，均应通知对方，合同自通知到达对方时解除。如遇对方异议，可以请求法院、仲裁机构确认解除合同的效力。保险合同一经解除，当事人的合同权利义务即告终止，当事人所受领的利益应予返还，但是法律另有规定或合同另有约定除外。

（三）终止

保险合同的终止，是指保险合同的效力永久性地停止，使得保险合同约定的当事人权利义务归于消灭。尽管如此，合同终止后，当事人仍应依据诚实信用原则，依据交易习惯履行通知、协助、保密等义务。保险合同终止的事由有以下五种：（1）期限届满；（2）保险人履行赔偿或给付保险金；（3）合同解除；（4）保险标的发生部分损失；（5）保险标的灭失。

■第三节　财产保险合同

一、财产保险合同的概念与特征

财产保险合同，亦称物保险合同、非寿险保险合同，是指以财产及其有关利益为保险标的的保险合同，它与人身保险合同相对应，其标的为财产以及与财产有关的利益。作为其标的的财产以及财产有关的利益，不仅包括有形财产，比如房屋、车辆、机器设备、货物产品等，而且包括无形的经济利益，现有利益与期待利益、积极利益与消极利益均在此列。其中，期待利益又包括因现有利益所产生的期待利益，以及因合同所产生的期待利益。消极利益则是指不受损失的利益，即免除由于事故的发生所增加的额外支出。比如，机动车造成交通事故的赔偿责任。

作为保险合同的一种，财产保险合同除具有保险合同的共性，还具有以下三个特征：

(1) 保险金的补偿性。财产保险以赔偿被保险标的损失为直接目的，严格贯彻损失填补原则。被保险人仅能通过保险补偿其实际损失，而不能因此取得额外利益。

(2) 保险金额不得超过保险价值。这实际上是财产保险合同补偿性的延伸。我国《保险法》第55条明确禁止保险金额超出保险价值，否则，超过保险价值的部分归于无效。

(3) 保险人对第三人引起的损害赔偿享有代位求偿权。如被保险人已获得保险金，即无条件放弃对第三人的求偿权，由保险人取代被保险人的地位，有权向第三人追偿。

二、财产保险合同的类型

财产保险合同可以依据保险标的、投保人的身份以及承保财产所分布的行业进行分类。

(一) 依据财产保险合同的标的分类

依据财产保险合同标的的不同，可以将其分为财产损失保险合同、责任保险合同以及信用与保证保险合同。

1. 财产损失保险合同

财产损失保险合同，是指投保人以其所有或经营管理的财产，或以其有利害关系的他人财产为保险标的，向保险人交付保险费，由保险人依约负担被保险财产的毁损、灭失风险责任的保险合同。保险标的通常有房屋、建筑物及其附属装修设备、建造中的房屋、建筑材料等，不一而足。保险责任的范围通常包括以下五个方面：

（1）火灾、爆炸；

（2）雷击、暴风、龙卷风、暴雨、洪水、海啸、地震、地陷、雪灾、雹灾、冰凌、泥石流；

（3）空中运行物体的坠落；

（4）被保险人的供水、供电、供气设备因前述灾害事故遭受损害，导致停水、停电、停气，从而直接造成被保险财产的损失；

（5）在发生保险事故时，为抢救财产或防止灾害蔓延，采取合理的必要措施而造成的被保险财产的损失。

凡是被保险财产遭受的危险属于保险责任范围，保险人即应承担保险责任。反之，保险人可以拒赔。

2. 责任保险合同

责任保险合同，亦称第三者责任保险合同，是指被保险人以其对第三人依法应承担的赔偿责任为保险标的的保险合同。与财产损失保险的标的相比，责任保险合同的标的为消极利益，而非积极利益。

责任保险合同的主要类型有：产品责任、公众责任、雇主责任、职业责任、展览会责任、机动车第三者责任、飞机第三者责任、轮船旅客责任、矿山爆炸作业责任等保险合同。依据投保是否基于投保人的自愿，可以将责任保险合同分为自愿责任保险合同与强制责任保险合同。强制责任保险需有法律、行政法规的依据，我国目前仅对机动车交通事故等少数责任实行强制责任保险，其余均为自愿责任保险。机动车交通事故强制责任保险实行的是统一的保险条款和基础保险费率，具体费率由中国银保监会按照该保险业务不盈利不亏损的原则审批。审批时，中国银保监会可以聘请有关专业机构进行评估，可以举行听证会听取公众意见。一旦发生保险事故，保险人可以向被保险人赔偿保险金，也可以直接向受害人赔偿保险金。

3. 信用与保证保险合同

信用与保证保险合同包括信用保险合同与保证保险合同。信用保险合同其实就是特殊的保证保险合同。

保证保险合同，是指投保人向保险人支付保险费，保险人对被保险人的行为或不行为导致被保险人的损失承担赔偿责任的保险合同。其目的在于，通过保险形式填补被保证人的行为或不行为造成的被保险人的损失。其投保人可以是被保险人（债务人），也可以是被保证人的相对人（债权人）。但是，如法律规定或合同约定应当提供担保，则需由被保证人投保，投保人只能为被保证人。

信用保险合同，是指保险人因对被保险人的信用放款、信用售货提供担保，而与投保人订立的保险合同。作为保证保险合同的特殊形式，其投保人为被保证人的相对人（债权人），同时也是被保险人。如发生保险事故，保险人依约赔偿被保险人的损失，但保险人有权向负有责任的第三人追偿。该保险合同主要有商业信用保险合同、投资信用保险合同与出口信用保险合同三种形式。

（二）依据投保人的身份分类

依据投保人的身份，可以将其分为个人财产保险合同与单位财产保险合同。个人财产保险合同，是指以个人或家庭所有、占有、保管或租赁的财产为保险标的所订立的保险合同。顾名思义，其投保人均为自然人。单位财产保险合同，是指以单位所有或经营管理的财产为保险标的所订立的保险合同。与个人财产保险合同不同，其投保人均为单位，可以是国家机关、事业单位、社会团体，也可以是公司、国有企业、集体企业。这种保险合同属于短期保险合同，其保险期限一般为 1 年，也可以短于 1 年。保险期限届满，经办理续保手续，可以再续保。

（三）依据承保财产所分布的行业分类

依据承保财产所分布的行业，又可以将财产保险合同分为火灾保险合同、运输保险合同、工程保险合同以及农业保险合同等。

1. 火灾保险合同

火灾保险合同，亦称火险合同，是指以存在或坐落于固定场所范围内，并处于相对静止状态的各种有形财产及其有关利益为保险标的所订立的保险合同。与早期单一的火灾危险相比，现代火灾保险合同的承保范围不仅包括火灾，而且扩展到闪电雷击、暴风雨、洪水、地震、爆炸等风险所造成的损失。它已经成为一种普通的财产保险合同，只是习惯上仍称为火灾保险合同。就保险标的的范围而言，一般包括房屋及其附属设备，在建的建筑物和建筑材料，库存商品及其设备、原材料、半成品、在产品，办公室的管理用具和易耗品，账外及已摊销的财产，各种生活消费品等。

2. 运输保险合同

运输保险合同，是指承保运输过程因自然灾害或意外事故所造成的损失而订立的保险合同，包括运输工具保险合同和货物运输保险合同两类。就运输工具保险合同而言，又可以分为船舶保险合同、航空器保险合同、铁路机车保险合同以及机动车辆损失保险合同等。就货物运输保险合同而言，又可以分为海上货物运输保险合同、航空货物运输保险合同、国内（水上、陆上）货物运输保险合同。

3. 工程保险合同

工程保险合同，是指以在建中的各种工程项目的风险损失为承保对象而订立的保险合同。它主要包括建筑工程一切险保险合同、安装工程一切险保险合同、机器损害保险合同等。

4. 农业保险合同

农业保险合同，亦称两业保险合同，是指农业生产者就其从事种植业和养殖业生产过程中可能遭遇的自然灾害或意外事故而订立的保险合同。它以农业财产为承保标的，以农业生产经营者为保险对象。依据风险分布的行业，可以将其分为种植业保险合同与养殖业保险合同。前者包括农作物保险合同、林木种植保险合同等，后者包括畜禽保险合同、水产养殖保险合同等。

三、财产保险合同的主要内容

（一）保险标的

依据我国《保险法》第 12 条，凡是财产和与财产有关的利益均可作为财产保险合同的保险标的。实际上，保险合同的保险标的因险别而异，不同类型的财产保险合同，其保险标的也就不同。但是，我国《保险法》并未对各种财产保险合同的保险标的作出具体规定。就特定险别而言，保险人可以决定是否接受特定财产或与财产有关利益为保险标的。以火灾保险为例，对于风险特别、保险金额又难以确定、市场价格波动较大的财产，如无保险人与投保人的特别约定，保险人不予承保。比如，矿井、矿坑内的设备、物资、古玩字画、金银珠宝、艺术品等。这类财产属于经特约方可承保的保险标的。对于一些无法以货币衡量其价值的财产或利益，火灾保险则一般不予承保。比如，土地滩涂、森林草原、水产矿藏资源、违章建筑、非法占有的财产等。

依据保险利益原则，投保人须对保险标的具有法律上认可的利益，方可投保。如投保人在合同订立时对保险标的拥有保险利益，比如为该财产的所有人或经营管理人，财产保险合同已经依法成立。该合同成立后，投保人转让保险标的，受让人承继被保险人的权利和义务，但被保险人或者受让人应及时通知保险人，货物运输保险合同以及另有约定的合同自然不在此限。因保险标的的转让导致危险程度显著增加的，保险人自收到前款规定的通知之日起 30 日内，可以按照合同约定增加保险费或者解除合同。保险人解除合同的，应当将已收取的保险费按照合同约定扣除自保险责任开始之日起至合同解除之日止应收取的部分后，退还投保人。被保险人、受让人未履行通知义务的，因转让导致保险标的危险程度显著增加而发生的保险事故，保险人不承担赔偿保险金的责任。对于海上货物运输保险合同而言，被保险人背书即可转让，或经其他方式转让，不以保险人同意为条件。保险合同一经转让，如有尚未支付的保险费，被保险人和合同受让人负连带责任。

（二）保险价值与保险金额

作为财产保险合同的专有条款，保险价值可以在合同订立时确定，也可以保险事故发生时保险标的所具有的价值为准，前者为定值保险合同，后者为不定值保险合同。依据保险金额与保险价值的关系，又可以将其分为足额保险合同、低额保险合同与超额保险合同。基于保险的损失补偿原则，各国大多不承认超额保险合同，我国亦然。也就是说，超过保险价值的部分归于无效。重复保险亦然，各保险人的赔偿额总和以保险价值为限。

保险价值的确定有三种方法：一是当事人约定。这是首选的方法，即这种方法优先适用，没有约定才谈得上适用其他方法的问题。一般当事人的约定应记载于保险合同。二是依法定标准计算。三是实际价值，也就是依据保险事故发生时保险标的的实际价值为准。

（三）保险责任和责任免除

1. 保险责任

保险责任条款，即保险责任范围条款，是规定保险人承担风险的范围的合同条款。这是保险合同最重要的条款之一，否则，保险合同就名不副实，不能称其为保险合同了。

保险责任的范围因保险类型而异。比如，就货物运输保险合同而言，按照中国人民保险公司的海运货物保险条款的规定，一般有四种保险责任可供投保人选择，即平安险、水渍险、一切险和附加险。同为货物运输保险，险别不同，保险费率不同，其保险责任范围也就不同。投保人投保后，只有被保险财产发生的危险事故在保险责任范围之内，方可获得保险赔偿。否则，即使投保，也得不到保险赔偿。即使在保险责任范围之内，被保险人还需履行维护保险标的安全的义务和危险增加的通知义务。前者要求被保险人遵守国家有关消防、安全、生产操作、劳动保护等规定，维护保险标的的安全，否则，保险人有权要求增加保险费或解除保险合同。后者要求被保险人将保险标的危险程度的增加依约及时通知保险人，否则，对于因保险标的风险增加而发生的保险事故，保险人也不承担赔偿责任。

2. 责任免除

责任免除，亦称除外责任，是指保险人不承担保险责任的情形。任何保险合同均有除外责任条款，只是除外责任的范围有所不同而已。鉴于责任免除条款不利于投保人、被保险人，加之保险人为保险合同文本的提供方，我国《保险法》第 17 条规定保险人订立责任免除条款，必须承担明确说明义务。如保险人在订立保险合同时，未对此作出明确说明，该条款不产生效力，保险人仍需对这种保险事故承担保险责任。

具体的免除情形因保险合同的类型而异，即使同一险别，不同保险人的免除责任范围也不尽一致。对于企业财产保险合同而言，其免责范围包括战争、军事行动、核风险、道德风险、间接损失、保险标的自身瑕疵以及未采取防护措施的暴雨、暴风、暴雪损失等。

(四) 代位求偿权

代位求偿权，亦称代位追偿权，是指保险人对于因第三人过错致使保险标的发生保险责任范围的损失，在依约支付保险金之后，享有以被保险人的名义，向该第三人请求赔偿的权利。相应地，被保险人在取得保险金后，应将对该第三人的求偿权让渡给保险人。这样，对被保险人发生在保险责任范围内损失应负责任的第三人，保险人对其有代位追偿权。这既是保险法上损失填补原则的体现，也是民法上公平原则的要求，故各国财产保险合同均有该制度，我国也不例外。

保险人以被保险人名义行使求偿权，被保险人应对保险人行使求偿权提供必要的协助。比如，提供必要的文件和其所知道的有关情况。如因其过错，导致保险人不能行使代位求偿权，保险人可以相应地扣减或者返还相应的保险金。但是，第三人为被保险人的家庭成员或其组成人员的，保险人不得对其行使代位求偿权。当然，若其故意造成保险事故，保险人可对其行使代位求偿权。

(五) 物权代位与委付

物权代位与委付均为推定全损时处理保险标的残余价值归属的制度。物权代位，是指保险人依约对保险事故造成的损失支付了全部保险金额，即可依法取得保险标的的全部或部分权利。委付是指保险标的发生推定全损时，由被保险人将其所有权转让给保险人，由保险人向被保险人支付全部保险金额。委付实际上也属于物权代位，只不过属于特殊的物权代位，它源于海上保险，迄今仍适用于海上保险。委付与物权代位还具有以下差异：

（1）委付发生在支付全部保险金额之前，而物权代位只能发生在支付全部保险金额之后。

（2）委付由保险人决定是否接受，而物权代位无须保险人同意，只要符合法定事由即应适用。

（3）委付涉及保险标的的外部，而物权代位则可能涉及全部，也可能只涉及部分，因保险是否足额而异。

第四节　中国海上货物运输保险

中国人民保险公司为了适应我国对外经济贸易发展的需要，根据我国保险工作的实际情况，并参照国际上一般做法，制定了我国的海洋运输货物保险条款，即中国人民保险公司条款，简称“中国保险条款”（China insurance clause，CIC）。该条款的主要内容有：（1）责任范围，即保险险别；（2）除外责任；（3）责任起讫；（4）被保险人的义务；（5）索赔期限。

保险险别是指保险人对风险和损失的承保责任范围。各种险别的承保责任是通过各种不同的保险条款规定的。中国人民保险公司的海洋运输货物保险条款包括基本险别和附加险别两大类。

一、基本险别

根据我国现行的海洋运输货物保险条款的规定，在基本险别中包括平安险、水渍险和一切险三种。

（一）平安险

平安险（free from particular average，FPA）的英文含义是“单独海损不赔”。这一名称在我国保险业中沿用已久。投保了平安险，保险公司对下列损失负赔偿责任：

（1）被保险货物在运输途中由于自然灾害造成的整批货物的实际全损或推定全损。

（2）由于运输工具遭受意外事故而造成的全部损失或部分损失。

（3）在运输工具已经发生搁浅、触礁、沉没、焚毁等意外事故的情况下，货物在此前后又在海上遭受恶劣气候、雷电、海啸等自然灾害所造成的部分损失。

（4）在装卸或转运过程中一件或数件货物落海所造成的全损或部分损失。

（5）发生承保责任范围内的危险，被保险人对货物采取抢救、防止或减少货损的措施而支付的合理费用，但以不超过该批货物的保险金额为限。

（6）运输工具遭受海难后，需在中途港口或避难港口停靠而引起的卸货、装货、存仓以及运送货物而支出的特别费用。

（7）由于共同海损所造成的牺牲、分摊和救助费用。

（8）运输契约中订有“船舶互撞责任”条款，根据该条款规定应由货方偿还船方的损失。

（二）水渍险

水渍险（with average or with particular average，WA/WPA）的英文含义是“单独海损包括在内”，水渍险除包括平安险的各项责任外，还负责被保险货物由于恶劣气候、雷电、海啸、地震、洪水等自然灾害所造成的部分损失。

（三）一切险

一切险（all risks，AR）的责任范围是除包括平安险和水渍险的各项责任外，还负责被保险货物在运输途中由于一般外来风险所造成的全部或部分损失。因此，一切险实际上是平安险、水渍险和一般附加险的总和，但不包括特殊附加险。

对海运货物保险的三种基本险别，保险公司规定有下列除外责任（exclusions）：

（1）被保险人的故意行为或过失所造成的损失。

（2）属于发货人责任所引起的损失。

（3）在保险责任开始前，被保险货物已经存在的品质不良或数量短缺所造成的损失。

（4）被保险货物的自然损耗、本质缺陷、特性以及市价跌落、运输延迟所引起的损失或费用。

（5）属于海运货物战争险条款和货物运输罢工险条款规定的责任范围和除外责任。

（四）基本险承保责任的起讫期限

根据中国人民保险公司海洋运输货物保险条款的规定，三种基本险别承保责任的起讫期限均采用国际保险业中惯用的“仓至仓条款”（warehouse to warehouse clause，W/W clause）规定的办法，即保险责任自被保险货物运离保险单所载明的起运地仓库或储存处所开始，包括正常运输中的海上、陆上、内河和驳船运输在内，直至该项货物运抵保险单所载明的目的地收货人的最后仓库或储存处所或被保险人用作分配、分派或非正常运输的其他储存处所为止。如未抵达上述仓库或储存处所，则以被保险货物在最后目的港全部卸离海轮后满 60 天为止。如在上述 60 天内被保险货物需转运至非保险单所载明的目的地，则以该项货物开始转运时终止。

以上三种基本险别的索赔时效，自被保险货物发生保险事故之日起计算，最多不超过 2 年。此外，保险人或被保险人可以要求扩展或延长保险期。

根据我国和国外保险业的习惯，任何一笔货物在投保时，必须选择上述三种基本险别中的一种办理投保。在投保了一种基本险后，根据需要可再投保一些附加险。

二、附加险别

附加险分为一般附加险和特殊附加险。一般附加险不能单独投保，只能在投保平安险或水渍险的基础上加保。如果投保一切险，因其责任范围已包括一般附加险，故不必另行加保。特殊附加险也不能单独投保，而必须依附于基本险别加保。

（一）一般附加险

一般附加险（general additional risk）所承保的是由于一般外来风险所造成的全部或部分损失，其险别共有 11 种：

（1）偷窃、提货不着险（risk of theft，pilferage and non-delivery，TPND）。保险公司对偷窃行为所致的损失和整件提货不着等损失，负责按保险价值赔偿。

（2）淡水雨淋险（risk of fresh water &/or rain damage）。对直接遭受雨淋或其他原因的淡水所致的损失负责赔偿。

（3）短量险（risk of shortage）。负责被保险货物在运输途中因外包装破裂或散装货物发生数量散失和实际重量短缺的损失。包装货物的外包装应有破裂、松口、脱线等异常现象，以证明短量系外来原因所致。如包装完好，内部发生短缺，保险公司不予赔偿。

（4）混杂、玷污险（risk of intermixture & contamination）。保险货物在运输途中因混杂、玷污所造成的损失。

（5）渗漏险（risk of leakage）。被保险货物在运输中因容器损坏而引起的渗漏损失，用液体储藏的货物因液体的渗漏而引起的货物腐败等损失。

（6）碰损、破碎险（risk of clash & breakage）。被保险货物在运输中因震动、碰撞、受压所造成的破碎和碰撞损失。

（7）串味险（risk of odour）。被保险货物在运输途中因受其他货物的影响而引起的串味损失。如该损失是船方配载不当所致，保险人在赔偿后有权向船方追偿。

（8）受热、受潮险（risk of damage caused by heating & sweat）。被保险货物在运输中因气温突变或因船上通风设备失灵致使船舱内水汽凝结、发潮或发热所造成的损失。

（9）钩损险（risk of hook damage）。被保险货物在装卸过程中因被钩损而引起的损失，并对包装进行修补或调换所支付的费用负责赔偿。

（10）锈损险（risk of rust）。对被保险的金属或金属制品一类货物在运输过程中发生的锈损负责赔偿。

（11）包装破裂险（risk of loss or damage by breakage of packing）。承保被保险货物在运输途中因装运或装卸不慎，致使包装破裂所造成的短少、玷污等损失。此外，对在运输过程中，为继续运输安全需要而产生的修补包装或调换包装所支付的费用也均由保险公司负责赔偿。

（二）特殊附加险

特殊附加险（special additional risk）是承保由于特殊外来风险所造成的全部或

部分损失，共有下列8种。

(1) 战争险（war risk）。是指保险公司负责赔偿直接由于战争、类似战争行为和敌对行为、武装冲突或海盗行为所致的损失，以及由此而引起的捕获、拘留、禁止、扣押所造成的损失。还负责各种常规武器所致的损失以及由于上述责任范围而引起的共同海损的牺牲、分摊和救助费用。

战争险的保险责任起讫是以水上危险（waterborne）为限，即自货物在起运港装上海轮或驳船时开始，直到目的港卸离海轮或驳船时为止。如不卸离海轮或驳船，则从海轮到达目的港的当日午夜起算满15天，保险责任自行终止；如在中途港转船，不论货物是否在当地卸货，保险责任以海轮到达该港或卸货地点的当日午夜起算满15天为止，俟再装上续运海轮时恢复有效。

(2) 罢工险（strike risk）。对被保险货物由于罢工者、被迫停工工人或参加工潮、暴动和民众斗争的人员的行动或任何人的恶意行为所造成的直接损失，以及上述行动或行为所引起的共同海损的牺牲、分摊和救助费用负责赔偿。

罢工险对罢工所导致的间接损失不予负责。例如：①罢工期间因劳动力短缺，迫使海轮转卸其他港口，由此增加运输费用；②因罢工引起的动力或燃料短缺使冷藏机械停止工作导致冷藏货物损失；③由于缺乏工人搬运货物，使货物堆积在码头淋湿受损等。

罢工险对保险责任起讫的规定与其他海运货物保险险别一样，采取“仓至仓条款”。按惯例，在投保战争险基础上加保罢工险不另加费，如仅投保罢工险，则按战争险费率收取。

(3) 黄曲霉素险（aflatoxin risk）。对被保险货物因所含黄曲霉素超过进口国的限制标准，被拒绝进口、没收或强制改变用途而遭受的损失负责赔偿。这实际上是一种专门原因的拒收险。

(4) 交货不到险（failure to delivery risk）。对不论由于任何原因，从被保险货物装上船舶时开始，不能在预定抵达目的地的日期起6个月内交货的，负责按全损赔偿。

(5) 舱面险（on deck risk）。对被保险货物存放舱面时，除按保险单所载条款负责外，还包括被抛弃或被风浪冲击落水在内的损失。

(6) 进口关税险（import duty risk）。当被保险货物遭受保险责任范围内的损失，而被保险人仍须按完好货物价值完税时，保险公司对损失部分货物的进口关税负责赔偿。

(7) 拒收险（rejection risk）。对被保险货物在进口港被进口国的政府或有关当局拒绝进口或没收，按货物的保险价值负责赔偿。

(8) 货物出口到香港（包括九龙）或澳门存仓火险责任扩展条款（fire risk extension clause for storage of cargo at destination Hongkong, including Kowloon or Macao, FREC）。被保险货物运抵目的地香港（包括九龙）或澳门卸离运输工具后，如直接存放于保单载明的过户银行所指定的仓库，该保险对存仓火险的责任至银行收回押款解除货物的权益为止，或运输险责任终止起满30天为止。

这是一种扩展存仓或限定责任的保险条款。有些出口港澳地区的货物向银行办理押汇，在货主向银行归还货款前，货权属于银行。在货物运抵后货主尚未还款前，往往将其存放在银行指定的仓库中。为防止货物在存仓期间遭遇火灾而不能获得保险赔偿，故加贴本条款。

案例 5.1

某进出口公司以 CIF 伦敦出口食品 500 箱，即期 L/C 支付，货物装运后，凭已装船清洁提单和已投保一切险及战争险的保险单，向银行收妥货款，货到目的港后经进口方复验发现下列情况：

（1）该批货物共 5 个批号，抽查 10 箱，发现其中 1 个批号涉及 100 箱内含农药残留量超过进口国标准；

（2）进口方只实收 498 箱，短少 2 箱；

（3）有 10 箱货物外表情况良好，但箱内货物共短少 50 公斤。

请根据以上情况，分析进口方应分别向谁索赔？为什么？

分析：

（1）这批食品中 1 个批号涉及 100 箱内含农药残留量超过进口国标准，买方肯定是拒绝接受的，这只能由出口方承担相应的责任。所以进口方可以向出口方索赔。

（2）根据在我方港口装运后签发的清洁提单来看，装运时货物没有缺少，而货物到达目的港后进口方只实收 498 箱，短少 2 箱，说明在运输过程中丢失了，这要由承运人来承担相应的责任。所以，进口方可以向承运人索赔。由于这批货物投保了一切险和战争险，根据一切险中包括的一般附加险别“偷窃、提货不着险”的承保责任范围来看，短少 2 箱的损失也可以直接向保险公司索赔。而保险公司赔偿以后，再向承运人追偿。

（3）根据装运后签发的清洁提单及到达目的港货物外表情况良好来看，该批货物装运过程中除了短少的 2 箱货物外，其他货物没有被打开过。有 10 箱货物外表情况良好，箱内货物却共短少 50 公斤的责任要由谁来承担呢？虽然一切险中包括一般附加险别“短量险”，但这不属于保险公司承保的赔偿责任，因此，进口方可以向出口方索赔。

三、海洋运输货物专门保险险别与条款

（一）海洋运输冷藏货物保险

海洋运输冷藏货物保险（ocean marine insurance frozen products）险别分为冷藏险和冷藏一切险。

（1）冷藏险（risks for frozen products）。它的责任范围除负责水渍险承保的责任外，还负责赔偿由于冷藏机器停止工作连续达 24 小时以上造成的被保险货物的腐败或损失。

（2）冷藏一切险（all risks for frozen products）。它的责任范围除包括冷藏险的

各项责任外，还负责赔偿被保险货物在运输途中由于一般外来原因所造成的腐败或损失。

(3) 除外责任。海洋运输冷藏货物保险的除外责任，除包括上述海洋运输货物保险的除外责任外，还对被保险货物在运输过程中的任何阶段因未存放在有冷藏设备的仓库或运输工具中，或辅助运输工具没有隔湿设备所造成腐烂的损失，以及在保险责任开始时被保险货物因未保持良好状态，包括整理加工和包装不妥，冷冻上的不合规定及肉食骨头变质引起的腐败和损失不负责任。

(4) 责任起讫。海洋运输冷藏货物保险的责任起讫与海洋运输货物三种基本险的责任起讫基本相同。但是，货物到达保险单所载明的最后目的港，如在 30 天内卸离海轮，并将货物存入岸上冷藏仓库后，保险责任继续有效，但以货物全部卸离海轮时起算满 10 天为限。在上述期限内货物一经移出冷藏仓库，保险责任即告终止。如果货物卸离海轮后不存入冷藏仓库，保险责任至卸离海轮时终止。

(二) 海洋运输散装桐油险

海洋运输散装桐油险 (ocean marine insurance woodoil bulk) 是保险公司承保不论任何原因造成的被保险散装桐油的短少、渗漏、玷污或变质的损失。

散装桐油易受污染和变质，为避免保险人承担过大责任，海洋运输散装桐油险对被保险人作了一些特别约定。这些约定包括：

(1) 被保险人在起运港必须取得相关检验证书。①船上油舱在装运前必须清洁，并由检验机构出证。②桐油装船后的容量、重量、温度须经检验机构出证，装船重量作为保险负责的装运量。③装船桐油品质须经检验机构出具合格证书。

(2) 被保险桐油如遇被保险人无法控制的运输延迟、绕道、被迫卸货、重新装载等必须卸货的情况，在卸货前须进行品质鉴定并出证。对接受卸载桐油的油驳、岸上油库、其他容器以及重新装载桐油的船舶，均须检验出证。

(3) 被保险桐油在运抵保险单所载目的港后，被保险人必须在卸货前通知保险单指定的检验、理赔代理人，由其指定的检验人进行检验，以确定卸货时油舱的温度、容量、重量或量尺，并由代理人指定的合格化验师抽样化验，出具品质证书。

海洋运输散装桐油险的责任起讫也按“仓至仓条款”负责，但是，如果被保险散装桐油运抵目的港不及时卸载，则自海轮抵达目的港时起满 15 天，保险责任即告终止。

四、除外责任

除外责任 (exclusion) 是由保险公司明确规定不予承保的损失和费用，是非意外的、偶然性的或者比较特殊的风险与损失，对这些风险和损失，保险公司明确作为一种免责规定。例如，被保险人和发货人的故意行为或过失；保险责任开始前保险货物早已存在的品质不良和数量短差；保险货物的自然损耗、本质缺陷；保险货物的市价下跌、运输延迟等造成的损失和引起的费用。有的保险公司往往在一般货物运输险中将战争险、罢工险等也作为除外责任。

■第五节　人身保险合同

一、人身保险合同的概念和特征

人身保险合同，就是以人的寿命和身体为保险标的的保险合同。保险标的为人的寿命和身体，显然有别于财产保险合同的保险标的，只有具有生命独立存在的自然人才能成为被保险人。法人虽然也是人，但不具有自然人意义上的生命，故不能成为人身保险合同的被保险人。同时，尚未出生的胎儿也不能作为被保险人。

与财产保险合同相比，人身保险合同具有以下六大特征：

（1）投保人与被保险人一般都具有特定身份关系。依据我国《保险法》第 31 条，投保人除了可为本人投保外，还可以为配偶、子女、父母，以及与投保人具有抚养、赡养或扶养关系的家庭其他成员、近亲属等投保。不难看出，投保人与前述家庭成员、近亲属均具有特定的亲属关系。投保人为与其不具有这种亲属关系的人投保只是例外，且以被保险人同意投保人为其订立人身保险合同为前提。

（2）定额给付性。保险金的多少已经事先约定，该保险金额并不构成人身保险合同的保险标的的价值。事实上，尽管科学技术日新月异，但目前仍难以评估人的生命价值。对于人身保险合同而言，除了有法定限制或保险人的限制，投保人可以为人投保任何保险金额，也不会发生像财产保险合同那样的超额保险问题。

（3）长期性。人身保险合同具有长期性，尤其是人寿保险合同，其保险期限持续几年乃至几十年，甚至终身。在如此长的期限内，社会经济情况往往会发生很大变化，这就对保险机构的稳定性、保险费测算、偿付能力计算、各种责任准备金提留以及资金运用提出了特殊要求。我国不仅人身保险业务与财产责任保险业务原则上实行分业经营，而且经营人寿保险业务的保险公司除了分立、合并外，不得解散。即使被依法撤销或被宣告破产，其所持有的人寿保险合同以及准备金必须转移给其他经营人寿保险业务的保险公司，或中国银保监会指定的经营人寿保险业务的保险公司。

（4）储蓄性。人身保险合同除了填补损失外，还有储蓄性质，即为自己年老或丧失劳动能力后提供经济保障，或为了扶养、赡养或抚养自己身后的亲属。

（5）保险费不得通过诉讼方式请求支付。

（6）不适用代位求偿权。人身保险合同以难用金钱衡量其价值的寿命和身体为保险标的，不存在足额保险问题，代位求偿权也就没有存在的基础。

二、人身保险合同的类型

人身保险合同可依据保障范围、投保方式、保险金给付方式以及是否参加保险人的利益分配等进行不同的分类。

(一) 依据保障范围的分类

依据保障范围，可以将人身保险合同分为人寿保险合同、健康保险合同与意外伤害保险合同。

1. 人寿保险合同

人寿保险合同，是指以人的寿命为保险标的，以被保险人生存、死亡或生存死亡两全为保险金给付条件的保险合同。它属于定额保险，保险金额为投保人与保险人所约定的承担责任的限额，但并不反映被保险人寿命的实际价值。保险事故表现为被保险人的生存或死亡。也就是说，被保险人在约定的期限内死亡或生存到保险期限届满时，保险人即应依约向被保险人、受益人给付保险金。

人寿保险合同又可以分为死亡保险合同、生存保险合同、生死两全保险合同和年金保险合同等。

2. 健康保险合同

健康保险合同，亦称疾病保险合同，是指以被保险人因患病、分娩生育所造成的医疗费支出和工作能力丧失、收入减少为保险事故的保险合同。该险虽具有补偿性，即以填补医疗费为限，但是，其保险金额仍为定额支付，仍属人身保险范畴。

健康保险合同又可以分为医疗费给付保险合同、工资收入保险合同、营业收入保险合同、残疾或死亡保险合同。

3. 意外伤害保险合同

意外伤害保险合同，亦称伤害保险合同，是指以被保险人在保险期限内遭受意外伤害，而导致残疾、死亡为保险金给付条件的保险合同。该险也是向被保险人、受益人支付确定金额的保险金，不属于填补损害的保险合同。与健康保险的差别在于，导致该险的损害后果的原因是意外事故，因疾病所致伤亡不在其保险责任范围；因其他非意外事故所致伤亡，也不属于保险责任的范围。归结起来，该险的主要除外责任包括：(1) 被保险人自杀行为所致伤亡；(2) 被保险人在违法犯罪中所受意外伤害；(3) 疾病；(4) 被保险人故意制造事端所致伤亡；(5) 被保险人在吸食、注射毒品过程中发生的意外伤害；(6) 酗酒；(7) 不必要的冒险行为。

意外伤害保险合同又可以分为普通伤害保险合同、团体伤害保险合同、旅行伤害保险合同、交通事故伤害保险合同、职业伤害保险合同等。

(二) 依据投保方式的分类

依据投保方式，可以将人身保险合同分为团体人身保险合同和个人人身保险合同。个人人身保险合同，是指以单个自然人为被保险人所订立的人身保险合同。每张保单只能为一个人提供保障。团体人身保险合同，是指以某一单位内全体或大多数成员为被保险人所订立的人身保险合同。该合同表现为总保险单，为该单位内参加保险的职工提供保障。

(三) 依据保险金给付方式的分类

依据保险金给付方式，可以将人身保险合同分为一次性给付人身保险合同与分期给付人身保险合同。一次性给付人身保险合同的保险金是在发生保险事故时，由保险人一次性支付给被保险人、受益人。分期给付人身保险合同，则是在发生保险事故时，由保险人将保险金分期支付给被保险人、受益人，直至保险金支付完毕，或直到被保险人死亡为止。

（四）依据是否参加保险人的利益分配的分类

依据是否参加保险人的利益分配，可以将人身保险合同分为分配型人身保险合同与非分配型人身保险合同。分配型人身保险合同亦称分红保险单，是指被保险人不仅可以在发生保险事故时获得约定的保险金，而且可以参加保险人的红利分配。非分配型人身保险合同亦称不分红保险单，是指被保险人只能在发生保险事故后获得约定的保险金，不得参加保险人的红利分配。

三、人身保险合同的主要内容

（一）保险单所有权

保险单所有权，是指保险单所有人享有的转让保险单、以保险单为质押进行贷款、受领红利、领取保险金、指定或变更受益人的权利。该条款主要适用于人身保险合同，而不适用于财产保险合同，因为后者大多为短期保险，保险单不具有现金价值。人身保险合同则有所不同，尤其是人寿保险合同，不仅具有长期性，而且具有储蓄性。鉴于保险单所有人与受益人往往并非同一人，保险单所有权对于人身保险合同颇有意义。

人寿保险合同的被保险人处分保险单的权益，无须经保险人同意。一般说来，被保险人转让保险单的权益，需以转让证书正式通知保险人。否则，保险人不受该转让的约束。因不知转让的事实而将保险金给付原受益人的，保险人不承担错误给付的责任。同时，被保险人可以在保险单的现金价值内，以保险单为质押而申请贷款。当然，被保险人应将质押的事实正式通知保险人。

（二）受益人

受益人，亦称保险金领取人，是指人身保险合同中由被保险人或投保人指定的享有保险金请求权的人。受益人权利的取得属于原始取得，而非继受取得，其所领取的保险金不属于被保险人的遗产，也不在被保险人债权人执行的范围内。受益人可以是自然人，也可以是法人；可以是被保险人，也可以是其他人；可以是完全行为能力人，也可以是无行为能力人。如以被保险人以外的其他人为受益人，则保险合同应载明其姓名，以便保险人及时给付保险金。

投保人、被保险人和受益人这三个角色可以有五种组合：（1）三位一体，同一人充当三个角色，即投保人同时也是被保险人、受益人。（2）三个角色分别由三个不同的人充当。（3）投保人和受益人为同一人，被保险人为另一人。（4）被保险人和受益人为同一人，投保人为另一人。（5）投保人与被保险人为同一人，受益人为另一人。

法定受益人无须指定，只有指定受益人才需要被保险人或投保人指定，其所指定的受益人可以为一人，亦可为数人。被保险人、投保人可以单独指定受益人，亦可共同指定受益人。但是，投保人指定受益人时需经被保险人同意。

指定受益人的受益顺序优于法定受益人。在指定受益人中，原始受益人受益顺序优于后继受益人。如被保险人或投保人指定数人为同一顺序的受益人，由其确定每人的受益份额，其份额可以相等，也可以不等。如未确定受益人份额，各个受益人享有相等的份额。

（三）告知义务与不可抗辩规则

作为最大诚信原则的体现，投保人在订立人身保险合同时，负有告知义务。我国采用询问回答式的告知，即只要投保人对保险人就被保险人的有关情况提出的询问做如实告知，即算投保人履行了告知义务。如投保人故意或者因重大过失而未如实告知，因而足以影响保险人决定是否同意承保或者提高保险费率，则保险人有权解除合同。对于合同解除前发生的保险事故是否承担赔付责任，则因投保人过错程度而异。如属故意隐瞒事实，保险人既不承担赔偿或支付保险金的责任，也不退还保险费；如只是因重大过失而未如实告知，只有该项不告知对保险事故的发生具有严重的影响，保险人才不承担赔偿或支付保险金的责任，但仍可退还保险费。

人身保险合同以人的寿命和身体为保险标的，投保人如实申报被保险人的年龄，乃是其告知义务的重要组成部分。投保人误告被保险人年龄，其法律后果有三种情况：（1）投保人申报的被保险人年龄不真实，并且其真实年龄不符合合同约定的年龄限制的，则保险人可以在知道解除事由后30日内行使合同解除权，并按照合同约定退还保险单的现金价值。（2）因投保人申报的被保险人年龄不真实，其所支付的保险费少于应付保险费的，保险人有权更正，并要求投保人补交保险费，或者在给付保险金时按照实付保险费与应付保险费的比例支付。（3）因投保人申报的被保险人年龄不真实，其实付保险费多于应付保险费的，保险人应将多收的保险费退还投保人。

为避免保险人滥用告知义务，逃避保险金给付义务，不可抗辩规则成为平衡双方利益的一个重要工具。不可抗辩规则，亦称不可争议条款、不可否认条款，是指人身保险合同的投保人虽违反告知义务，保险人享有合同解除权，但是该合同经过法定或约定除斥期后，保险人即不得以违反该义务为由而解除合同，拒绝承担保险责任。依据我国《保险法》第16条第3款和第32条第1款，投保人虽然在订立合同时误告被保险人的年龄，只要该合同已经成立满2年，保险人即不得行使合同解除权。发生保险事故的，保险人应当承担赔偿或者给付保险金的责任。

（四）保险费及其缴纳

人身保险合同一经成立，投保人即应依约缴纳保险费，这是投保人的首要义务。依据我国《保险法》第35条和第36条，投保人缴纳保险费有两种方式：一是一次性缴纳；二是分期缴纳。无论采用何种形式，均应在合同中作出约定。如采用分期缴纳方式，投保人应在合同成立时交付首期保险费，其余保险费则应依约按时缴纳。支付保险费的义务以投保人自愿履行为原则，若投保人未依约缴纳保险费，保险人不得用诉讼方式要求其支付。①

合同还可以约定宽限期。只要投保人在宽限期内缴纳保险费，就不构成违约。若当事人在合同中未约定宽限期，则适用法定宽限期，即约定的缴纳日期后 60 日内。若宽限期届满，投保人仍不缴纳保险费，合同效力中止。当然，保险人亦可选择依约减少保险金数额。人身保险合同效力中止后一定期限内，仍可恢复其效力。在我国，该期限为 2 年。这就意味着，在合同效力中止后 2 年内仍可恢复其效力。在这 2 年的复效期内，除非合同另有约定，保险人不得解除合同。

（五）保险金的给付

给付保险金乃是保险人的基本义务。一旦发生保险事故，保险人即应依法或依约向被保险人、受益人支付保险金。保险人收到索赔请求后，经理赔审核，凡是属于保险责任的，即应立即通知被保险人、受益人领取保险金。不属于保险责任的，保险人应及时向被保险人、受益人告知拒绝赔偿的决定及其理由。凡是属于保险责任范围的，保险人不得借故拒赔，或久拖不赔。至于支付方式，则因险别而异，主要有一次性支付全部金额、固定期间分期支付、固定金额分期支付、按期给付利息和终身年金这五种方式。

人身保险合同的法定除外责任有三种情形：一是投保人、受益人故意造成被保险人死亡、伤残或疾病；二是被保险人自杀；三是被保险人故意犯罪致其自身伤亡。

与财产保险合同相比，人身保险合同以人的寿命和身体为保险标的，而人的寿命和身体均难以用货币估价，不存在财产保险合同那样的保险价值，也就无所谓足额保险，故保险人不能享有代位求偿权。依据我国《保险法》第 46 条，即使被保险人的死亡、伤残或疾病等保险事故，系因第三人的行为所致，保险人向被保险人、受益人支付保险金后，无权向该第三人追偿，但被保险人、受益人仍可向该第三人请求赔偿。

案例 5.2

甲于 2005 年 4 月 10 日经其公婆乙同意后为乙购买了一份人寿保险，指定受益人为乙的孙子、甲的儿子丙，丙当时 10 岁。保险费从甲的工资中扣缴，缴费 2 年后，甲与乙之儿子丁离婚，法院判决丁享有对丙的抚养权。离婚后甲仍然按照合同约定履行缴纳保险费的义务。2007 年 12 月 25 日乙病故，2008 年 1 月甲得知后向保险公司申请给付保险金，甲主张：自己是投保人，一直缴纳保险费，而且是受益人丙的母亲。同时，丁提出：被保险人是自己的母亲，受益人是自己的儿子丙，自己作为丙的监护人，这笔保险金应由他领取。保险公司则以甲因离婚而对乙无保险利益为由拒绝给付保险金。请问：

（1）甲要求给付保险金的请求是否合理？为什么？

（2）丁要求给付保险金的请求是否合法？为什么？

---

① 我国《保险法》第 38 条。

（3）保险公司拒付的理由是否成立？为什么？

（4）本案应当如何处理？为什么？

（5）假设甲在离婚后提出解除保险合同，保险公司应如何处理？

（6）假设甲在离婚后不再履行缴纳保险费的义务，保险公司应如何处理？

（7）假设乙是不堪疾病的折磨于 2007 年 12 月 25 日自杀身亡的，保险公司应否承担给付保险金的责任？

（8）假设甲为其公婆乙投保时，申报的年龄为 62 岁，而乙当时真实的年龄是 66 岁，保险公司约定的最高年龄限制是 65 岁，那么该案如何处理？保险公司应否给付保险金？

分析：

（1）不合理，因为保险单有受益人——丙，而丙的抚养权是属于丁的，所以作为甲要求给付保险金是不合理的。

（2）合法。因为丙未满 18 岁，其抚养人丁享有监护权，所以丁请求给付保险金是合法的。

（3）不成立。因为人寿保险与财产保险的要求不同。

（4）保险公司要承担给付保险金的义务。

（5）因为保险合同成立满 2 年，保险费已缴满 2 年，如果解除合同，保险公司应退还保险单现金价值。

（6）保险公司只能催缴保险费，不能进行诉讼，60 天后仍不缴纳，导致保险合同效力中止，中止满 2 年仍不补缴的，保险人可以行使解除保险合同的权利，退还保险单的现金价值。

（7）保险公司可以给付保险金，也可以不给付。因为被保险人自杀是在保险合同成立满 2 年后发生的，如果保险公司不给付保险金，则应给付保险单的现金价值。

（8）如果在合同成立之日起的 2 年内，保险人发现此问题，保险人可以解除合同；而如果是在 2 年后，即 2007 年 4 月 10 日以后发现此问题，则保险合同有效，保险人不得解除，应给付保险金。

复习与思考题

1. 简述保险的含义与作用。
2. 保险的基本原则是什么？
3. 简述财产保险合同的概念、特征与类型。
4. 我国海洋运输货物保险的基本险别有哪三种？三种基本险的责任范围是什么？
5. 我国海洋运输货物保险的附加险有哪些？
6. 简述人寿保险合同的内容与类型。
7. 我方按 CIF 纽约出口冷冻羊肉一批，合同规定投保一切险加战争险、罢工险。货到纽约后，适逢码头工人罢工，货物因港口无法作业不能卸载。第二天货轮因无法补充燃料，以致冷冻设备停机。等到第五天罢工结束，该批羊肉已变质。问进口商能否向保险公司索赔？为什么？

8. 某货轮在某港装货后，航行途中不慎发生触礁事故，船舶搁浅，不能继续航行。事后船方反复开倒车强行浮起，但船底划破，致使海水渗入货舱，造成船货部分损失。为使货轮继续航行，船长发出求救信号，船被拖至就近港的船坞修理，暂时卸下大部分货物。前后花了10天，共支出修理费5 000美元，增加各项费用支出（包括员工工资）共3 000美元。船修复后继续装上原货起航。次日，忽遇恶劣气候，使船上装载的某货主的一部分货物被海水浸湿。试问：

（1）以上所属的各项损失，各属于什么性质的损失？

（2）在投保了平安险的情况下，被保险人有权向保险公司提出哪些赔偿要求？为什么？

第6章 产品责任法

本章提要

1. 产品责任的概念与特征
2. 疏忽说、违反担保说和严格责任说
3. 美国的产品责任法
4. 欧洲各国的产品责任法
5. 产品责任的法律适用公约
6. 中国的产品责任法

关键术语	产品责任　产品缺陷　疏忽　明示担保　默示担保 严格责任（无过失责任）　抗辩　承担疏忽　相对疏忽 《海牙公约》　归责原则

第一节　产品责任法概述

一、产品责任的概念与特征

产品责任是指产品的生产者或销售者因为产品有缺陷，从而给消费者或使用者造成财产损失甚至人身伤亡时所应当承担的赔偿责任。根据这个概念，产品责任具有以下三个特征。

1. 产品责任是由产品缺陷引起的

所谓产品缺陷（defect），是指产品具有不合理的危险性，即在生产者或销售者把该产品投入市场之前就已经存在的缺陷。如果消费者或使用者在购买该产品后，擅自改动产品的性能，因此造成财产损失或人身伤害，原则上不属于产品责任范围，即产品的生产者或销售者对此可以不承担产品责任。

判断一种产品责任是否具有不合理危险性的标准，是该产品在预见的可能使用的范围内是否具有合理、可靠的安全性。凡是不具有合理、可靠的安全性的产品，就可以视为具有缺陷的产品。一种产品是否具有缺陷，大致可以从以下三个方面作出衡量。

（1）设计方面的缺陷。这主要是指产品在设计过程中，因为对产品的合理性与安全性等因素考虑不全面，致使后来发生产品责任的事故。

（2）生产方面的缺陷。这大体上可以分为两种情形：一种情形是产品原材料的缺陷。因为原材料的好坏不仅直接影响产品质量，而且直接影响使用者的人身健康与生命安全。另一种情形是制造装配的缺陷。许多产品，例如家用电器、机电产品与交通运输工具等，往往由于装配不当，致使在使用过程中零部件松动或脱落，因此造成伤害事故，甚至造成重大的人身伤亡事故。

（3）指示方面的缺陷。这是指如果生产者或销售者不作真实的广告，或者没有考虑产品安全使用所必需的种种因素，产品说明书不标准或不准确，致使消费者或使用者遭受损失或人身伤害事故。

对于上述缺陷所造成的后果，生产者或销售者均应承担相应的赔偿责任。

2. 产品责任是一种侵权责任

从严格的法律意义上说，产品责任是独立于货物买卖法的一种侵权（tort）责任。货物买卖法中的违约行为属于民事责任，其违约责任主要是指没有履行或者没有适当履行合同义务的一方当事人，必须对其因为违约而给另一方当事人造成的经济损失承担相应的民事责任。违约的民事责任一般以过错责任原则作为基本的依据。而产品责任中的侵权责任不是以过错责任为必要条件，只要有因为产品的缺陷而造成财产损失与人身伤亡的事实，侵权责任即告成立。

3. 产品责任是一种损害赔偿责任

既然产品责任是因为产品的缺陷而给消费者或使用者造成财产损失与人身伤害，那么，生产者或销售者就应当承担相应的损害赔偿责任。

就赔偿金额而言，产品责任案件的赔偿金额一般要比货物买卖索赔案件中的索赔金额大得多。因为在货物买卖索赔案件中，其赔偿金额一般不超过合同的金额，但是，在产品责任案件中，赔偿金额不是根据合同，而是根据产品责任制度确立的赔偿原则，补偿受损失者或受伤害者的全部损失。这种损失不仅包括过去的损失、实际的开支与将来的影响，而且包括其所受痛苦的代价。此外，赔偿金额必须一次性支付，并且不得扣除原告可能从其他途径取得的任何补偿或津贴，例如，保险赔偿或者社会救济等。

二、产品责任法的概念与特征

产品责任法（product liability law），是指调整产品的生产者、销售者与消费者和使用者之间，因为产品缺陷而形成的侵权赔偿关系的有关法律规范的总称。产品责任法是随着许多新产品投入市场，造成消费者受到伤害的案件不断增多而形成和发展起来的。从西方国家的有关法律规定看，产品责任法具有下列三个特征。

1. 产品责任法实行侵权责任原则，突破了传统的契约原则

最初，产品责任是建立在传统的契约原则之上的。也就是说，生产者或销售者对于产品缺陷给他人造成财产损失与人身伤害，承担责任与否，承担多少责任，取决于他与对方之间在合同中所规定的担保责任。如果双方之间有合同关系，那么，受害人可以就该损失向对方提起损害赔偿之诉；反之，就不能要求赔偿。

产品责任事故的不断发生，导致许多超出合同关系的社会问题的出现，例如，因为产品缺陷而导致的伤残、死亡、医疗、保险与社会补助等，这一系列问题当然是传统的契约原则无法解决的。于是，美洲、欧洲各国的法院对由产品缺陷而引起的典型案例，逐步作出了突破传统的基于合同关系的归责原则的判决，然后在这些案例的基础上，从货物买卖法中分离并且制定出特殊的产品责任法规与国际公约。这些法规与公约对产品责任制度的规定，均超出了传统的“合同所生之权利与义务”的原则，适用侵权原则。根据合同制度的原则，如果销售者明知货物有瑕疵而不告诉购买者，则他除了返还已经收取的货款外，还应当赔偿对方所受的全部损失。根据侵权责任的严格规定，不论生产者是否知道产品有缺陷，他都应当对产品缺陷造成的损害承担责任。

2. 产品责任法基本上属于带有强制性的公法范畴

产品责任法与买卖法有一定的联系，因为买卖法中有关卖方对货物品质担保责任的规定同产品责任法的某些要求有共通之处。但是，就法律性质来说，产品责任法与买卖法是不同的。买卖法属于私法性质，所调整的是买卖双方之间基于买卖合同所产生的权利义务关系，其规定大多数是任意性的，双方当事人可以在买卖合同中加以排除或更改某些条款；而产品责任法则属于社会经济立法的范畴，具有公法的性质，它主要调整产品的制造者、销售者与消费者之间基于侵权行为所引起的人身伤亡和财产损害的责任，它的各项规定或原则大都是强制性的，双方当事人在订立合同时不得事先加以排除或变更。另外，不仅当事人不能通过合同的订立加以修改、补充或排除，而且对于不存在合同关系的任何遭受损害的第三人，也可以根据产品责任法的规定，向法院对生产者或销售者提出侵权的诉讼，要求赔偿适当的损失。

3. 产品责任立法的目的旨在保护消费者的权益

就产品责任法调整的对象而言，它所调整的只是产品缺陷引起的财产损失与人身伤害，并不包括产品本身的损害，这是由货物买卖法加以调整的。

在产品责任诉讼中，凡是遭受该产品伤害或涉及的人，都可以向法院起诉。例如，根据美国和欧洲国家的产品责任法，作为原告的当事人，既可以是直接使用该产品而受伤的消费者或使用者，也可以是其亲属或家人，甚至可以扩大到旁观者或过

路人。

作为承担责任的被告，不仅仅限于该产品的生产者，还包括销售者，而销售者则包括产品的进口商、批发商、经销商、零售商与代理商等。也就是说，凡是因为产品的设计、生产、包装、运输标签、销售以及使用说明等事项中，任何一项具有缺陷而致使消费者或使用者受到财产损失或人身伤害，那么，上述所有与产品生产和销售有关的人员均应承担损害赔偿责任。当然，产品责任的最终承担者是生产者，其他中间人为产品责任所支付的损害赔偿金，可以向生产者要求补偿。

产品责任法的这些规定，旨在确立与加强生产者与销售者对其生产与销售的产品应当承担相应的责任，从而最终保护消费者的权益。因此，从这种意义上说，产品责任法相当于消费者权益保护法，但对消费者权益的保护是从源头进行的，所以对消费者权益的保障更加有力。

三、产品责任法的发展

产品责任法原来包括在货物买卖法之中，是由货物买卖法规范的。随着现代工业生产的发展，许多新产品投放市场，造成消费者受到伤害的案件不断涌现，产品责任法就是在此基础上逐渐形成和发展起来的。早期无论是英美法系还是大陆法系国家对消费者的保护，主要是基于“直接的合同关系”（privity of contract，也称为“合同关系不涉及第三者”）原则与民法上的侵权损害赔偿原则。

随着科学技术的迅猛发展，西方发达国家生产的商品种类日渐繁多。一方面，生产的发展提高了消费者物质文明的程度；另一方面，新产品损害消费者的事故也越来越多，涉及产品责任的诉讼案件也随之增多，产品责任者支付的损害赔偿金额与日俱增。为了进一步规范产品生产者的责任，更加有效地保护消费者的利益，20 世纪 50 年代以来，西方发达国家打破了传统法律观念的框架，创立了一些新的产品责任理论与法律原则，使产品责任法逐步产生与发展起来。

20 世纪 60 年代以来，特别是 20 世纪 80 年代以来，世界各国致力于改革开放，发展经济，许多国家实现了梦寐以求的经济腾飞，经济实力有了巨大的增长，人民的生活水平有了明显的提高。但是，随着人类对自然与环境开发利用步伐的加快，全球生态环境破坏与环境污染日益严重，导致了一系列十分严重的资源与环境问题，例如，空气污染、水资源污染、温室效应、有毒危险废物的排放以及臭氧层破坏等，这些问题成为当今人类社会进步与经济发展所面临的共同挑战。在这种背景下，西方发达国家的产品责任法进一步扩展，把废旧产品的回收与处理也纳入其中。

在西方发达国家中，美国的产品责任法是发展得比较早和比较完善的，第二次世界大战后，西欧一些国家亦开始重视产品责任的问题，逐步有了产品责任法。

■第二节　美国的产品责任法

美国的产品责任法主要是州法，而不是联邦统一的立法。各州都有自己的产品责任法，而且各有差异。为了统一各州的产品责任法，美国商务部在 1979 年 1 月提出了一项《统一产品责任示范法（草案）》（Draft Uniform Product Liability Law），供各州采用，现已基本被大多数州所采用。美国的产品责任法在其发展过程中，先后产生了以下法学理念或法学理论。

一、产品责任诉讼的理论依据

美国产品责任法是以如下三种法学理论为依据的：（1）疏忽说（theory of negligence）；（2）违反担保说（breach of warranty）；（3）严格责任说（strict liability in tort）。凡消费者、使用者或原告由于使用有缺陷的产品遭受损害向法院起诉，要求赔偿损失时，他必须援引上述三种理由之一，作为要求该产品的生产者或销售者承担责任的依据。

1. 疏忽说

疏忽说又称疏忽责任原则。所谓疏忽，是指产品的生产者或出售者有疏忽之处，致使产品有缺陷（不仅包括实际生产上的缺陷，而且包括为使产品安全使用必需的各种要素，包括标签、说明书、包装、提醒用户注意事项等），而且由于这种缺陷使消费者的人身、财产受到损害，对此造成的损失及责任应由生产者、销售者承担。

但是，当原告以疏忽为理由向法院起诉，要求被告赔偿其损失时，应负责举证责任，即原告必须对此造成的损失提出证据证明：

（1）被告没有做到“合理的注意”，即被告有疏忽之处；

（2）由于被告的疏忽直接造成了原告的损失。

另外，如果由于原告自己疏忽造成了损失，原告有可能不能要求被告赔偿损失。

疏忽在英美法上是一种侵权行为。在以疏忽为理由提起诉讼时，原告与被告之间不需要有直接的合同关系，因为这不是根据合同提起的诉讼。所以，作为原告的一方，就不仅限于买方，而且可以扩及其他有关的人，如买方的家人、亲友、来访者以至旁观者或过路的行人等，只要他们是由于该产品的缺陷而使其人身安全、财产受到损害，都可以对该产品的生产者和销售者提起疏忽之诉。

原告在以疏忽为理由对被告起诉时，可以从各个不同的方面证明被告有疏忽。例如，原告可以证明产品的设计有缺点，原告亦可以证明被告对产品的危险性没有作出充分的说明，以提醒消费者或使用者的注意。此外，原告还可以证明被告在生产或经销产品时，违反了美国联邦或州政府的有关这种产品的质量、检验、广告或推销方面的规章与法令（如烈性酒是不能作广告宣传的），而违反这种规章法令本身就是一种“疏忽行为”。但现实中，要证明某种产品有缺陷往往是很困难的，有时甚至是不可能的，所以原告有时很难以疏忽为理由控告生产者和销售者，即原告以“疏忽说”诉讼很难。

2. 违反担保说

违反担保说又称担保责任原则，是指产品存在某种缺陷或瑕疵，卖方违反了对货物的明示或默示的担保，例如违反了产品应具有商销性的默示担保或违反了产品必须适合一般用途或特定用途的默示担保等。如果原告由于产品的缺陷受到损害，原告可以以违反担保为理由对被告起诉，要求其赔偿损失。

违反担保之诉是根据买卖合同提起的诉讼。按照美国普通法的原则，凡依合同提起的诉讼，原告与被告之间必须要有直接的合同关系。具体到买卖合同来说，只有买卖双方才存在直接的合同关系，所以，如果卖方违反担保义务，只有买方才能对卖方起诉，买方以外的任何人都无权对卖方起诉；另外，买方只能对其卖方起诉，而不能对卖方以外的其他人（如货物供应商或制造商）起诉。这一原则对于买卖合同所引起的一般性的货物品质、规格、数量等问题的诉讼无疑是适宜的，但对于涉及产品责任的诉讼就显得不合适了，因为产品责任法的目的是保护消费者。一种有缺陷的产品，例如，某种含有有害成分的食品，不仅会使直接购买这种食品的买方身受其害，买方的家属、亲友乃至客人都可能因食用这种食品而受害。而出售这种产品的卖方往往是一般的零售商，如果只要求零售商对有缺陷的产品负责而不追究生产者的责任，显然是不合理的。而且零售商的财力有限，往往无力承担赔偿受害者的损失的责任。所以，如果在产品责任的诉讼中仍然固守双方当事人必须要有直接的合同关系的原则，就不可能达到保护消费者的目的。

有鉴于此，美国法院在审判实践中，对以违反担保为理由提起的产品责任的诉讼，逐步从纵横两个方面放宽和取消了对双方当事人要有直接合同关系的要求。从纵的方面来说，原告不仅可以对卖方起诉，而且可以对生产或销售这种有缺陷产品的各有关责任方起诉，其中包括零售商、批发商、进口商、出口商，一直到制造厂商。从横的方面来说，有权提起产品责任诉讼的人不仅包括买方，而且包括一切因使用有缺陷的产品而蒙受损失的人，如买方的家属、亲友、客人，甚至包括被伤害的过路行人。但必须注意的是，在这个问题上，美国各州的判例和法律并不完全一致，有些州放得比较宽，有些州还有一些保留或限制。因此，在遇到具体案件时，还必须注意有关州的法律和判例。

由于担保的这种双重性，违反担保除了负有合同责任外，依其情况，也可以构成侵权责任，而且基于被告违反其产品具有某种性质的明示担保以及具有可销性的默示担保并不依赖于原告对疏忽的举证，因此，美国法院为了更有利于保护消费者将其适用于解决产品责任问题。例如，在 1953 年“麦克白诉利格特杂货公司”（Macabe VS Liggett Drug Co.）一案中，原告从被告处购得一台咖啡机，当原告根据使用说明煮咖啡时，咖啡沸起喷到原告的脸上，造成严重的烫伤。陪审团认为，咖啡机的滤器槽口不适合排放水烧开后产生的压力。法院判决，根据默示担保原则，被告仍然应负赔偿责任。

在以违反担保为理由提起诉讼时，对原告的有利之处在于，他无须证明被告有疏忽，而只需证明产品确有缺陷，而且由于这种缺陷使他遭受损失，他就可以要求被告赔偿其损失。要注意的是，原告在担保诉讼中还必须就被告违反担保给予及时通知，否则可能会阻止他提起诉讼。

根据美国的判例，广告也有可能构成卖方的明示担保。因此，如果被告在电台、电视、报纸或杂志上对其产品做了广告，但广告的内容与实际不符，结果使原告因产品的缺陷遭受损失，原告也可以以违反担保为理由要求被告赔偿损失。

3. 严格责任说

严格责任说又称无过失责任原则，指责任方已经合理地注意，但产品还是有缺陷，对产品的消费者造成伤害。即：只要产品存在缺陷，对使用者或消费者具有不合理的危险，并因此使他们的人身受到损害，生产者、销售者就无权推卸责任，或产品存在的缺陷使产品的消费者的财产受损失，该产品的生产者和销售者都应承担赔偿责任。这是对消费者保护最有力、最充分的一种原则，所以也称“无过失责任原则”。

20世纪60年代以来，美国不少法学者和法官在理论上与实践中都提出了一些新的见解，特别是1963年“格林曼诉尤巴动力产品公司”（Greenman VS Yuba Power Inc.）一案有了新的突破。在此案中，原告从零售商处购得一种由被告制造的名叫“Shopsmith”的兼有锯子与钻等多种功能的工具，在锯木时，该工具突然从装置的机器中飞出，撞到原告的额头，致使其遭受严重的伤害。美国加利福尼亚州最高法院在该案的判决中明确地表示：制造人将其商品置于市场，知悉其将不会被检查是否具有瑕疵而被使用时，则就此项有缺陷商品对人身所造成的损害应负无过失责任，从而形成了新的产品责任法原则——严格侵权行为责任原则（doctrine of strict liability），又称“无过失责任原则”（doctrine of liability without fault）。

美国法学会在1965年出版的《侵权法重述》中确认了这一来自判例的原则。《侵权法重述》第402A和402B节对此作了规定，其主要内容是：

（1）凡出售任何有缺陷的产品对使用者或消费者或其财产带来不合理危险的人，对于由此而造成使用者或消费者的人身伤害或财产损失应承担责任，只要销售者是从事经营出售此种产品的人，而且当产品到达使用者或消费者手中时，对该产品在出售时的条件并没有作出重大改变（如电子产品没有进行拆装、增减或更换零部件等）。

（2）尽管出售者在准备和出售其产品时已经尽了一切可能予以的注意，而且使用者或消费者并没有从出售者手中购买该产品，即同出售者之间并无任何合同关系，上述原则仍应适用，出售者仍须承担责任。

对原告来说，以严格责任为依据对被告起诉是最为有利的，因为严格责任原则消除了以违反担保或以疏忽为理由提出损害赔偿时所遇到的种种困难：（1）严格责任是一种侵权行为之诉（a form of tort action），它不同于以合同为依据的违反担保之诉，不要求双方当事人之间有直接的合同关系。（2）在以严格责任为理由起诉时，原告无须承担证明被告有疏忽的举证责任，因为它要求卖方承担无过失责任。在这种情况下，原告的举证责任仅限于：第一，证明产品确实存在缺陷或不合理的危险；第二，正是由于产品的缺陷给使用者或消费者造成了损害；第三，产品所存在的缺陷是生产者或销售者把该产品投入市场时就有的。只要原告能证明以上三点，被告就要承担赔偿损失的责任。但是，如果使用者或消费者在拿到产品之后，擅自改变了产品的性能，因而造成了人身伤害或财产损失，他就不能要求生产者或销售者赔偿损失。

以严格责任为理由起诉和以疏忽为理由起诉的主要区别在于，疏忽是以卖方有无疏忽，即卖方是否尽到“适当注意”的义务作为确定其应对原告承担损害赔偿责任的依据，而严格责任则不必考虑卖方是否已做到“适当注意”的问题，即使卖方在制造或销售产品时已经做到了一切可能做到的注意，但如果产品有缺陷并且使原告遭受损失，卖方仍需对此负责。这里所说的卖方不仅包括同买方直接订立合同的卖方，而且包括生产者、批发商、经销商、零售商以及为制造该项产品提供零部件的供应商。所谓买方也不限于直接买方，还包括买方的家属、亲友、客人乃至过路行人。所以，严格责任原则对消费者的保护是最为充分的。

二、被告可以提出的抗辩

在产品责任诉讼中，被告可以提出某些抗辩，要求减轻或免除其责任。被告可以提出的抗辩随原告起诉的诉因不同而有所不同。被告的抗辩主要有以下几种。

1. 承担疏忽（contributory negligence）与相对疏忽（comparative negligence）

承担疏忽是指原告（受害者）在使用被告所提供的有缺陷的产品时自身也有疏忽之处，由于双方面的疏忽而使原告受到伤害或损失。按照普通法早期所确立的原则，承担疏忽在侵权之诉中是一种充足的抗辩理由。因此，在以疏忽为依据提起的产品责任诉讼中，一旦确认原告有“承担疏忽”，原告就不能要求被告赔偿损失或承担责任。但是近年来，美国许多州已通过立法或判例放弃了承担疏忽原则而采用相对疏忽原则。

相对疏忽是指尽管原告方面的确存在一定的疏忽，但仍可要求被告赔偿，法院只是按原告的疏忽在引起损害中所占的比重，相应减少其索赔的金额，即被告赔偿的金额要扣除原告自身疏忽的损失，即由双方“按比例分摊责任”，而不是像“承担疏忽”那样原告不能向被告请求任何损害赔偿。现在，美国许多州都把相对疏忽原则适用于严格责任之诉。

应当指出的是，无论是承担疏忽还是相对疏忽都属于侵权范畴，被告只有在侵权之诉中才能提出这种抗辩，而不能在合同之诉（如违反担保之诉）中提出这种抗辩。

2. 担保的排除或限制（disclaimer or limitation of warranties）

美国《统一商法典》允许卖方排除其对货物的明示担保和默示担保（如商销性和适合特定用途的担保等）。被告如果在合同中排除了各种明示或默示担保，他就可以提出担保已被排除作为抗辩。但是，按照美国 1974 年《马格努森-莫斯保修法》（Magnuson-Moss Warranty Act）的规定，为了保护消费者的利益，在消费交易中，卖方如有书面担保就不得排除各种默示担保。此外，这项抗辩仅能对抗以“违反担保”为理由起诉的原告，而不能用来对抗以“疏忽”为理由起诉的原告。因为后者是属于侵权之诉，不受合同中关于排除明示或默示担保义务的制约。

3. 自担风险（assumption of the risks）

自担风险是被告在产品责任诉讼中可以提出的另一种抗辩。所谓自担风险是指：（1）原告已经知道产品有缺陷或带有危险性；（2）尽管如此，原告也甘愿将自己置于这种危险或风险的境地；（3）由于原告甘愿冒风险而使自己受到损害。按照美国法，无论原告是以被告违反担保为由起诉还是以疏忽为由起诉，抑或以严格责任为由起诉，被告都可以提出“自担风险”作为抗辩。根据美国《侵权法重述》第 402A 节的注解，如果使用者或消费者已经发现产品有缺陷，并且知道有危险，但仍然不合理地使用该产品，并因而使自己受到损害，他就不能要求被告赔偿损失。但是，在采用前述“相对疏忽原则”的各州中，有些州已不再把自担风险作为完全阻止原告索取任何赔偿的抗辩，而只是把原告的疏忽作为减少其索赔金额的依据。

4. 非正常使用产品或误用、滥用产品（unnormal or misuse or abuse of the products）

在产品责任诉讼中，如果原告由于非正常地使用产品或误用、滥用产品，使自己受到伤害，被告可以以此为理由提出抗辩，要求免除责任。但是，当被告提出原告非正常使用产品或误用、滥用产品的抗辩时，法院往往对此加以某种限制，即要求被告证明原告对产品的误用或滥用已超出了被告可能合理预见的范围，如果这种对产品的误用或滥用是在被告可能合理预见的范围之内，被告就必须采取必要措施予以防范，否则就不能免除责任。

5. 擅自改动产品（subsequent alteration）

如果原告对产品或其中部分零部件擅自加以变动或改装，从而改变了该产品的状态或条件，因而使自己遭受损害，被告就可以以原告擅自改变产品的状态或条件为理由提出抗辩，要求免除责任。

6. 带有不可避免的不安全因素的产品

如果某种产品即使正常使用，也难以完全保证安全，而且权衡利弊，该产品对社会公众是有益的，是利大于弊的，则制造或销售这种产品的被告可以要求免除责任。其中，以药物最为典型。因为有些药物不可避免地含有某种对人体有害的副作用，但它又确能治疗某些疾病。在这种情况下，制造和销售这种产品的卖方只要能证明该产品是适当加工和销售的，而且他已提醒使用者注意该产品的危险性（如药物的副作用），他就可以要求免责，即使在严格责任之诉中，被告也可以提出这一抗辩。

三、在产品责任诉讼中原告可以请求损害赔偿的范围

按照美国法院的判例，在产品责任诉讼中，原告可以提出的损害赔偿的请求范围相当广泛，判决的金额往往也相当可观，通常都在100万美元以上，有时甚至高达上亿美元。具体来说，原告可以提出的损害赔偿主要如下。

1. 对人身伤害的损害赔偿

如果原告由于产品的缺陷遭受人身伤害，他可以向被告要求如下赔偿：

（1）痛苦与疼痛；

（2）精神上的痛苦和苦恼；

（3）收入的减少和挣钱能力的减弱；

（4）合理的医疗费用；

（5）身体残废。

美国法律不仅允许受害者要求被告赔偿其医疗费用，而且允许他索赔肉体上和精神上的痛苦，同时后者的金额在全部赔偿额中占很大的比重，或者说，这是最主要的赔偿，赔偿金额一般是最大的。这是美国产品责任法的一个主要特点。

2. 财产损失的赔偿

财产损失的赔偿通常包括替换受损坏的财产或修复受损财产所支出的合理费用。

3. 商业上的损害赔偿

商业上的损害赔偿通常是指有缺陷产品的价值与完好、合格的产品的价值（一般

为合同价金）之间的差价。

4. 惩罚性的损害赔偿

如果有过错的被告全然置公共政策于不顾，受损害的原告可以要求法院给予惩罚性的损害赔偿。惩罚性损害赔偿的金额一般很高，其目的是对有过错一方的恶意的、不负责任的行为施加惩罚，以遏制其他人重犯类似的过错。至于是否判处惩罚性的损害赔偿以及其金额的大小，主要由陪审团根据案情事实与合意酌情决定，由法官宣判。

四、美国产品责任法的适用范围与条件

传统上，美国产品责任法以判例为主要渊源，但也有若干制定法。美国产品责任法主要是州法，不是联邦法。美国许多州在相当完备的判例法基础上，制定了专门的产品责任法，使制定法成为产品责任法的渊源之一。随着社会经济的不断发展，各州日益要求统一产品责任法。美国商务部于 1979 年 10 月颁布了专家建议文本《统一产品责任示范法》。联邦政府还通过了《联邦食品、药品、化妆品法》(1938 年)、《易燃织物法》（1953 年)、《冰箱安全法》（1956 年)、《危险物质法》(1960 年)、《防毒包装法》（1970 年）和《消费品安全法》（1972 年）等单行法。1982 年，美国国会又提出了被称为“卡斯腾议案”（Kasten Bill）的《产品责任法》供讨论。美国法学会于 1965 年主编了第二版《侵权法重述》，1992 年 3 月开始第三次《侵权法重述》的编纂工作，最后公布的草案是 1995 年 3 月 13 日完成的试行稿。该法虽不是法典，不具有法律效力，但有 3/4 的州实际上已将它作为制定产品责任法的依据。

美国《统一产品责任示范法》与《侵权法重述》的有关条款对产品与产品缺陷等基本问题作了明确的规定，具有重要影响，是法院作出判决时不可或缺的参考依据。

（一）产品的定义

美国《统一产品责任示范法》第 102 条（C）款规定：产品指具有真正价值的、为进入市场而生产的能够作为组装整件或者作为部件、零件交付的物品，但人体组织、器官、血液组成成分除外。根据上述规定，产品应当具备两个条件：(1) 经过生产即加工与制造，未经加工与制造的天然物品不是该法意义上的产品，制作包括工业上的与手工业上的；(2) 用于交付即销售，只是为了自己使用的加工与制作品不属于产品责任法意义上的产品。该示范法将血液等排除在产品之外，但是，美国伊利诺伊州最高法院在一起案件中将血液也作为产品。该法院的理由是：(1) 血液是一种包含在《侵权法重述》第 402A 节意思内的“产品”；(2) 这种“产品”是被“出售”的；(3) 这种“产品”处于一种对使用者的不合理危险的缺陷状态。该法院这样判决的目的是使医院承担严格责任，以保护病人。关于智力成果，像计算机软件、图书与视听资料等，美国已将其视为产品。此外，产品也逐渐将不动产包括在内，并且有继续扩大的趋势。

(二) 产品缺陷的定义与分类

1. 产品缺陷的定义

美国关于产品责任法中缺陷产品的定义，在实践中引用得比较多的是《侵权法重述》第402A节所界定的不合理危险的缺陷状态。该法制定者对不合理的危险的解释是：超出了购买商品的普通消费者对它的特性所共知的常识的预期。例如，威士忌是一种烈性酒，过量饮用会致醉，对于这种危险，正常的消费者都能认识到，因而不属于不合理危险。但是，如果威士忌中加入了工业用酒精，则属于不合理危险，因为正常的消费者不会期望自己所购买的威士忌中含有会致人失明甚至丧生的工业用酒精。

2. 产品缺陷的种类

美国法学家将产品缺陷分为三种，即制造缺陷、设计缺陷与警示缺陷。

(1) 制造缺陷。

制造缺陷是指由于制造过程出现问题而产生的缺陷。美国《统一产品责任示范法》第104条(A)款指出，“为了确定产品制造上存在的不合理的不安全性，审理事实的法官必须认定：产品脱离制造者控制时，即在一些重要方面不符合制造者的设计说明书或性能指标，或不同于同一生产线上生产出的同种产品”。制造缺陷可能是由产品的零部件导致的，或是由产品的装配过程造成的，也可能是由产品的原材料有问题造成的。

(2) 设计缺陷。

设计缺陷是指产品设计本身存在的缺陷。美国《统一产品责任示范法》第104条(B)款对设计缺陷的规定是，“为了确定产品设计上存在不合理的不安全性，审理事实的法官必须认定：产品在制造时即存在造成原告损害或类似损害的可能性，这类损害的严重性在价值上超过制造商为设计能够防止这类损害的产品所承受的负担，以及替代设计对产品实用性的相反影响”。例如，在1956年“马太诉劳利特公司”(Mattew VS Lawnlite Company)一案中，原告马太想购买铝制椅子，但在试坐旋转时，椅子回旋部分将原告手指切断。法官认为，切断原告手指的机构装置部分是椅子构造的必要部分，被告应在其危险部分装上保护装置，否则应负设计缺陷的责任。

(3) 警示缺陷。

①警示缺陷的含义。美国《统一产品责任示范法》第104条(C)款对警示缺陷的解释是：“与产品有关的危险或对产品的正确使用没有给予适当警告或指示，致使产品存在不合理的不安全性。”这可分为“并非不合理的危险”与“不合理的危险”两种。许多产品都有一定程度的危险，例如，小到儿童玩具，大到电视机与汽车等，如果生产者与销售者对这类危险有恰当的警告与指示，指出产品的危险所在、正确使用与避免危险的方法，上述危险就是一种并非不合理的危险。如果没有或缺乏恰当的警告与指示，消费者对上述危险、正确使用与避免危险的方法一无所知或没有足够的了解，危险就是不合理的，产品就因此构成警示缺陷。也就是说，当一种产品有其内在危险时，法律就把向用户与消费者提出警示的义务施加给生产者与销售者，生产者与销售者没有履行其提出警示的义务，或者履行得不够，就构成侵权。

②警示缺陷的判断。一般而言，要求制造商对他所知道的或理应预见到的不太了

解情况的任何使用者提出与其产品有关的危险警示。这包括两个方面：一是警示义务的程度。一般规则是产品的最终使用者应得到警示。如果制造商知道或应当知道产品具有危险性或者处于危险状态中，他就有义务把这些危险的警示给予那些可能预期接触并相应地面临这种产品的危险之人。二是警示的恰当性。警示必须足够明显、醒目。警示的恰当性还包括内容的恰当与充分。警示的恰当性不仅通过表述内容，而且通过表述的方式来加以衡量。一个警示可以因为不充当地延迟、在语气上犹豫或缺乏急迫性而被认为不合理。如果没有在警示中指出后果，不正当地使警示的影响最小化或者不能使一般消费者合理地理解危险的性质，那么制造商就应承担警示缺陷的责任。

例如，美国的瓦克维尔工程有限公司诉 BDH 化学制品有限公司案是警示缺陷的经典案例。案情经过是：被告向瓦克维尔工程有限公司提供了一种装在玻璃瓶里的瓶上标有“有害蒸气”的化学药剂。供应商并不知道该化学药剂遇水后会产生强烈反应。一位科学家在做试验时意外地将该瓶掉在水池里引起爆炸，导致该科学家死亡，并给原告的工厂造成了巨大损失。法院裁决制造商负有过失责任，因为他未能提供该化学药剂的危险性的充分警告，而上述危险性已在相关的科学杂志中指出，因而是理应知悉的，法院追究了制造商侵权和合同两种责任。即使该化学药剂的危险性尚属不可知悉，根据严格责任的规定，被告仍应负责。

（三）产品责任法的主体及其范围

严格产品责任法是对企业活动所设的责任，以经常从事相关营业活动的企业为规范对象，对提供产品及劳务活动均可适用。应负产品责任法的人包括制造商（manufacturer）、装配商（assembler）、批发商（wholesaler）、零售商（retailer）、委托人（bailer）与出租人（leaser）等。

凡是与商品产销有关的人，均被包括在内。但是产品责任人也有权向他人追偿，例如，如果零售商被判对其顾客负责，在大多数情况下，他还可以从制造商或中间商处追偿他偿付别人的损失费用。

（四）受保护的人与受保护的利益

严格的产品责任法保护任何可预见的因产品缺陷而遭受损害的人，除最后的消费者（买受人与使用者等）外，还包括其他旁观者。

美国《统一产品责任示范法》规定，损害包括财产损害、人身肉体伤害、残疾与死亡，以及由此引起的精神痛苦或情感伤害。财产损害的范围不包括直接或间接的经济损失，那是属于合同法的问题。在实践中，法院对人身损害赔偿判定的数额较大，精神损害赔偿占其中大部分。美国产品责任法的特色之一是规定了惩罚性赔偿。这对于惩罚在生产与销售中的恶意或轻率行为，以及预防类似行为的发生具有重要作用。根据美国法院的判例，原告可以提出的损害赔偿范围相当广泛，判决的赔偿金额也相当可观。

关于受保护的利益，即原告可提出的损害赔偿范围前已述及，在此不再赘述。

五、产品责任法对国际商务的影响

美国的产品责任法虽然是国内法，但它在某些情况下也可适用于涉及产品责任的对外商务的争议案件。当外国的产品输入美国时，如果由于产品的缺陷，美国的消费者或用户遭受人身伤害或财产损失，美国的消费者和用户可以根据产品责任法对美国的进口商、经销商和零售商起诉，要求赔偿损失。在美国法院认为有管辖权的情况下，蒙受损害的美国消费者或用户还可以在美国法院对外国的出口商和该产品的制造商起诉，要求他们承担赔偿责任。而当美国的产品出口到外国时，如果由于产品的缺陷，使外国的消费者或用户遭到人身伤害或财产损失，外国消费者或用户也可以援引产品责任法要求美国的出口商和生产者赔偿损失。但是，这类案件属于涉外民事案件，在处理这类案件时往往要涉及复杂的管辖权问题和法律适用问题。

1. 关于管辖权问题

当美国的消费者或用户在美国法院对外国的出口商或生产者提起产品责任的诉讼时，美国法院首先要确定它对该案件是否有管辖权，特别是有无对人的管辖权的问题。这个问题在美国法律中是一个十分复杂的问题。总的来说，美国法院有一种扩大管辖权的倾向。美国各州都制定了一些法律用以确定法院对不居住在美国的被告是否享有对人的管辖权的标准。这种法律叫“长臂法”（long-arm statute）。但各州法律规定的标准并不完全一致。一般来说，各州都要求凡是非居民的被告都必须与该州有某种“最低限度的接触”（minimum contact），该州的法院才能对该被告享有对人的管辖权。所谓“最低限度的接触”通常是指被告经常直接地或通过代理人在该州境内从事商业活动，或因其行为或不行为在该州境内造成了损害。只要符合这个标准，法院就可取得对该被告的管辖权，它仅有权按照法定程序传唤国外的被告出庭，并有权依法作出有效的判决。在大多数情况下，美国法院认为，只要国外的被告同法院所在的州有某种接触，法院就对该被告有对人的管辖权。一旦美国法院对此案作出了判决，美国原告就可以通过适当的程序向被告所在国的法院要求承认和执行这一判决。

2. 关于法律适用问题

在涉外的产品责任诉讼中，按照美国的冲突法规则，通常是适用损害发生地法来确定当事人的责任，即产品在什么地方对消费者或用户造成了损害，就适用那个地方的法律来确定产品生产者和销售者的责任。但是，这项原则受到了批评，特别是在涉及汽车事故的产品责任案件中，由于汽车到处行驶，经常跨州越国，如果完全以出事地点的法律来确定汽车的生产者或销售者的产品责任，有时可能对受害者不利。因此，近年来，美国一些有影响的州如纽约州和加利福尼亚州已经不再坚持适用损害发生地法，而转为适用对原告最为有利的地方的法律，以保护美国原告的利益。

案例 6.1

布莱恩·费利拜访托马斯·盛利敦夫妇家，查看他们打算出售的一辆旧汽车，该车是福特公司于1995年生产的金牛汽车，已经行驶了126 000英里，他们一起讨论了车辆的传动装置、轮胎、刹车和保养情况。盛利敦夫妇告诉费利该车刹车从来没有问题，而且除了偶尔有个别的垫圈坏了，车辆机械状态良好，试车后，费利以 5 800 美元的价格买下了车，两天后，费利发现车辆的离合器有些问题，随后的几天里，离合器的故障越来越严重，以至于他最终无法换挡，为此他花了 942.76 美元的修理费，同月，刹车也出现了严重的问题，他只好又送去修理，花了 1 400.27 美元。马福勒汽车修理站的技师罗伯特·汉诺威后来告诉费利，像该车离合器和刹车这样严重的问题不太可能是几天内形成的，也许买车时就已经存在了，于是，费利一纸诉状将盛利敦夫妇告上了伊利诺伊州的一个法院，声称他决定买车的一个主要考虑因素是他得知车子机械状况良好，法院的结论是：盛利敦夫妇对事实是肯定的陈述，构成一个质量保证并成为买车交易的要素，质量保证成立（但与吹嘘，即夸张不同）。盛利敦夫妇不服法院裁决，将此案上诉到该州的高等法院。试问：盛利敦夫妇对事实的肯定陈述，是否构成了一项保证交易的要素？盛利敦夫妇是否要承担赔偿责任？为什么？

分析：

高等法院维持了原判。因为盛利敦夫妇辩护说他们不是技师，也不是汽车经销商，因此不具备刹车和离合器系统的专业知识，他们只是表达个人观点。法院的回应为，在货物销售交易的过程中，销售者作出关于事实的断言被认为是构成交易的要素，除非有明确的、肯定的反面证据。在整个案件的记录中，被告没有出示证据来证明他们的陈述并非构成交易的一个要素，因此盛利敦夫妇违背了保证，法院判决他们赔偿费利的修车费。

第三节　欧洲各国的产品责任法

欧洲各国产品责任法的发展比美国稍晚。在 20 世纪 80 年代以前，欧洲各国都没有关于产品责任的专门立法，它们主要是通过引申解释民法典的有关规定来处理产品责任的案件。

1976 年，欧洲理事会制定了一项《关于造成人身伤害与死亡的产品责任欧洲公约》，但至今尚未正式生效。

为了协调欧洲共同体（现为欧盟）各成员国有关产品责任的法律，欧洲共同体理事会于 1985 年 7 月 25 日通过了一项《关于对有缺陷产品的责任的指令》（Directive Concerning Liability for Defective Product）。该指令共 22 条，要求各成员国在 1988 年 8 月 1 日以前采取相应的国内立法予以实施，但允许各成员国有某些取舍的余地。到目前为止，大多数欧盟国家通过本国的立法程序将该指令纳入本国的国内法。下面简要介绍一下该指令的主要内容。

一、《关于对有缺陷产品的责任的指令》的主要内容

1. 采取无过失责任的原则（liability without fault）

《关于对有缺陷产品的责任的指令》（简称《指令》）对产品责任放弃了欧洲大陆

法传统的过失责任原则，而采用无过失责任原则，这是一个很大的变化。作出这种改变的主要出发点是使消费者获得更充分的保护。因为当代技术产品纷繁复杂，需要在生产者和消费者之间妥善地分摊风险，而在两者当中，生产者处于更有利的地位，他们能够而且应当通过严格的设计、加工和检验程序尽量减少或避免他们所生产的产品的危险性。而且，他们还可以通过产品责任保险，将保险费加在货价上而使自己获得保障。因此，在立法指导思想上就应当加重生产者的责任，使消费者受到更有力的保护。

基于上述考虑，《指令》明确规定，在产品责任诉讼中，受害的消费者只需证明他受到损害和产品有缺陷的事实，以及二者之间存在因果关系，即可使该产品的生产者承担责任，而无须证明生产者有过失。这就是无过失责任原则或严格责任原则。

2. 关于生产者的定义

根据该《指令》第1条的规定，生产者应对有缺陷的产品所引起的损害承担责任。因此，确定谁是“生产者”是一个十分重要的问题。《指令》对生产者所下的定义较为广泛，它包括：

（1）制成品的制造者；

（2）任何原材料的生产者；

（3）零配件的制造者；

（4）任何将其名称、商标或其他识别标志置于产品之上的人；

（5）任何进口某种产品在共同体内销售、出租、租赁或在其共同体内以任何形式经销该产品的人；

（6）如果不能确认谁是生产者，则提供该产品的供应者（supplier）即被视为生产者，除非受损害的消费者在合理时间内获得查出谁是生产者的通知。

3. 关于产品的定义

《指令》的另一项重要内容是确定该指令所指的“产品”的定义。按照《指令》的规定，所谓“产品”是指可以移动的物品，但不包括初级农产品和戏博用品。不过，各成员国可以通过国内立法，将上述两种产品包括在“产品”的定义范围之内。至于经过工业加工的农产品则包括在“产品”的范围内。

对于核产品，如果出现核意外事故，则只要该事故已为各成员国批准的国际条约所包括，亦被排除在“产品”的定义范围，例如，切尔诺贝利事故对周围居民、周边国家造成伤害，有关责任方并不完全承担责任，或可免除责任。

4. 关于缺陷的定义

《指令》对缺陷的定义采用客观标准。按照这种标准，如果产品不能提供一般消费者有权期望得到的安全，该产品就被认为是有缺陷的产品。在确定产品是否有缺陷时，要考虑到各种情况，其中包括：产品的状况、对产品的合理预期的使用和把产品投入流通的时间。不能因为后来有更好的产品投入市场，就认为先前的产品有缺陷。例如，在20世纪60年代，汽车座位上都没有安全带，当时不认为这种汽车是有缺陷的产品，但是，如果20世纪80年代生产的汽车没有装设安全带，就将被认为是有缺陷的产品。对产品的操作、使用说明书，也是涉及产品安全性的因素之一。

5. 关于损害赔偿

按照《指令》的规定，可以请求损害赔偿的范围，主要包括人身伤害和死亡；对有缺陷的产品自身的损失一般不予考虑，对不超过一定数额（当时确定为500欧洲货币单位，约合750美元）的损害亦不予考虑，以免引起过多的小金额诉讼。特别值得指出的是，《指令》对“痛苦”（pain and suffering）的补偿有所保留，它认为这是属于非物质性的损害赔偿，应按有关国家的国内法来处理。这一点与美国产品责任法有所不同。

6. 对产品责任的抗辩

依照《指令》的规定，在产品责任诉讼中，被告可以提出以下三种抗辩。

（1）无罪责。

如果生产者能证明他没有罪责，他就可以不承担责任。这主要包括以下几种情况：

①该生产者并没有把该产品投入市场。

②引起损害的缺陷在生产者把产品投入市场时并不存在，或者证明这种缺陷是后来才出现的，例如，是由于对产品的不适当使用而引起的。

③生产者制造该产品并非用于经济目的的销售或经销。

④该缺陷是由于遵守公共当局发布的有关产品的强制性规章而引起的（如汽车尾气排放限制）。

⑤按照生产者将产品投入市场时的科技、知识水平，该缺陷不能被发现。这种抗辩又称为“发展的风险”（development risks）或“现有水平”（state of the act）抗辩。由于各成员国的法律对这一抗辩持不同的态度，因此《指令》允许各成员国在各自的法律中对是否采用这种抗辩自行作出取舍。

⑥零件的制造者如能证明该缺陷是由于产品的设计所致，而不是零件本身的缺陷，亦可不承担责任。

（2）时效。

在产品责任诉讼中，时效已过也是重要的抗辩理由。《指令》对时效作了如下规定：

①受损害者的权利自生产者将引起损害的产品投入市场之日起10年届满即告消灭，除非受害者已在此期间对生产者起诉。起诉后不受时效限制。

②各成员国必须在其立法中规定提起损害赔偿的时效，从原告知道或理应知道受到损害、产品有缺陷及谁是生产者之日开始计算，该诉讼时效为3年。对时效的中止和中断没有作出规定，由相关国家的国内法规定。

（3）赔偿的最高额。

生产者的责任原则上应当是没有上限的，但《指令》允许成员国在立法中规定，生产者对由于同一产品、同一缺陷所引起的人身伤害或死亡的总赔偿责任，可以达到一个最高额度。

此外，《指令》还规定，生产者不得以合同或其他方法来限制排除其对产品的责任。这表明产品责任是属于强制性的法律规定，不能由当事人以合同任意予以排除或限制。

二、欧盟各国贯彻执行《指令》的情况

按照《指令》的要求，各成员国应于1988年8月1日以前，通过本国的立法程序把《指令》纳入国内法予以实施。到1993年底，有英国、希腊、意大利、卢森堡、丹麦、葡萄牙、德国、荷兰、比利时、爱尔兰、法国、西班牙等成员国通过国内立法将《指令》纳入国内法。就已经采取立法措施实施《指令》的成员国来看，它们都毫无例外地采取了"无过失责任原则"，但在是否把初级农产品纳入产品责任法的范围、是否把"发展风险"作为抗辩理由，以及是否对生产者的总赔偿额加以限制三个问题上，仍存在一些分歧。现将一些主要成员国贯彻《指令》的情况简介如下。

1. 英国

英国在1987年制定了一项《消费者保护法》(Consumer Protection Act)，将《指令》纳入了国内法。该法于1988年1月1日正式生效。按照该法的规定，原告无须证明被告有疏忽，任何由于产品的缺陷而受到损害的消费者，都可以对责任方起诉。承担产品责任的对象包括：制造商、加工者、原材料供应者、进口商以及商标牌号的所有人。但是，产品的批发商和零售商对产品的缺陷原则上不承担责任，除非他说不出该有缺陷的产品是由谁向他提供的。该法没有把初级农产品和游戏工具包括在内，也没有规定生产者对同一产品、同一缺陷所引起的人身伤亡责任的最高赔偿额。但该法把"发展风险"作为抗辩理由之一，不过在措辞上与《指令》不完全相同。

2. 德国

德国已于1989年12月15日通过了一项《产品责任法》，将《指令》纳入本国国内法。该法已于1990年1月1日生效。德国《产品责任法》放弃了传统的过失责任原则，而采用无过失责任原则。该法不要求生产者对"发展风险"负责，即生产者可以把"发展风险"作为抗辩理由；该法也不包括初级农产品和天然产品。按照该法的规定，生产者对同一产品、同一缺陷的最高赔偿责任限于1.6亿马克（现已被欧元所取代）。

该法适用于对一切人身伤害的赔偿责任。至于对财产的损害赔偿，则仅限于对供私人使用或消费的财产造成伤害，才予以赔偿；如果有缺陷的产品对工商业中使用的财产造成了损害，则不能适用该法，而只能按传统的侵权法来处理。此外，非物质性的赔偿，特别是对受害者遭受痛苦的赔偿，亦不包括在该法的责任范围之内。

3. 意大利

意大利于1988年5月采用总统法令的简单方式，将《指令》纳入国内法，其内容与措辞均与《指令》雷同。该法令允许被告以"发展风险"作为抗辩，不包括初级农产品和天然产品，同时也规定了生产者对人身伤亡的最高赔偿额。

4. 希腊

希腊已于1988年将《指令》纳入国内法。按照希腊的法律，初级农产品和天然产品不包括在产品责任法的范围；被告得以"发展风险"作为抗辩理由；生产者

对人身伤亡的最高赔偿额为7.2亿希腊货币单位（德拉克马，现已被欧元所取代）。

三、《关于造成人身伤害与死亡的产品责任欧洲公约》

欧洲各国由于传统上的密切联系，最先感受到产品责任的国际化发展与各国产品责任法律制度巨大差异之间的矛盾所带来的对商品流通和自由竞争的阻碍。为了解决这一问题，20世纪70年代以来，欧洲国家的领导机构，如欧洲理事会、欧洲共同体等区域性政治和经济组织，积极致力于统一产品责任国际立法活动，并缔结了专门性的国际公约。《关于造成人身伤害与死亡的产品责任欧洲公约》（Convention on Product Liability in Regard to Personal Injury and Death，或称《关于人身伤亡的产品责任公约》）是由欧洲理事会拟定并于1976年召开的理事会会议上通过的，欧洲理事会各成员国于1977年1月27日在斯特拉斯堡正式签订，故又称《斯特拉斯堡公约》。与该公约相伴随的还有解释报告。根据该公约第13条第2款的规定，《关于人身伤亡的产品责任公约》将于欧洲理事会三个成员国成为《关于人身伤亡的产品责任公约》当事国之日起生效。目前，该公约已生效，成员国有法国、比利时、卢森堡和奥地利等。该公约的基本内容如下。

1. 适用范围

《关于人身伤亡的产品责任公约》的适用范围仅限于对人的伤害、致死方面的案件，调整由于缺陷产品造成人身伤害和死亡所引起的赔偿责任问题，而不包括缺陷产品对财产造成的损害所引起的产品责任。

2. 关于产品的定义

根据《关于人身伤亡的产品责任公约》第2条的规定，“产品”一词是指所有动产，包括天然动产和工业动产，无论是未加工的还是加工过的，即使是组装在另外的动产或不动产内。例如，桥梁是不动产，但建筑桥梁用的钢筋水泥可作为动产。如果桥梁内钢筋水泥等建筑材料有缺陷致使桥梁断裂造成人员伤亡，那么该钢筋、水泥的生产厂商应承担产品责任。

3. 关于缺陷的定义

《关于人身伤亡的产品责任公约》第2条C款规定，考虑包括产品说明在内的所有情况，如果一件产品没有向有权期待安全的人提供安全，则该产品有缺陷。

4. 关于责任主体

《关于人身伤亡的产品责任公约》将生产者确定为产品责任的承担主体，并进一步解释了生产者的范围：（1）成品或零配件的生产者；（2）任何以将产品投入流通为目的的按商业惯例进口产品的人；（3）任何使自己名字、商标或其他标志特征出现在产品上将其作为自己产品的出示者；（4）产品没有标明生产者时，每一供应者应被视为生产者，除非根据索赔人的要求，供应者将生产者或前供应者的身份在合理的时间内告知索赔人。

5. 归责原则

《关于人身伤亡的产品责任公约》规定了严格责任原则，并且当数人对同一损害都负有责任时，他们之间承担连带责任。

6. 赔偿和免责

《关于人身伤亡的产品责任公约》没有对赔偿额进行最高限制，而是确立了最低限制。它规定，对每个死者或伤者的赔偿额不得少于相当于7万特别提款权的国内货币；对同类产品的相同缺陷造成的一切损害的赔偿额不得少于相当于1 000万特别提款权的国内货币。

但如果存在以下情形，生产者可以不承担责任：①生产者未将商品置于市场销售；②依据情况判断，在产品投入流通时，造成损害的缺陷尚不存在或缺陷是投入流通后由第三人造成的；③造成损害的缺陷产品不是用于销售、出租或为经济目的的分销，也不是在商业过程中制造或分销；④受害人本身的过失。不过在最后一种情况下，应考虑所有情况后决定减少或免除生产者的责任。如果损害既是由产品的缺陷，又是由第三方的行为或疏忽造成的，则不应该减轻生产者的责任。此外，《关于人身伤亡的产品责任公约》第8条还规定，本公约规定的生产者责任，不得以任何免责或解除义务的条款加以排除或限制。

7. 时效

《关于人身伤亡的产品责任公约》规定了诉讼时效为3年，自申请人发觉或必须合情合理地发觉损害、缺陷及生产者的身份之日起计算。如果诉讼未在自生产者将造成损害的单个产品投入流通之日起10年内提出，根据《关于人身伤亡的产品责任公约》的规定，则受损害者丧失对生产者要求赔偿的权利。

■第四节 关于产品责任的法律适用公约

在国际产品责任诉讼中，由于各国的产品责任法不完全相同，法院所采用的法律冲突规则也有所不同，使案件的处理结果带有相当大的不确定性。为了统一各国关于产品责任的法律冲突规则，海牙国际私法会议于1973年10月2日通过了一项《产品责任法律适用公约》(Convention of the Law Applicable to Product Liability)，又称《产品责任法律冲突规则公约》，简称《海牙公约》。该公约已于1977年10月1日生效。《海牙公约》是目前国际上唯一的产品责任方面的冲突法公约，其宗旨是在国际范围内解决产品责任法律适用的问题。它主要适用于有关产品的国际性诉讼案件，而且仅适用于无合同关系的当事人之间所发生的纠纷。公约共有22条，除对产品责任的法律适用规则作出规定之外，还对“产品”“损害”“责任主体”作了明确的规定。

一、《海牙公约》对产品、损害及责任主体的规定

1. 产品

《海牙公约》所调整的“产品”的范围，包括一切可供使用或消费的产品，包括天然产品和工业产品，未加工的和经过加工的，动产和不动产。它比欧盟的《指令》中的“产品”定义更为广泛。

2. 损害

《海牙公约》认为损害是指对人身的伤害或对财产的损害以及经济损失。但是，除非与其他损害有关，产品本身的损害以及由此而引起的经济损失不应包括在内。如热水器爆炸，不赔偿热水器本身的损失，也不赔偿停产及利润损失，但造成其他设备损坏或财产损失的要赔偿。这与欧盟《指令》的规定基本相同。

3. 责任主体

《海牙公约》中所指的承担责任的主体范围包括：

（1）产品的制造商；

（2）成品或零配件的制造商；

（3）天然产品的生产者；

（4）产品的供应者；

（5）在产品准备或销售等整个商业环节中的有关人员，包括修理人员和仓库管理员，上述人员的代理人或雇员的责任亦适用该公约。

二、《海牙公约》对产品责任的法律适用规则的规定

《海牙公约》第4～6条根据当事人和有关国家之间的联系点或接触点，分具体情况确定了三项法律适用规则。

1. 适用侵害地国家的法律

适用的法律应为侵害地国家的法律，如果侵害地国家同时又是：

（1）直接受害人的惯常住所地；或者

（2）被请求承担责任人的主营业地；或者

（3）直接受害人取得产品的地方。

2. 适用直接受害人的惯常居所地国家的法律

适用的法律应为直接受害人的惯常居所地国家的法律，如果直接受害人的惯常居所地国家同时又是：

（1）被请求承担责任人的主营业地；或者

（2）直接受害人取得产品的地方。

例如，日本松下电视在主营业地日本生产原装产品销往中国，在中国发生爆炸，受害人的情况如下。

若是在中国常住的日本人（惯常居所地为中国），则适用中国法律。

若是日本旅客（惯常居所地为日本），则适用日本法律。

若日本松下电视在中国组装或合资生产，主营业地是中国，则适用中国法律。

3. 适用被请求承担责任人的主营业地国家的法律

如果上述两种情况都不适用，则除非原告基于侵害地国家的国内法提出其请求，应适用被请求承担责任人的主营业地国家的法律。

关于产品责任的法律适用情况，可归纳成表6-1。

表 6-1 关于产品责任的法律适用

侵害地	受害人惯常居所地	责任人主营业地	取得产品地	适用法律
中国	中国	中国/日本	中国	中国
中国	中国/韩国	中国/日本	中国	中国
中国	韩国	日本	韩国	韩国
中国	中国（韩国人）	日本	韩国	中国/日本

■第五节 中国的产品责任法

一、中国产品责任法概述

在我国，《民法典》《产品质量法》《消费者权益保护法》等构筑起产品责任法律制度的框架。另外，我国还制定了一系列相关的法律、法规，如《工业产品质量责任条例》《药品管理法》《食品卫生法》等。最高人民法院的有关司法解释也是产品责任法律制度的内容之一。

我国《产品质量法》所调整的社会关系可分为两大类：一是产品质量监督管理过程中产生的监督与被监督、管理与被管理的关系。二是产品质量责任关系。这是国家在确立生产经营者的产品质量责任和义务时，强制生产经营者因为违法所应承担的损失赔偿责任，以及应承担的行政、经济和刑事责任。

1993 年 2 月 22 日，第七届全国人大常委会第三十次会议审议通过了《产品质量法》(2000 年 7 月 8 日第一次修正；2018 年 12 月 29 日，第十三届全国人民代表大会常务委员会第七次会议根据《关于修改〈中华人民共和国产品质量法〉等五部法律的决定》第三次修正)，对产品质量的监督管理，生产者、销售者的产品质量责任和义务，以及赔偿损失、惩罚等方面作了明确规定。

《产品质量法》是一部集经济关系与管理关系、民事规范和行政规范为一体的综合性法律。该法对产品质量的民事、行政和刑事责任作了全面规定，着重解决的是缺陷产品造成消费者人身伤害和财产损失的侵权赔偿问题。《产品质量法》规定了产品质量责任和产品质量监督管理，公法和私法规范有机结合，体现了经济法特色。

由于目前中国没有产品责任法，只有《消费者权益保护法》《产品质量法》等，下面我们就中国《产品质量法》的有关情况作一简要介绍。

二、我国《产品质量法》的特点与适用范围

（一）我国《产品质量法》的特点

1. 引导并促使企业树立强烈的质量意识

在现代市场经济条件下，企业主要借助“产品”这一媒介与社会保持沟通与联

系。因此，产品这一媒介作用，决定了在激烈的市场竞争中企业的生存。“质量就是生命”应成为企业经营管理的目标，尤其是市场竞争已经扩及国际市场，产品质量便上升为一个国际性问题。竞争主体经济实力的对比完全取决于产品质量。在商品经济尚不够发达的我国，企业要想提高产品质量，仅仅依靠企业自身的力量和经济手段是不够的，还必须借助法律、法规这一国家强制性手段，才能真正有效地帮助企业树立质量意识。

2. 切实保护消费者权益

有效保护消费者、用户与相关第三人的合法权益，是产品质量立法的生命之本。各国有关产品的立法均由最初侧重于维护生产经营者的利益，以期他们能为社会提供更多的产品，逐渐发展到愈加侧重维护消费者及相关第三人的利益，这既是有关产品立法的价值重心的转移，又是产品质量立法发展中的一个自我矫正过程。大多数产品质量问题都是在设计、制造、销售等环节中产生的，消费者、购买者在接受该产品或服务时是难以知晓并对此加以有效控制的。因而，如何维护其权益便成为产品立法的宗旨。

3. 维护健康、有序的市场秩序

市场秩序规制旨在维护交易秩序，进而保证交易安全。而交易安全在市场交易中的一个决定因素，是交易客体是否“货真价实”，其安全性如何。因此，产品质量高低是市场交易优劣的一个基本尺度。故依法规制产品，是保证市场健康发展的最有效的手段。产品质量相关法律必须体现这一价值。

（二）《产品质量法》的适用范围

1.《产品质量法》的主体适用范围

《产品质量法》的适用主体非常广泛，主要包括：

（1）市场监督管理部门。

市场监督管理部门是负责产品质量监督管理工作的国家机关。包括国务院市场监督管理部门和县级以上地方人民政府市场监督管理部门；同时也包括与市场监督管理工作有关的各级人民政府职能部门，如工商行政管理部门、食品卫生监督管理部门等。

（2）保护消费者权益的社会组织。

保护消费者权益的社会组织是产品质量监督的辅助性机构，包括各级消费者协会、用户委员会等。

（3）用户。

用户指将产品用于集团性消费的企业、事业单位和其他社会组织。

（4）消费者。

消费者指将产品用于生活性消费的社会个体成员。

（5）受害者。

受害者指因产品存在缺陷而招致人身、财产损害，从而有权要求获得损害赔偿的人，包括自然人、法人与社会组织。

2. 产品责任主体

产品责任主体是指产品责任的承担者。从各国立法和国际立法的规定来看，有两种：一是单一主体。以《关于对有缺陷产品的责任的指令》为代表，认定产品生产者为产品责任承担者，并对生产者作扩大解释，以涵盖销售者、进口商等责任人。二是复合主体。以美国为代表，认定产品制造者或销售者为责任人，并分别界定其范围。美国的产品责任法对产品责任主体规定的范围要广得多。

在实践中，某些案件的受害人虽能证明损害是由某一特定缺陷产品引起的，但难以确认产品的生产者，因为同时有多个生产者生产同类产品并投放市场。20世纪70年代末，美国法院曾判决同类产品生产者均为被告，各被告根据其产品占有的市场份额承担赔偿责任。所占市场份额越大，其所获利润越多，承担的赔偿数额也就越大。这表明严格责任原则得到进一步发展。

按照《产品质量法》第4条的规定：生产者、销售者依照本法规定承担产品质量责任。

3.《产品质量法》的适用客体

《产品质量法》的适用客体即产品。对于《产品质量法》的适用客体，我们可以从两个方面去认识。

(1) 产品。

与国外相比，我国对产品范围的规定过窄。我国《产品质量法》第2条规定：本法所称产品是指经过加工、制作，用于销售的产品。建设工程不适用本法规定；但是，建设工程使用的建筑材料、建筑构配件和设备，属于前款规定的产品范围的，适用本法规定。《产品质量法》第73条规定：军工产品质量监督管理办法，由国务院、中央军事委员会另行制定。

由此可见，下列物品不适用《产品质量法》：①天然物品，如煤、油、水等；②农副产品；③初级加工品；④建设工程；⑤专门用于军事的物品；⑥人体的器官及其组织体。

但现实中出售的种子为初级产品，出售坏种子、假种子的坑农事件历来作为违法事件处理，农民有索赔权，不能承认种子是产品，同样有可能存在产品侵权责任问题。房屋的制造者因质量问题伤害住户，住户只能向建筑物的所有人和管理人依合同要求赔偿，却不能依产品侵权责任直接向制造者索赔，形成无休止的扯皮。因此，为切实保护产品使用者的合法利益，我国的《产品质量法》应采用更宽泛的“产品”定义，适当扩大“产品”的外延。产品似可定义为：能够被人类制造（生产）或控制、运送和在商业中推销的可消费的有形物或无形物，产品的范围包括动产和一部分不动产。

(2) 产品质量。

即产品应具有的、符合人们需要的各种特性和特征的总和。

三、产品质量的监督与管理

(一) 产品质量的监督管理体制

《产品质量法》规定，国务院产品质量监督部门（国家市场监督管理总局）负责全国产品质量监督工作。县级以上地方人民政府管理产品质量监督工作的部门负责本行政区域内的产品质量监督工作。县级以上地方人民政府有关部门在各自的职权范围内负责产品质量监督工作。这就确立了统一管理与分工管理、层次管理与地域管理相结合的原则。根据此项规定，国务院和县级以上地方人民政府设立了技术监督局，后改称为质量技术监督局。经过 1998 年的国务院机构改革，国家质量技术监督局成为国务院管理标准化、计量、质量工作并行使执法监督职能的直属机构。

我国层次有别、任务不同的产品质量监督管理机构有：

（1）国务院产品质量监督管理部门（国家市场监督管理总局），负责全国产品质量监督管理工作。

（2）县级以上地方人民政府管理产品质量监督工作的部门，负责本行政区域内的产品质量监督管理工作。

（3）国务院和县级以上地方人民政府设置的有关行业主管部门。

（二）产品质量监督管理制度

1. 产品质量检验管理制度

产品质量检验，是指按照特定的标准，对产品质量进行检测，以判明产品是否合格的活动。《产品质量法》关于产品质量检验的规定，主要包括两个方面的内容：

（1）关于产品质量检验的基本要求。按照规定，产品质量应当检验合格，不得以不合格产品冒充合格产品。

（2）关于产品质量检验机构。产品质量检验机构，是指县级以上人民政府产品质量监督管理部门依法设置和依法授权的，为社会提供公正检验数据和检验结论的机构。

2. 标准化管理制度

（1）产品质量标准的制定。按照我国《标准化法》的规定，凡工业产品的品种、规格、质量、等级或者安全、卫生要求，工业产品的设计、生产、检验、包装、储存、运输、使用方法或者生产、储存、运输中的安全、卫生要求，工业生产的技术术语、符号、代号和制图方法等，需要统一的技术要求，应当制定标准。产品质量标准按其制定的部门或单位以及适用范围的不同，分为国家标准、行业标准。

（2）产品质量标准的实施。我国《标准化法》将标准按性质的不同，分为强制性标准和推荐性标准。强制性标准是必须执行的标准，它包括部分国家标准和行业标准以及全部地方标准，主要有药品标准，食品卫生标准，兽药标准，产品及产品生产、储运和使用中的安全、卫生标准，劳动安全、卫生标准，运输安全标准，国家需要控制的重要产品质量标准等。推荐性标准是不具有强制执行效力，由执行者自愿采用的标准，强制性标准以外的标准是推荐性标准，国际标准也是推荐性标准。

3. 企业质量体系认证制度

企业质量体系认证，是由国家标准化组织提出，并为国际社会所普遍接受的质量管理措施。它是指依据国家质量管理和质量保证系列标准，经过认证机构对企业质量体系进行审核，通过颁发认证证书的形式，证明企业质量保证能力符合相应要求的活动。为使企业质量体系认证制度化、法制化，《产品质量法》规定，国家根据国际通用的质量管理标准，推选企业向质量管理部门，或者国务院产品质量监督管理部门授权的部门所认可的认证机构申请企业质量体系认证，经认证合格的，由认证机构颁发企业质量体系认证证书。

4. 产品质量认证制度

产品质量认证，是指依据产品标准和相应的技术要求，经认证机构确认，并通过颁发认证证书和认证标志来证明某一产品符合相应标准和技术要求的活动。

我国产品质量认证制度从性质上来讲，属于自愿认证制，其基本内容是：

（1）认证对象。我国目前开展产品质量认证的对象主要包括电工产品、电动工具、电线电缆、低压电器、电子元器件、水泥、橡胶、汽车安全玻璃等产品。

（2）认证依据。《产品质量法》规定，国家参照先进的产品标准和技术要求，推行产品质量认证制度。这就表明，我国的产品质量认证是根据国家认可的标准进行的。

（3）认证方式。我国产品质量认证方式采用国际上通行的第三方认证制度。质量认证由国务院产品质量监督管理部门或其授权的部门所认可的认证机构承担。

（4）认证种类。按照规定，我国产品质量认证分为合格认证和安全认证两种。

（5）认证原则。我国产品质量认证实行自愿认证制，即产品质量认证由企业自愿申请。

（6）认证的条件。按照规定，中国企业、外国企业均可提出认证申请。

5. 以抽查为主要方式的产品质量监督检查制度

《产品质量法》规定，国家对产品质量实行以抽查为主要方式的监督检查制度。

6. 奖惩制度

奖惩制度是世界各国普遍采用的一项产品质量调控措施。《产品质量法》规定，国家鼓励推行达到并超过行业标准、国家标准。对产品质量管理先进和产品质量达到国际先进水平、成绩显著的单位和个人，给予奖励。同时，还对违反《产品质量法》的单位和个人，规定了民事责任、行政责任和刑事责任。

四、生产者、销售者的产品质量义务

（一）生产者的产品质量义务

1. 作为的义务

（1）产品应该符合内在质量的要求。

（2）产品或者其包装上的标识应当符合要求。

（3）特殊产品的包装必须符合要求。

2. 不作为的义务

生产者不得生产国家明令淘汰的产品；不得伪造产地，伪造或者冒用他人的厂名、厂址；不得伪造或者冒用认证标志、名优标志等质量标志；生产产品，不得掺杂、以假充真、以次充好，以不合格产品冒充合格产品。

（二）销售者的产品质量义务

1. 作为的义务

总的来说，销售者应当对其销售的产品质量负责，具体要求有：销售者应当执行进货检查验收制度，验明产品合格证明和其他标识；在进货之后，销售者应当采取措施，保证销售产品的质量；销售产品的标识应当符合有关规定。

2. 不作为的义务

（1）不得销售国家明令淘汰并停止销售的产品和失效、变质的产品。

（2）销售者不得伪造产地，不得伪造或者冒用他人的厂名、厂址。

（3）销售者不得伪造或冒用认证标志、名优标志等质量标志。

（4）销售者销售产品，不得掺假，不得以假充真、以次充好，不得以不合格产品冒充合格产品。

《产品质量法》将以上作为、不作为的要求统称为销售者的质量责任和义务。规定并要求生产者、销售者履行产品质量义务，是为了实现用户、消费者的产品质量权利。

五、产品质量法律责任

（一）产品质量法律责任的含义

产品质量法律责任指生产者、销售者以及对产品质量负有直接责任的责任者，因违反《产品质量法》规定的产品质量义务所应承担的法律责任。

（二）产品质量的合同责任

产品质量的合同责任，亦称瑕疵责任或瑕疵担保责任。它是指产品不具备应有的使用性能，不符合明示采用的质量标准，或不符合产品说明、实物样品等方式表明的质量状况而产生的法律责任。

产品合同责任的具体责任形式包括负责修理、更换、退货；给消费者、用户造成损害的，还应负责赔偿；销售者未按该规定给予修理、更换、退货或赔偿损失的，由产品质量监督部门或工商行政管理部门责令改正。

（三）产品质量责任原则

根据《产品质量法》的规定，我国产品责任可以大致分为两类：一是生产者应当承担的产品责任，即产品存在缺陷，造成人身或者除缺陷产品以外的其他财产损失后，缺陷产品的生产者应当承担的赔偿责任；二是销售者应当承担的产品责任，即由于销售者的过错，产品存在缺陷造成人身或者除缺陷产品以外的其他财产损失后，销售者应当承担的赔偿责任。销售者不能指明缺陷产品的生产者或者不能指明缺陷产品的供货人的，销售者也应当承担赔偿责任。各国法律对于产品责任的归责原则基本上都是无过错的归责原则（无过失责任原则），即不以产品提供者的主观过错作为其承担产品损害赔偿责任的原则，只以产品本身对他人造成人身或者财产的损害事实作为承担赔偿的法律依据。我国《产品质量法》关于产品责任的归责原则采用的是过错责任和无过错责任相结合的具有中国特色的立法体制，即生产者承担的是无过错责任，销售者承担的是过错责任原则。

（四）产品质量的民事责任

产品责任是基于产品存在缺陷并导致消费者、用户和相关第三人人身、财产遭受损害的前提而发生的，而且特指民事赔偿责任。

1. 产品责任的归责原则

我国《产品质量法》规定，产品责任适用严格责任原则。严格的产品责任，主要是英美法采用的概念，是指当生产者、销售者造成了对消费者某种明显的损害时，无论其是否有过错，都要对此承担责任，消费者对生产者、销售者的具体过失行为无须证明，但在法定情形下生产者、销售者可以免责。学者们认为，英美法的严格责任既不属于传统的过错责任，也不是无过错责任，而是介于过错责任与无过错责任之间的一种责任形态。因为严格责任实际上采取了一种过错推定的方法，即从损害事实中反推定生产者或销售者有过错；而同时允许生产者或销售者通过证明损害是由于受害人的过失、第三者的过失和自然原因造成的损害提出抗辩，又说明严格责任考虑到了责任人的主观状况，不属绝对的无过错责任。显而易见，其实施的目的在于通过严格追究制造商的责任而阻止缺陷产品投放市场，以增强公众的安全感，并解决受害人在产品责任诉讼中的举证困难，确保了受害人能够在最大程度上获得赔偿。毫无疑问，严格责任原则体现了对生命的重视和人文关怀精神，在现有的法律环境下最大程度地保护弱势的消费者。

2. 产品责任的构成要件

产品责任由以下三个要件构成。

（1）产品有缺陷。

我国《产品质量法》第46条规定：本法所称缺陷，是指产品存在危及人身、他人财产安全的不合理的危险；产品有保障人体健康和人身、财产安全的国家标准、行业标准的，是指不符合该标准。

依据此条规定，确定一项产品是否有缺陷应区分两种情形：

①如果有国家标准或行业标准的产品不符合该项标准的规定，即被认为有缺陷。

②如果某行业的产品没有该类产品的国家标准或行业标准，就以其是否具有不合理的危险判断是否存在着缺陷。

国家标准、行业标准本身都应包含“产品不存在危及人身、他人财产安全的不合理的危险”的基本要求，即两项标准之间不应存在冲突。有学者认为可能存在产品符合国家或行业标准却造成消费者人身或财产损害，这是理解上的偏差。该法律条文的欠缺是未进一步规定何种情况才构成不合理的危险，过于笼统。为便于操作，《产品质量法》应对产品缺陷的种类予以明确规定，产品缺陷似应包括：

①设计缺陷，指因设计原因造成的缺陷，如未设计安全装置。

②制造缺陷，指制造加工过程中疏于监督、控制导致部分产品具有缺陷，如采用了不合格零部件。

③指示缺陷，指未对产品的安全使用提供充分的指示和警告，如未说明食品的食用期限。

（2）有损害事实存在。

（3）产品缺陷与损害事实之间有因果关系。

3. 损害赔偿

（1）损害赔偿的范围。

我国《产品质量法》规定，因产品缺陷造成受害人伤害和（或）财产损失的，损害赔偿包括人身和财产损害赔偿。造成人身伤害的，侵害人应当赔偿医疗费、因误工减少的收入以及残疾者生活补助费用；造成死亡的，侵害人应当支付丧葬费、抚恤费、死者生前抚养的人必要的生活费等费用；造成财产损失的，侵害人应当恢复原状或折价赔偿；受害人因此遭受其他重大损失的，侵害人也应赔偿。但法律未对“其他重大损失”作出解释。“其他重大损失”是指其他经济方面的损失，包括可得到利益的损失。对于受害人由此受到的精神损害的赔偿问题，《产品质量法》未作规定，但司法实践中已出现了这类案例。

可见，对个人使用或消费的财产因缺陷产品致损，受害人可获得赔偿，但排除商业性损失的赔偿，这是各国以及国际产品责任立法的共同之处。对于人身损害赔偿，各国立法和国际产品责任立法均作出规定。对于精神损害赔偿，各国的立法不尽一致。

（2）赔偿数额。

我国的《产品质量法》对最高赔偿限额作出规定。规定最高赔偿限额是因为已对生产者、销售者采取了严格责任原则，如不规定损害赔偿的最高限额，让企业承担过重的赔偿责任，将影响新产品的开发，不利于经济发展。在我国的现实生活中，产品责任案件的赔偿数额比较少，因而暂不存在数额惊人以致影响经济发展的问题。

4. 产品责任的免除

产品责任的免除亦称“《产品质量法》中的抗辩事由”。抗辩事由，是指被告针对原告的诉讼请求而提出的证明原告的诉讼请求不成立或不完全成立的事实。抗辩事由总是以法律所采用的归责原则为其设立前提。规定产品责任的免除的目的是在生产者、消费者之间寻求损害的合理分担，虽重在保护消费者利益，但同时考虑到了利益平衡。实际上，严格责任原则给制造者或销售者等提供了多种抗辩理由，从而使他们的责任被限定在一个合理的范围内。避免实行无过错责任，无限扩大制造者和销售者责任范围的弊端，体现了产品责任法的公正性。

我国《产品质量法》第41条规定，生产者能够证明有下列情形之一的，不承担赔偿责任：（1）未将产品投入流通的；（2）产品投入流通时，引起损害的缺陷尚不存在的；（3）将产品投入流通时的科学技术水平尚不能发现缺陷的存在的。此外，“受害人的同意”（即“甘冒风险”）亦应设立为被告的一个抗辩事由。所谓“受害人的同意”是指原告已经知道产品有可能存在危险，但他甘愿将自己置于这种危险境地，并事先明确表示自愿承担损害结果，被告可以免责。“甘冒风险”的规定有利于开发生产、推广使用某些可能带有危险性的新产品。中国如设立此项抗辩事由，对中国企业开发新产品也是有实际意义的。当然，我国设立抗辩事由是有条件的，如只适用于新产品的开发使用方面；生产者或销售者要支付一定费用给使用者以作为使用者冒险的代价；双方必须要有明确的协议；使用者必须充分意识到产品使用的风险而甘愿冒此风险；危险必须是尚难预料的，若危险肯定发生，被告则不能免责。

5. 产品责任的诉讼时效

诉讼时效是平衡生产经营者利益和用户、消费者利益从而稳定社会经济关系的重要法律手段。

我国《产品质量法》在借鉴各国经验的基础上，对产品责任诉讼时效作出了与美国《统一产品责任示范法》基本相同的规定：

(1) 因产品存在缺陷造成损害要求赔偿的诉讼时效期间为2年，自当事人知道或者应当知道其权益受到损害时计算；

(2) 因产品存在缺陷造成损害要求赔偿的请求权，在造成损害的缺陷产品交付最初用户消费满10年丧失。但是尚未超过明示的安全使用期的除外。

6. 产品质量争议处理

《产品质量法》规定了解决产品质量纠纷的法律方式：因产品质量发生民事纠纷时，当事人可以通过协商或者调解解决。当事人不愿通过协商、调解解决或者协商、调解不成的，可以根据当事人各方的协议向仲裁机构申请仲裁；当事人各方没有达成仲裁协议的，可以直接向人民法院起诉。

《产品质量法》是商品经济社会的一项重要法律制度。我国的《产品质量法》已初步形成体系，在市场经济建设中发挥了重要作用，但是还存在一些不足之处。期望在我国既能平衡生产者和销售者之间利益，又能够重在保护消费者利益的产品责任法尽快出台。

案例6.2

某企业为了表示慰问，过年前将自产经检验合格但未投入流通的一批洗衣机作为福利分给职工。职工甲拿到厂里分的洗衣机后非常高兴，将洗衣机拉回家。恰逢妻子乙在，便让其帮忙用该洗衣机把家里的沙发罩等洗一下。结果，因洗衣机漏电，乙被当场电死，于是，甲向人民法院提起诉讼。请问：甲的诉讼理由能否成立？为什么？本案应如何处理？

分析：

我国《产品质量法》第41条规定，因产品存在缺陷造成人身、缺陷产品以外的其他财产损害的，生产者应当承担赔偿责任。生产者能够证明有下列情形之一的，不承担赔偿责任：

(1) 未将产品投入流通的；

(2) 产品投入流通时，引起损害的缺陷尚不存在的；

(3) 将产品投入流通时的科学技术水平尚不能发现缺陷的存在的。

本案中，产品尚未投入流通，因此生产者不承担赔偿责任，但甲、乙均没有过错，因而人民法院可以根据民法中的公平原则，判决该企业适当补偿甲。

复习与思考题

1. 在产品责任问题上，产品责任法和买卖法有哪些联系和区别？

2. 美国、欧盟及欧洲主要国家和中国对于产品缺陷分别是如何规定的?

3. 美国产品责任法对于产品责任的诉讼依据是如何规定的? 各种不同的诉讼依据对原告和被告的诉讼风险有何影响? 在美国产品责任诉讼中，允许哪些抗辩?

4. 欧洲《关于对有缺陷产品的责任的指令》有哪些主要内容?

5. 中国法律对于产品责任的损害赔偿、诉讼时效是如何规定的?

第7章

代理法

本章提要

1. 代理法的概念
2. 代理的分类
3. 代理的内、外部关系
4. 中国的代理法与外贸代理制

关键术语	
关键术语	法定代理　意定代理　客观必需的代理权　追认代理　无权代理　总代理　独家代理　一般代理　商事代理　商务代理　承担特别责任的代理人　保险经纪人　保付代理业务（保理）　外贸代理制

第一节　代理法概述

代理制度是随着社会经济关系的发展而逐步发展起来的。在资本主义制度下，由于商品交换关系高度发达，社会关系复杂多样，人们不可能事事亲力亲为，代理制度有了很大的发展。无论是在国内商务还是国际商务中，代理制度都得到了广泛的应用。在国际商务中，许多业务工作都是通过各种代理人进行的，其中包括普通代理人、经纪人、运输代理人、保险代理人、广告代理人等。如果离开了这些代理人，国际商务就无法顺利进行。因此，我们必须对世界各国的代理制度有所了解。

一、代理的概念

所谓代理（agency）是指代理人（agent）按照本人（principal）的授权（authorization），代表本人同第三人订立合同或作其他的法律行为。这里所说的本人就是委托人；代理人就是受本人的委托替本人办事的人；而第三人则是泛指一切与代理人打交道的人。按照资本主义国家有关代理法律的规定，如果代理人是在本人的授权范围内行事，他的行为就对本人具有拘束力，即本人既取得由此而产生的权利，也须承担由此而产生的义务，而代理人则一般不对此承担个人责任。例如，当代理人根据本人的授权，代表本人与第三人订立合同之后，代理人便可退出，而由本人与订约的第三人直接发生关系，如果双方在执行合同的过程中发生讼争，本人可以根据合同对该第三人提起诉讼，该第三人也可以依照合同对本人起诉。代理人的行为之所以能够拘束本人，是由于他得到了本人的授权，因此，只要他的行为没有越出授权的范围，本人就要对此负责。

在代理关系中，本人和代理人之间的关系称为内部关系（internal relationship）；本人与代理人对第三人的关系称为外部关系（external relationship）。在代理法中，如何处理内部与外部这两种关系是一个十分重要的问题。本人与代理人之间的内部关系是基本的法律关系，这种关系一般是由他们之间的合同决定的，这种合同可以是委任合同（如各种代理合同），可以是雇佣合同，也可以是合伙合同。在这种合同中，一般都规定了本人与代理人双方的权利与义务，往往也决定了代理人的权限范围。但是，由于这种合同只是本人与代理人之间的内部安排，其内容如何第三人无从得知，于是产生了这样一个问题：如果本人在他与代理人订立的合同中对代理人的权利加以限制，或者他们之间的合同由于某种原因宣告无效或撤销，对与代理人订立合同的第三人能否产生影响？换言之，代理人与第三人订立合同是否仍然有效，是否仍对本人具有拘束力？这是直接关系到保护第三人利益的问题。对于这个问题，各国代理法有不同的解决办法。

在大陆法中，德国、瑞士和日本的法律认为，委任与授权行为（power of agency）是有区别的。委任是本人与代理人之间的内部关系，而授权行为则是委任合同的对外关系，是本人及代理人同第三人的关系的法律依据。按照德国法的解释，授权行为是一种抽象的（abstract）法律行为，它与委任合同是互相独立、互不牵连的。即使委任关系宣告无效或撤销，授权行为仍然存在，代理人同第三人订立的合同仍然有效，本人对此仍需负责。这是为了保护第三人的利益，使第三人可以放心同代理人订立合同，而不用考虑本人同代理人之间的内部关系。法国法虽然没有严格把委任与授权行为区别开来，但法国的法学理论都赞同德国法的主张，《法国民法典》修订草案也表示接受这种观点。英美法没有抽象法律行为这种概念，但英美法学者强调代理权的客观性及其对内部关系的独立性。在英美法国家中，成文法在确定代理权的范围和性质方面不起重要的作用，主要是通过商业习惯和法院的审判实践来解决各类代理的权限问题。英美法除了明示授权的代理以外，还有所谓默示授权。只要本人的行为使人认为某人是他的代理人，并与该代理人订立了合同，这种合同即对本人具有拘束力。这就是所谓代理的客观标准，采取这种做法同样可以达到保护第三人的目的。

按照我国《民法典》第一编总则第七章代理的有关规定（第161～164条）：民事主体可以通过代理人实施民事法律行为。依照法律规定、当事人约定或者民事法律行为的性质，应当由本人亲自实施的民事法律行为，不得代理。

代理人在代理权限内，以被代理人名义实施的民事法律行为，对被代理人发生效力。

代理包括委托代理和法定代理。委托代理人按照被代理人的委托行使代理权。法定代理人依照法律的规定行使代理权。

代理人不履行或者不完全履行职责，造成被代理人损害的，应当承担民事责任。

代理人和相对人恶意串通，损害被代理人合法权益的，代理人和相对人应当承担连带责任。

《民法典》第173～175条规定，有下列情形之一的，委托代理终止：

（1）代理期限届满或者代理事务完成；

（2）被代理人取消委托或者代理人辞去委托；

（3）代理人丧失民事行为能力；

（4）代理人或者被代理人死亡；

（5）作为代理人或者被代理人的法人、非法人组织终止。

被代理人死亡后，有下列情形之一的，委托代理人实施的代理行为有效：

（1）代理人不知道且不应当知道被代理人死亡；

（2）被代理人的继承人予以承认；

（3）授权中明确代理权在代理事务完成时终止；

（4）被代理人死亡前已经实施，为了被代理人的继承人的利益继续代理。

有下列情形之一的，法定代理终止：

（1）被代理人取得或者恢复完全民事行为能力；

（2）代理人丧失民事行为能力；

（3）代理人或者被代理人死亡；

（4）法律规定的其他情形。

二、代理权的产生

（一）大陆法

大陆法把代理权产生的原因分为两种：一种是由于本人的意思表示而产生的，称为意定代理（voluntary）；另一种不是由本人的意思表示而产生的，称为法定代理（statutory）。

1. 法定代理

凡不是由本人的意思表示而产生的代理权称为法定代理权，具有这种代理权的人称为法定代理人。法定代理权的产生主要有以下几种情况：（1）根据法律的规定而享有代理权；（2）根据法院的选任而取得代理权，例如法院指定的法人清算人；（3）因私人的选任而取得代理权，例如亲属所选任的监护人及遗产管理人等。此外，公司法人本身是不能进行活动的，它必须通过代理人处理各种业务。公司法人的代理人就是公司的董事。公司的董事是公司法人的第一位代理人（primary agent），因为董事还有权指定另外的代理人。

2. 意定代理

意定代理是由本人的意思表示产生的代理权。这种意思表示可以采用口头方式，也可以采用书面方式；可以向代理人表示，也可以向同代理人打交道的第三人表示。

（二）英美法

英美法认为，代理权可以由下列原因而产生。

1. 明示的指定

所谓明示的指定就是由本人以明示的方式指定某人为他的代理人。按照英美的法例，代理协议的成立并不要求特定形式，既可以采用口头方式，也可以采用书面方式。即使代理人需要以书面方式同第三人订立合同，本人仍然可以采用口头方式授予代理权，除非本人要求代理人采用签字蜡封的方式替他同第三人订立合同，例如委托代理人购置不动产才需采用签字蜡封的形式授予代理权。这种要求的授权文书叫作“授权书”（power of attorney）。

2. 默示的授权（implied authority）

所谓默示的授权是指一个人以他的言辞或行动使另一个人有权以他的名义签订合同，他就要受该合同的拘束，就像他明示地指定了代理人一样。例如，某甲经常让某乙替他向某丙订购货物，并如数向丙支付货款。在这种情况下，乙便认为是具有默示的代理权。如果日后甲不让乙以他的名义订货，则甲除通知乙之外，还必须通知丙，否则如果乙仍继续以他的名义向丙订货，他仍需向丙负责。在英美法上，这又叫作“不容否认的代理”（agency by estoppel），意思是说，甲既然以他的行动表示乙具有代理权，而丙基于这种情况信赖乙有代理权并与之订立了合同，则甲就不能予以否认。

3. 客观必需的代理权（agency of necessity）

客观必需的代理权是在一个人受委托照管另一个人的财产时，为了保存财产而必须采取此种行为的明示的授权，但由于客观情况的需要得视为具有此种授权。这种情况在国际贸易中时有发生。例如，承运人在遇到紧急情况时，有权采取超出他的通常权限的、为保护委托人的财产所必须采取的行动，如出售易腐烂或有灭失可能的货物，并有权抵押船舶以清偿为完成航次所必需的修理费用。但要取得这种代理权是相当困难的，英美法院一般也不愿意不适当地承认这种代理权。

4. 追认代理（ratification）

如果代理人未经授权或者超出了授权的范围而以本人的名义同第三人订立了合同，这个合同对本人是没有拘束力的。但是，本人可以在事后批准或承认这个合同，这种行动就叫作追认。追认的效果就是使该合同对本人具有拘束力，如同本人授权代理人替他订立了该合同一样。追认具有溯及力，即自该合同成立时起就对本人生效。

（三）中国法律

我国《民法典》对委托代理做出了较详细的规定。按照《民法典》第165条、第167～169条、第171～172条的规定：

委托代理授权采用书面形式的，授权委托书应当载明代理人的姓名或者名称、代理事项、权限和期限，并由被代理人签名或者盖章。

代理人知道或者应当知道代理事项违法仍然实施代理行为，或者被代理人知道或者应当知道代理人的代理行为违法未作反对表示的，被代理人和代理人应当承担连带责任。

代理人不得以被代理人的名义与自己或与自己同时代理的其他人实施民事法律行为，但是被代理人同意或者追认的除外。

代理人需要转委托第三人代理的，应当取得被代理人的同意或者追认。转委托代理经被代理人同意或者追认的，被代理人可以就代理事务直接指示转委托的第三人，代理人仅就第三人的选任以及对第三人的指示承担责任。转委托代理未经被代理人同意或者追认的，代理人应当对转委托的第三人的行为承担责任；但是，在紧急情况下代理人为了维护被代理人的利益需要转委托第三人代理的除外。

行为人没有代理权、超越代理权或者代理权终止后，仍然实施代理行为，未经被代理人追认的，对被代理人不发生效力。

相对人可以催告被代理人自收到通知之日起30日内予以追认。被代理人未作表示的，视为拒绝追认。行为人实施的行为被追认前，善意相对人有撤销的权利。撤销应当以通知的方式作出。行为人实施的行为未被追认的，善意相对人有权请求行为人履行债务或者就其受到的损害请求行为人赔偿。但是，赔偿的范围不得超过被代理人追认时相对人所能获得的利益。

相对人知道或者应当知道行为人无权代理的，相对人和行为人按照各自的过错承担责任。

行为人没有代理权、超越代理权或者代理权终止后，仍然实施代理行为，相对人有理由相信行为人有代理权的，代理行为有效。

三、无权代理

无权代理是指欠缺代理权的人所做的代理行为。无权代理的产生主要有以下四种情形：（1）不具备默示授权条件的代理；（2）授权行为无效的代理；（3）超出授权范围行事的代理；（4）代理权消灭后的代理。

根据各国法律的规定，无权代理所做的代理行为，如与第三人订立合同或处分财产等，非经本人的追认，对本人是没有拘束力的。如果善意的第三人由于无权代理人的行为而遭受损失，该无权代理人应对善意的第三人负责。所谓“善意”是指第三人不知道该代理人是无权代理。如果第三人明知代理人没有代理权而与之订立合同，则属于咎由自取，法律上不予保护。

（一）大陆法的有关规定

关于无权代理的问题，大陆法各国大都在民法典中加以规定。如《德国民法典》和《日本民法典》都规定，无代理权人以他人名义订立合同者，非经本人追认不生效力。在本人追认以前，无权代理人所作的代理行为处于效力不确定的状态。在这种情况下，大陆法有两种处理方法：一是由第三人向本人发出催告，要求本人在一定时间内答复是否予以追认；二是允许第三人在本人追认以前，撤回他与无权代理人所订立的合同。如《德国民法典》第177、178条规定，在发生无权代理的情况时，第三人得催告本人表示是否追认。追认的表示应在收到催告后两周之内作出。如在此期间不表示追认，则视为拒绝追认。并规定，无权代理人所订立的合同在未经本人追认之前，第三人有权予以撤回；但如第三人在订立合同时明知其为无权代理人，不得撤回。

关于无权代理人的责任，大陆法各国法律的规定并不完全相同。从原则上来说，无权代理人对第三人是否须承担责任，主要取决于第三人是否知道该代理人没有代理权。如果第三人不知道该代理人没有代理权而与之订立了合同，无权代理人就要对第三人承担责任；反之，如果第三人明知该代理人没有代理权而与之订立了合同，无权代理人就不负责任。在这一点上，大陆法各国的法律规定是一致的，但在无权代理人的责任内容上，则有不同的规定。根据《法国民法典》和《瑞士债务法典》的规定，无权代理人应对善意的第三人负损害赔偿的责任。但根据《德国民法典》第179条的规定，无权代理人以他人的名义订立合同时，如本人拒绝追认，无权代理人应按照第三人的选择负履行合同或赔偿损失的义务。换言之，第三人既可以要求无权代理人赔偿损失，也可以要求其履行合同，由第三人在两者当中选择其一。

（二）英美法的原则

英美法把大陆法上的无权代理称为违反有代理权的默示担保（breach of implied warranty of authority）。按照英美法的解释，当代理人同第三人订立合同时，代理人对第三人有一项默示的担保，即保证他是有代理权的。因此，如果某人冒充是别人的代理人，但实际上并没有得到本人的授权，或者是越出了他的授权范围行事，则与其订立合同的第三人就可以以其违反有代理权的默示担保对他提起诉讼，该冒牌的代理人或越权的代理人就须对第三人承担责任。对于这种情况，需要注意以下几点：

（1）这种诉讼只能由第三人提起，不能由本人提起；

（2）不论是出于恶意还是不知情，无权代理人都要对其行为负责；

（3）如果第三人知道代理人欠缺代理权，或者知道代理人并没有提供有代理权的担保，或者合同中已经排除了代理人的责任，则代理人可以不承担责任；

（4）如果本人对代理人所作的指示含糊不清，而代理人出于善意以合理的方式执行了这一指示，则代理人对此不承担责任，即使代理人对本人的此项指示曾作了错误的解释，代理人也不负责任；

（5）代理人对违反有代理权的默示担保所承担的损害赔偿金额，一般应按第三人所遭受的实际损失计算。

四、代理关系的终止及其效果

（一）代理关系的终止

代理关系的终止有两种情况：一种是根据当事人的行为；一种是根据法律。

1. 根据当事人的行为终止代理关系

代理关系可以依当事人的行为而告终止。如果双方当事人在代理合同中订有期限，则代理关系于合同规定的期限届满时终止。如果代理合同中没有规定期限，当事人也可以通过双方的同意终止他们的代理关系。至于本人是否可以单方面撤回代理权的问题，根据各国的法律，原则上都允许本人在代理关系存续期间内撤回代理权。如《德国民法典》第168条规定：代理权的消灭，依授予代理权的法律关系决定之。如此项法律关系无特别规定，代理权的授予亦得于该法律关系存续中撤回。但是，本人在终止代理关系时，须事先给代理人以合理时间的通知。如果本人在代理关系存续期间不适当地撤销代理关系，本人须赔偿代理人的损失，其中包括代理人的佣金损失或其他报酬。这里需要特别指出以下两点。

（1）有些大陆法系国家为了保护商业代理人的利益，在法律上规定：本人在终止代理合同时，必须在相当长的时间以前通知代理人。例如，法国的法律规定，对于与代为招揽业务的代理人订立的代理合同，凡合同中未定期限者，本人在终止合同以前必须向该代理人预先发出通知。通知的期限，在订约后的第1年至第3年为6周，3年以后为3个月。其他大陆法系国家，如瑞士、意大利、荷兰等国也有类似的规定。这些都是强制性的规定，但它们只适用于不定期限的代理合同。如果双方当事人在代理合同中订有终止期限，则应按合同规定办理。

（2）有些国家对本人单方面撤回代理权有一定的限制。根据英美的判例，如果代理权的授予与代理人的利益结合在一起，本人就不能单方面撤回代理权。例如，某甲向某乙借款若干，并指定乙为代理人代其收取房地产租金，以清偿其借款。在这种情况下，代理权的授予就同代理人的利益结合在一起，甲在其借款清偿完毕之前，不能单方面撤回对乙的代理权。

2. 根据法律终止代理关系

根据各国的法律，在下列情况下，代理关系即告终止：

（1）本人死亡、破产或丧失行为能力。但是，根据某些大陆法系国家民商法的规定，上述情况只适用于民法上的代理权，至于商法上的代理权，则应适用商法典的特别规定，不因本人的死亡或丧失行为能力而消灭。

（2）代理人死亡、破产或丧失行为能力。根据各国的法律，当代理人死亡、破产或丧失行为能力时，无论是民事上的代理权还是商事上的代理权均因之而消灭。

（二）代理关系终止的效果

代理关系终止的效果，应从以下两个方面进行分析。

1. 当事人之间的效果

代理关系终止之后，代理人就没有代理权，如该代理人仍继续从事代理活动，即属于无权代理，本人与代理人之间的关系应按前面介绍的有关无权代理的法律规定办理。这里应当注意的是，有些大陆法国家为了保护商业代理人的利益，在商法中特别规定，在终止代理合同时，代理人对于他在代理期间为本人建立的商业信誉，有权要求本人予以赔偿。因为在代理合同终止后，这种商业信誉将为本人所享有，本人将从中得到好处，而代理人则将因此而失去一定的利益。如《德国商法典》第 89 条规定，在下列情况下，本人应给代理人以补偿：

（1）在代理关系终止后，本人在与代理人曾经介绍给他的客户的交易中获得重大的利益；

（2）代理人由于代理合同的终止将失去佣金，这种佣金如果不是由于终止代理合同，而是根据代理人介绍的客户已签订的合同或将来签订的合同，该代理人本来是应当得到的；

（3）依照各种有关的情况，对代理人付给补偿乃是公平合理的。

代理人对于商业信誉赔偿请求，必须在代理合同终止后 3 个月内提出。这些规定属于强制性的，当事人不得事先在合同中选择适用外国法律的办法来规避这种法律的适用。按照德国的法律，如果一个外国的本人同一个德国的代理人订立代理合同，如合同中规定适用本人国家的法律，则可不适用《德国商法典》的上述规定。目前，除德国以外，法国、瑞士、意大利等国的法律均有类似的规定，但英美等国的法律都没有这种规定。

2. 对于第三人的效果

当本人撤回代理权或终止代理合同时，对第三人是否有效，主要取决于第三人是否知情。根据各国的法律，当终止代理关系时，必须通知第三人才能对第三人发生效力。如果本人在终止代理合同时，没有通知第三人，后者由于不知道这种情况而与代理人订立了合同，则该合同对本人仍有拘束力，本人对此仍需负责。但本人有权要求代理人赔偿其损失。如《日本民法典》规定，对代理的限制或撤销，不得用以对抗第三人。《瑞士债务法典》第 34 条规定，撤销代理之全部或一部分时，需通知第三人后，才能用以对抗第三人。在这个问题上，英美法与大陆法的处理办法基本上是一致的。

■第二节　代理的分类

代理从不同的角度可以分成不同的类型，其中最重要的分类方法是根据代理权产生原因的不同。我国《民法典》第 163 条规定：代理包括委托代理和法定代理。西方各国将代理主要分为两大类：民事代理与商事代理。另外，西方国家还有一种特殊的代理——承担特别责任的代理，即各种专业代理。

一、商事代理

根据不同的标准划分，商事代理大致有以下七种分类。

1. 商业代理与商务代理

根据代理行为的标的，可将代理分为商业代理与商务代理。商业代理是传统的商事代理形式，指对有形商品交易活动进行的代理。而商务代理，则是指无形的营利性服务，如广告代理、保险代理与商事申请申报代理等。应当指出的是，劳务性商事服务与商务代理是有区别的，商界一般将打字、复印、收发传真与信件等办公室工作称为商务。有些酒店附属的商务中心，以及一些企业的咨询服务公司，专为其他企业提供咨询服务，此种服务是劳务性商事服务，并非法律意义上的商务代理行为。

2. 显名代理与不显名代理

根据代理行为的名义，可将代理分为显名代理与不显名代理。显名代理，又称公开本人姓名的代理，大陆法称之为直接代理，是指代理人在代理权限范围内，以被代理人的名义为民事法律行为，直接对被代理人发生法律效力的代理。而不显名代理，又称不公开本人姓名的代理、隐名代理或不披露本人身份的代理，大陆法称之为间接代理，是指代理人以自己的名义为民事法律行为，其效果是先由代理人承担然后移转于被代理人的代理。行纪（factor or factorage）是大陆法系间接代理的主要形式，行纪在旧中国又称牙行，在美国则称为代理商或收取佣金批发商。其特点是以自己的名义接受委托人的委托，代为买进商品或卖出商品，或者办理寄售，从中收取佣金。

直接代理与间接代理的划分依据有两条：一是代理人进行代理行为时以谁的名义，即以被代理人的名义还是代理人自身的名义；二是代理行为后果的归属由被代理人直接承担还是先由代理人承担然后转移给被代理人。

3. 自营商事代理与他营商事代理

根据代理人的归属，可将代理分为自营商事代理与他营商事代理。商事代理人以自己的名义设立的非独立机构（如经销部）所进行的商事代理，称为自营商事代理；商事代理人以独立商事主体接受代理人委托而进行的商事代理，称为他营商事代理。前者在代理人与被代理人之间负有连带责任，后者在被代理人与代理人之间一般不负连带责任。

4. 总代理、独家代理与一般代理

根据代理人的权限，可将代理分为总代理、独家代理与一般代理。

(1) 总代理（general agency）。是指在确定的地区有权代理被代理人从事全面业务活动的代理。总代理不仅有权独家代理指定的商品，还有权代表委托人处理其他事务，包括一些非商业性事务。

总代理权限较大，因此其行为对委托人利害关系甚大。委托人通常委托与其关系密切者担任总代理。

(2) 独家代理（exclusive agency or sole agency）。是指委托人在特定地区给予代理人独家代销其货物的权利，独家代理要承担在一定时期内推销一定数量商品的义务。

只要在独家代理协议规定的区域和期限内达成指定商品的交易，除非另有协议，无论是否由独家代理居间而成，独家代理都有权得到佣金。

通过独家代理方式拓展市场被证明是较为有效的做法。独家代理享有专营权，多推销则多得佣金，这有利于激励代理人的积极性。通常情况下，代理人仅负责穿针引线，搜集订单，然后由买卖双方直接签约，作为代理人的外商较易接受这种安排。在国际贸易中，独家代理业务由出口商掌握商品的价格、交易的数量和其他条件，对出口商也比较主动。

对出口商而言，在操作独家代理业务时应保持必要的谨慎，以免既增加了销售环节，又可能与国外客户失去了直接的联系。

（3）一般代理（agency）。一般代理没有专营权，出口商可在同一地区指定多家一般代理，也可越过一般代理直接向该地区销售。有些商品不适合采取独家代理的方式，或对代理商的经营能力和经营作风还有待考察，可采取一般代理的方式。

5. 商品购销代理、地产代理、广告代理、证券代理、旅游代理与商事申请申报代理

根据商事代理的业务类型，可将代理分为商品购销代理、地产代理、广告代理、证券代理、旅游代理与商事申请申报代理等。商事代理经营实践中的业务分类远不止这些，而且会随着商事代理业务的迅速发展不断增加。应当注意的是，商事代理中有些虽冠名代理，但并非商事代理关系。所谓经销代理，实质为买卖关系。有些代理可能并没有列入商事代理之中，但确实是商事代理，如商事申请申报代理有时并不列入一般的商事代理之中，实际上它不仅是商事代理的一种，而且是独立的类型。例如企业登记代理、税务申报代理、海关申报代理、专利申请代理、商标申请代理与建筑报建代理等，即属于此类。这种代理属显名代理，代理人一般应具有相应的专业知识与特许资格。这是一种专业性与营利性服务。从被代理人角度看，此种代理的内容虽具有行政义务性，却是其商事经营必不可少的环节。

6. 本代理与再代理

根据代理权是否再转让，可将代理分为本代理与再代理。本代理是指基于被代理人选任代理人或依法律规定而产生的代理。再代理（又称复代理或转代理）是指代理人为被代理人的利益将其所享有的代理权转托他人而产生的代理。例如，A是被代理人，B是代理人，B将其所享有的代理权转托给C，C就是再代理人。再代理的特征有：

（1）再代理是由代理人以自己的名义选任的；

（2）再代理人不是原代理人的代理人，仍然是被代理人的代理人；

（3）再代理权不是由被代理人直接授予的，而是由原代理人转委托的。

委托代理人为被代理人的利益需要转托他人代理的，应当事先取得被代理人的同意。事先没有取得被代理人同意的，应当在事后及时告诉被代理人，如果被代理人不同意，由代理人对自己所转托的人的行为负民事责任，但在紧急情况下，为了保护被代理人的利益而转托他人代理的除外。因委托代理人转托不明，给第三人造成损失的，第三人可以直接要求被代理人赔偿损失；被代理人承担民事责任后，可以要求代理人赔偿损失，转托代理人有过错的，应当负连带责任。

7. 特别责任代理与一般责任代理

根据代理人所负的责任，可将代理分为特别责任代理与一般责任代理。特别责任代理是指代理人在代理关系之外，自己对第三人另行承担责任的代理。例如，运输代理、保险代理与保付代理等就属此类。它实际上是代理人为了代理事项的顺利完成，以自己的名义向第三人作了承诺，而在原有的代理关系上另外附加了一个从属的法律

关系。它是商事代理中独有的代理类型。一般责任代理是指除了特别责任代理之外的代理。

二、承担特别责任的代理人

从以上分析可以知道，在通常情况下，代理人在授权范围内与第三人订立合同之后，就退居合同之外，他对第三人不承担个人的责任，即使第三人不履行合同，代理人对本人也不承担个人的责任。这是各国代理制度的一般规定。

但是，各国的法律或国际惯例也承认与规定，某些代理人在一定的条件下，必须对本人与第三人负责。这种代理人称为承担特别责任的代理人。这些代理人在国际商务中起着非常重要的作用，其业务活动涉及国际商务的各个领域。这些代理人之所以具有独特的作用，是因为在国际商务中，本人与第三人分别处于不同的国家，他们对于彼此的资信能力与经营作风不太了解，而对与他们有经常业务往来的这些代理人则比较熟悉，因此，被代理人与第三人在进行交易时，对代理人的信任往往多于对交易对方的信任。正因为如此，他们有时会要求这些代理人对他们承担个人责任，这样他们就能够放心地进行相互交易。

这种承担特别责任的代理人分为两类共五种。第一类是对本人承担特别责任的代理人，即信用担保代理人；第二类是对第三人承担特别责任的代理人，主要有四种，即运输代理人、保险经纪人、保付代理人和对商业跟单信用证加以保兑的保兑行。

1. 信用担保代理人

信用担保代理人（del credere agent)，是指在代理人所介绍的买方，即第三人不付货款或不偿还债务时，由他赔偿委托人即本人因此而遭受的损失。采用这种代理的好处是，由于委托人对国外市场的情况不太了解，无法判断代理人所在地区的买方的资信是否可靠，而且由于竞争的需要，往往以赊销的方法销售货物，一旦买方赖账或破产，就会遭受重大的损失。因此，如果代理人同意为国外的买方担保，委托人就可以避免无法预见的风险。还有一种好处是，由于代理人承担了信用担保的责任，就不会因为贪图多得佣金而在替委托人承揽订单时，只顾数量而忽视买方的资信能力。从法律上看，这种特别的代理关系除了在本人与代理人之间存在合同以外，还存在另外一项合同，即担保合同，代理人就是根据这种担保合同而承担个人的责任的。

信用担保制度在西方国家的出口贸易中曾经起过一定的作用，但是现在已经被逐步淘汰。因为现在许多西方国家已经设立了由政府经营的出口信用担保机构，专门办理承担担保业务。因此，信用担保代理人的作用已经被这些机构逐步代替。

2. 运输代理人

运输代理人（forwarding agent）是根据委托人的要求，代办货物运输业务的机构。它既可以向货主承揽货物，也可以代理货主向承运人办理托运，且可以兼营两方面的代理业务。

根据代理人的性质和地位，代理人可以公开自己的代理身份，但不公开委托人的身份；也可以公开自己的身份，同时公开委托人的身份；还可以不公开委托人而以自己的名义与第三方签订合同。代理地位的不同造成运输代理人负有不同的责任，但根据有关法律，承运人责任同时适用于契约承运人和实际承运人，他们都负有赔偿责任，应当负有连带责任。

在国际贸易中，运输代理人起着非常主要的作用。运输代理人具有运输方面的专门知识与信息，精通海、陆、空与国际联运的业务，熟悉海关手续运费、习惯与惯例，知道货物集装箱运输的组织安排，以及出口货物的包装与装卸等运输业务。

根据有些国家运输行业的惯例，如果运输代理人接受客户（本人）的委托，向轮船公司预订舱位，那么，他们自己就必须向轮船公司（第三人）负责。如果客户到时没有装运货物，使轮船空舱而行，则代理人必须支付空舱费。然后，代理人可以要求客户进行赔偿。如果客户拖欠代理人的佣金、手续费或其他费用，则代理人对客户的货物有留置权，直到客户付清各项费用为止。

运输代理人有很多种类型，主要有以下两种：

（1）货运代理人（freight forwarder）。

货运代理人是指根据委托人的要求，代办货物运输业务的机构。有的代表承运人向货主揽取货物，有的代表货主向承运人办理托运，有的兼营两方面的业务。它们属于运输中间人的性质，在承运人和托运人之间起着桥梁作用。

（2）船舶代理人（ships agent or owners agent）。

船舶代理人是指接受船舶经营人或船舶所有人的委托，为他们的在港船舶办理各项业务和手续的人。船舶代理人在港为委托人揽货，在装卸货港口办理装卸货物手续、保管货物和向收货人交付货物，为船舶补充燃料、淡水和食品，以及代办船舶修理、船舶检验，集装箱跟踪管理等。

3. 保险经纪人

保险经纪人（insurance broker），是指基于投保人的利益，为投保人与保险人订立保险合同提供中介服务，并依法收取佣金的单位。我国《保险法》第118条规定：保险经纪人是基于投保人的利益，为投保人与保险人订立保险合同提供中介服务，并依法收取佣金的机构。

保险经纪人按险种分类，主要分为人身保险经纪人、财产保险经纪人和分保经纪人三种。保险经纪人具有以下基本特征：

（1）保险经纪人是投保人的代理人，其必须接受投保人的委托，基于投保人的利益，按照投保人的要求进行业务活动。

（2）保险经纪人不是合同当事人，其仅为促使投保人与保险人订立合同创造条件，组织成交，提供中介服务，而不能代保险人订立保险合同。

（3）保险经纪人只能以自己的名义从事中介服务活动，但其有自行选择向哪家保险公司投保的权利。

（4）保险经纪人从事的是有偿活动，有权向委托人收取佣金。其佣金主要有两种形式。一种是由保险人支付的，主要来自其所收保险费的提成。另一种是当投保人有必要委托经纪人向保险人请求赔付时，由投保人向经纪人支付相关报酬。

（5）保险经纪人必须是依法成立的单位而非个人，并承担其活动所产生的法律后果。投保人对保险经纪人的经纪活动并不承担责任，经纪人因其过错造成的损失由自身承担。

根据有些国家的海上保险法的规定，例如英国，当海上保险合同由经纪人替被保险人（即本人）签订时，经纪人必须对保险人（第三人）与保险费直接负责。而保险人则对被保险人的保险金额直接负责。根据这项规定，如果被保险人不缴纳保险费，则经纪人必须直接负责向保险人缴纳保险费。如果保险标的物因为承保范围内的风险而遭受损失，则由保险人直接赔付给被保险人。

保险经纪人已经有了很长的历史，起源于17世纪的英国，现在它已经成为世界性的行业，但是在中国还处于起步阶段。保险经纪人应当具有较高的业务素质，因此国际上对它都规定了严格的资格要求。在我国设立保险经纪人必须报经中国银保监会审批，从事保险经纪业务的人员必须参加保险经纪人资格考试，并获得资格证书。

4. 保付代理人

保付代理业务，简称保理或国际保理（factoring），亦称保付代收或承购应收账款业务。它是国际贸易中在以托收、赊账等方式结算货款的情况下，保付代理人或保理商（confirming agent or factor）向出口商提供的一项包括对买方展开资信调查、风险担保、催收应收账款、信用管理以及融通资金等的综合性财务服务。

保理商按协议约定对出口人先行支付。其基本做法是，在以商业信用出口货物时，出口商按照与保理商事先签订的协议，向进口商交货后把应收账款的发票和装运单据交给保理商，即可得到保理商的资金融通，取得应收账款的全部或大部分货款。日后一旦发生进口商不付款或逾期付款，则保理商承担付款责任。

国际保理业务作为现代金融服务方式之一，是以出口商和保理商签订的国际保理合同为核心的。该合同应该符合如下基本条件：

（1）必须是商业机构与商业机构之间货物销售产生的应收账款，该应收账款不属于个人或家庭消费或类似使用性质；

（2）该商业机构必须将应收账款的权利转让给保理商；

（3）保理商必须履行以下职能：以贷款或预付款形式向供货商融通资金、管理与应收账款有关的账户、收取应收账款、对债务人的拒付提供坏账担保；

（4）应收账款的转让通知必须送交债务人。

保付代理是国际贸易中产生的一种新的支付方式。保付代理交易一般涉及三方当事人，即供应商、保付代理人和债务人。其业务涉及两个合同，即供应商与债务人签订的供应合同（如进出口货物销售合同）和保付代理人与供应商签订的保付代理合同。保付代理业务的一般程序为，供应商按合同规定发货之后，即将应收账款单据转卖给保付代理人，保付代理人预付给供应商80%～90%的货款（扣除融资利息）并通知债务人，债务人按期将货款全部付给保付代理人，保付代理人到期将剩余的10%～20%货款付给供应商，并扣除手续费。在保付代理业务中，保付代理人承担第一付款责任，如债务人无力付款，保付代理人必须偿付。保付代理业务有利于出口商减少收汇风险和获得融资，扩大海外市场销售，同时又可使进口商扩大购买能力，及时或提前得到进口货物。因而保付代理这种新的支付方式有利于国际商务的发展。

5. 对商业跟单信用证加以保兑的保兑行

保兑（confirming）方式一般是出于受益人或指定代理银行对信用证开证行的偿付能力不够信任或对进口国政治情况有顾虑等原因而采取的特别做法。有时是交易双方在交易合同中事先规定，来证必须有开证行以外的出口地银行或第三国银行加保；有时是银行之间在委托代理合同中事先规定，当开证金额超过一定额度时必须有开证行以外的其他银行加保；也有时是交易国之间在签订的支付协定中事先规定。

保兑行（confirming bank）是指根据开证行的请求在信用证上加具保兑的银行。保兑行在信用证上加具保兑后，即对信用证独立负责，承担必须付款或议付的责任。保兑银行的责任和地位与开证行相同。保兑行可以由通知行兼任，也可以由其他银行加具保兑。

在这种法律关系中，开证行是委托人，保兑行是代理人，卖方是受益人（第三人）。由于作为代理人的保兑行在开证行的不可撤销信用证上加上了自己的保证，这样，就必须对第三人承担责任。但是，如果没有在该信用证上加上自己的保兑，而仅仅是把开证行所开出的不可撤销信用证通知其所在地的受益人（第三人），那么，该银行对受益人就不必承担根据信用证规定的条件进行付款的义务。

第三节　本人与代理人之间的关系

在代理合同中有三种关系：一是本人和代理人之间的关系；二是代理人与第三人之间的关系；三是本人与第三人之间的关系。本节主要介绍本人和代理人之间的关系，至于本人和代理人对第三人的关系将在第四节中详细介绍。本人和代理人之间的关系一般是合同关系，属于本人与代理人之间的内部关系。

在通常情况下，本人和代理人都是通过订立代理合同或代理协议来建立他们之间的代理关系，并据以确定他们之间的权利义务，以及代理人的权限范围及报酬。关于本人和代理人的权利义务，大陆法系国家主要是在民商法典中规定的，英美法系国家则主要由判例法确定。但各国对本人与代理人的权利义务的法例，基本上是一致的。

一、代理人的义务

1. 代理人应勤勉地履行其代理职责

如果代理人不履行其义务，或者在替本人处理事务时有过失，致使本人遭受损失，代理人应对本人负赔偿的责任。

2. 代理人对本人应诚信、忠实

（1）代理人必须向本人公开他所掌握的有关客户的一切必要的情况，以供本人考虑决定是否同该客户订立合同。

（2）代理人不得以本人的名义同代理人自己订立合同，除非事先征得本人的同意。代理人非经本人的特别许可，不能同时兼为第三人的代理人，以从两边收取佣金。如《德国民法典》规定：代理人除经特别许可的情形外，不得以本人名义与自己实施法律行为，也不得作为第三人的代理人而实施法律行为。这种行为是对代理权的滥用，是违反代理人义务的行为。因此，当发生上述情形时，本人有权随时撤销代理合同或撤回代理权，并有权请求损害赔偿。

（3）代理人不得受贿或密谋私利，或与第三人串通损害本人的利益。代理人不得谋取超出其本人付给他的佣金或酬金以外的任何私利。如果代理人接受了贿赂，本人有权向代理人索还，并有权不经事先通知而解除代理关系，或撤销该代理人同第三人订立的合同，或拒绝支付代理人在受贿交易上的佣金，本人还可以对向受贿的代理人行贿的第三人起诉，要求他们赔偿由于行贿受贿订立合同而使他遭受的损失。即使代理人在接受贿赂或图谋私利时，并未因此而影响他所作的判断，也没有使本人遭受损失，但本人仍然可以行使上述权利。根据英国 1906 年《反贪污法》的规定，受贿的代理人和行贿的第三人都犯有刑法上的犯罪行为，情节严重者可追究刑事责任。

3. 代理人不得泄露他在代理业务中所获得的保密情报和资料

代理人在代理协议有效期间或在代理协议终止之后，都不得把代理过程中所得到的保密情报或资料向第三者泄露，也不得由他自己利用这些资料同本人在业务上进行不正当的竞争。但是，在代理合同终止后，除经双方同意的合理的贸易上的限制外，本人也不得不适当地限制代理人使用他在代理期间所获得的技术、经验和资料。因为根据某些国家关于限制性商业做法的法律，这种限制是无效的。

4. 代理人须向本人申报账目

代理人有义务对一切代理交易保持正确的账目，并应根据代理合同的规定或在本人提出要求时向本人申报账目。代理人为本人收取的一切款项须全部交给本人。但是，如果本人欠付代理人佣金或其他费用，则代理人对于本人交给他占有的货物享有留置权，或以他手中掌握的属于本人所有的金钱抵销本人欠款。

5. 代理人不得把他的代理权委托给他人

代理关系是一种信任关系，因此，在一般情况下，代理人不得把本人授予的代理权委托给他人，让别人替他履行代理义务。但如客观情况有此需要，或贸易习惯上允许这样做，或经征得本人的同意者，可不在此限。我国《民法典》第 923 条规定：受托人应当亲自处理委托事务。经委托人同意，受托人可以转委托。转委托经同意或者追认的，委托人可以就委托事务直接指示转委托的第三人，受托人仅就第三人的选任及其对第三人的指示承担责任。转委托未经同意或者追认的，受托人应当对转委托的第三人的行为承担责任；但是，在紧急情况下受托人为了维护委托人的利益需要转委托第三人的除外。

二、本人的义务

1. 支付佣金

本人必须按照代理合同的规定付给代理人佣金或其他约定的报酬，这是本人的一项最主要的义务。在商订代理合同时，对佣金问题，必须特别注意以下两点：

（1）本人不经代理人的介绍，直接从代理人代理的地区内收到订货单，直接同第三人订立买卖合同时，是否仍须向代理人照付现金；

（2）代理人所介绍的买主日后连续订货时，是否仍须支付佣金。

这些问题都应当在代理合同中明确作出规定，因为有些国家在法律上对此并无详细规定，完全取决于代理合同的规定。

根据英美法院的判例，如果本人与第三者达成的交易是代理人努力的结果，代理人应有权得到佣金。因此，如果经过代理人与买方谈判，而最后买方向本人直接订货，或代理人向本人推荐了买方，买方所出的价钱虽较标价低，但本人还是接受了这个较低的价格，代理人都可以要求佣金。但如果本人没有经过代理人的介绍而直接同代理地区的买方达成交易，代理人一般就无权索取佣金。但这些法律规则往往可以通过双方当事人的协议或行业习惯而改变，特别是在指定地区的独家代理协议中通常规定，代理人对所有来自代理地区的订货单都可以获取佣金。关于代理人所介绍的买方再次向本人订货时，代理人是否有权要求付给佣金的问题，主要取决于代理合同的规定。特别是在代理合同终止以后，买方再次向本人订货是否仍应付给代理人佣金的问题，如代理合同没有明确规定，往往会在本人与代理人之间引起争执。因为在代理合同终止之后，本人仍可利用代理人为他建立的商业信誉和工作的成果。根据英美法院的判例，如果代理合同没有规定期限，只要本人在合同终止后接到买方的再次订货，仍须向代理人支付佣金；如果代理合同规定了一定的期限，则在期限届满合同终止后，代理人对买方向本人再次订货就不能要求本人给予佣金。但即使是在代理人对再次订货有权要求佣金的情况下，代理人也只能要求对再次订货的佣金损失给予金钱补偿，而不能要求取得未来每次订货的佣金，否则这种佣金就将变成代理人的一项取之不尽、用之不竭的收入源泉。

大陆法对这些问题的处理方法同英美法有所不同。有些大陆法国家在法律上对商业代理人取得佣金的权利和佣金的计算方法都有详细的规定。如有些大陆法国家的法律规定，凡是在指定地区享有独家代理权的独家代理人，对于本人同指定地区的第三者所达成的一切交易，不论该代理人是否参与其事，该代理人都有权要求佣金。《德国商法典》第 87 条还有一项强制性的规定，即商业代理人一经设定，就有权取得佣金，即使本人不履行订单，或者履行的方式同约定有所不同，代理人都有权取得佣金。但是如果由于不可归咎于本人的原因出现了履约不可能的情况，则不能适用上述规定。遇到这种情况时，代理人不能要求佣金。此外，有些大陆法国家为了保护商业代理人的利益，在法律中还规定，在本人终止商业代理合同时，商业代理人对其在代理期间为本人建立的商业信誉，有权请求给予赔偿。

2. 偿还代理人因履行代理义务而产生的费用

一般地说，除合同规定外，代理人履行代理义务时所支出的费用是不能向本人要求偿还的，因为这是属于代理人的正常业务支出。但是，如果他因执行本人指示的任务而支出了费用或遭到损失，则有权要求本人予以赔偿。例如，代理人根据本人的指示在当地法院对违约的客户进行诉讼所遭受的损失或支出的费用，本人必须负责予以补偿。

3. 本人有义务让代理人检查核对其账册

这主要是大陆法国家的规定。有些大陆法国家在法律中明确规定，代理人有权查对本人的账目，以便核对本人付给他的佣金是否准确无误，这是一项强制性的法律，双方当事人不得在代理合同中作出相反的规定。

■第四节 本人及代理人同第三人的关系

按照代理的一般原则，代理人是代替本人同第三人订立合同或作其他法律行为的，合同一经订立，其权利义务均归属于本人，应由本人直接对第三人负责，代理人对此一般不承担个人责任。但实际情况并非如此简单，特别是本人及代理人同第三人的关系往往是错综复杂的。其中最重要的是必须弄清楚：第三人究竟同谁订立了合同？代理关系是一种三角关系，其中既有代理人同第三人的关系，也有本人同第三人的关系，因此，从第三人的角度来看，最重要的问题是弄清楚他究竟是同代理人还是同本人订立了合同，即与他订立合同的另一方究竟是代理人还是本人。这个问题在外贸业务中是时常发生的。例如，我国对外贸易企业在同外商订立合同时，双方或其中一方究竟是作为代理人还是作为本人签订合同，究竟应该由谁对合同负责？这是一个十分重要的问题。有时对方并没有声明他是代理人，更没有指明谁是他的委托人（本人），但在执行合同的过程中出来了一个本人，要求我们直接对他履行合同。因此，搞清楚这个问题是十分必要的。对于这个问题，大陆法和英美法有一些不同的规定。

一、大陆法

在确定第三人究竟是同代理人还是同本人订立了合同的问题时，大陆法所采取的标准是看代理人是以代表的身份同第三人订立合同，还是以他自己个人的身份同第三人订立合同。当代理人是以代表身份同第三人订立合同时，这个合同就是第三人同本人之间的合同，合同的双方当事人是第三人与本人，合同的权利义务直接归属于本人，由本人直接对第三人负责。在这种情况下，代理人在同第三人订立合同的时候，可以指明其本人的姓名，也可以不指明本人的姓名，而仅声明他是受他人的委托进行交易，但无论如何，代理人必须表明他是以代理人身份订约的，或依订约时的环境情况可以表明这一点，否则就将认为是代理人自己同第三人订立合同，代理人就应对此合同负责。如果代理人是以他个人的身份同第三人订立合同，则无论代理人事先是否得到本人的授权，这个合同都将认为是代理人与第三人之间的合同，代理人必须对合同负责。在这种情况下，本人原则上同第三人没有直接的法律联系。

基于上述标准，大陆法把代理分为两种：一种叫直接代理，另一种叫间接代理。代理人在代理权限内以代表的身份，即以本人的名义同第三人订立合同，其效力直接及于本人的，称为直接代理；代理人以他自己的名义，但是为了本人的缘故（on the account of principal）而与第三人订立合同，日后再将其权利义务通过另外一个合同移转于本人的，则称为间接代理。

在大陆法国家，直接代理称为商业代理人（德国称为 handels vertretor，法国称为 agent commercial），间接代理称为行纪人（kommissionor，commissionaire）。行纪人虽然是受本人的委托并为本人的缘故而与第三人订立合同，但他在订约时不是以本人的名义同第三人订约，而是以代理人自己的名义订约，因此，这个合同的双方当事人是代理人与第三人，而不是本人与第三人，本人不能仅凭这个合同直接对第三人主张权利。只有当代理人把他从这个合同中所得到的权利转让给本人之后，本人才能对第三人主张权利。如《德国商法典》第 392 条规定，由行纪人交易行为所发生的债权，须移转于委托人（即本人）后，委托人才能向债务人主张。因此，在间接代理的情况下，本人需要经过两道合同手续才能对第三人主张权利：第一个是间接代理人与第三人订立的合同，第二个是代理人把有关权利转让于本人的合同。根据德国、瑞士、日本等国的法律，行纪人的业务仅以从事动产或有价证券的买卖为限，但法国法没有这种限制，行纪人可以订立各种类型的合同。

二、英美法

英美法同大陆法不同，英美法没有直接代理与间接代理的概念，对于第三人究竟是同代理人还是同本人订立合同的问题，英美法的标准是，对第三人来说，究竟是谁应当对该合同承担义务，即采取所谓义务标准。英美法在回答这个问题时，区分三种不同的情况：（1）代理人在同第三人订约时具体指出本人的姓名；（2）代理人表明自己的代理身份，但不指出本人的姓名；（3）代理人事实上有代理权，但他在订约时不披露代理关系的存在。这是英美法特有的制度。

1. 代理人在订约时已指出本人的姓名

如果代理人在同第三人订约时已经表明他是代理指明的本人订约的，在这种情况下，这个合同就是本人与第三人之间的合同，本人应对合同负责，代理人不承担个人责任。代理人在订立合同后，即退居合同之外，他既不能从合同中取得权利，也不对该合同承担义务。

2. 代理人在订约时表示有代理关系存在，但没有指出本人的姓名

如果代理人在同第三人订立合同时表示他是代理人，但没有指出他为之代理的本人姓名，在这种情况下，这个合同仍认为是本人与第三人之间的合同，应由本人对合同负责，代理人对该合同不承担个人责任。按照英国的判例，代理人在同第三人订立合同时，如仅在信封抬头或在签名之后加列“经纪人”或“经理人”的字样是不足以排除其个人责任的，而必须以清楚的方式表明他是代理人，如写明“买方代理人”或“卖方代理人”等。至于他所代理的买方或卖方的姓名或公司的名称，则可不在合同中载明。

3. 代理人在订约时根本不披露有代理关系的存在

如果代理人虽然得到本人的授权，但他在同第三人订立合同时根本不披露有代理关系一事，即既不披露有本人的存在，也不指出本人是谁，这在英美法上叫作未被披露的本人的代理人。在这种情况下，第三人究竟是同本人还是同代理人订立了合同，他们当中谁应当对该合同负责，这是一个比较复杂的问题。毫无疑问，在这种情况下，代理人对合同是应当负责的，因为他在同第三人订约时根本没有披露有代理关系的存在，这样他实际上就是把自己置于本人的地位同第三人订立合同，所以他应当对合同承担法律上的责任。问题在于，在这种情况下，未被披露的本人原则上可以直接取得这个合同的权利并承担义务。具体来说有以下两种方式。

（1）未被披露的本人有权介入合同并直接对第三人行使请求权或在必要时对第三人起诉，如果他行使了介入权，他就使自己对第三人承担义务。

（2）第三人在发现了本人之后，享有选择权，他可以要求本人或代理人承担合同义务，也可以向本人或代理人起诉。但第三人一旦选定了要求本人或代理人承担义务之后，他就不能改变主意对他们当中的另一人起诉。按照英国的法律，未被披露的本人在行使介入权时有两项限制：第一，如果未被披露的本人行使介入权会与合同的明示或默示的条款相抵触，他就不能介入合同；第二，如果第三人是基于信赖代理人的才能或清偿能力而与其订立合同，则未被披露的本人也不能介入该合同。

上述英美法的情况同大陆法相比较，既有相同之处，也有不同的地方。上述第一种情况和第二种情况，即代理人在订约时指明本人的姓名或表明自己的代理身份但不指明本人姓名的情况，同大陆法上的直接代理是相同的，但英美法中的第三种情况，即代理人不披露本人的存在的情况，虽然在表面上与大陆法的间接代理有相似之处，但在英美法中未被披露的本人的法律地位同大陆法的间接代理的委托人（本人）的法律地位是截然不同的。按照大陆法，间接代理关系中的委托人不能直接凭代理人与第三人订立的合同而对第三人主张权利，而必须由代理人同他再订立合同把前一个合同的权利移转给他，他才能对第三人主张权利，即需要经过两个合同关系才能使间接代理关系中的委托人同第三人发生直接的法律关系。但按照英美法，未被披露的本人有介入权，他无须经过代理人把权利移转给他，就可以直接对第三人主张权利。而第三人一经发现了未被披露的本人，也可以直接对本人起诉。这是英美法同大陆法的一个重要区别，也是英美代理制度的一个主要特点。

三、中国法律

我国《民法典》第926条规定，受托人以自己的名义与第三人订立合同时，第三人不知道受托人与委托人之间的代理关系的，受托人因第三人的原因对委托人不履行义务，受托人应当向委托人披露第三人，委托人因此可以行使受托人对第三人的权利。但是，第三人与受托人订立合同时如果知道该委托人就不会订立合同的除外。

受托人因委托人的原因对第三人不履行义务，受托人应当向第三人披露委托人，第三人因此可以选择受托人或者委托人作为相对人主张其权利，但是第三人不得变更选定的相对人。

委托人行使受托人对第三人的权利的，第三人可以向委托人主张其对受托人的抗辩。第三人选定委托人作为其相对人的，委托人可以向第三人主张其对受托人的抗辩以及受托人对第三人的抗辩。

在显名代理的情况下，代理人在代理权限内，以被代理人的名义实施民事法律行为，被代理人（委托人）对代理人的代理行为应承担民事责任。这就是说，如果被代理人委托代理人代其签订合同，则只要代理人是在代理权限内，以被代理人的名义同第三人签订该合同，该合同的权利和义务均应归属于被代理人，应由被代理人对该合同承担责任，代理人对该合同可不承担责任。但是，在不显名代理的情况下，第三人在知道委托人（被代理人）是谁后不与受托人（代理人）签订合同的除外。

案例 7.1

A市某汽车修理公司授权委托本公司业务员刘某和孙某二人外出订购一批汽车零配件，并对所购汽车零配件的型号、品种、价格以及质量要求等事项在补充协议中作了详细说明。刘某和孙某二人各持一份授权委托书分别在甲、乙两座城市寻找符合要求的货源。后来，孙某在乙市找到了一批货，型号、品种、质量均符合要件，但价格较高，超出预定价格约20%。孙某拿不定主意，于是与在甲市的刘某通电话协商，经两人反复讨论，觉得这批货值得，于是由孙某代表该汽车修理公司在乙市签订了价值8万余元的购货合同。后来刘某、孙某二人回到A市向汽车修理公司报告了签订合同的情形，并把合同交给公司经理。公司认为刘、孙二人所订合同价格过高，不能接受，于是拒绝履行合同。供货方经几次交涉未果，遂向人民法院提起诉讼，要求某汽车修理公司履行合同。供货方诉称：孙某是某汽车修理公司的业务员，有某汽车修理公司的授权委托书，因此，孙某代为签订购货合同的行为的法律后果应当由某汽车修理公司承担，请求法院判决某汽车修理公司履行合同。某汽车修理公司辩称：本公司授予刘、孙二人的代理权非常明确地规定在授权委托书中，并对所购零配件的型号、品种、价格以及质量作了详细的说明，刘、孙二人的行为超越了授权委托书规定的授权范围，属于无权代理，本公司不予追认，因此，本公司不能承担刘、孙二人无权代理行为的法律后果。试问：刘、孙二人的代理行为有无不当之处？谁应该承担法律后果？为什么？

分析：

本案原为一个关系比较简单的越权代理案件，但由于涉及共同代理的问题而需要受到重视。所谓共同代理，是指数人同时接受被代理人的委托而成为代理人，或者依法律规定而使数人同时成为被代理人的代理人。例如，根据《民法典》的规定，父母是其未成年子女的监护人，对未成年子女的法定代理权是由父母双方共同行使的，这就属于共同代理。共同代理中的代理权是由数个代理人共同行使的。这是共同代理最重要的特征，这也就涉及共同代理人中的一个代理人或者数个代理人如果未经与其他代理人协商而擅自单独行使代理权，由此给被代理人造成损失的，应当由谁来承担责任的问题。一般原则是：数个委托代理人共同行使代理权的，如果其中一人或者数人未与其他委托代理人协商，所实施的行为侵害被代理人权益的，由实施行为的委托代理人承担民事责任。如果一人或者数人经与其他委托代理人协商而实施行为，该行为应被看作全体代理人的共同行为，实施行为的意思表示应被看作全体代理人的意思表示。如果实施的行为给被代理人或者第三人造成了损害，应由全体代理人负连带责任。本案中，孙某的行为是经过与刘某协商而决定的，是二人共同的意思表示，因此应当由刘某和孙某对供货方的损失负连带责任。

因此，人民法院经审理认为：本案中某汽车修理公司对刘、孙二人的授权范围在授权委托书中规定得非常明确，因此孙某的行为构成了无权代理，是超越代理权的行为，被代理人某汽车修理公司没有予以追认，因此，越权代理行为产生的法律后果应当由无权代理人自己承担。由于刘某和孙某是某汽车修理公司的共同代理人，而且孙某与供货方签订合同的行为是经过与刘某协商的，是全体代理人共同的意思表示，因此应当由刘某和孙某对供货方负连带责任。

复习与思考题

1. 简述代理与代理权的含义、性质与类型。
2. 大陆法与英美法对无权代理是如何规定的?
3. 何谓承担特别责任的代理人? 这种代理人包括哪些类型?
4. 代理人对本人负有哪些义务? 代理人对本人的忠实义务又包括哪些内容?

第8章 票据法

本章提要

1. 票据的概念与作用
2. 票据的法律特点与票据法体系
3. 汇票、本票与支票
4. 联合国《国际汇票和国际本票公约》
5. 中国的票据法

关键术语	
	票据　票据权利　票据抗辩　汇票　出票　提示　承兑　背书　拒付　追索权　本票　支票　划线支票　文义责任原则

第一节　票据的概念及法理

票据是商业活动中广泛使用的一种重要的支付工具，同时，它又有信用的功能，成为重要的信用工具。由于它是用来替代货币进行支付的，本身就有了财产的特性，成为动产的一个特别种类。由于票据的广泛使用性和重要性，票据必然需要法律规制，用法律调整当事人之间的票据利益关系，调整票据关系的法律就是票据法（law of bill）。票据法，是指调整票据的出票和转让等票据行为，以及票据当事人之间权利和义务的有关法律规范的总称。要了解票据法，首先必须了解票据的概念、特征、作用以及票据的法律制度和票据法体系；其次，必须了解最常用票据——汇票的有关当事人和种类，汇票的背书、提示、承兑、保证、付款和追索权，以及各国相关法律规定；再次，必须了解本票与支票及其与汇票的区别；最后，必须了解中国的票据法。下面我们首先对票据进行简要介绍。

一、票据概述

（一）票据的概念与特征

关于票据的概念或含义，有广义与狭义之分。广义的票据是指各种商业活动中与权利结合在一起的有价证券和凭证，如提单、运货单、栈单、股票、国库券、企业（公司）债券、汇票、本票、支票等；狭义的票据仅指货币证券，即出票人依票据法规定的法定条件，签章于票据上而发行的，并以其无条件支付或委托他人无条件支付一定金额货币为目的的有价证券。我们这里所讲的票据，仅指狭义的票据，即汇票、本票和支票。

狭义的票据，具有以下 10 个法律特征：

（1）票据是设权证券。就证券权利与证券作成的关系的不同，证券有设权证券和证权证券之分。权利义务产生于证券作成之前，证券的作成仅在于证明一定的权利存在的证券为证权证券，如提单、栈单等。权利义务发生于证券作成，证券的作用在于创设一定的权利的证券为设权证券。票据权利因票据的作成而产生，作成票据就创设了票据权利。因此，票据不是证权证券，它不是用以证明已经存在的权利，而是创设权利，是一种设权证券。

（2）票据是债权证券。就证券上的权利所表示的法律性质的不同，证券分为物权证券、团体证券和债权证券等。物权证券持有人享有的权利是证券表明的物权，如仓单、提单等；团体证券又称社员权证券，其持有人享有的权利是证券表明的社员权，如公司股票等；债权证券持有人所享有的权利是证券表明的债权。票据所创设的权利为金钱债权，票据持有人可以就票据记载的一定金额向票据的特定债务人（出票人、付款人、保证人、承兑人等）行使付款请求权，所以票据是债权证券。

（3）票据是货币证券，或称金钱证券。它请求给付的标的是一定数额的货币（金钱），而不是货币以外的其他物品或利益。

（4）票据是要式证券。票据的制作应当符合法律规定的要式，并以准确的文字加以记载，否则该票据无效。

（5）票据是无因证券，或称票据的无因性、独立性。是指票据作成后即具有独立的权利义务关系，而与产生或转让该票据的原因关系相分离。持票人只要持有的票据具备要式条件，即可向票据债务人行使权利，而无须说明其取得票据的原因。

（6）票据是流通证券。指票据具有流通性，票据在到期前，可以通过背书或交付而转让，并可在市场上自由流通。

（7）票据是文义证券。指票据上创设的权利义务必须以票据上记载的文义为准，在票据上签章的人均应依签章时的票据文义对票据负责，而不得以票据以外的其他证据来变更或补充票据上文字记载的意义。

（8）票据是占有证券。主张票据权利须以占有票据为前提。票据权利人行使票据权利，必须实际占有票据，如果票据失盗、毁损、灭失等，则无法向票据债务人主张票据权利。因此，票据是占有证券。

（9）票据是提示证券。票据持有人行使票据权利以占有票据为必要条件，因此，票据权利人请求付款或行使追索权时，必须向义务人提示票据，以证明其占有票据的事实，否则将被拒付。

（10）票据是返还证券。票据的占有性、提示性，决定了票据必须是返还证券，即权利人的票据权利实现后，须将票据返还给义务人，否则，票据义务人可以拒付。因为票据上的权利与票据占有不可分离，持票人须交出票据才能取得票面上所载的金额。付款人是主债务人的，付款后票据关系消灭；付款人是次债务人的，付款后可凭票据向其前手追索。

（二）票据的种类

关于票据的种类，各国的法律规定差异较大。法国和德国的法律规定，票据仅为汇票和本票，对支票实行单独立法；日本早期票据立法规定，票据包括汇票、本票和支票，而现行的日本票据法不包括支票；英美法系国家则认为支票是汇票的一种，票据只分为汇票和本票两种。在我国，历来都把支票作为一种单独的票据。1995 年 5 月颁布、2004 年 8 月修正的《中华人民共和国票据法》（简称《票据法》）将现行流通的票据分为汇票、本票和支票，即我国法定的票据种类有三种：

（1）汇票。汇票是出票人签发的，委托付款人在见票时或者在指定日期无条件支付确定的金额给收款人或者持票人的票据。汇票分为银行汇票和商业汇票两种。

（2）本票。本票是出票人签发的，承诺自己在见票时无条件支付确定的金额给收款人或者持票人的票据。我国《票据法》上所称的本票是指银行本票。

（3）支票。支票是出票人签发的，委托办理支票存款业务的银行或其他金融机构在见票时无条件支付确定的金额给收款人或者持票人的票据。

（三）票据权利与票据抗辩

1. 票据权利

票据权利是指持票人向票据债务人请求支付票据金额的权利，它包括付款请求权和追索权。

（1）付款请求权。付款请求权又称第一次请求权，是指持票人对票据主债务人（如汇票的承兑人、本票的发票人、支票的保付人等）行使请求其支付票据金额的权利。

（2）追索权。追索权是指因持票人在第一次请求权没有或者无法实现的情况下，对票据的其他付款义务人（如汇票、支票的发票人，汇票、本票的保证人，票据的背书人等）行使请求偿还票款的权利。也就是说，作为持票人，它首先应当要求票据的主债务人（付款人、承兑人）向其偿付票款，如果主债务人没有或无法（如账上无款支付或者破产等）偿付，持票人才有权要求其他付款义务人（背书人、保证人、出票人）向其偿付票款。

我国《票据法》第 61 条规定，汇票到期被拒绝付款的，持票人可以对背书人、出票人以及汇票的其他债务人行使追索权。

汇票到期日前，有下列情形之一的，持票人也可以行使追索权：①汇票被拒绝承兑的；②承兑人或者付款人死亡、逃匿的；③承兑人或者付款人被依法宣告破产的或者因违法被责令终止业务活动的。

我国《票据法》第 62 条规定，持票人行使追索权时，应当提供被拒绝承兑或者被拒绝付款的有关证明。

2. 票据抗辩

（1）票据抗辩的含义。

票据抗辩是指票据债务人根据《票据法》的规定对票据债权人拒绝履行义务的行为。即债务人对票据债权人所行使的承兑或付款的请求权可以提出某种合法的理由加以拒绝。

（2）票据抗辩的种类。

在票据法理论上，票据抗辩分为对物抗辩和对人抗辩。对物抗辩是指票据债务人可以对抗一切票据债权人的抗辩，对人抗辩是指票据债务人对抗特定票据债权人的抗辩。

债务人对物抗辩，是指基于票据本身的内容有瑕疵而进行的抗辩。比如，债务人认为票据本身欠缺某些基本内容，如汇票上未记明金额、发票人没有签名、记有附带条件的支付委托等，该票据应该无效或消灭，从而拒绝付款，这种抗辩就属于对物抗辩。对物抗辩包括：①票据欠缺应记载的内容；②票据到期日未到；③票据已经依法付款；④票据经判决为无效；⑤票款已依法提存；⑥欠缺票据行为能力；⑦票据系伪造及变造；⑧票据因时效而消灭；⑨与票据记载不符的抗辩等。对于前 5 项，任何票据债务人都有权拒绝支付票款。对于后 4 项，只限于特定债务人可以对所有权人进行抗辩。比如对于伪造票据，由于被伪造者并未在票据上签字，因而被伪造者可以对任何债权人进行抗辩。

所谓对人抗辩，是指特定的债务人对特定的债权人的抗辩。这种抗辩是基于当事人之间的特定关系而产生的，一旦持票人发生变更，就不得再进行抗辩。对人抗辩包括：①票据原因关系不合法，比如为支付赌债而签发的支票；②原因关系不存在或消灭，比如为购货而签发票据但对方没有发货；③欠缺对价，比如持票人未按约提供与票款相当的商品或劳务等；④票据债务已经清偿、抵销或免除而未载于票据上，可对直接当事人抗辩；⑤票据交付前被盗或遗失，可对盗窃人或拾得人抗辩；等等。

（3）票据抗辩的限制。

为了确保票据的流通和安全，各国票据法都对票据抗辩规定了不同程度的限制。从立法角度而言，票据抗辩和票据抗辩的限制是同一问题的两个方面。所谓票据抗辩的限制是票据法规定的票据债务人对特定持票人不得抗辩的限制。我国《票据法》第 13 条规定：票据债务人不得以自己与出票人或者与持票人的前手之间的抗辩事由，对抗持票人。但是，持票人明知存在抗辩事由而取得票据的除外。票据抗辩限制的基本原理，就是将抗辩事由限定在票据债务人与其直接相对人之间，善意受让票据的持票人不受票据债务人与其相对人之间抗辩事由的影响。所以，从票据抗辩的内容上来看，票据抗辩权的限制只发生在票据流通中与人的抗辩有联系的场合。就以上《票据法》规定票据债务人不得以自己与发票人之间可能存在的抗辩事由对抗持票人来说，当票据债务人是承兑人时，汇票的承兑人之所以对汇票进行承兑并给予付款，是因为他从出票人那里获得了补偿的资金。其补偿内容可能是出票人曾供给资金；也可能是承兑人对出票人负有债务，而以承兑汇票作为偿还债务的一种方法；还可能是出票人与承兑人之间有信用合同等。上述资金的补偿如有欠缺，承兑人就可对出票人进行抗辩，但当持票人为出票人以外的人时，承兑人就不能以持票人没有供给资金为由，而向持票人进行抗辩。如甲向乙出售货物，为收取货款，以乙为付款人发出汇票交给受款人丙，汇票经乙承兑后，甲并没有交货，丙持票请求乙付款，乙不得以甲没有交货为由作为抗辩事由对抗丙而拒不付款。在此例中，甲与乙因基础关系发生直接当事人之间的抗辩事由，这一抗辩事由被法律切断而仅在甲乙之间有效，持票人丙不继受甲的抗辩事由，乙的抗辩权受到限制。

另外，从《票据法》规定的票据债务人不得以自己与持票人的前手之间的抗辩事由对抗善意持票人（持票人明知存在抗辩事由而取得票据的除外）来看，若仍以票据债务人为承兑人，无论是承兑在先转让在后，还是转让在先承兑在后，承兑人均不得以前手的抗辩事由对抗善意持票人。例如出票人甲因向乙购货，签发本票给乙，约定1个月后交货。但到时乙不能交货，反而持甲签发的本票向甲请求付款，甲可以向乙行使票据抗辩权。然而如果乙已将甲签发的本票通过背书的形式转让给善意持票人丙，丙于本票到期日向甲请求付款时，甲不得以乙未交货这一事由对抗丙的请求权。以上说明把债务人与出票人之间存在的人的抗辩只限制在他们之间。把债务人与债权人之间存在的人的抗辩也限制在他们之间，不允许把这些抗辩扩大到其他人。也就是说，票据一经转让，债务人对让与人的抗辩就不能随债权而转移到受让人身上。

二、票据法律关系的概念和构成

票据法律关系，简称票据关系，是指票据当事人在票据的签发和流通转让过程中，依据相应的票据法律规范所形成的票据上的权利义务关系。当事人依据《票据法》实施票据行为，如出票、背书、承兑、付款、保证等，在各当事人之间就形成了多种多样的票据法律关系。

票据法律关系和其他法律关系一样，也由主体、客体和内容以及相应的基础关系构成。

1. 票据法律关系的主体

票据法律关系的主体是指票据法律关系的参加者，即在票据的签发和流通转让过程中，通过实施票据行为，取得一定权利、承担一定义务的当事人。票据法律关系的当事人必须通过实施票据行为才能取得主体资格。票据法律关系的主体是特定的，一般包括：出票人、收款人、付款人、持票人、承兑人、背书人、保证人、参加人（包括参加承兑人和参加付款人）。这些主体既可以是个人、法人，也可以是非法人组织，还可能是国家。票据主体（当事人）可以按照不同的标准进行分类：

（1）按照当事人是否随出票行为出现，可分为基本当事人和非基本当事人。前者是指在票据签发时就存在的当事人，如汇票和支票的出票人、收款人和付款人，本票的出票人和收款人。后者是指在票据签发以后基于其他票据行为参加票据关系的当事人，如背书人、保证人、参加人等。

（2）按照当事人之间的相互位置的不同，可以分为前手和后手。凡票据上签章位于某一特定当事人之前的当事人称为前手，位于其后的当事人则为后手。

（3）按照当事人是否持有票据，可分为持票人和非持票人。持票人或称执票人，是指实际控制和持有票据的当事人，他一般是票据关系中的债权人。非持票人是指没有实际占有和控制票据的人。

（4）按照当事人在票据关系中的地位不同，可分为债权人和债务人。债权人是指因为一定票据行为而有权请求支付票载金额的权利人，包括收款人和持票人。债务人则是指因为一定票据行为而有义务向持票人支付票载金额的责任人。债务人按责任主次，又可以分为第一债务人（或称主债务人）和第二债务人（或称次债务人、偿还债务人）。前者是指负有付款义务的债务人，如汇票承兑人、本票的出票人等；后者是指负有担保付款义务的人，如汇票出票人、背书人、保证人等。在票据法律关系中，当持票人向第一债务人主张债权遭到拒绝时，可向第二债务人行使追索权，请求支付票款及利息和有关费用。

2. 票据法律关系的客体

票据法律关系的客体是指参加票据法律关系的当事人的权利义务所共同指向的对象。由于票据是一种金钱证券，票据法律关系的客体就表现为一定数额的货币，而不是物品。当事人签发和转让票据的目的是完成结算过程，清偿一定的金钱债务。

3. 票据法律关系的内容

票据法律关系的内容是指票据当事人因票据行为依法享有的票据权利和承担的票据义务。票据权利是票据权利人所享有的为实现票据债权而为一定行为或要求他人为一定行为的可能性，包括付款请求权和追索权。票据义务，又称票据责任，是指票据义务人为满足票据权利人的请求而依法为一定行为或不为一定行为的必要性，如付款人的付款义务、承兑人的承兑义务、保证人的担保义务等。

票据法律关系的内容依程序先后可分为两个层次：第一层次是付款请求权和付款义务；第二层次是追索权和偿付义务。

4. 票据基础关系

票据基础关系，或称民法上的非票据关系，是指民法上与票据有关但非基于票据行为产生的法律关系。这类关系不是票据法律关系，而是作为产生票据法律关系的事实和前提条件存在于票据法律关系之外的一种关系。因它是产生票据法律关系的前提和基础，故称为票据基础关系。

票据基础关系主要有三种：票据原因关系、票据资金关系和票据预约关系。

（1）票据原因关系，或称票据原因，是指当事人之间授受票据的原因。持票人或背书人之所以签发或背书票据，将其交付给收款人，收款人之所以接受票据，在经济上和法律上必有一定的原因，如因买卖、借贷、赠与等原因而签发或背书转让票据等。这种原因关系有的有对价，有的无对价，但在现实的票据签发、转让中，其原因关系一般以有对价为主。

票据原因具有双重效力：一方面，票据原因与票据行为是分离的，这体现为票据的无因性；另一方面，票据原因和票据行为又有一定的联系，如依《票据法》的规定，在直接当事人之间，基于原因关系的不合法、无效、不存在和消灭，可以行使对人的抗辩。

（2）票据资金关系，或称票据资金，是指存在于汇票（或支票）的出票人与付款人之间的基础关系。如存款、承诺、欠债等。出票人通常是票据的资金义务人。汇票或支票的出票人之所以委托付款人付款，付款人之所以愿意付款或承兑，是因为当事人之间有一定的约定，即付款人接受出票人的委托而代为付款的约定，从而形成一定的资金关系。票据资金与票据行为也是分离的。

（3）票据预约，是指当事人之间以授受票据为标的的约定。票据当事人之间先有原因关系的存在，然后签发票据，但在作成票据之前，一般还要就票据的种类、金额、到期日、付款地等事项进行约定。这种约定就是一种票据预约，它本身不是票据行为，而是居于票据原因和票据行为之间的中间行为。票据预约是票据行为的基础，票据行为是票据预约的实现，票据预约和票据行为是分离的。

三、票据的产生及其经济作用

（一）票据的起源

票据是指某些可以代替现金流通的有价证券。它是适应商业上的需要而发展起来的。从历史上看，票据起源于古罗马时代，当时称为自笔证书（sydgraphe chirographum），这种证书的持有人在要求债务人偿还债务时，必须提示证书，并需于债务清偿后将证书退还债务人。这就是票据的雏形。12 世纪，在意大利的一些城市，票据已颇为流行。当时意大利的沿海城市航海贸易相当发达，各国商人云集于此，为了便利交易，减少现金输送的麻烦和风险，兑换业便应运而生。当地的兑换商通过发行票据从事货币兑换业务，并使用票据作为异地付款的证券。15 世纪，法国各地贸易繁荣，定期交易，商人即经常以交付票据替代现金支付，兑换商在代商人进行票据金额的换算时，还可获得适当的报酬。16—17 世纪中叶，在意大利和法国开始出现商人转让票据的现象，起源于荷兰的银行制度于 17 世纪中叶传至英国。最初拥有货币的人将货币存入经营金融业的金银钿工商人处而取得收据，此种收据为见票即付的有价证券。至 1742 年，英国法律禁止民营银行及金银钿工商人发行纸币与见票即付的有价证券，于是经营金融业的商人改变做法，在收受存款时开具存折给存款人，在折内附数张空白用纸，留作存款人填制取款。这种空白用纸用作支付现金。在西方的中世纪末期，货币经济的发展使社会上存在着一个团体。为了协调团体成员在商品交换和使用票据结算中形成的关系，便建立了仅适用于该团体范围的一些规章、习惯及商人裁判机构的判例。从此，票据的使用日趋普遍。

在以文明古国著称的中国，票据制度起源较早。在唐代货币流通中，商人为解决货币远程流通的困难而创设了“便换”汇兑办法，称为飞钱。说到便换的作用，有学者指出：便换是货币经济发展到一定程度而形成的一种信用制度，由于得到了法律的保证，它对加速货币的安全流通和促进经济的发展起到了积极的推动作用。唐代中叶以后的商业发达就有便换制度的一份贡献，五代以后中国历史上出现的各种信用制度与唐代的便换也有一定的渊源。① 宋代沿用此种做法，称飞钱为便钱。宋代除沿用便钱外，还出现了交子。但由于民间对交子管理不善，争讼迭生，故宋天圣之年，废私交子，而收为官营。南宋时为解决军费、银钱输送不便的困难，出现了关子。唐宋时期的柜坊，受人寄付金钱财物，寄付人为支付他人金钱，就以柜坊为付款人，发行贴子交与受款人，受款人将贴子提示给付款人而受领款项。

中国历史上的明清两代，由于近代工商业的萌芽和在一些地区的发展，票据制度更有进步。如17世纪前后，山西地区出现了钱庄、银号、票号等金融组织。票号亦称票庄或汇兑庄，为一种金融机构，多为山西人所经营。但首创时期及地点传说不一：有谓明末清初在山西创设；有谓在清乾隆、嘉庆年间由山西人在天津所设日升昌颜料号改组而成；有谓该号在道光初年改为专营汇兑。票号在各地设有分号，初期主要经营汇兑业务，以后存款放款业务逐渐发达。经营对象大多为封建官僚、地主和一般商人。19世纪中叶银行兴起后，票号业务受到影响。辛亥革命后，多数票号随清政府覆灭而倒闭，个别维持到20世纪20年代末，后亦停业或改组为银行、钱庄，票号渐趋消亡。类似的证券已有汇兑票、汇兑信、汇条、庄票、期票等。《乔家大院》中即反映了汇兑业的缘起情况，“汇通天下”为其主人公的奋斗志向和至理名言。清代时有凭贴、兑贴、上贴、期贴等票据形式，对票据的使用也渐趋规范。据记载，当时北京所发的钱票“宽二寸许，长约五寸，中记钱额，盖方印”。但值得思考的是，中国票据业务的发展并未在此基础上产生相应的票据法律制度，倒是西方的票据制度伴随银行制度进入中国并逐步取代了中国固有的票据形式和金融组织。

（二）票据的经济作用

票据是金融工具的一种，是商业信用的载体，在整个社会的商业活动和资金融通中发挥着非常重要的作用。具体作用如下。

1. 汇兑作用

汇兑作用指票据是替代现金进行异地输送的良好汇兑工具。尤其是汇票出现后，更体现了票据的汇兑作用。汇款人只要将款项交给银行，由银行作为出票人将签发的汇票寄往异地或交汇款人寄往异地，持票人即可凭以向当地银行兑取现金或办理转账，可避免现金输送可能带来的麻烦和风险。票据的这种作用在国际商务中显得更为突出。因为国际商务活动中的交易双方往往分处两国，交易金额较大，假如不使用票据，每笔交易都需要输送大量现金进行结算，其困难可想而知。

2. 支付作用

用票据代替现金作为支付工具，其意义非常重大。特别是汇票、本票作为汇兑工具的功能逐渐形成以后，在交易中以交付票据代替现金支付的方式逐渐流行起来，从而形成了票据的支付作用。以票据代替现金进行支付，可节省交易双方点钞的时间及避免点钞可能出现的错误。

---

① 张中秋．法律与经济——传统中国经济的法律分析：第1卷．南京：南京大学出版社，1995：400-401．

要注意的是，票据虽然可以代替现金流通，但票据本身并不是货币，票据与货币的主要区别在于：票据所依靠的出票人、承兑人或背书人的私人信用，不具有货币的强制通用效力。因此，当债务人以法定货币清偿债务时，债权人不能不接受，但如债务人准备以票据清偿债务，则必须征得债权人的同意，否则债权人可以拒绝接受。

3. 信用作用

信用作用指票据是商业信用的工具。在现代经济生活中，生产的周期性和季节性决定了商业信用产生的必然性。而在信用交易中，授受信用双方的权利、义务是要通过一定的载体，如协议、合同等体现出来的。而票据因其具有严格的法定要式，债务人的抗辩受到严格限制，债权人的债权受到严格的保护，债权人可凭以转账、兑现、背书转让、贴现等而为债权人青睐，成为首选的信用工具。

要注意的是，汇票与本票都具有信用工具的作用，而支票不具有信用的功能，因为支票都是见票即付的，只能作为支付工具。

4. 结算作用

商业交往中，当双方当事人互为债权人与债务人时，可运用票据进行债务抵销，这就是票据的结算作用。票据结算与现金结算相比，更加简便、快捷和安全。

5. 流通作用

流通作用指票据的转让无须通知其债务人，只要票据要式具备就可交付或背书转让票据权利。背书转让时，背书人对票据的付款负有连带保证责任，背书次数越多，则保证人越多，该票据的可靠性就越强。正因如此，票据作为流通证券，其流通性在西方国家和货币不相上下。

6. 融资作用

票据的融资作用是指票据筹集资金的作用。票据的融资作用主要是通过票据贴现来实现的。所谓票据贴现，即未到期票据的买卖行为，指未到期票据的持票人通过卖出票据（即转让票据权利）来获得所需要的资金，实现融资的目的。票据还可以转贴现、再贴现，多次进行资金融通。票据融资已成为现代金融市场的一个重要组成部分。

四、票据法概述

1. 票据法的概念及特征

票据法的概念有广义和狭义之分。广义的票据法或称实质意义的票据法，是指各种法律中有关票据规定的总和。除票据法本身的规定外，还包括其他法律规范中有关票据的规定。如民法中有关法律行为、行为能力、代理的规定；刑法中关于票据诈骗犯罪的规定；民事诉讼法中关于票据诉讼、公示催告的规定；破产法中有关出票人、背书人受破产宣告的规定等。而狭义的票据法，或称形式意义上的票据法，仅指单一的票据法本身。本书所称票据法，即狭义的票据法，是国家专门规定票据关系以及与票据行为有密切关系的非票据关系的法律规范的总称。票据法和其他法律部门相比，具有以下三方面的特征：

（1）强行性特征。票据法是强行法。首先，各国票据的种类是法定的，当事人不得任意创设；其次，票据是严格的要式证券，不得任意签发；最后，票据行为是严格的要式行为。这与民法中法律行为的种类、民事权利的创设、民事行为的履行的任意性规定很不相同，具有法律的强行性。

（2）技术性特征。票据是为便利商品交易和商业信用而创设的，票据法作为规范票据关系和票据行为的法律规范表现为一种纯技术性规范，本身并不表示善恶，这和具有明显道德伦理色彩的刑事、民事规范有很大不同。

（3）国际统一性特征。票据法虽是国内法，但有很强的国际统一性。因为现代经济发展的趋势是全球一体化，任何国家的经济发展都不可能脱离国际经济的协作和国际经济环境的影响。各国间的经济、技术、贸易、文化交往越密切，作为国际支付工具和信用工具的票据应用也就越广泛。这就从客观上要求各国票据立法应遵循统一的票据规范，国际票据应广泛协调和趋同。

2. 各国票据法与票据法的国际统一

在大陆法国家中，法国有关票据的立法是最早的。法国大革命后，拿破仑于1804年颁布《法国民法典》，于1807年颁布《法国商法典》。《法国商法典》第一编第八章即票据法内容，规定了汇票与本票制度。1865年，法国又制定《法国支票法》，作为商法票据制度方面的特别法。法国票据立法对意大利、比利时、希腊、土耳其、埃及、西班牙等国的票据立法具有直接影响。

德国自17世纪起各邦相继颁布票据法规，但其内容相互抵触，使用不便。1846年由关税同盟倡导，统一各邦票据法规。1847年，以普鲁士邦法案为基础制定了《普通票据条例》，为各邦所采用。后经几次修正，于1871年4月公布施行，终成德意志帝国的法律。该票据法规定的票据亦限于汇票与本票两种。《支票法》于1908年6月12日另行制定。受德国票据法影响的国家有奥地利、匈牙利、瑞典、瑞士、荷兰、挪威、葡萄牙、日本等国。

瑞士的票据制度原包含在1881年的《瑞士债务法典》中，后《瑞士民法典》颁布，遂将债务法典修改为债务法，列为《瑞士民法典》的第五编。其中第五章第四节为票据，含汇票与本票；第五节为支票。日本采用德国、瑞士立法体例，1882年制定《汇票本票条例》，1890年在商法中规定"票据与支票"专章，1899年在新的商法中规定"票据"专编。1932年公布《票据法》，1933年公布《支票法》，两法均于1934年起施行。

英国和美国属于判例法国家。英国于1882年经国会通过并颁布成文的《票据法》（Bill of Exchange Act）。该法集习惯、判例与特别法而成，规定了汇票与本票，支票作为汇票的一种类型。英国法主要影响到加拿大、美国、澳大利亚、印度及英国各殖民地的票据制度。美国在殖民地时代的法律大部分沿袭英国法，票据制度只在普通法和各州法律中有一些规定。美国独立之后，1878年由美国律师协会主持从事法律统一工作。1896年制定《统一流通证券法》，对汇票、本票、支票做了规定。1945年由美国法律协会和全国专员会议合作起草、1952年公布的《统一商法典》（Uniform Commercial Code），其第三编为商业证券（Commercial Paper），以汇票、本票、支票为主要规范对象，并取代《统一流通证券法》。1954年4月，宾夕法尼亚州率先承认《统一商法典》，其他各州亦陆续采用。

随着商品经济的发展，资产阶级开拓了世界市场，使一切国家的生产和消费都成为世界性的了。① 但各国直接服务于商品交换的票据制度有很大差别，因而，随着国际贸易的发展需要，票据法日趋统一。1869 年，意大利商业会议开始倡导统一票据法运动。1910 年，应德国、意大利提议，由荷兰政府于海牙召开国际票据法统一会议，有 31 国参加，曾拟定统一票据法草案和票据法统一条约草案。1912 年，又在海牙召开第二次票据法统一会议，有 37 国参加，将第一次草案修订为统一票据规则和统一票据公约。这些规则虽因第一次世界大战的爆发而未经各国政府批准，但对一些国家的票据立法还是产生过相当影响。

1920 年，国际联盟在布鲁塞尔国际财政会议上重新提出票据法统一问题，并决定由国际联盟经济委员会办理。该委员会于 1926 年设置票据专家委员会，以研究票据法统一问题；第二年又设立法律专家委员会，负责起草统一票据法及公约草案。1930 年，国际联盟理事会于日内瓦召开第一次国际票据法统一会议，同年 6 月制定《统一汇票本票法公约》，议定《统一汇票本票法》，共计 78 条，作为公约的第一附件，同时还通过《解决汇票本票法律冲突公约》和《关于汇票本票印花税法律公约》。1931 年，国际联盟又于日内瓦召开第二次国际票据法统一会议，同年 2 月议定《统一支票法》，共 57 条，并通过《统一支票法公约》、《解决支票法律冲突公约》和《支票印花税法律公约》。日内瓦《统一汇票本票法》和《统一支票法》虽然只对缔约国发生效力，但其对于促进各国票据法的统一产生了重大影响，大多数欧洲国家据此对本国票据法作了修订。

英国和美国未参加日内瓦《统一汇票本票法公约》和《统一支票法公约》，所以，其票据法与大陆法系各国的票据法具有较大差异。但由于国际贸易的客观需要，世界各国间的票据制度也不可能长期存在过大的分歧或根本的冲突，而必将渐趋一致。国际商会于 1956 年曾草拟《商业票据代收统一规则》，该规则于 1967 年 5 月 14 日修订后被分送各国，并建议各国银行尽可能于 1968 年 1 月 1 日共同实施。联合国国际贸易法委员会也于 1973 年成立国际票据法小组，并于日内瓦草拟《国际票据公约（草案）》，以供各国参考使用。由于各国票据法的立法技术和立法体例不同，自 19 世纪至 20 世纪初，在欧美各国逐渐形成了三大票据法的立法体系，即法国法系、德国法系和英美法系。各国票据立法的不同对票据的国际交流带来了极大不便，因此 20 世纪 70 年代以后，联合国国际贸易法委员会为促使各国票据法的协调和统一，着手制定国际汇票与本票的统一法草案，最终于 1988 年 12 月经联合国第 43 次大会通过了联合国《国际汇票和国际本票公约》（Convention on International Bill of Exchange and International Promissory Note of the United Nations），并于 1990 年 6 月 30 日前开放各国签字。按《国际汇票和国际本票公约》的有关规定，《国际汇票和国际本票公约》须经至少 10 个国家批准或加入后，方能生效。该公约目前尚未生效。

3. 我国票据立法概况

（1）中华人民共和国成立前的票据立法概况。

我国票据立法始自清末。1907 年，清朝宪政编查馆聘请日本法学家志田甲太郎

① 马克思，恩格斯. 马克思恩格斯选集：第 1 卷. 3 版. 北京：人民出版社，2012.

起草票据法，该草案根据《海牙统一票据规则（草案）》，并参照德国、日本票据法于1912 年制定，但未公布。北洋政府亦先后五次起草了《票据法（草案）》，但都未公布。1929 年 9 月，国民政府通过了《票据法》，自 1930 年 10 月 30 日公布施行。

（2）中华人民共和国成立后的票据立法概况。

中华人民共和国成立后，票据的使用曾受到严格的限制。本票被完全取消，汇票仅限于国际贸易中使用，支票仅限单位使用且以转账支票为主。在此情况之下，自然没有进行票据立法的必要。改革开放以后，票据在发展经济中的作用逐渐受到重视。1981 年，我国开始试办票据承兑、贴现业务；1984 年，中国人民银行发布了《商业汇票承兑、贴现暂行办法》；1988 年，国务院发布《现金管理暂行条例》，允许银行发行本票和汇票；1988 年 12 月，中国人民银行发布《银行结算办法》，规定全面推行银行汇票、商业汇票、银行本票和支票结算制度；1993 年 5 月，中国人民银行发布《商业汇票办法》。为适应市场经济的发展和金融体制改革深化的要求，1995 年 5 月 10 日，第八届全国人民代表大会常务委员会第十三次会议通过了《中华人民共和国票据法》，该法共 7 章 111 条，自 1996 年 1 月 1 日起施行。此后，根据 2004 年 8 月 28 日第十届全国人民代表大会常务委员会第十一次会议《关于修改〈中华人民共和国票据法〉的决定》进行了修正。另外，中国人民银行发布了《商业汇票承兑、贴现与再贴现管理暂行办法》（1997 年 5 月 22 日发布，自同日起施行）、《票据管理实施办法》（1997 年 6 月 23 日国务院批准，1997 年 8 月 21 日中国人民银行发布，自 1997 年 10 月 1 日起施行）、《支付结算办法》（1997 年 9 月 19 日中国人民银行发布，1997 年 12 月 1 日起施行），从而进一步完善了我国的票据法律制度。

■第二节　汇票

一、汇票的含义

根据英国票据法的定义，汇票是出票人签发的，开给另一人，要求后者即期或定期或在可以确定的将来时间，向某一特定人或其指定人或向执票人，支付一定货币金额的无条件书面命令。（A bill of exchange is an unconditional order in writing，addressed by one person to another，signed by the person giving it，requiring the person to whom it is addressed to pay on demand，or at a fixed or determinable future time a sum certain in money to or to the order of a specified person，or to bearer.）

我国票据法中的定义为，汇票是出票人签发的，委托付款人在见票时或者在指定日期无条件支付确定的金额给收款人或者持票人的票据。

二、汇票的基本内容

各国票据法对汇票内容的规定不同，有些内容可有可无，但是一般认为应包括下列基本内容：

（1）“汇票”字样（bill of exchange）。

（2）出票地点（place of issue）。

（3）出票日期（date of issue）。

日内瓦统一法公约（包括日内瓦《统一汇票本票法公约》和《统一支票法公约》）和我国票据法都认为出票日期是汇票的必要项目，但英国票据法认为，出票人未注明出票日期的汇票仍然有效，并且取得汇票的收款人还有权自行加上出票日期，这一出票日期对于其后手受让人将具有法律效力。

（4）付款期限（tenor）。

日内瓦统一法公约和我国票据法都规定了以下四种付款期限：

①即期（at sight/on demand）。这种期限的汇票被称作即期汇票（sight/demand draft），无须承兑，持票人提示汇票的当天即付款到期日。

②见票后定期（at a fixed period after sight）。这种期限的汇票属于远期汇票中的一种，必须由持票人先期向付款人提示要求承兑，以明确后者的付款责任，并确定付款到期日。

③出票后定期（at a fixed period after date）。这种期限的汇票是一种远期汇票，一般也须由持票人先期向付款人提示要求承兑，以明确后者的付款责任。

④定日（at a fixed date）。这种期限的汇票是一种远期汇票，一般需由持票人先期向付款人提示要求承兑，以明确后者的付款责任。

（5）无条件的支付命令（unconditional order to pay）。

无条件的支付命令/委托是支付文句中的必要记载，是票据法都要求的必需记载项目，这里含有两层基本要义：①英文的支付文句必须用祈使句（应避免使用虚拟语气）；②支付命令/委托必须是无条件的，否则将导致整个汇票无效。

（6）收款人名称（payee）。

收款人名称是汇票上支付文句中的必要记载项目，也是一般票据法都要求的必需记载项目，通常被称为汇票的抬头。

①限制性抬头（restrictive order）。实务中常见的英文写法有三种不同形式：

A. “Pay to A Co. only（仅付 A 公司）...”。

B. “Pay to A Co. not transferable/negotiable（支付 A 公司，不可转让）...”。

C. “Pay to A Co.（支付 A 公司）...”且在汇票正面另有“not transferable/negotiable（不可转让）”的字样。

一般来说，限制性抬头汇票的出票人只对收款人负责，若收款人转让该汇票，则其后手的票据权利不优于收款人，且只能联合收款人一起向出票人行使追索权。

②指示性抬头（demonstrative order）。实务中常见的英文写法也有三种不同形式：

A. “Pay to the order of A Co.（支付 A 公司的指定人）...”。

B. “Pay to A Co. or order（支付 A 公司或其指定人）...”。

C. “Pay to A Co.（支付 A 公司）...”。

指示性抬头汇票为自由流通证券，但转让时必须作背书。

（7）确定的货币金额（certain in money）。

（8）付款地点（place of payment）。

（9）付款人名称（drawee or payer）。

汇票上的付款人记载，也是一般票据法都要求的必须记载项目。付款人就是受票人，在汇票上英文是以“To...”开头的文句，应当有必要的确定性，要有付款人完整准确的全称，有时还需记载其详细地址。

（10）出票人名称（drawer）。

（11）出票人签字（signature of the drawer）。

出票人签字不但是一般票据法都要求的必需记载项目，而且是汇票上很重要的记载项目。票据法是根据出票人在票据上的签字或签章来确定其票据责任，出票人在票据上签字或签章表明承认自己的债务，并将按票据上记载的事项承担票据责任的意向。

三、汇票的种类

1. 根据出票人不同，可以分为银行汇票和商业汇票

（1）银行汇票（banker's draft），是一家银行向另一家银行签发的书面支付命令，其出票人和付款人都是银行。银行汇票由银行签发后交汇款人，由汇款人带往或寄往收款人，收款人持汇票向付款行请求付款，付款行在审核无误后给予付款。银行汇票的信用基础是银行信用。

（2）商业汇票（commercial draft），是由公司、企业或个人签发的汇票，其付款人可以是公司、企业、个人，也可以是银行。商业汇票的信用基础是商业信用，其收款人或持票人承担的风险较大。

2. 根据承兑人不同，可以分为银行承兑汇票和商业承兑汇票

（1）银行承兑汇票（banker's acceptance draft），是指由公司、企业或个人开立的以银行为付款人并经付款银行承兑的远期汇票。银行对商业汇票加以承兑改变了汇票的信用基础，使商业信用转变为银行信用。汇票经过银行承兑后，持票人通常能按期得到票款，从而增强了汇票的可接受性和流通性。

（2）商业承兑汇票（commercial acceptance draft），是以公司、企业或个人为付款人，并由公司、企业或个人进行承兑的远期汇票。商业承兑并不能改变汇票的商业信用性质。

3. 按付款时间不同，可分为即期汇票和远期汇票

（1）即期汇票（sight draft），是注明付款人在见票或持票人提示时立即付款的汇票。未载明具体付款日期的汇票一般视为即期汇票。

（2）远期汇票（usance bill），是载明一定期间或特定日期付款的汇票。根据付款期限的表示或确定方法不同，远期汇票有定日付款、出票后定期付款、见票后定期付款三种形式。

4. 按有无附属单据，可分为光票和跟单汇票

（1）光票（clean bill），是指无须附带任何单据即可收付票款的汇票。这类汇票

全凭票面信用在市面上流通而无货权单据作保证。银行汇票多为光票。

（2）跟单汇票（documentary bill），是指附带有关单据的汇票，跟单汇票一般为商业汇票。跟单汇票的流通转让及资金融通，除与当事人的信用有关外，还取决于附属单据所代表货物的价值及单据质量。

商业汇票和银行汇票在实际中的采用较为普遍，其格式如图 8－1 和图 8－2 所示。

No. ____①________
Exchange for ____②________ ____③________
At ____④____ sight of this First of Exchange
(Second of the same tenor and date unpaid), Pay to the order of
______⑤______ the sum of
____________________⑥____________________
Drawn under ____________⑦____________________
To: ________⑧________________
____⑨____

图 8－1　商业汇票式样

说明：①商业汇票编号；②汇票金额（小写）；③出票时间和地点；④付款期限；⑤收款人名称；⑥汇票金额（大写）；⑦取款依据；⑧付款人名称、地址；⑨出票人签名。

BANK OF CHINA
No. ____①________
This draft is valid for one
year from the date of issue
AMOUNT ____②____
PAY TO ____③________ BEIJING ____④________
THE SUM OF ____⑤________
TO: ____⑥________
BANK OF CHINA, HEAD OFFICE
BANKING DEPARTMENT

图 8－2　银行汇票式样

说明：①银行汇票编号；②汇票金额（小写）；③收款人名称；④出票日期；⑤汇票金额（大写）；⑥付款人名称和地址。

四、汇票的使用

1. 出票（issue）

出票是指出票人在汇票上填写付款人、付款金额、付款日期和地点以及收款人等项目，经签字交给受票人的行为。

2. 提示（presentation）

提示是指持票人将汇票提交付款人要求承兑或付款的行为。付款人见到汇票后称为见票。提示可以分为两种：

（1）付款提示，即持票人向付款人提交汇票、要求付款的行为。

（2）承兑汇票，即持票人向付款人提交远期汇票，付款人见票后办理承兑手续，承诺到期后付款的行为。

3. 承兑（acceptance）

承兑是指付款人对远期汇票表示承担到期付款责任的行为。付款人在汇票上写明“承兑”字样，注明承兑日期，并交由付款人签字，交给持票人。付款人对汇票作出承兑，即成为承兑人。承兑人要在远期汇票到期时承担付款的责任。

4. 付款（payment）

付款是汇票付款人或承兑人向持票人清偿一部分或全部汇票金额的行为。对于即期汇票，在持票人提示汇票时，付款人即应付款；对于远期汇票，付款人经承兑后，在汇票到期日付款。一旦付款人付清款额，持票人在汇票上记载“收讫”（receipt）字样并签名交出汇票，汇票收款权利即归终止。也就是说，付款后汇票上的一切债务即告终止。

5. 背书（endorsement）

在国际市场上，汇票又是一种流通工具（negotiable instrument），可以在票据市场上流通转让。背书是转让票据权利的一种法定手续，就是由汇票持有人在汇票背面签上自己的名字或者再加上受让人（被背书人）的名字，并把汇票交给受让人的行为。经背书后，汇票的收款权利便转让给受让人。汇票可以经过背书不断转让下去。对于受让人来说，所有在他以前的背书人（endorser）以及原出票人都是他的“前手”，而对于出让人来说，所有在他让与以后的受让人都是他的“后手”。前手对后手负有担保汇票必然会被承兑或付款的责任。

远期汇票的持有人如果想在付款人付款前取得票款，可以经过背书转让汇票，即将汇票进行贴现。贴现（discount）就是指远期汇票承兑后并未到期，由银行或贴现公司从票面金额中扣减按一定贴现率计算的贴现利息后，将余款付给持票人的行为。

6. 拒付（dishonour）

持票人提示汇票要求承兑时，遭到拒绝承兑（dishonour by non-acceptance），或者持票人提示汇票要求付款时，遭到拒绝付款（dishonour by non-payment），均称为拒付，也称为退票。除了拒绝承兑和拒绝付款外，付款人拒不见票、死亡或宣告破产，以致付款事实上已经不可能时，也称为拒付。

如果汇票在合理时间内提示，遭到拒绝承兑，或在到期日内提示，遭到拒绝付款，对持票人立即产生追索权，他有权向背书人和出票人追索票款。所谓追索权（right of recourse）是指汇票遭到拒付，持票人对其前手（背书人、出票人）有请求其偿还汇票金额及费用的权利。按照某些国家的法律，持票人为了行使追索权应及时作出拒付证书（protest）。拒付证书是由付款地的法定公证人（notary public）或其他依法有权作出证书的机构如法院、银行、工会等，作出证明拒付事实的文件，是持票人凭以向其前手进行追索的法律依据。如果拒付的汇票已经承兑，持票人可凭以向法院起诉，要求承兑汇票的承兑人付款。

我国的《票据法》规定，持票人行使追索权时，应当提供被拒绝承兑或者被拒绝付款的有关证明。同时还规定，持票人提示承兑或者提示付款被拒绝的，承兑人或者付款人必须作出拒绝证明，或者出具退票理由书，否则应当承担由此产生的民事责任。

五、汇票的追索权

当汇票遭到拒付时，为了保护持票人的利益，各国的法律都认为持票人有权向前手背书人以及汇票的出票人请求偿还汇票上的金额，这项权利在票据法中称为追索权。

根据各国票据法的规定，持票人在行使追索权时，必须具备以下条件。

（1）汇票遭到拒绝承兑或拒绝付款。

（2）已在法定期限内向付款人作承兑提示或付款提示。但如由于付款人或承兑人死亡、逃避或其他原因，无法向其提示，或付款人、承兑人宣告破产，则无须作上述承兑提示或付款提示。

（3）必须在汇票遭到拒付后的法定期间内作成拒付证书。所谓拒付证书，是一种由付款地的公证人或其他依法有权作出这种证书的机构，如法院、银行、工会等所作成的证明付款人拒付的书面文件。持票人在请求公证人作成拒付证书时，应把汇票交给公证人，由公证人再向付款人提示一次，如遭到拒付或拒绝承兑，即按一定格式写成证明书，连同汇票交还持票人，由持票人据此向其前手进行追索。

按照大多数国家的法律，除出票人已在汇票上注明不必作成拒付证书外，一切汇票在遭到拒付时都必须作成拒付证书，如持票人未按法定时间作成拒付证书，则丧失对其前手背书人和出票人的追索权。按照日内瓦统一法公约的规定，拒付证书应于提示期内作成，如提示日为提示期限的最后之日，则得于其后的第一个营业日作成，但按照英国票据法的规定，国内汇票在遭到拒付时，不一定要作成拒付证书，只有国外汇票才必须在拒付之日或次日作成拒付证书，否则出票人与背书人可以解除对该汇票的责任。至于汇票的承兑人仍然应对汇票负责。

（4）必须在汇票遭到拒付后的法定期间内将拒付事实通知其前手。英国票据法对拒付通知（notice of dishonour）的要求十分严格。按照英国票据法的规定，持票人必须将拒付事实通知其直接背书人以及任何他拟对之追索的前手，如果他只通知其直接背书人，则后者在接到通知后也必须立即通知他拟对之进行追索的前手，依次通知直至出票人。此项拒付通知必须在合理时间内作出，否则持票人就将丧失其对前手背书人和出票人的追索权。所谓合理时间，包括以下两种情形：①如果当事人居住在同一地区，则拒付的通知应于拒付的翌日作出，或于拒付后及时发出通知使对方能于翌日收到；②如果当事人居住在不同地方，则拒付通知应于拒付的翌日发出，如翌日无邮班，则应于下一个邮班发出。在这个问题上，日内瓦统一法公约没有英国票据法那样严格。按照日内瓦统一法公约的规定，持票人应于拒绝承兑或拒绝付款证书作成之日后 4 个营业日内通知其背书人与出票人，每一背书人应于收到此项通知之日后 2 个营业日内通知其前手背书人，依次推及出票人。不在上述期限内发出通知的，并不因此而丧失其权利。但由于怠于通知而使汇票的债务人发生损害时，怠于通知的一方应承担赔偿责任，但赔偿额不得超过汇票金额。

案例 8.1

甲公司与乙公司签订货物买卖合同，买方甲公司申请中国工商银行某分行签发一承兑汇票，收款人为乙公司，付款人为甲公司，票面金额为 100 万元，期限为 2 个月，承兑人为该银行。后乙公司将该汇票背书给了丙公司。甲公司在收到货物后，发现该批货物存在质量问题，于是通知上述银行，要求停止付款。丙公司在请求上述银行承兑付款时，银行以甲公司的理由为依据，拒绝付款。请问：该银行拒绝对丙公司付款有理由吗？为什么？

分析：

没有理由。因为汇票具有无因性，乙公司、丙公司只要合法取得了汇票，即享有票据上的权利，即使甲公司与乙公司之间的买卖关系存在问题，也不应影响到合法的票据关系，丙公司以背书方式取得该汇票，付款人（甲和银行）不得拒绝付款。

六、汇票上的伪造签名

汇票上的伪造签名（forged signature），是指假冒他人的名义或未经授权而用他人的名义在汇票上签名的行为。伪造签名包括假冒出票人、背书人或承兑人的名义在汇票上签名，也包括盗用他人的印章在汇票上盖章。根据票据法的原理，只有自己在汇票上签名的人才承担责任，伪造签名是无效的，被伪造签名者不负票据上的责任，从伪造者手中取得票据的人不能取得票据上的权利。至于伪造者本人也不负票据上的责任，因为在票据上出现的签名不是用他自己的名字而是用别人的名字，但他作为伪造者犯有刑法上的伪造票据罪和犯有民法上的侵权行为，应按刑法和民法的有关规定追究其责任，但这已经不属于票据法的范畴。

在伪造签名特别是伪造背书的问题上，英美法和日内瓦统一法公约存在着严重分歧，而联合国《国际汇票和国际本票公约》作出了折中处理。

（一）英国票据法关于伪造签名的规定

按照英国票据法的规定，伪造签名或未经授权而以他人名义在汇票上签名，是完全不起作用的，任何人都不能依据这种签名而取得保留该汇票的权利，也不能因为对该汇票付了款而解除责任，或提出强制执行付款的要求。所谓完全不起作用，是指伪造的签名等于没有签名一样，凡是需要背书转让的汇票，如果没有背书人的真实签名，就不能起到转移汇票所有权的作用。伪造签名主要有以下几种情形。

1. 伪造出票人的签名

如果有人假冒出票人的名义开出汇票，由于出票人实际上并没有在汇票上签名，他对该汇票不负责任，因此，这张汇票就不能作为一张有效的汇票，任何人都无权继续保有该汇票，也无权请求强制执行付款义务，如果付款人对之付了款，他也不能向出票人追偿，他唯一的出路是向伪造者追诉，如果找不到伪造者，他就成为伪造票据的牺牲品。

但是，如果假冒出票人签名的汇票已被付款人承兑，则情况就有所不同。因为尽管该汇票是伪造的，是没有出票人的真实签名的，它本来是无效的，但按照英国票据法的规定，承兑人一旦承兑了汇票，他就不得否认出票人的存在及其签名的真实性。换句话说，即使出票人的签名是被别人假冒的，甚至根本不存在出票人，承兑人也必须对最后的“持票人”承担付款义务。此外，该汇票的背书人亦须对最后的持票人负责，因为背书人依法须对持票人保证出票人以及一切前手背书人的签名是真实的，如果发现有伪造签名的事实，背书人就违反了上述保证义务，故应对持票人负责。

2. 伪造承兑人签名

如果有人假冒承兑人的名义在汇票上承兑，则该汇票应视为未经承兑，被假冒签名的“承兑人”不承担责任。

3. 伪造背书

伪造背书（forged endorsement），是指假冒背书人的名义在汇票上签名。例如，出票人 A 开立一张以 B 为受款人，P 为付款人的指示式汇票，B 将其背书转让给 C，C 不慎遗失了这张汇票，为 S 拾得，S 为了取得票款，假冒 C 的名字在汇票上背书后转让给 D，D 又背书转让给 E，E 又转让给 F，F 成为最后的持票人。其情形如图 8－3 所示。

S假冒C签名

A（出票人）——B——C……C——D——E——F（持票人）——P（付款人）

等于无背书人　　　　　　　　（承兑后成为承兑人）

图 8－3　伪造背书的过程

在图 8－3 所述的过程中，S 假冒 C 的签名所作的背书就是伪造背书，按照英国法，伪造背书的后果是：

（1）上述伪造背书视同没有背书一样，该汇票仍应认为是向 C 付款的汇票。

（2）D 取得的是一张未经背书的汇票，他不能因此而取得汇票的任何权利，因此，他亦无转让该汇票的权利，这样一来，E 和 F 也同样不能取得对该汇票的任何权利，一旦 C 发现遗失了汇票，并获悉该汇票已转到 F 手中，C 就有权要求 F 把汇票返还给自己。

（3）即使付款人已经承兑了汇票，成为该汇票的承兑人，但如果发现有伪造背书的情事，最后的“持票人”也无权要求其强制执行付款义务，因为根据英国法，承兑人只对出票人签名的真实性负责，但对背书人伪造背书的票据签名的真实性则不负责任，所以，持有伪造背书的票据的人，也无权要求承兑人付款。

（4）遇有伪造背书时，即使付款人（承兑人）已向“持票人”付了款，也不能解除其付款义务，该汇票的真正所有人（图 8－3 中的 C）仍有权要求付款人再次向他付款。但有一个例外，如果作为付款人的银行，对见票即付的汇票付了款，即使该汇票曾有伪造背书情事，但只要银行的付款是出于善意，付款银行即可解除其付款义务。这项规定主要是针对支票而言的，因为英国把支票视同见票即付的汇票。

由此可以看出，英国法是着重保护票据真正所有人（C）的利益的。因为英国法允许汇票的真正所有人从最后“持票人”手中追回被伪造其签名的汇票，并有权要求已对伪造背书的汇票付了款的付款人（承兑人）再向他付款。其结果是，汇票的真正所有人并不因为被他人盗用其名义作了背书而蒙受损失。但是，在出现伪造背书时，总要有人承担损失，那么，在这种情况下究竟应当由谁来承担损失呢？英国法认为，应当由直接从伪造背书者手中取得汇票的人承担损失。因为按照英国票据法的规定，背书人应保证汇票在提示时能获得承兑或付款，如遭到拒绝，背书人应当承担责任，对其后来的背书人及持票人予以补偿。同时，背书人还要对持票人保证，该汇票是有效的，汇票上的出票人以及一切前手背书人的签名都是真实的。因此，如果持票人由于汇票曾被伪造背书而遭到拒绝付款，或者被迫把汇票退还给真正所有人，他所受到的损失，可以要求其前手背书人（图8－3中的E和D）给予补偿，理由是上述前手背书人（E和D）违反了关于保证其背书人签名的真实性义务。在这种情况下，如果先由背书人E对持票人（F）给予补偿，则E在补偿了持票人（F）后，也有权以同样理由要求其前手背书人（D）补偿其损失。但是，背书人D所受的损失不能要求C给予补偿，因为C并没有在汇票上签名，他的签名是被别人（S）伪造的，C对此不负责任，汇票的背书至此已告中断，D从S手中所得到的是一张无效的汇票，即使他向S付了对价，也不能要求C予以补偿；不仅如此，D也不能要求A（出票人）或B（受款人、背书人）予以补偿，因为D必须以连续不断的背书来确立其权利，连续的背书应当是一环扣一环的，但由于C的背书是伪造的，背书的连续性已被切断，D无权要求A或B对他给予补偿。结果，伪造背书所引起的损失，最后就落在从伪造者（S）手中取得票据的D的身上。除非D能找到伪造者（S），才能对其起诉，要求其赔偿损失，否则，D就成为伪造背书的牺牲者和损失承担者。

（二）日内瓦统一法公约关于伪造签名的规定

日内瓦统一法公约对汇票伪造签名的处理方法同英国法有很大的不同。日内瓦统一法公约对伪造签名有以下三项规定：

（1）汇票上的伪造签名对被伪造者与伪造者都没有约束力，但对于在汇票上作了真实签名的人的义务，则不因之而减少其效力。

（2）无论由于任何方式而失去汇票的人，都不能要求以一系列背书方式取得票据权利的执票人交还汇票，除非执票人在取得汇票时有恶意或有重大过失。

（3）凡在到期日付了款的付款人，即可解除对汇票的责任，除非他有欺诈行为或有重大过失。付款人只需证明背书的连续性，但对背书签名的真实性不负责任。

按照日内瓦统一法公约的上述规定，在出现伪造签名时，汇票并不因此而无效；失去汇票的人（即汇票所有人）不能要求后来的持票人退还汇票，除非他能证明持票人是以恶意而取得汇票或有重大过失；付款人一旦对有伪造签名（包括伪造背书）的汇票付了款，就可以解除责任，失去汇票的人不能要求他再次付款，除非他能证明付款人有诈欺行为或有重大过失。由此可见，日内瓦统一法公约所着重保护的是善意的持票人，而让失去汇票的真正所有人蒙受伪造签名所引起的损失。因为汇票的所有人不论以任何方式失去汇票，他都无权要求善意持票人退回汇票，也不能要求付款人再次向他付款，在这种情况下，除非他能找到伪造者追究其伪造票据的法律责任，并要求其赔偿损失，否则，他就只好承担由于伪造签名所引起的损失。

综上所述，英国法和日内瓦统一法公约在伪造签名问题上的根本分歧在于：英国法主张保护汇票的真正所有人，而日内瓦统一法公约则主张保护善意的持票人。但是，它们都认为这样是为了促进票据的流通使用。英国法认为，如果由出票人或被伪造签名背书的人来承担伪造签名的损失，他们就会不愿意开出汇票或接受汇票，从而使汇票的使用受到影响；以日内瓦统一法公约为代表的大陆法各国则认为，如果由善意持票人或付款人承担伪造签名的损失，他们在使用汇票时就要花时间查对有无伪造签名情事，否则就不放心接受汇票，这也会影响汇票的流通使用。由于他们考虑问题的角度不同，因此，虽然都是从促进票据流通的立场出发，却对伪造签名作出了截然不同的处理方法。

（三）联合国《国际汇票和国际本票公约》关于伪造签名的规定

如果汇票被伪造背书转让，总有一方要遭受损失，问题是应当由谁来承担这种损失。在这个问题上，如上所述，英美法与日内瓦统一法公约存在严重的分歧。按照日内瓦统一法公约的规定，尽管票据曾发生过遗失、被窃或其中有一个签名被伪造等情况，但是对于善意而且没有重大过失，并且通过一系列没有间断的背书而取得该票据的人来说，这项背书仍然是有效的，他仍然可以享有票据上的权利，凡是在票据上有真实签名的人，包括出票人、承兑人、保证人等仍然必须对其负责。如果付款人已对这张被伪造背书的汇票付了款，他也可以解除责任。但是有一个重要的例外，即如果付款人是在票据期以前付款，他就必须自行承担不当付款的风险。至于伪造签名者的责任，属于刑法中的责任及民法中的侵权行为责任，不属于票据法中的问题。所以，按照日内瓦统一法公约的规定，伪造背书的风险最终由票据所有人承担，他可能是丢失（从而使拾到者或窃贼伪造其签名）票据的出票人、受款人或背书受让人。

但是，英美法虽然承认票据的正当持票人享有优于其前手的权利，即使其前手把属于别人的汇票（指无须经背书即可转让的来人式汇票，to bearer）偷来转让给他，只要他对此不知情并付了对价，他也可以取得票据上的权利，要求汇票上的付款人向他付款或向汇票上的前手进行追索。但这项原则有一个重要的例外，就是任何人都不能通过伪造签名的背书而取得票据的权利。例如，一张经过特别背书的汇票的被背书人甲不慎将该汇票遗失，被乙拾得后冒用甲的签名，将该汇票转让给另一个不知情而且支付了对价的第三者丙，则该第三者丙不得享有汇票上的权利，如果付款人对这张被伪造背书的汇票付了款，亦不能解除付款人的付款义务。因为按照英美法，伪造的背书是不起任何作用的，取得这种汇票的人也不能成为持票人，他不能取得票据上的权利。因此，即使付款人向这种人付款，也不能认为是向汇票的持票人付了款，也就不能解除其对该汇票的真正所有人的付款义务。唯一的例外是以银行为付款人的见票即付的支票。如果银行出于善意，在正常的业务中伪造背书的风险最终则由直接从伪造者手中取得票据的人来承担。

联合国《国际汇票和国际本票公约》试图用折中的办法来调和两大法系的这一分歧。该公约第 16 条规定，凡是拥有经过背书转让给他或前手的背书为空白背书的票据，并且票据上有一系列连续背书的人，即使其中任何一次背书是伪造的或是由未经授权的代理人签字的背书，只要他对此不知情，就应当认为他是票据的持票人而受到保护。该公约第26条规定，如果背书是伪造的，则被伪造其背书的人或者在伪造发生之前签署了票据的当事人，有权对因受伪造背书而遭受到的损失向伪造人、从伪造人手中直接受让票据的人以及向伪造人直接支付了票据款项的当事人或受票人索取赔偿。但是，向伪造人直接支付票据款项的当事人或受票人如果在付款时对伪造背书一事不知情，则可不承担上述赔偿责任，除非这种不知情是由于他未依诚信原则行事或未尽适当注意所致。前一项规定是为了保护善意的受让人，它反映了日内瓦统一法公约的原则；后一项规定是倾向于保护真正的所有人，它反映的是英美法的要求。按照《国际汇票和国际本票公约》的规定，伪造背书的风险最终由伪造者负责，如果伪造者逃匿不获或破产，则由从伪造者手中取得票据的人负责。

我国《票据法》未对伪造签名做出具体规定。《票据法》第10条规定：票据的签发、取得和转让，应当遵循诚实信用的原则，具有真实的交易关系和债权债务关系。显然，凡是伪造签名的票据，难以产生票据效力。《票据法》第65条规定：持票人不能出示拒绝证明、退票理由书或者未按照规定期限提供其他合法证明的，丧失对其前手的追索权。但是，承兑人或者付款人仍应当对持票人承担责任。《票据法》第68条规定：汇票的出票人、背书人、承兑人和保证人对持票人承担连带责任。持票人可以不按照汇票债务人的先后顺序，对其中任何一人、数人或者全体行使追索权。持票人对汇票债务人中的一人或者数人已经进行追索的，对其他汇票债务人仍可以行使追索权。被追索人清偿债务后，与持票人享有同一权利。《票据法》第102条规定：有下列票据欺诈行为之一的，依法追究刑事责任：

（1）伪造、变造票据的；

（2）故意使用伪造、变造的票据的；

（3）签发空头支票或者故意签发与其预留的本名签名式样或者印鉴不符的支票，骗取财物的；

（4）签发无可靠资金来源的汇票、本票，骗取资金的；

（5）汇票、本票的出票人在出票时作虚假记载，骗取财物的；

（6）冒用他人的票据，或者故意使用过期或者作废的票据，骗取财物的；

（7）付款人同出票人、持票人恶意串通，实施前6项所列行为之一的。

案例8.2

2008年3月16日，某食品公司A与某实业公司B订立一份鸡肉买卖合同，约定由公司A向公司B提供鸡肉10吨，合同金额为9万元。根据该合同，公司B签发了一张以其开户银行甲银行为付款人，食品公司A为收款人，票面金额为9万元，出票后3个月付款的汇票，并在当天交给食品公司A。2008年3月20日，食品公司A准备拿该汇票到甲银行提示承兑，却发现汇票遗失。后查明，该汇票已在2008年3月19日被王某盗窃。王某伪造食品公司A的签章，随后自己签名，于2008年3月28日将该汇票转让给知情人公司C。公司C拿该汇票到甲银行提示承兑被拒绝，后将此汇票转让给公司D。公司D在票据载明的付款日期内没有得到甲银行的付款，便向公司C、食品公司A和公司B追偿，均遭拒绝。公司D以3个公司为被告提起诉讼。试问：（1）3个被告是否应承担票据责任？为什么？（2）如果公司C向公司D承担了票据责任，它是否对公司 B、食品公司 A 享有再追索权？

分析：

（1）公司 B、公司 C 要承担票据责任，食品公司 A 不需要承担票据责任。对伪造人而言，由于票据上没有自己的签章，所以不承担票据责任，而在票据上真正签章的人仍对票据承担责任。即公司 B、公司 C 要承担票据责任，而食品公司 A 由于签章是假的，其背书转让的票据根本不具有票据权利，所以不需要承担票据责任。

（2）公司 C 向公司 D 承担了票据责任，它不享有对公司 B、食品公司 A 的追索权。公司 C 在知道王某以偷窃手段取得票据时仍接受其背书转让，根本不享有票据权利，所以没有追索权。

■第三节　本票与支票

一、本票

（一）本票的含义

根据英国票据法的定义，本票是制票人向另一人签发的，保证自己即期或定期或在可以确定的将来时间，对某一特定人或其指定人或对执票人，支付一定货币金额的无条件书面承诺。（A promissory note is an unconditional promise in writing，made by one person to another，signed by the maker，engaging to pay on demand or at a fixed or determinable future time a sum certain in money to or to the order of a specified person or to bearer.）

我国《票据法》所言本票只限于银行本票，第 78 条规定，本票自出票日起，付款期限最长不得超过二个月。

（二）本票的内容

根据我国《票据法》第 75 条的规定，本票的必要记载内容有六个方面：

（1）表明“本票”的字样；

（2）无条件支付的承诺；

（3）确定的金额；

（4）收款人名称；

（5）出票日期；

（6）出票人签章。

以上条款缺一不可，否则本票无效。本票比汇票少了一个必要项目即付款人。关于付款地、出票地等事项的记载也应清楚明确，不过没有记载也不影响本票的效力。《票据法》第 76 条规定：本票上未记载付款地的，出票人的营业场所为付款地。本票上未记载出票地的，出票人的营业场所为出票地。

（三）本票的种类

本票可以按照不同特征，从不同的角度进行分类。

（1）按本票两个基本当事人的所在地是否为同一国家分类，可分为国内本票（domestic note）和国际本票（international note）。前者是指出票人和收款人所在地为同一国家的本票；后者是指出票人和收款人所在地非同一国家的本票。

（2）按本票支付货币的不同分类，可分为本币本票（domestic money note）和外币本票（foreign money note）。前者是指票面金额以出票人本国货币表示的本票；后者是指票面金额以非出票人本国货币表示的本票。

（3）按本票出票人的不同分类，可分为银行本票（banker's note）和商号本票（trader's note）。前者是指由银行签发的本票；后者是指由商人签发的本票。

（4）按本票付款期限的不同分类，可分为即期本票（sight note）和远期本票（usance note）。前者是指提示或见票时立即付款的本票；后者是指出票或见票后一定期限或将来某个特定日期付款的本票。

二、支票

（一）支票的概念

根据英国票据法，支票是以银行为付款人的即期汇票，即支票是储户签发的，开给存款银行，授权后者对某一特定人或其指定人或对执票人，支付一定货币金额的无条件书面命令。（A check is an unconditional order in writing，addressed by the customer to a bank，signed by that customer，authorizing the bank to pay on demand a sum certain in money to or to the order of a specified person or to bearer.）

（二）支票的内容

我国《票据法》第84条规定，支票必须记载下列事项：

（1）表明“支票”的字样；

（2）无条件支付的委托；

（3）确定的金额；

（4）付款人名称；

（5）出票日期；

（6）出票人签章。

以上内容缺一不可，否则支票无效。不过，支票上的金额可以由出票人授权补记。除必要项目外，收款人、付款地、出票地都是支票的重要内容。支票上未记载收款人名称的，经出票人授权可以补记；未记载付款地的，付款人的营业场所为付款地；未记载出票地的，出票人的营业场所、住所或者经常居住地为出票地。

（三）支票的种类

1. 记名支票与不记名支票

这里所谓记名不记名，是指支票上收款人这一栏内的行文。凡记名支票者，必须在这一栏写明某人为收款人；凡不记名支票者，在这一栏写成持票人。

2. 划线支票与未划线支票

所谓划线支票就是在支票的正面划上两条平行线，以表明该支票不能在付款行的柜台提现，而只能付到收款人的账户入账。划线支票，英文为 crossed check，因为不能提现而只能入账，就相当于一张转账支票。这样，即便丢失也可以跟踪寻觅，最终找回来。划线支票只能委托银行收款入账，通过票据交换所交换。划线是为了安全，一旦支票遗失被人冒领，还有可能通过银行代收的线索追回票款。与此相反的是 uncrossed check，又称 open check，即未划线支票。这种支票既可转账，又可提现。

3. 保付支票（certified check）

支票是以银行为付款人的即期汇票，因为是即期，受票银行无须承兑。但是，付款银行可以在支票正面加上“保付”字样，表明付款行将负责保证对这一支票兑付，说明支票的出票人在其存款账户上确有余额，银行加以确认，凡收款人或持票人携之到银行提示付款，银行一定照付不误。支票保付的做法与汇票的受票人在远期汇票上承兑的行为有些相似。存款银行在对支票作出保付的同时，为了自身的安全，就从出票人的存款账户内取出相应票款，设立一个过渡账户以备付款之用，这样，当这张保付支票向付款银行提示时，就不会因为没有余额或余额不足而退票了。

4. 银行支票（banker’s check）

上文谈到支票涉及存款人与其开户银行的关系。如果把这种关系延伸扩展，就变成两家银行之间的关系。也就是说，存款者并非某个人而是一家银行，发展成银行与银行间的关系，是一家银行在另一家银行开立支票账户。英语中开户行为 depositor bank，账户行则为 depository bank。这时，开户银行开立的支票就不是私人支票了，而叫银行支票，是一家银行签发的，命令另一银行向某人或某人指定的人，或持票人付款的书面命令。

需要注意的是，支票只有即期没有远期，这也是它与汇票和本票的一个区别。

（四）支票的转让及流通

像汇票一样，支票也属于可流通的、可转让的支付凭证，即收款人可以在支票上作出某种票据行为而使票据的权利转让他人所有，这种票据行为就是“背书”（endorsement）。

这里要说明的一点是，凡持票人的支票（bearer check），收款人若要转让，无须作任何票据行为，只要把支票交与受转让方即可，而不用背书，这就是我们通常所说的“凭交付转让”。

这里谈的“背书交付转让”，是指收款人欲把支票转让给第三方的时候，必须在支票的背面签上自己的名字，使自己由收款人的身份转为转让人、背书人的身份，这种票据行为称为“背书”。背书有三类，即空白背书、记名背书、限制性背书。

（1）空白背书，是指收款人在支票的背面签上自己的姓名，仅此而已，其作用就是把该支票转让给第三者持有，后者凭此去付款行取款。例如，一张支票的收款人为A，此时该收款人在支票的背面签上自己的姓名A就完成了。

（2）记名背书，是指收款人除了要在支票背面签上自己的姓名外，还要写明此支票现转让给某人。例如，一张支票的收款人为A，此时，A在支票背面除背书（即签名）外，还要写上付B或B的指定人（Pay to B or order）。此时，支票即可转手给被转让人B。必须指出B作为被转让人，如果需要，他还可以把这张支票再次转让给他人。

（3）限制性背书，即只能转让给某人，到此为止，不能再次转让。例如，该支票的收款人为A，他现在要把这张支票的权利转让给B，不希望B再作进一步的转让，使支票落入他人之手。此时，A除在该支票的背面签名背书外，还要写明“仅付B，不得再行转让”的字样，这就算是限制性背书了。

三、三种票据的异同

汇票、本票、支票是三种重要的支付工具，它们之间的异同如表8-1所示。

表8-1 汇票、本票、支票三种支付工具的比较

	汇票	本票	支票
1. 性质	书面债据，载明一定的金额，在一定的日期，持票人或者指定的付款人支取款项的凭证		
2. 作用	支付手段，流通手段，融资工具，即发挥结算、信用、流通、抵债的作用		
3. 无条件性	一人向另一人签发，要求后者付款给第三方（也可以是前者本人）的无条件支付命令	一人向另一人签发，约定自己付款给后者的无条件支付承诺	银行存款户对银行签发的，付给第三者或者本人的无条件支付命令
4. 基本当事人	收款人、受票人、出票人	收款人、出票人	收款人、付款行、银行客户
5. 主债务人	远期汇票 承兑前：出票人（或受票人） 承兑后：承兑人	出票人	出票人：银行客户
6. 债权人	持票人（收款人、被背书人）		
7. 出票人的责任	要保证受票人承兑和付款	自己有付款责任	要担保付款人一定付款
8. 持票人的权利	要求有关方付款的权利及行使追索权的权利		
9. 期限	即期与远期	即期与远期	见索即付

第四节　联合国《国际汇票和国际本票公约》

一、票据法国际统一的协调成果

各国和地区票据法的不同规定过多地反映了国内法的特点，这对票据促进国际贸易和世界经济的发展造成了障碍和不便。因此，在法国、德国票据法制定后，1869年，意大利商业会议就开始倡导票据法统一运动。1872年，德国法律学会曾倡导编纂欧洲统一票据法。1885年，比利时政府曾召集国际商法会议讨论国际票据法案。1910年，应德国、意大利倡议，荷兰政府于海牙召开了国际票据法统一会议，有31国参加。1912年，又在海牙召开第二次票据法统一会议，参加者有37国，中国也派人参加了这次会议。后因第一次世界大战爆发，海牙会议上形成的有关规则、公约和文件未经各国批准，但对20世纪20年代一些国家的票据立法产生过影响。诸如《1924年波兰票据法》《1925年意大利商法》《1927年捷克票据法》均参照了会议上形成的票据规则，中国票据法也受到其影响。第一次世界大战结束后，国际联盟成立。1920年，国际联盟在布鲁塞尔召开国际财政会议，重新提出票据法统一问题，并决定由国际联盟经济委员会办理。该委员会于1926年设置票据专家委员会，研究票据法统一问题。1927年，又设立法律专家委员会，负责起草统一票据法及公约草案。1930年，国际联盟理事会于日内瓦召开第一次国际票据法统一会议。同年6月7日制定了《统一汇票本票法》，并议定了三个公约，即《统一汇票本票法公约》《解决汇票本票法律冲突公约》《关于汇票本票印花税法律公约》。上述三个公约彼此独立，各国可分别加入。此次会议有30多个国家参加，最后有22个国家政府在前两个公约上签字，有23个国家政府在第三个公约上签字。1931年，在日内瓦又召开第二次国际票据法统一会议，议定了《统一支票法》，共10章57条。同时通过了三个公约，即《统一支票法公约》《解决支票法律冲突公约》《支票印花税法律公约》。会后有29个国家政府在这三个公约上签字。日内瓦《统一汇票本票法》和日内瓦《统一支票法》是国际上两个最重要的统一票据法文件，不但对缔约国发生效力，而且对促进各国票据法的统一产生了重大影响。它与海牙会议上形成的文件的不同之处在于：海牙会议上形成的文件尚是草案，未经国家批准，其影响只及于20世纪20年代的票据立法；日内瓦会议上形成的文件已非草案，业经29个国家政府签字批准，其影响主要表现在20世纪30年代许多国家据此对本国票据法的修改。

日内瓦国际票据法统一会议旨在从票据法的内容和立法体例上消除大陆票据法系和英美票据法系之间的差异。《统一汇票本票法》和《统一支票法》从有利于国际贸易出发，集法国、德国、英国、美国票据法之长，取得了重大成果，受到了与会各国的高度重视。凡是在公约上签字的国家，要么在制定票据法时将其作为参照，要么对本国已有的票据法作了重要修改。如德国于1933年修订了《票据法》与《支票法》，日本于1934年、法国于1935年、瑞士于1936年分别对本国票据法作了修改，从而使大陆法系诸国的票据法制度逐渐趋于一致。英、美两国虽然参加了日内瓦两次国际票据法统一会议，但英国只加入了两个印花税公约，而没有在其他更重要的公约上签字。美国则仅以国际联盟之外国家的资格列席了会议，并未加入有关公约。这样，仍存在大陆法系票据法与英美法系票据法之间的差别，国际票据法并未真正统一。

第二次世界大战之后，国际票据法统一活动仍在进行。1956年，国际商会为解决银行与顾客之间由于银行术语的差异及银行实务的分歧而可能遇到的复杂问题，草拟了《商业票据代收统一规则》(Uniform Rules for the Collection of Commercial Paper)。1967年5月14日，该规则经修订后分送各国，建议各国银行尽可能于1968年1月1日起共同实施。该规则虽无法律效力，但为国际银行业共同遵守的规则，经过实施，方便了国际票据的使用和流通，促进了国际贸易的发展，对各国的票据立法也产生了影响。此外，联合国国际贸易法委员会也在为票据法的统一而努力。如1973年成立国际票据法小组，该小组集会于日内瓦草拟了《国际票据公约（草案）》，供各国讨论后，制定《国际汇票和国际本票公约草案》和《国际支票公约草案》。前者为联合国国际贸易法委员会第19届会议（1986年6月6日至7月11日在纽约召开）文件，后者为联合国国际贸易法委员会第15届会议（1982年7月26日至8月6日在纽约召开）文件。前者8章80条，后者9章79条。两个公约草案尚待联合国提交各国签署后才能成为正式的国际公约。

1988年，在联合国第43次大会上通过了联合国国际贸易法委员会拟定的联合国《国际汇票和国际本票公约》(Convention on International Bill of Exchange and International Promissory Note of the United Nations，简称《国际汇票本票公约》)。按该公约的有关规定，该公约需经至少10个国家批准或加入后方能生效。该公约目前尚未生效。

由此可见，与市场经济相联系的法律制度逐步趋于统一是一种客观需要，具有客观必然性，但由于各国经济、政治和传统法文化的差异，走向统一又是十分艰难的。

二、联合国《国际汇票和国际本票公约》的主要内容与适用范围

《国际汇票本票公约》提供了关于供国际商业交易当事方选择使用新国际票据的法律规则的全面法典。该公约旨在克服国际支付所使用的票据目前存在的主要差别和不确定性。如果当事方使用特定形式的流通票据表明该票据受联合国国际贸易法委员会公约管辖，则适用此公约。

（一）主要内容

《国际汇票本票公约》共9章，90条。其主要内容包括：第1章，适用范围和票据格式；第2章，解释；第3章，转让；第4章，权利和责任；第5章，提示、不获承兑或不获付款而遭退票和追索；第6章，解除责任；第7章，丧失票据；第8章，期限（时效）；第9章，最后条款。并明确规定，“汇票”是指本公约规定的国际汇票；“本票”是指本公约规定的国际本票；“票据”是指汇票或本票；“受票人”是指汇票已对他开出而尚未经他承兑的人；“受款人”是指出票人指示向他付款或签票人

承诺向他付款的人；“持票人”是指按公约的规定拥有票据的人。同时，对“受保护的持票人”“保证人”“当事人”“到期”“签字”“伪造签字”“货币”等均作出规定。

（二）适用范围

《国际汇票本票公约》只适用于载有“国际汇票（贸易法委会公约）”或“国际本票（贸易法委会公约）”标题并在文内有上述字样的国际汇票和国际本票，不适用于支票。要求国际汇票的地点［（1）汇票的开出地；（2）出票人签名旁示地；（3）受票人姓名旁示地；（4）受款人姓名旁示地；（5）付款地］至少有两个位于不同的国家，但不是要求位于两个不同的缔约国。而且第（1）、（5）项两个地点均位于缔约国境内，但并不要求必须位于同一缔约国境内，对于国际本票也有类似的要求。

■第五节　中国的票据法

中国系文明古国，票据制度起源较早，但直至清朝末年才进行票据成文立法。1907年，清朝政府聘请日本法学家志田甲太郎制定商事法规，开始起草票据法。1913年，制定了《票据法（草案）》，只规定汇票与期票，共94条。1929年，国民政府立法院订立票据立法原则，共19条。立法院商法委员会依据该立法原则，起草《票据法》，共5章146条，于1929年10月30日公布实施。中华人民共和国成立之后，之前的票据法被废除。由于长期的产品经济体制和行政计划管理机制，票据立法难以进行。随着改革开放、经济体制改革和商品经济的发展，票据业务与票据立法才有了长足进展。1983年12月28日，颁布《中国人民银行票汇结算办法》。1984年，中国人民银行颁布《商业汇票承兑、贴现暂行办法》。1988年12月，中国人民银行颁布《银行结算办法》，较详细地规定了票据的使用规则和范围，规定了银行汇票、商业汇票、银行本票和支票；同时制定了《银行结算会计核算手续》。1988年6月，上海市人民政府发布了《上海市票据暂行规定》；1989年9月，颁布了《华东三省一市银行汇票办法》。我国开始着手拟定票据法草案，后经长期酝酿讨论修改，随着金融体制改革的深化，1995年5月10日，第八届全国人民代表大会常务委员会第十三次会议通过了《票据法》。《票据法》共7章111条，自1996年1月1日起施行，又于2004年8月28日经第十届全国人民代表大会常务委员会第十一次会议修订。

一、中国票据法产生的意义

在商品经济进一步发展，以银行结算改革为契机普遍推行票据制度的基础上，建立健全我国的票据法律制度，特别是制定和颁布统一的票据法显得日益重要。

1. 制定票据法有助于将信用活动纳入法制轨道

信用为企业和个人最重要的资产，是商品经济社会必然产生和存在的一种经济现象。随着银行结算改革发展起来的票据制度，不过是银行信用和商业信用的证券化。但我国对信用的管理尚处于一种结算制度上的低水平的行政管理。对票据关系缺少统一的法律调整机制，信用关系中不讲信用的现象十分普遍，对违反信用的行为也缺少有效的法律评判机制。制定票据法可通过将信用工具票据化、票据关系法律化而将信用活动纳入法制轨道，促进信用关系健康发展。

2. 制定票据法有助于巩固和发展结算改革成果

随着商品经济的发展和金融体制的改革，票据业务有了较大发展，票据结算方式通用、灵活、安全、快捷的特点日益明显。据统计，1991 年初，票据业务量在异地约占 34%，在同城约占 94%。在此情况下，亟须将这些符合商品经济客观规律的改革成果法律化，使其具有稳定性和权威性。

3. 制定票据法是维护票据当事人合法权益、制裁票据违法行为的需要

随着票据业务的迅速发展，信用关系缺少法律机制、银行结算侵犯当事人权益的现象时有发生，权利受害人的利益难以得到法律保护，违法行为人得不到法律制裁。这就需要通过票据立法，改变过去结算办法中规定的纪律责任和行政责任，规定统一适用的法律责任，以正确处理票据纠纷。

4. 制定票据法是完善民商法律体系的需要

我国民法中的物权关系、民事诉讼法中的有关章节内容和银行结算办法都涉及票据问题。这些规定彼此之间不尽协调，难以适用。因此，从协调民商法内部关系、健全与市场经济相适应的法律体系来说，也亟须制定出民商法特别法之一的票据法。

基于这些原因，中国人民银行总行于 1990 年底正式成立票据法起草小组。在总结经验、深入调查和广泛听取意见的基础上，曾拟订《票据条例草案》。后经数次修改，形成《票据法（草案）》。该《票据法（草案）》经国务院常务会议通过后于 1994 年 12 月提请全国人民代表大会常务委员会审议，并再次听取了地方、部门和专家的意见。1995 年 5 月 10 日，第八届全国人民代表大会常务委员会第十三次会议对《票据法（草案）》修改稿又作出说明，并审议通过了《中华人民共和国票据法》。

《票据法》颁布后，为了做好 1996 年 1 月 1 日至配套规章制度颁布前的衔接工作，中国人民银行于 1995 年 12 月 7 日作出了《关于施行〈中华人民共和国票据法〉有关问题的通知》。1997 年 6 月 23 日经国务院批准，1997 年 8 月 21 日，中国人民银行发布了《票据管理实施办法》，共 36 条，于 1997 年 10 月 1 日起施行。随后，中国人民银行又制定了《支付结算办法》，共 6 章 260 条；并规定了《正确填写票据和结算凭证的基本规定》等两个附件，自 1997 年 12 月 1 日起施行。其内容有三种情形：一是对票据法规定的细化、补充，其中也有许多和票据法规定不一致的地方；二是对票据规则的重复；三是不属票据法规定的内容。为了正确使用票据法，公正、及时地审理票据纠纷案件，保护票据当事人的合法权益，维护金融秩序和金融安全，根据票据法及其他有关法律的规定，结合审判实践，2000 年 2 月 24 日，最高人民法院审判委员会第 1102 次会议通过了《最高人民法院关于审理票据纠纷案件若干问题的规定》，共 76 条，自 2000 年 11 月 21 日起施行。

二、中国票据法体系

任何法律的制定都面临其结构体系如何确立的问题。票据法的制定首先应当确定

的也是票据法的体系问题。现行各国、各地区同日内瓦统一法公约立法体例的较大差异和票据法理论与实践中存在的诸多问题，更加剧了该问题的重要性和不可回避性。

从上述票据法的沿革中可以看出，票据法的立法体系主要有以下几种情况：(1) 票据法为民法典的一部分，如瑞士；(2) 票据法为商法典的一部分，如法国；(3) 票据法作为民商基本法的特别法而单独制定，如德国、日本的票据法。但从整体上看，将票据法单独制定者居多。

在我国理论界与实务界，都主张将票据法制定为单行法，其原因主要在于：(1) 在中国民法学界，多数人都主张民商合一，不主张独立的商法，也不主张将票据法直接规定到民法中，而主张票据法以单行法的形式出现。(2) 改革开放以来，一大批民商特别法律在实务上已经以单行法的形式出现，如海商法、公司法、破产法、著作权法、商标法、专利法等。(3) 票据法以单行法形式出现已有其传统。如日内瓦统一法公约为两个单行法律文件，德国、日本、英国的票据立法都是单独制定的，中华人民共和国成立以前的票据立法也是单行法。(4) 从制定与修改的角度看，单行立法更简便易行。(5) 上海市人民政府已率先颁布了地方性的单独票据规定。(6) 从调整对象和调整方法看，票据法也确有不同于民商基本法的地方，单行立法从理论的角度讲也更科学。

三、中国票据法的基本原则

所谓基本原则，应当是指贯穿于票据法始终的基本规则，是票据活动规律在法律上的集中体现，是制定、解释、适用票据法的基本准则。

首先，票据法的基本原则属不确定性规范。法律规范有确定性规范和不确定性规范两大类。确定性规范规定得详尽具体，明确而无歧义，没有给法官留下自由裁量的余地。不确定性规范则带有宣言性质，旨在表明立法者的看法和态度，其内容并不详尽具体，适用时往往会给法官留下较多的自由裁量权。票据法的基本原则属于不确定性规范，其含义是不具体的。它的积极意义在于，可以弥补确定性规范的不足，使司法机关依此解决具体问题。它的消极意义在于，容易导致司法自由裁量权的膨胀。因此，能否运用好票据法的基本原则，关键取决于司法者的素质和业务水平。

其次，票据法的基本原则是票据活动规律的集中反映。商品经济的客观规律性决定了票据活动必然具有一定的规律性。若违背这些规律，就会破坏经济秩序，阻碍商品经济的发展。票据法的基本原则就是票据活动规律的集中体现。依此基本原则，可以对票据活动从总体上作出规范，指明方向。

再次，票据法的基本原则的效力贯穿于票据法的始终。作为票据法的基本原则，不应当只是在票据活动的某一个环节中起作用，而应当在票据活动的全过程中发生效力。因此，票据法的基本原则与票据取得、转让等过程中应遵守的原则有明显区别，只在某一范围内起作用的原则不能作为票据法的基本原则。

最后，票据法的基本原则具有立法准则、行为准则和审判准则的功能。票据法基本原则的上述特点，使其在确定具体规范和具体机制时具有立法的指导作用。具体的规范内容不能违背基本原则。票据活动的当事人在从事各种票据行为时，也将受到基本原则的指导，不能进行与基本原则不一致的活动。从这一点看，基本原则对众多具体的票据活动来说具有航标的作用。票据法的具体内容不可能全面确定、详尽无遗，但经济生活和票据活动关系是复杂的，因此，对票据法规范未作具体规定的票据活动关系所发生的争议，可以以票据法基本原则为准则，进行创造性的司法活动，以弥补确定性规范的不足，协调法律相对稳定性和社会生活多变性之间存在的矛盾。

归纳起来，我国票据法的基本原则大致有下述六个方面。

1. 诚实信用原则

诚实信用原则是民商法的基本原则之一。在票据法中，这一原则更显重要。货币的出现使商品的卖出和购买可以在时间和空间上分开，从而克服了直接交换的局限性。但随着市场经济的发展，直接的实物与货币交换也发生了困难：商品生产者之间的买和卖在时间上的不一致，使商品实体的转移与现实货币结算相分离；在空间上的不一致，使货币的运输发生困难和风险。因此，以商品赊购赊销形式出现的商品交易便得到发展，进而产生在钱、货不能两清的情况下可以保证顺利进行资金周转的信用制度。票据是作为信用工具而产生和存在的。当信用渗透到一切经济领域，商业信用构成市场经济社会信用制度基础的时候，商品权利人不得不借助票据这种信用工具来确定权利让渡以后的债权债务关系，并借以保证在特定期限后收回自己应得的货款。这样，作为调整票据关系并为市场经济的正常运转提供服务的票据法，就应当以诚实信用为基本原则。否则，其目的是难以实现的。

对于票据法的诚实信用原则的重要地位，在现代社会中应当给予足够的重视。现代社会以市场经济为文明标志之一，信用为市场经济之根本。在市场经济发达国家，信用是民商主体的第二生命，信用是企业和个人最重要的资本。企业若不讲信用，等于在经济活动中被判死刑。我国市场经济尚处于初始阶段，信用观念淡薄，甚至将其作为市场经济的对立物，这是极端错误和极其有害的。《票据法》第10条明确规定，票据的签发、取得和转让，应当遵循诚实信用的原则，具有真实的交易关系和债权债务关系。因其适用于票据的签发、取得和转让等票据活动，因此应作为票据法的首要的基本原则。

2. 交易关系和债权债务关系原则

票据关系的产生和存在是以真实的商品交易关系和债权债务关系为基础的。商品交易关系指的是商品买卖关系及其他交易关系，本质上属于劳动力交换关系，因此在市场经济条件下，商品交易关系的范围十分广泛。同时，商品交易关系还要以债权债务关系的形式体现出来，但由于债权债务关系产生的根据并不限于商品交易，因此可以说，商品交易关系都体现为一定的债权债务关系，而债权债务关系并非只反映商品交易关系。真实的商品交易关系和债权债务关系是票据关系产生和存在的基础，它可能是现时的交易关系和债权债务关系，也可能是过时的交易关系和债权债务关系，还可能是将来的交易关系和债权债务关系。其交易关系和债权债务关系可能体现为与第三人之间存在的债权债务关系，也可能体现为双方当事人之间的债权债务关系。但这些交易关系和债权债务关系均为民商法律关系，是票据关系产生和存在的基础。

票据作为商品经济的信用工具而存在，就必须以真实的交易关系和债权债务关系为根据，否则票据将失去意义。票据虽为无因证券，但并不是指不基于一定的原因就可产生，而是指票据产生以后即与其原因关系相脱离，不受其原因的影响，这正是维护票据的信用所必需的。

我国《票据法》规定，票据的签发、取得和转让应当具有真实的交易关系和债权债务关系。因此，凡伪造、变造之票据，将难以发生票据效力，伪造、变造者还将受到法律的制裁，承担相应的法律责任。

3. 票据流通原则

票据流通原则，指的是票据法规定的、允许票据流通并保障票据持有人权利实现的原则。票据流通原则是商品经济规律的要求，也是票据法诚实信用原则的内在体现。在商品交易中，买者及时取得货物，卖者则取得特定期限获得货款的票据并作为担保。但在未到付款期限前，卖者往往又需要资金去购买货物，这就需要把票据转让给新的卖主，以取得货款或转让给银行取得金钱后再去购买货物。如果不允许转让票据，票据持有人的生产经营就可能受到影响，也就不愿在出售自己的货物时再接受票据。可见，票据的经济作用是通过票据的流通来实现的。正因如此，票据法理论中有的把票据的流通看成票据制度的核心，认为票据法以“助长票据流通为最大任务”。有的票据法甚至被直接称为流通证券法（negotiable instruments law）。因此，允许票据持有人在约定期限到来之前通过票据流通转让的方式提前实现或收回债权，才能维护票据的信用，促进市场经济的发展。

在我国，长期以来取消和限制商业信用，禁止使用汇票和本票，限制支票使用范围，不允许票据转让流通，只把票据作为一种单纯的结算手段，这是计划经济体制的产物。改革开放以来，新的结算制度开始允许票据流通，但总的看来仍是限制过多。我国《票据法》虽然没有明确规定允许票据流通转让的原则，但从第 10 条和对背书的规定看，是肯定票据流通的。我们之所以将票据流通作为一项基本原则看待，是因为票据流通的效力已及于各种票据活动，关系到票据法是否真正为市场经济提供服务的实质。当然，将票据流通作为票据法的基本原则，并非提倡任何票据都可以流通，也非提倡票据的流通无任何限制，更非提倡票据必须流通。票据是否流通，实际上仍然取决于当事人的需要，并非流通次数越多越好。在以票据流通为基本原则的前提下，还允许当事人为保护自己的利益而对票据的流通作出限制，为避免票据信用膨胀，还要对票据的签发、转让等票据活动进行规范，加强管理。

4. 文义责任原则

这里的责任指票据上的权利和义务。文义责任原则指的是票据活动当事人均按票据上记载的文义来享受权利和承担义务的原则。按文义责任原则的要求，票据活动的当事人应当使票据所载文义清楚、准确而无歧义；票据当事人要严格按照票面的记载享受权利和承担义务。其中包括谁享受权利、谁承担义务，享受什么权利、承担什么义务等，这些都应以当事人在票据上的记载为依据。只要票据权利人取得票据是合法的，票据债务人的票据行为是合法的，票据债务人就必须按照票据上所记载的文字意思向票据债权人承担责任。

我国《票据法》第 4 条规定：票据出票人制作票据，应当按照法定条件在票据上签章，并按照所记载的事项承担票据责任。其他票据债务人在票据上签章的，按照票据所记载的事项承担票据责任。这是票据法对票据文义原则的确认。其中，票据活动当事人按照法定条件在票据上的签章是票据当事人承担责任的依据，即解决谁承担责任的问题。票据上所记载的事项是票据当事人承担责任范围的依据，即解决承担哪些责任的问题。坚持票据文义原则，才能维护票据的严肃性，树立票据信用，从而有利于票据流通。

5. 社会公益原则

我国《票据法》第 3 条规定：票据活动应当遵守法律、行政法规，不得损害社会公共利益。这是我国票据法对社会公益原则的规定。其中，应当遵守法律和行政法规是社会公共利益最基本和最集中的体现。票据活动是民商主体行使民商权利和履行民商义务以满足其利益的活动。社会公益原则的要旨就是要求票据活动当事人在行使权利及履行义务的过程中，实现主体个别利益和社会公共利益的协调统一，不能只强调行使权利而不顾或者损害公共利益。根据票据法制定的《支付结算办法》第 5 条规定：银行、城市信用合作社、农村信用合作社以及单位和个人（含个体工商户），办理支付结算必须遵守国家的法律、行政法规和本办法的各项规定，不得损害社会公共利益。

在大陆法系国家，社会公共利益原则表现为权利不得滥用原则，被认为是诚实信用原则的当然内容。但是从理论与实务方面分析，诚实信用原则不一定全部体现社会公共利益。因此，在社会主义国家的立法中，通常将社会公益原则作为一项独立原则，这大概可以说是社会主义法律的一个特色。票据法将社会公益作为一项独立原则专条规定，其积极意义在于给票据活动划出了一个原则范围，且以法律和行政法规为裁判依据，这比只规定票据活动不得损害社会公共利益要明确得多。即判别是否损害公共利益，是以是否遵守法律、法规为依据的，体现了法治精神，而限制了法官的自由裁量。因为一旦某种内容极为广泛且十分重要的原则形成一种基本原则，就不可避免地要付出法官享有过度权力的代价，原则的内容越广泛，法官的权力也就越广泛。

由于我国法制的某些滞后性及法律内部协调性不够，在适用社会公益原则时，客观上应以有效的法律、法规为标准，主观上还应对法律、法规的效益性作出选择，否则将有悖于社会公益原则的本义。

6. 国际惯例原则

商品经济是开放型经济。市场包括国内和国际两个市场。在商品经济发达的社会，票据业务必然发达，票据立法也较完善，且形成票据法国际惯例和统一票据法。我国的市场经济还很不发达，票据立法起步较晚，在许多票据规则制度上都需借鉴和参照国际上有关票据制度的惯例，以使我国票据法能适应市场经济的发展需要，并在改革开放中不断完善。

依照国际惯例的原则，我国《票据法》第 95 条专门规定：中华人民共和国缔结或者参加的国际条约同本法有不同规定的，适用国际条约的规定。但是，中华人民共和国声明保留的条款除外。本法和中华人民共和国缔结或者参加的国际条约没有规定的，可以适用国际惯例。

根据票据法国际惯例原则的规定，首先，凡我国缔结或者参加的国际条约与我国票据法的规定相同时，适用我国票据法也就是适用国际条约；如果我国缔结或者参加的国际条约与我国票据法的规定不同，则适用国际条约的规定。这体现了参照国际惯例原则的精神，也是一国对缔结或参加的国际条约应当遵守的义务。其次，如果我国缔结或参加的国际条约同我国票据法的规定不同，那么，我国声明保留的条款则不适用。这是国家主权原则的要求，适用国际惯例原则绝不能有损于国家主权。最后，我国票据法和我国缔结或者参加的国际条约都没有规定时，则可以适用国际惯例。但在选择是否适用国际惯例时，可以结合上述诸项原则作出决定。

四、中国票据法的适用

票据法的适用，指的是票据法对于什么事项，在什么地方、什么时间发生法律效力的问题。票据法的适用范围，是正确适用票据法和处理有关票据纠纷的前提。我国《票据法》第 2 条规定："在中华人民共和国境内的票据活动，适用本法。"《票据法》第 110 条规定："本法自 1996 年 1 月 1 日起施行。"前条是关于票据法事项适用范围和空间适用范围的规定；后条是关于票据法时间适用范围的规定。

（一）票据法在事项上的适用范围

票据法在事项上的适用范围，指的是票据法对事项的法律效力。票据法首先要解决对什么事项发生效力的问题。所谓事项，即法律事实。但法律事实有多种。根据票据法调整的对象，票据法所适用的事项即票据活动。所谓票据活动，即票据行为，而行为或者活动是人的内心意思的外在表示，离不开人本身。因此，票据法在事项上的适用范围又包括什么人和什么事两方面的情况。这里的人，指的是民商主体，包括公民、法人和其他社会组织，但又不是一般的民商主体，而是从事票据活动的人。这里的事，主要指票据活动，包括签发票据、取得票据、承兑票据、转让票据、提示票据等有关票据活动的行为。此外还应当包括部分支付结算行为。所谓的支付结算行为，是指单位、个人在社会经济活动中使用票据、信用卡和汇兑、托收承付、委托收款等结算方式进行货币给付及资金清算的行为。其中，使用票据进行货币给付、进行资金清算的行为也属于票据法的调整范围。票据的管理按照《票据管理实施办法》的规定进行。对非票据活动的民商行为则不适用票据法，而应适用民商基本法或其他民商特别法。

（二）票据法在空间上的适用范围

票据法在空间上的适用范围是指票据法在空间上的效力。因票据法强调的是对票据活动的调整，因此，票据法完全是属地主义，即凡是在中华人民共和国境内的票据活动，均适用本法。这点与民商基本法的规定有所不同。这是因为民商基本法涉及的问题广泛复杂，主要强调人，或者说具有人法的性质，受其本国意识观念的影响较深，因此多以属地法为原则，而以属人法为例外。

（三）票据法在时间上的适用范围

票据法在时间上的适用范围指票据法在时间上的效力。票据法在时间上的效力，涉及其生效时间和失效时间问题。票据法的失效时间很少在法律中规定，大多是随新法的颁布施行而自然失效。就我国票据法而言，《票据法》和《支付结算办法》施行之后,《银行结算办法》和《上海市票据暂行规定》等都将失去效力。

票据法的生效时间已在该法中明文规定。票据法虽然于1995年5月10日通过和公布,但是要从1996年1月1日起才施行。票据法从公布至施行之所以要留出一个期限,主要是让人们了解该法,给有关部门单位以实施该法的准备时间。票据法对于该法施行前的票据活动没有溯及既往的效力,不能要求人们去做他们还不知道应当怎么做的事情,不能要求人们去按照尚不知晓的规则办事,这是法治原则基本的和必然的要求。

这里值得指出的是:我国《票据法》于2004年8月28日第十届全国人大常委会第十一次会议进行了修改。修改后的《票据法》删除了原来的第75条,自修改决定公布之日起施行;并根据修改决定对原《票据法》条款顺序进行调整重新公布。但是,调整后重新公布的《票据法》第110条规定的票据法实施日期仍然是1996年1月1日。这就发生了如下不合实际和不合逻辑的问题:一是原来根据第75条作出的有关行为决定都将成为没有法律依据的决定;二是会出现2004年8月28日和1996年1月1日两个实际生效时间;三是使人难以正确地认识《票据法》的历史发展过程;四是重新对《票据法》条文顺序进行调整排列公布,只会造成其立法成本、司法成本和社会其他成本的增加,而没有任何实际意义。

(四)票据法在规范上的适用

在现有法律适用的理论中,通常都认为法律的适用就是包括人的适用效力、空间的适用效力和时间的适用效力。似乎了解这几方面的适用即可正确地解决和处理案件纠纷,其实不然。一般情况下,事实上往往是首先遇到了现实的票据纠纷和票据案件,在查明事实的基础上,才有一个如何适用法律和适用哪一个或者哪一条法律的问题。即在以事实为根据的前提下,才有以哪一条法律为准绳的问题,才有一个寻法或者寻找法律准绳及具体适用哪一条法律准绳的问题。而这个寻法的行为有时并不是很容易的事情。特别是在法律规范比较分散、繁杂细密的情况下更是如此。就票据法规范而言,虽然尚属简单,但也已涉及以《票据法》为核心的一个复杂体系,如除《票据法》外,还有《票据管理实施办法》、《支付结算办法》以及《最高人民法院关于审理票据纠纷案件若干问题的规定》等,甚至会涉及司法解释和判例。故票据法的适用不仅需要找出所应适用的票据法规范文本,而且要找出其应当适用的具体文本的条款,还要对该项条款有一个正确的认识和理解。

另外,这里需要注意的是,在票据实务中,除适用我国票据法的直接规定外,有些票据活动的适用有时还会涉及国际公约、国际条约或者国际惯例、外国票据法、我国民商基本法、行政法以及刑法的规定。

随着金融电子化的蓬勃发展,票据业务也屡见创新。例如,2007年全国支票影像交换系统建成运行后,支票实现了异地流通和全国通用,支票影像替代了纸支票。根据现行票据法规定,提示付款的客体是实物形态的票据,而按照支票影像交换系统的业务处理规则,支票影像信息具有与原实物支票同等的支付效力,出票人的开户银行收到支票影像信息,视同实物支票提示付款。这实质上采取了支票截留的处理方式,对影像形式的"代用支票"的应用涉及电子提示的法律效力问题。

近年来，不少专家学者建议对票据法进行第二次修改和完善，因为现有的有关支付体系的法律制度在一定程度上不能适应支付体系快速发展的需要，应进一步健全。这些修改建议主要包括：进一步明确票据的无因性，重点解决融资性票据、电子票据、票据影像截留的法律地位等。

复习与思考题

1. 简述票据的经济作用与法律特征。
2. 什么是汇票？汇票上必须记载哪些事项？
3. 行使追索权时应注意哪些问题？
4. 对于伪造背书的法律后果，英美法、日内瓦统一法公约与联合国《国际汇票和国际本票公约》有什么不同的规定？
5. 什么是本票？银行本票与商业本票有何区别？
6. 什么是支票？支票有哪几种？
7. 简述中国票据法的基本原则与适用范围。

第9章

知识产权保护法

本章提要

1. 知识产权的概念与特点
2. 专利法
3. 商标法
4. 著作权法
5. 《与贸易有关的知识产权协定》(TRIPs)
6. 中国的知识产权保护法

关键术语

工业产权　专利　专利权　排他性　区域性　时间性　新颖性
商标注册　《保护工业产权巴黎公约》　优先权原则　《马德里协定》
著作权　精神权利　经济权利　《伯尔尼公约》　《世界版权公约》
《与贸易有关的知识产权协定》(TRIPs)　版权及邻接权
地理标识　集成电路布图(拓扑图)设计　未披露信息的保护

第一节　知识产权保护概述

一、知识产权的概念与特点

(一)知识产权的含义及其范围

“知识产权”这一概念是从西方引入的。其英文为 intellectual property，德文为

geistiges eigentum，严格说应译为“智慧财产权”“智力财产权”。由于 20 世纪中期中国的众多学者在翻译、介绍国外有关这方面的法律、研究成果时，使用“知识产权”这一名词，因而逐渐为大多数人所接受，尤其在有关立法中也被普遍使用。不过应指出的是，中国台湾、香港的许多学术专著更多使用的是“智慧财产权”。

“知识产权”这一概念往往是从划定其范围的形式明确其内涵的。不同的国家、地区及国际组织对知识产权的理解、界定范围不同便产生了不同的定义或提法。目前比较有影响的知识产权范围划分主要如下。

1. 世界知识产权组织关于知识产权的界定

世界知识产权组织（World Intellectual Property Organization，WIPO）在《建立世界知识产权组织公约》中采取了较为广义的知识产权划分方法。根据该公约第 2 条的规定，知识产权应包括下列权利：(1) 关于文学、艺术和科学作品的权利；(2) 关于表演艺术家的演出、录音和广播的权利；(3) 关于在一切领域中因人的努力而产生的发明；(4) 关于科学发现的权利；(5) 关于工业品式样的权利；(6) 关于商品商标、服务商标、厂商名称和标记的权利；(7) 关于制止不正当竞争的权利；(8) 在工业、科学及文学艺术领域的智力创作活动中所产生的权利。

该公约第 16 条规定对本公约不允许有保留，因此，世界知识产权组织的成员（包括我国）已对上述较为广义的知识产权定义表示接受。不过，参加世界知识产权组织的 100 多个成员中，真正在其国内立法中将广义知识产权融入其法律体系的仍较少。只能认为大多数世界知识产权组织成员原则上接受了广义知识产权的定义及划分。

持广义知识产权定义及划分观点的国际组织还有国际保护工业产权协会，该协会在 1992 年东京大会上通过的报告中认为，知识产权可以划分为创作性成果权利与识别性标记权利两大类。创作性成果权利包括发明专利、集成电路设计权、植物新品种权、技术秘密［技术诀窍（know-how）］权、工业品外观设计权、著作权、软件设计权。识别性标记权利包括商标权、商号权（厂商名称权）、其他与制止不正当竞争有关的识别性标记权。

从上述两个组织关于知识产权的划分可以看出，世界知识产权组织的划分较国际保护工业产权协会的划分更为广泛，尤其是在工业、科学及文学艺术领域的智力创作活动中所产生的权利上，这一提法为适应科学技术的发展及其对知识产权可能产生的影响提供了便利，比国际保护工业产权协会关于知识产权的划分范围要广一些。

2. 传统的知识产权划分

传统的、狭义的知识产权包括工业产权与著作权两大部分。其中工业产权包括专利权、商标权、禁止不正当竞争权等。著作权包括作者权和传播者权等。

尽管各国普遍认为传统、狭义的知识产权包括工业产权与著作权，然而，对“工业产权”的理解也存在不同程度的差异。事实上，“工业产权”的翻译也存在偏离本义的问题，“工业产权”的英文原文“industrial property”应译为“产业产权”较为准确。正如《保护工业产权巴黎公约》(Paris Convention for the Protection of Industrial Property) 严格来说应译为《保护产业产权巴黎公约》。根据该公约第 1 条的规定，工业产权的范围应包括发明专利、实用新型、工业品式样设计、商标、服务标记、商店名称、产地标记或原产地名称，以及制止不正当竞争。该公约第1条第3款认为，工业产权应作广义解释，不仅适用于工业和商业本身，而且适用于农业和采掘业以及一切制成品或天然产品，例如酒类、谷物、烟叶、水果、牲畜、矿产品、矿泉水、啤酒、花卉、面粉等。从此款的说明可以看出，“industrial property”不仅涉及工业（制造业）中有关智力劳动创造的成果，而且包括在商业、农业和采掘业等产业的一切智力成果。

3. WTO关于知识产权的划分

作为WTO重要组成部分的《与贸易有关的知识产权协定》（Agreement on Trade-Related Aspects of Intellectual Property Rights，TRIPs）在其第一部分第1条中列明了其所管辖的知识产权的范围，它们是：版权及邻接权；商标权；地理标志权；工业品外观设计权；专利；集成电路布图（拓扑图）设计权；未披露信息的保护权。未披露信息的保护（protection of undisclosed information）主要指对商业秘密的保护，也包括对技术秘密的保护。对商业秘密的保护问题，各国学术界及司法界争议颇多，焦点集中在商业秘密能否作为一种财产权加以保护上。由于WTO的《与贸易有关的知识产权协定》主要从国际贸易的角度进行知识产权法律体系的构建，更关注知识产权的贸易方面，而商业秘密必然对其拥有者的市场竞争力产生重大影响，发达国家的跨国公司自然希望商业秘密被当作一种财产权得以保护，这正是发达国家跨国公司积极寻求在关税及贸易总协定（简称关贸总协定）范畴内进行知识产权保护谈判的原因。所以，随着WTO成员的不断扩大，各主要贸易伙伴都接受将商业秘密作为财产权加以保护，因此这一争论告一段落。

较世界知识产权组织及其他保护知识产权的国际组织，WTO的影响要大得多，尤其是WTO法律体系的完善，使《与贸易有关的知识产权协定》得到更加有效的实施。

（二）知识产权的特点

知识产权的特点主要体现在它的专有性、无形性、法定性、复合性、地域性和时间性上。

专有性，也叫作独有性或排他性，是指权利人对其智力劳动成果享有一种垄断性的专有权。专有性是知识产权最本质的特征。

无形性，是指知识产权的客体是人类创造性智力劳动成果。这种智力劳动成果不具有物质形态，不占有空间，但可借助某种物质载体体现出来，且可为若干人同时使用。

法定性，是指知识产权必须按照法定条件和程序，经由法定的国家机关确认方能获得知识产权的法律保护。

复合性，体现在知识产权中，则是指知识产权既具有人身权的内容，又具有财产权的内容。因为知识产权是人类脑力劳动的产物，它同特定的人身密切相关，同时智力成果的开发需要大量的人力、物力、体力，且投入运用后又可产生巨大的社会、经济效益。

地域性，是指根据一国法律所取得的知识产权仅仅是在该国领域内有效，在其他国家原则上不发生效力。

时间性，是指知识产权受到法律保护有一个法定的期限，超出该法定期限，有关的智力成果则列入公有领域，任何人均可以利用而不再受专有权的限制。

在《与贸易有关的知识产权协定》的序言中，知识产权首先是特殊的私有权，即承认知识产权为私权；另外，承认保护知识产权的各国制度中被强调的保护公共利益的目的，包括发展目的与技术目的。可以说，这是对知识产权性质的代表性概括，兼顾了知识产权作为无形产品权利的两个侧面。

二、知识产权的国际保护

1. 知识产权国际保护的产生

19 世纪中后期，由于各国商品经济的不断发展，以及商品和技术出口的扩大，国际市场上商品和技术竞争已经形成。商品和技术的出口也带动了商标的输出。商标的范围从商品扩大到商品以外的包装、装潢及外观造型等方面，以加强对市场的垄断。为进一步占领和控制国际市场，许多垄断企业在世界各地注册许多商标，也同时要求商标保护向国际化发展。另外，最初各国专利法中对外国申请人完全不提供专利保护或规定种种限制的状况有所改变，各国专利法对外国人申请专利都作了专门规定，允许外国人申请专利，并保护其专利权。1883 年，由法国等 11 国发起并签订了《保护工业产权巴黎公约》（简称《巴黎公约》），推动专利与商标保护的国际化。19 世纪 80 年代以后，陆续签订了一些有关商标保护的国际协定、条约，建立了一些国际组织，如 1891 年 4 月 14 日签订的《商标国际注册马德里协定》（简称《马德里协定》），以及 1891 年的《制止商品产地虚假或欺骗性标记马德里协定》。

19 世纪后期，当欧美主要国家都先后制定著作权法，以保护本国出版的本国国民的作品时，许多有价值的作品却打破了一国界限，不断被翻译成其他国家文字并在国外出版发行。这样，在本国范围内如何保护外国作品，本国的作品在他国如何得到保护，这些问题可以通过签订双边协定得到部分解决，但极不统一和全面，仅能在少数国家之间做到。随着各国著作权立法的相同、相近趋势的增强，国际保护已成为大多数国家寻求的目标。1886 年 9 月 9 日，《保护文学和艺术作品伯尔尼公约》（简称《伯尔尼公约》）在瑞士伯尔尼签订。这是第一个国际著作权公约，参加公约的缔约国组成了伯尔尼联盟。

以上国际公约的缔结，拉开了人类建立知识产权国际保护制度的帷幕。

2. 知识产权国际保护的发展

自 1883 年国际社会缔结知识产权领域的第一个国际公约——《保护工业产权巴黎公约》到 1994 年乌拉圭回合签署《与贸易有关的知识产权协定》的 100 多年时间里，知识产权的国际保护得到了迅速发展。各国在知识产权的国际保护问题上展开了多层次、多领域的国际合作，一大批保护知识产权的全球性、区域性和双边的国际条约不断涌现。原有国际条约也根据发展需要先后多次被修改和补充，使得国际知识产权保护的体系日趋完整，为各国国民在其他国家寻求知识产权保护架起了桥梁，也为国家间在知识产权领域的合作和交流奠定了基础。

纵观众多保护知识产权的国际条约，大致可分为保护工业产权的国际条约和保护著作权的国际条约两大类。

（1）保护工业产权的国际条约。

主要包括：1883 年《保护工业产权巴黎公约》、1891 年《制止商品产地虚假或欺骗性标记马德里协定》和《商标国际注册马德里协定》、1925 年《工业品外观设计国际保存海牙协定》、1957 年《商标注册用商品和服务国际分类尼斯协定》、1958 年《保护原产地名称及其国际注册里斯本协定》、1961 年《国际植物新品种保护公约》、1968 年《建立工业品外观设计国际分类洛迦诺协定》、1970 年《专利合作条约》、1971 年《国际专利分类斯特拉斯堡协定》、1973 年《商标注册条约》和《建立商标图形要素国际分类维也纳协定》、1977 年《国际承认用于专利程序的微生物保存布达佩斯条约》、1981 年《保护奥林匹克会徽内罗毕条约》、1989 年《集成电路知识产权条约》等。

（2）保护著作权的国际条约。

主要包括：1886 年《保护文学和艺术作品伯尔尼公约》、1952 年《世界版权公约》、1961 年《保护表演者、音像制品制作者和广播组织罗马公约》（简称《罗马公约》）、1971 年《保护录音制品制作者防止未经许可复制其录音制品公约》、1974 年《关于播送由人造卫星传播载有节目的信号的公约》、1979 年《避免对版权使用费双重征税的多边公约》、1989 年《视听作品国际登记条约》等。

另外，还有一些综合性的国际条约，如 1967 年《建立世界知识产权组织公约》、1994 年《与贸易有关的知识产权协定》等。

在知识产权的国际保护领域，大多数国际条约都有相应的国际机构来负责条约的管理和实施。如《巴黎公约》的缔结形成了缔约方的“巴黎联盟”；《伯尔尼公约》缔结后形成了“伯尔尼联盟”。此后，管理这两个公约的联盟分别形成了两个国际局。1893 年，两个国际局合并，形成后来的保护知识产权联合国际局。

1967 年 7 月 14 日，《巴黎公约》的缔约方、《伯尔尼公约》的缔约方在斯德哥尔摩修订上述两个公约的同时，签署了《建立世界知识产权组织公约》，该公约于 1970 年 4 月 26 日生效。根据该公约，原保护知识产权联合国际局成为世界知识产权组织的国际局，为世界知识产权组织的所属机构，即原保护知识产权联合国际局的全部职能转给了世界知识产权组织。1974 年 12 月，世界知识产权组织成为联合国系统中的第 16 个专门机构，总部设在日内瓦。

总之，当今世界上绝大多数国家已建立起了知识产权保护制度，并已参加世界知识产权组织。中国于 1980 年参加了世界知识产权组织。

3. 知识产权国际保护发展的原因

知识产权的国际保护在 20 世纪，尤其是第二次世界大战以后得到了迅速发展，这主要归因于：

（1）20 世纪以来，国际经济、科技和文化交流的规模和内容都产生了巨大变化。国家之间的技术投资作为新的投资方式应用广泛，且国际技术贸易作为一种独立的国际贸易形式，在国际贸易中所占的比重越来越大，这些无疑对知识产权的国际保护提出了新的更高的客观要求。

（2）第二次世界大战以后，发展中国家作为国际上新的力量，强烈要求改变旧的国际经济秩序中的不合理和不公平现象，建立国际经济新秩序。在知识产权领域，发展中国家致力于修改知识产权国际保护制度的明显不合理、不公平的条款，建立新的知识产权国际保护制度。

（3）技术作为知识产权最主要的客体，其变革必然会导致知识产权法律制度的相应变革。

第二节　专利法

一、专利概述

（一）专利的含义

“专利”一词来自拉丁文 litterae patents，含有公开之意，原指盖有国玺印鉴不必拆封即可打开阅读的一种文件，它也是中世纪的君主用来颁布某种特权的证明。对“专利”（patent）这一概念，目前尚无统一的定义，现在，“专利”一词一般被理解为专利证书或专利权。国家颁发专利证书授予专利权人在法律规定的期限内，对制造、使用、销售（有些国家还包括进口该项专利发明或设计）享有专有权（又称垄断权或独占权）。其他人必须经过专利权人同意才能施行上述行为，否则为侵权。专利期限届满后，专利权即消灭。任何人皆可无偿地使用该项发明或设计。

知识产权中“专利”的三重意思比较容易混淆。

（1）专利权的简称，指专利权人对发明创造享有的专利权，即国家依法在一定时期内授予发明创造者或者其权利继受者独占使用其发明创造的权利，这里强调的是权利。专利权是一种专有权，这种权利具有独占的排他性。非专利权人要想使用他人的专利技术，必须依法征得专利权人的授权或许可。

（2）指受到专利法保护的发明创造，即专利技术，是受国家认可并在公开的基础上进行法律保护的专有技术。“专利”在这里具体指的是技术方法——受国家法律保护的技术或者方案。（所谓专有技术，是享有专有权的技术，这是更大的概念，包括专利技术和技术秘密。某些不属于专利和技术秘密的专业技术，只有在某些技术服务合同中才有意义。）专利是受法律规范保护的发明创造，它是指一项发明创造向国家审批机关提出专利申请，经依法审查合格后向专利申请人授予的该国内规定的时间内对该项发明创造享有的专有权，并需要定时缴纳年费来维持这种国家的保护状态。

（3）指专利局颁发的确认申请人对其发明创造享有的专利权的专利证书，或记载发明创造内容的专利文献，即具体的物质文件。

需要注意的是，日常生活中，人们通常会把“专利”和“专利申请”两个概念混淆使用，比如有些人在其专利申请尚未授权的时候即声称自己有专利。其实，专利申请在获得授权前，只能称为专利申请，如果其能最终获得授权，则可以称为专利并对其所请求保护的技术范围拥有独占实施权，如果其最终未能获得专利授权，则永远没有成为专利的机会了，也就是说，他虽然递交了专利申请，但并未就其所请求保护的技术范围获得独占实施权。很明显，这两个概念所代表的两种结果之间的差距是巨大的。

在这里，专利前两个意思虽然意义不同，但都是无形的，第三个意思才是指有形的物质。“专利”这个词语可以仅仅指其中一个意思，或者包含两个以上的意思，具体情况必须联系上下文来看。对“专利”这一概念，生活中人们一般笼统地认为：它是由专利机构依据发明申请所颁发的一种文件，由这种文件叙述发明的内容，并且产生一种法律状态，即该获得专利的发明在一般情况下只有得到专利所有人的许可才能利用（包括制造、使用、销售和进口等）。

由于专利涉及赤裸裸的利益，世界各国专利相关的知识、法律和规定相当地多而且细致，甚至各不相同，可通过查询相关具体法律、条文或者国际条约来了解各个细节。

（二）授予专利的范围与条件

1. 授予专利的范围

能够授予专利的范围十分广泛，一切技术领域中的任何发明，不论是产品发明还是方法发明，只要其具有新颖性、创造性并适合于工业应用，均可获得专利。但是，各国对专利的授予一般还要涉及以下几个问题：

（1）违反公共秩序和道德的发明一般都规定不授予专利。不过这项规定的应用是与国家的阶级实质密切相关的。

（2）科学发现和自然科学基础原理因不能在工农业生产上直接应用，不授予专利。许多国家都依专门法律给予奖励。

（3）某些物质发明，如以化学方法获得的物质，以原子核变换的方法获得的物质以及食品、饮料等，大多数国家不给专利，但少数工业发达国家则授予专利。其制造方法一般也可以取得专利。

（4）动植物新品种，许多国家不给专利，少数国家规定授予专利。

（5）诊断医疗方法和药品，少数国家授予专利。

（6）计算机程序（软件），极少数国家授予专利。

实行发明专利制度的国家，有些还采用实用新型和外观设计的保护形式。实用新型指对物品的形状、构造或其组合作出的革新设计，亦称“小发明”“小专利”。其特点是，对发明要求较低，申请和审批手续比较简单，费用较少，保护期限较短。采用实用新型保护的只有少数国家和地区，如德国、法国、日本、意大利、西班牙、葡萄牙、波兰、菲律宾、乌拉圭等。外观设计也称工业品外观设计，指对产品的外形、图案、色彩或其结合作出富于美感而适用工业上应用的设计。据世界知识产权组织 1996 年的统计，采用外观设计保护的国家有 61 个。有的国家规定在专利法中（如美国、泰国），有的国家则在专利法以外制定单行法规（如德国、日本）。我国的《专利法》对实用新型、外观设计的保护作了明确规定。《专利法》第 2 条规定：本法所称的发明创造是指发明、实用新型和外观设计。发明，是指对产品、方法或者其改进所提出的新的技术方案。实用新型，是指对产品的形状、构造或者其结合所提出的适于实用的新的技术方案。外观设计，是指对产品的形状、图案或者其结合以及色彩与形状、图案的结合所作出的富有美感并适于工业应用的新设计。

2. 授予专利的条件

各国专利法对于授予专利的条件规定不同，中国和多数国家都要求发明应具备新颖性、先进性和实用性。新颖性指在提出专利申请之日或优先权日，该项发明是现有技术中所未有的，即未被公知公用的。凡以书面、磁带、唱片、照相、口头或使用等方式公开的，即丧失其新颖性。有些国家采用世界新颖性，有些国家采用国内新颖性，也有些国家公知以世界范围为标准，公用以本国范围为标准。先进性也称创造性，指发明在申请专利时比现有技术先进，其程度对所属技术领域的普通专业人员不是显而易见的。实用性指发明能够在产业上制造和使用。

（三）专利的特点与种类

1. 专利的特点

专利属于知识产权的一部分，是一种无形的财产，具有与其他财产不同的特点。

（1）排他性。

即独占性。它是指在一定时间（专利权有效期内）和区域（法律管辖区）内，任何单位或个人未经专利权人许可都不得实施其专利，即不得为生产经营的目的制造、使用、许诺销售、销售、进口其专利产品，或者使用其专利方法以及使用、许诺销售、销售、进口依照该专利方法直接获得的产品，否则属于侵权行为。

（2）区域性。

区域性是指专利权是一种有区域范围限制的权利，它只在法律管辖区域内有效。除了在有些情况下，依据保护知识产权的国际公约，以及个别国家承认另一国批准的专利权有效以外，技术发明在哪个国家申请专利，就由哪个国家授予专利权，而且只在专利授予国的范围内有效，而对其他国家则不具有法律的约束力，其他国家不承担任何保护义务。但是，同一发明可以同时在两个或两个以上的国家申请专利，获得批准后其发明便可以在所有申请国获得法律保护。

（3）时间性。

时间性是指专利只有在法律规定的期限内才有效。专利权的有效保护期限结束以后，专利权人所享有的专利权便自动丧失，一般不能续展。发明便随着保护期限的结束而成为社会公有的财富，其他人便可以自由地使用该发明来创造产品。专利受法律保护的期限由有关国家的专利法或有关国际公约规定。目前世界各国的专利法对专利的保护期限规定不一。一般规定保护的有效期应不少于自提交申请之日起算 20 年。

2. 专利的种类

专利的种类在不同的国家和地区有不同规定。在内地专利法中规定有发明专利、实用新型专利和外观设计专利；在香港专利法中规定有发明专利、新样式和外观设计专利。另外，在部分发达国家中，一般分为发明专利和外观设计专利。

（1）发明专利。

我国《专利法》第 2 条对发明的定义是：发明，是指对产品、方法或者其改进所提出的新的技术方案。

所谓产品是指工业上能够制造的各种新制品，包括有一定形状和结构的固体、液体、气体之类的物品。所谓方法是指对原料进行加工，制成各种产品的方法。对于发明专利，并不要求它是经过实践证明可以直接应用于工业生产的技术成果，它可以是一项解决技术问题的方案或一种构思，具有在工业上应用的可能性，但这也不能将这种技术方案或构思与单纯地提出课题、设想相混同，因为单纯的课题、设想不具备工业上应用的可能性。

发明是指对产品、方法或者其改进所提出的新的技术方案，主要体现新颖性、创造性和实用性。取得专利的发明又分为产品发明（如机器、仪器设备、用具）和方法发明（制造方法）两大类。

(2) 实用新型专利。

关于实用新型，有些国家并没有将其列为专利保护的独立对象，而是将其放在发明专利中予以保护。在另外一些国家，实用新型则被列为专利保护的独立客体，这种实用新型主要是指小发明。

我国之所以保护实用新型，目的在于鼓励成本低、研制周期短的小发明的创造，更快地适应经济发展的需要。

《巴黎公约》没有规定实用新型的概念，但规定实用新型享有发明专利的利益。

《与贸易有关的知识产权协定》也没有单独规定实用新型这一专利类型。

我国《专利法》明确将实用新型作为专利保护的对象之一，规定实用新型专利是指对产品的形状、构造或者其结合所提出的适于实用的新的技术方案。该技术方案在技术水平上低于发明专利。

(3) 外观设计专利。

我国《专利法》第2条对外观设计的定义是：外观设计，是指对产品的形状、图案或者其结合以及色彩与形状、图案的结合所作出的富有美感并适于工业应用的新设计。《专利法》第23条对其授权条件进行了规定：授予专利权的外观设计，应当不属于现有设计；也没有任何单位或者个人就同样的外观设计在申请日以前向国务院专利行政部门提出过申请，并记载在申请日以后公告的专利文件中。相比于以前的《专利法》，最新修改的《专利法》提高了对外观设计的要求。

外观设计与发明、实用新型有着明显的区别，外观设计注重的是设计人对一项产品的外观所作出的富于艺术性、具有美感的创造，但这种具有艺术性的创造不是单纯的工艺品，它必须具有能够为产业上所应用的实用性。外观设计专利实质上是保护美术思想的，而发明专利和实用新型专利保护的是技术思想。虽然外观设计和实用新型与产品的形状有关，但两者的目的不相同。前者的目的在于使产品形状产生美感，而后者的目的在于使具有形态的产品能够解决某一技术问题。例如一把雨伞，若它的形状、图案、色彩相当美观，那么应申请外观设计专利；如果雨伞的伞柄、伞骨、伞头结构设计精简合理，可以节省材料又有耐用的功能，那么应申请实用新型专利。

外观设计专利的保护对象，是产品的装饰性或艺术性外表设计，这种设计可以是平面图案，也可以是立体造型，更常见的是二者的结合，授予外观设计专利的主要条件是新颖性。

二、专利制度的起源和发展

专利制度的建立至今已有300多年的历史了。它是随着人类社会科学技术的进步和商品经济的发展而发展的。

专利制度的雏形萌芽于中世纪的欧洲。15世纪中期，在商品经济关系初步发展的英国和意大利，最早产生了专利制度的雏形。这就是由封建君主政府以特许的方式，授予一些商人或工匠独家经营某项技术的垄断权。例如，1421年，佛罗伦萨共和国授予著名科学家伽利略发明的"扬水灌溉机"20年的专利权。《威尼斯专利法》为现代专利法律制度奠定了基础，是现代专利法的雏形。如果将《威尼斯专利法》作为专利制度的起源，则专利制度迄今已有约600年的历史。

近现代专利制度是随着资本主义工业革命的兴起，商品经济的进一步发展和市场竞争的日趋激烈而从萌芽阶段步入发展时期的。近代意义的世界第一部完整的专利法产生于英国，即英国于1623年颁布的《垄断法》。该法被视为现代资本主义专利法的始祖。这部《垄断法》是世界专利制度发展史上第二个里程碑，已初步具备了现代专利法的基本要素。所以，欧美其他国家在本国工业革命前夕，纷纷效法英国，相继建立了专利制度。美国、法国分别于1790年和1791年颁布了本国第一部专利法。随后，一些发达的资本主义国家，如荷兰、奥地利、法国、日本等相继颁布了本国的专利法。各主要资本主义国家在制定和实施专利法的过程中，根据现代技术的发展和专利制度的实践，不断修改、完善自己的专利法，使专利法从最初的经营特许权脱胎而成为保护发明人利益且促进科技发展的法律制度。国家以专利法确认发明人的创造成果为发明人的产权，用授予一定期限的独占垄断权换取发明人将其发明成果向社会公开，从而比较恰当地解决了发明人与社会的利益关系。

为适应科学技术的进步和国际经济技术贸易的发展，从19世纪末开始，几乎所有建立专利制度的国家，其专利法都已经既是国内法，又是涉外法。由于专利法具有地域性的特点，只在本国范围内有效，一个国家的企业或个人应向另一个国家申请并取得专利权，否则，该项技术在另一个国家就得不到保护。为了吸引更多的发明创造成果，促进本国的科技进步和经济发展，许多国家的专利法都突破了地域性的限制，对外国人申请专利的权利不作特殊限制，本国与外国的发明创造受同等的法律保护。1883年缔结的《保护工业产权巴黎公约》，是历史上第一个有关工业产权（专利、商标等）保护的国际公约。该公约规定的国民待遇原则和国际优先权原则，为一个国家的国民在其他国家取得专利权提供了方便。所谓国民待遇原则，就专利而言，是指保证缔约国的国民在其他缔约国境内享有与该国国民同样的权利和利益。所谓国际优先权原则，就是保证缔约国国民在一定期限内在其他缔约国提出的专利申请，可被认为是在本国提出第一次申请的日期所提出的。这样，就不会因申请人在本国提出第一次申请后发明已公布、利用，或者因有其他人提出申请而丧失权利。《巴黎公约》是专利制度国际化的萌芽阶段。

1970年，世界知识产权组织成立。1970年签署的《专利合作条约》规定，同一项发明需要在几个国家申请专利的，申请人可以通过单一渠道提出申请，由单一的机构进行检索和审查，而同时可以在几个国家取得专利权。当然，专利申请能否获得批准，还要由各国依据本国的专利法决定。这可以说是专利制度国际化的第一步。

此外，一些地区性专利合作组织也相继成立。如 1973 年签订的《欧洲专利公约》，非洲法语国家于 1962 年签订的《利伯维尔协定》，非洲英语国家于 1976 年签订的《卢萨卡协定》等。

有关专利的国际保护正在形成国际一体化和地区一体化的发展趋势。关税及贸易总协定的乌拉圭回合谈判也将与贸易有关的知识产权服务列入谈判议题，并就此达成了《与贸易有关的知识产权协定》，它标志着保护知识产权的新的最高水平的国际标准已经形成。

三、专利法与专利制度的特征

（一）专利法的含义与特点

1. 专利法的含义

专利法是以保护发明为手段，达到促进全社会的科学技术与生产发展为目的的一种法律制度。各国专利法所要调整和解决的问题主要有如下几个方面。

（1）有关发明创造专利权的归属问题。

专利法的实质在于用法律形式确认发明创造成果是一种无形财产，并加以保护。我国《专利法》规定，依法定条件授予发明、实用新型和外观设计以专利权。《专利法》第 11 条规定，发明和实用新型专利权被授予后，除本法另有规定的以外，任何单位或者个人未经专利权人许可，都不得实施其专利，即不得为生产经营目的制造、使用、许诺销售、销售、进口其专利产品，或者使用其专利方法以及使用、许诺销售、销售、进口依照该专利方法直接获得的产品。外观设计专利权被授予后，任何单位或者个人未经专利权人许可，都不得实施其专利，即不得为生产经营目的制造、许诺销售、销售、进口其外观设计专利产品。此外还规定，专利权被授予后，除法律另有规定的以外，专利权人有权阻止他人未经专利权人许可，为生产经营目的进口其专利产品或者进口依照其专利方法直接获得的产品。

（2）发明创造的利用问题。

即调整因发明创造成果的流转而产生的财产关系。我国《专利法》第 12 条规定，任何单位或个人实施他人专利的，应当与专利权人订立实施许可合同，向专利权人支付专利使用费。被许可人无权允许合同规定以外的任何单位或者个人实施该专利。

（3）对发明创造的保护问题。

所谓法律保护，是国家权力机关为了防止各种侵犯专利权的行为而运用法律手段对其进行保护所确立的以国家强制力为后盾的一种法律保护制度，它是专利法的重要内容之一。依照我国专利法的规定，根据专利侵权行为的性质和引起的后果，分别追究侵权行为人的行政责任、民事责任乃至刑事责任，以矫正侵权行为所引起的偏离法律模式（法律关系）的现象，并恢复专利权人被破坏了的权利。

由此可见，专利法所调整的对象主要是因发明创造这种特定的知识成果所引起的社会关系。这些社会关系应依照一系列的法律程序予以确认和保护。因此，专利法就是确认和保护发明创造所有人或其继承人对其发明、实用新型和外观设计专利享有独占权的法律。

2. 专利法的特点

专利法是一种特殊的民事法律规范，其主要特点如下。

（1）专利法是国内法，而不是国际法。

国内法由国家制定或认可，体现国内立法者的意志，所处理的是国家与公民（或法人）、公民与公民、公民与法人以及法人与法人之间的法律关系问题，在国家主权范围内发生法律效力。而国际法则由国际社会公认，调整国家相互之间的关系，其主要表现形式是国家与国家相互之间的条约或国际惯例。我国专利法是由国家最高权力机关制定的，调整因发明创造所产生的各种社会关系的法律规范，其效力范围只限于本国领域内，所以它是国内法。当国际法与国内法的规定发生抵触时，效力如何？即二者孰优先适用？按照我国一般惯例规定：中华人民共和国缔结或者参加的国际条约同中华人民共和国的民事法律有不同规定的，适用国际条约的规定，但中华人民共和国声明保留的条款除外。这就确定了“国际法优于国内法”的原则。

（2）专利法是特别法，而不是普通法。

普通法与特别法的关系是“一般”与“特殊”的关系。把两者对比和并提，判定适用哪一种法律，必须以两者属于同一类或同一范畴的法律为前提。知识产权是一种民事权利，知识产权法是民法的特殊部分。民法与专利法的关系即“普通法”（或基本法）与“特别法”的关系。在适用法律时，一般的原则是：特别法优于普通法。也就是说，在二者有不同规定而发生冲突时，应以特别法为准，适用特别法。

（3）专利法是实体法，辅以程序法。

实体法与程序法是两个互相对应的概念。实体法是涉及权利和义务等实体事项的法律；程序法是对于实体法如何运用或如何实施的法律。我国专利法不仅规定专利权的发生、变更和消灭的法定条件、专利权的权利范围等权利和义务的实体事项；同时，也规定专利的申请、审查和批准的程序，公开发明专利的方式以及专利权的行政、民事、刑事保护程序。所以实体法与程序法的分类亦是相对的。专利法是以实体法为主、程序法为辅的法律。

（二）专利制度的特征

专利法是专利制度的核心。专利制度就是国家运用法律手段，通过专利法的实施，借助授予发明创造以专利权来鼓励和保护发明创造，从而有利于科技进步、促进经济发展的法律制度。在《关于〈中华人民共和国专利法修正案（草案）〉的说明》中，专利制度被概括为国际上通行的一种利用法律的和经济的手段促进技术进步的管理制度。这个制度的基本内容是依据专利法，经过审查和批准，对申请专利的发明授予专利权；同时把申请专利的发明内容公之于世，以便进行技术情报交流和技术的有偿转让。专利制度的主要特征如下。

1. 法律保护

法律保护就是依据专利法授予发明创造以专利权。对授予专利权的发明创造，专利权人享有制造、使用和销售的独占实施权，未经专利权人许可，任何单位或个人不得实施该发明创造，否则构成专利侵权行为，应追究法律责任。专利制度正是通过这种法律保护形式，保障发明创造所有人的正当权益，激励人们的发明创造的积极性，以促进科技进步、经济发展。

2. 科学审查

1790年，美国制定的《专利法》最先采用了审查制。现在大多数国家都纷纷效仿，这是专利制度现代化的一个重要标志。所谓科学审查，就是对申请专利的发明、实用新型、外观设计，依法定条件进行审查，通过对发明创造进行新颖性、创造性、实用性的科学审查，使被授予专利权的发明创造保持应有的质量和先进水平。因此，专利局不仅要配备一批训练有素的专家队伍从事这项工作，而且要具备世界各主要国家的专利文献。而审查工作必须严格依据专利法及其实施细则、专利审查规程等规范进行。这反映了现代科学技术发展的客观要求。

3. 公开通报

专利制度一方面通过法律保护发明创造专利权、独占权，另一方面又要依法将申请专利的发明创造的内容以专利说明书的形式公之于世，公开通报。专利说明书可以起到技术情报信息传递的作用，它促使专利技术公开，推动科学技术迅速转化为生产力，加快科学技术和经济不断发展。

4. 国际交流

技术作为一种“无形商品”，不但可以在国内技术市场流通，而且很容易越过国界进入国际市场。所以，在国际经济技术交流中同样需要专利制度的保护。各国专利法只在本国范围内发生效力，而没有“域外效力”，但在实行专利制度的国家之间，可以依照共同参加的国际条约或双边协定，或按照互惠原则进行科技经济贸易的交流。为适应国际专利合作和保护的要求，1883年，签署了《保护工业产权巴黎公约》；1970年，世界知识产权组织成立；1970年，签订了《专利合作条约》。此外，还有一些地区性的专利条约也相继出现。随着专利技术商品的日趋国际化，国际社会专利保护的合作不断加强，各国专利制度逐步完善和健全，以适应现代科学技术的发展和国际技术交流与合作的需要。

案例9.1

在一项转口贸易中，美国A公司（卖方）与中国B公司（买方）签订了一项买卖一批机床的合同。在订立合同时，中国B公司明确告诉美方，这批机床将转口土耳其并在土耳其使用。合同签订后，在履行过程中，由于某种原因，这批机床并未按原计划转口土耳其，而是转口到了意大利。当这批机床运达意大利后，一位意大利生产商发现该机床的制造工艺侵犯了其两项专利权，故根据其本国专利法向当地法院提出请求，要求法院禁止这批机床在意大利境内使用或销售，同时要求损害赔偿。后经调查，这批机床确实侵犯了意大利生产商的两项专利，这两项专利均是在意大利批准注册的，其中还有一项专利在中国批准注册。当中国B公司找到美国A公司，要求其承担违约责任时，美国A公司以其在订立合同时并不知道该批机床将转口意大利为由，拒绝承担违约责任。在此情况下，A是否有权拒绝承担违约责任？为什么？

分析：

本案涉及的主要法律问题是，国际货物买卖合同中卖方对货物的知识产权担保问题。根据《联合国国际货物销售合同公约》第42条的规定，卖方对货物的知识产权担保义务是指卖方有义务保证其所交付的货物，必须是第三方不得根据工业产权或其他知识产权主张权利或要求的货物。也就是说，卖方所交付的货物不得侵犯任何第三方的知识产权。但考虑到卖方对其出售的货物是否会发生侵犯他国第三方的知识产权的问题是很难了解得十分清楚的，特别是在转口贸易中，货物往往没有侵犯买方国家的知识产权，却因转口别国而侵犯了第三国的知识产权。尤其是货物的最终使用地在签订合同时并未被披露给卖方的情况下，卖方就更加难以知道。在这种情况下，一概要求卖方承担违约责任显然是不公平的。因此，《公约》在规定了卖方对其交付的货物应当承担知识产权担保义务的同时，又对在任何情况下卖方应承担此项义务规定了两项标准：一是时间上的标准，二是地域上的标准。

本案中的关键问题则集中在地域标准上。根据《公约》的规定，地域标准分为两种情况：（1）当合同双方在签订合同时知道或能预料到货物将在某国使用或销售的情况下，第三人依据那个国家的法律提出卖方的货物侵犯了其知识产权时，卖方应当向买方承担其违反知识产权担保义务的违约责任。（2）在任何其他情况下，只有当第三人依据买方营业所在地国家法律提出卖方的货物侵犯了其知识产权时，卖方才向买方承担违约责任（不论货物最终转口到哪里）。

结合本案的具体情况看，假如该批机床按原计划如期转口到土耳其，发生了侵犯土耳其境内的第三方知识产权问题，毫无疑问，美国A公司违反了其对货物知识产权担保的义务，应当承担违约责任。因为在订立合同时，A公司已被告知该批机床将转口到土耳其。但本案中，该批机床并没有转口到土耳其，而是转口到了意大利。由于美国A公司在订立合同时不知道也不可能预料该批机床将最终在意大利使用，因此，按照《公约》的规定，对该批机床转口到意大利而侵犯了意大利境内第三方的知识产权的后果，美国A公司是不承担违约责任的。但是，本案情况较为复杂，原因是其中有一项专利不仅在意大利批准注册，同时也在中国批准注册。也就是说，对于这项专利，意大利生产商可以依据中国法律（买方营业所在地国家法律）提出卖方侵犯了其知识产权，显然，这属于《公约》规定的地域标准中的第二种情况。因此，根据《公约》的规定，尽管美国A公司在订立合同时不知道该批机床将转口到意大利，但由于对其中一项专利意大利生产商可以根据中国的法律（B公司营业所在地国家法律）基于工业产权或知识产权对货物提出请求或主张，所以，美国A公司对其所出售的机床侵犯了该项专利的行为应承担违约责任。但是，对于另一项仅在意大利批准注册的专利权的侵犯，美国A公司则无须承担违约责任。

■第三节 商标法

一、商标及商标注册概述

（一）商标的概念

1. 商标的含义

商标（trade mark）是商品生产者或者经营者在其生产、制造、加工、经销的商品或提供的服务上区别于其他商品生产者或者经营者所提供的商品或服务所用的一种特殊标志，这种特殊标志可使用文字、图形或者其组合，并应当有显著特征，便于识别。

商标是19世纪传入中国的外来词，我国对此曾有"商标""商牌""贸易牌号""货牌"等译法，后来逐渐统一译为"商标"。

商标是商品或者商业服务的标志，它在商品经济活动中有十分重要的作用，主要表现在以下几个方面：

（1）区别商品的不同生产者和经营者以及商业服务的不同服务者。可以说，这是商标的本质作用。商标是生产者和经营者所生产或者经营的商品的标记，通过商标，人们可以了解到商品的来源和服务的出处，而这对于确立企业的信誉，追究商品生产者、经营者的产品及服务责任具有重要意义。

（2）促使商品生产者、经营者和商业服务者保证和提高产品及服务质量。商品和服务质量是商标信誉的基础，信誉卓著的商标又为消费对象提供了安全感。所以，商标在保证和提高产品质量和服务质量方面具有重要作用。

（3）便于广告宣传。商标可以引导消费者选购商品、选择服务者。优质的商品和服务在市场上有较强的竞争力，以商标作广告，就能够促使消费者尽快了解和接受该商品或服务。

2. 商标的分类

商标按照不同的标准可以有多种不同的分类。一般可以按照商标结构、商标使用者以及商标用途进行分类。

（1）按商标结构分类。

①文字商标。

文字商标是指仅用文字构成的商标，包括中国汉字和少数民族文字、外国文字和阿拉伯数字或以各种不同文字组合的商标。

②图形商标。

图形商标是指仅用图形构成的商标。其中又可分为：（a）记号商标，是以某种简单符号构成图案的商标。（b）几何图形商标，是以较抽象的图形构成的商标。（c）自然图形商标，是以人物、动植物、自然风景等自然的物象为对象所构成的图形商标。有的以实物照片构成商标，有的则以经过加工提炼、概括与夸张等手法进行处理的自然图形构成商标。

③字母商标。

字母商标是指用拼音文字或注音符号的最小书写单位，包括拼音文字，外文字母如英文字母、拉丁字母等构成的商标。

④数字商标。

数字商标是指用阿拉伯数字、罗马数字或者中文大写数字构成的商标。

⑤三维标志商标。

三维标志商标又称立体商标，用具有长、宽、高三种度量的三维立体物标志构成的商标标志，它与我们通常所见的表现在一个平面上的商标图案不同，而是以一个立体物质形态出现，这种形态可能出现在商品的外形上，也可以表现在商品的容器或其他地方。这是 2001 年修订《商标法》时所增添的新内容，这将使得我国的商标保护制度更加完善。

⑥颜色组合商标。

颜色组合商标是指由两种或两种以上的彩色排列、组合而成的商标。文字、图案加彩色所构成的商标，不属于颜色组合商标，只是一般的组合商标。

⑦组合商标。

组合商标指由两种或两种以上成分相结合构成的商标，也称复合商标。

⑧音响商标。

音响商标是指以音符编成的一组音乐或以某种特殊声音作为商品或服务的商标。如美国一家唱片公司使用 11 个音符编成一组乐曲，把它灌制在该公司所出售的录音带的开头，作为识别其商品的标志。这个公司为了保护其音响的专用权，防止他人使用、仿制而申请注册商标。音响商标目前只在美国等少数国家得到承认，在我国尚不能注册为商标。

⑨气味商标。

气味商标就是以某种特殊气味作为区别不同商品和不同服务项目的商标。目前，这种商标只在个别国家被承认为商标，在我国尚不能注册为商标。

（2）按商标使用者分类。

①商品商标。

商品商标就是商品的标记，它是商标的最基本表现形式，通常所称的商标主要指商品商标。其中，商品商标又可分为商品生产者的产业商标和商品销售者的商业商标。

②服务商标。

服务商标是指用来区别于其他同类服务项目的标志，如航空、导游、保险和金融、邮电、饭店、电视台等单位使用的标志，就是服务商标。

③集体商标。

集体商标是指以团体、协会或者其他组织名义注册，供该组织成员在商事活动中使用，以表明使用者在该组织中的成员资格的标志。

（3）按商标用途分类。

①营业商标。

营业商标是指生产者或经营者把特定的标志或企业名称用在自己制造或经营的商

品上的商标，这种标志也被称为“厂标”、“店标”或“司标”。

②证明商标。

证明商标是指由对某种商品或者服务具有监督能力的组织所控制，而由该组织以外的单位或者个人使用于其商品或者服务，用以证明该商品或者服务的原产地、原料、制造方法、质量或者其他特定品质的标志，如绿色食品标志、真皮标志、纯羊毛标志、电工标志等。

③等级商标。

等级商标是指在商品质量、规格、等级不同的一种商品上使用的同一商标或者不同的商标。这种商标有的虽然名称相同，但图形或文字字体不同，有的虽然图形相同，但为了便于区别不同商品质量，而以不同颜色、不同纸张、不同印刷技术或者其他标志作区别，也有的是用不同商标名称或者图形作区别。

④组集商标。

组集商标是指在同类商品上，由于品种、规格、等级、价格的不同，为了加以区别而使用的几个商标，并把这几个商标作为一个组集一次提出注册申请。组集商标与等级商标有相似之处。

⑤亲族商标。

亲族商标是以一定的商标为基础，再把它与各种文字或图形结合起来，使用于同一企业的各类商品上的商标，也称“派生商标”。

⑥备用商标。

备用商标也称贮藏商标，是指同时或分别在相同商品或类似商品上注册几个商标，注册后不一定马上使用，而是先贮存起来，一旦需要时再使用。

⑦防御商标。

防御商标是指驰名商标所有者为了防止他人在不同类别的商品上使用其商标，而在非类似商品上将其商标分别注册。

⑧联合商标。

联合商标是指同一商标所有人在相同或类似商品上注册的几个相同或者近似的商标，有的是文字近似，有的是图形近似。这种相互近似的商标注册后，不一定都使用，其目的是防止他人仿冒或注册，从而更有效地保护自己的商标。

（二）商标注册

经国家核准注册的商标为“注册商标”，受法律保护。商标注册人享有商标专用权。因此，商标只有经过注册，才能被称为商标，才能受到法律的保护。

1. 商标注册程序与原则

在我国，商标注册必须遵循下列程序与原则。

（1）商标注册的申请。

商标注册申请人申请商标注册须按规定格式填写商标注册申请书和报送商标图样。如申请使用药品商标注册，应当附送卫生行政部门发给的证明文件。须经有关主管部门审批许可才能生产的商品，应提交主管部门颁发的生产许可证。同时申请人还须按规定交纳申请费。

（2）商标注册的原则。

①商标注册申请实行一类商品一种商标五份申请的原则。即在一份申请书中，不得填写两个或两个以上的商标，一份申请只能就一件商标申请注册；同一申请人在不同类别的商品上使用同一商标的，应当按商标分类分别提出注册申请。

②商标注册采用自愿注册和强制注册相结合的原则。如药品、卷烟等，必须使用注册商标才能进入市场，其他商品使用的商标是否注册采取自愿原则。

③商标注册采用申请在先、使用在先的原则。对于两个或两个以上的申请人在同一种商品或者类似的商品上，以相同或相似的商标申请注册的，初步审定并公告申请在先的商标。对两个或两个以上的申请人在同一种商品或者类似商品上，以相同或相似的商标在同一天申请注册的，各申请人应按商标局的通知，限期送交第一次使用该商标日期的注明，初步审定并公告使用在先的商标。同日使用或均未使用的，各申请人应当协商，协商超过 30 天达不成协议的，由商标局裁定。

（3）商标注册的审查和批准，要经过两级核转，形式审查，实质审查，公告、核准和复审等阶段。

1）两极核转。即市、县两级工商行政管理部门首先对申请人提交的申请商标注册的文件进行初审，然后报送省、自治区、直辖市工商行政管理部门审查，两级审查同意后，再报送国家知识产权局商标局审查。

2）形式审查。国家知识产权局商标局受理注册后，首先进行审查，主要是审查商标注册申请是否符合法定条件和手续。经过形式审查，认为不符合商标法规定的，由国家知识产权局商标局驳回申请或限期补交文件；认为符合规定的，即转入实质审查。

3）实质审查。国家知识产权局商标局对受理的商标注册主要从以下几个方面进行实质审查：(a) 审查商标构成要素是否符合法律规定；(b) 审查商标所用文字、图形是否具有显著特征，即商标所有文字、图形或二者的组合应具有独特性或可识别性，立意新颖、独具一格；(c) 审查所用文字、图形是否属于禁止使用的文字、图形；(d) 审查申请注册的商标是否与已经注册或初步审定的用于相同或类似商品上的商标相同或近似；(e) 审查申请注册的商标是否与外观设计权或其他权利相冲突。

4）公告、核准和复审。国家知识产权局商标局对申请注册的商标经初步审定合格的，予以刊登《商标公告》，自公告之日起 3 个月内，如果无异议，或有异议经裁定不能成立的，异议期满，则予以核准注册，发给商标注册证，并再次刊登《商标公告》，商标注册申请人即取得商标专用权。如果裁定异议成立，则撤销《商标公告》，不予以注册核准。

根据我国商标法和商标法实施细则的规定，商品注册申请者必须是依法登记或依法成立并能独立承担经济责任的企业、个体工商户、具有法人资格的事业单位，以及符合规定的外国人或外国企业。

外国人或者外国企业在中国申请商标注册的，应按照有关协议、共同参加的国际条约或者按照对等原则办理。

按照我国商标法的规定，不论是注册商标还是非注册商标，都不得使用下列文字、图形：

①同中华人民共和国的国家名称、国旗、国徽、国歌、军旗、军徽、军歌、勋章等相同或者近似的，以及同中央国家机关的名称、标志、所在地特定地点的名称或者标志性建筑物的名称、图形相同的；

②同外国的国家名称、国旗、国徽、军旗等相同或者近似的，但经该国政府同意的除外；

③同政府间国际组织的名称、旗帜、徽记等相同或者近似的，但经该组织同意或者不易误导公众的除外；

④与表明实施控制、予以保证的官方标志、检验印记相同或者近似的，但经授权的除外；

⑤同"红十字""红新月"的名称、标志相同或者近似的；

⑥带有民族歧视性的；

⑦带有欺骗性，容易使公众对商品的质量等特点或者产地产生误认的；

⑧有害于社会主义道德风尚或者有其他不良影响的。

县级以上行政区划的地名或者公众知晓的外国地名，不得作为商标。但是，地名具有其他含义或者作为集体商标、证明商标组成部分的除外；已经注册的使用地名的商标继续有效。

2. 商标注册的作用

商标注册后可享受相关的法律保护，《中华人民共和国商标法》第60条和第61条规定：有侵犯商标专用权行为的，可双方协商解决；不愿意协商或者协商不成的，可以向人民法院起诉，也可请求工商行政部门处理。构成犯罪的，依法追究刑事责任。

第57条规定，有下列行为之一的，均属侵犯注册商标专用权：

（1）未经商标注册人的许可，在同一种商品上使用与其注册商标相同的商标的；

（2）未经商标注册人的许可，在同一种商品上使用与其注册商标近似的商标，或者在类似商品上使用与其注册商标相同或者近似的商标，容易导致混淆的；

（3）销售侵犯注册商标专用权的商品的；

（4）伪造、擅自制造他人注册商标标识或者销售伪造、擅自制造的注册商标标识的；

（5）未经商标注册人同意，更换其注册商标并将该更换商标的商品又投入市场的；

（6）故意为侵犯他人商标专用权行为提供便利条件，帮助他人实施侵犯商标专用权行为的；

（7）给他人的注册商标专用权造成其他损害的。

因此，商标注册的意义与作用是十分重大的，主要体现在如下方面：

（1）避免在无意中侵犯他人注册商标使用权，支付巨额赔款。

（2）可以在全国范围内受保护，其他任何人均不得使用。

（3）避免自己苦心设计经营的品牌被他人抢先注册，陷入自己所创的商标却不能使用甚至还要支付赔偿费的尴尬境地。

（4）注册商标比普通的商标更容易占领市场，赢得消费者的信任。

（5）从投资角度讲，一些好的商标本身的价值就是不可估量的。一个注册商标的转让费动辄几万元，甚至几千万元，投入产出极高。

（6）注册商标是一种重要的无形资产，可以转让、继承、投资抵押等，通过续展流传后世。

（三）商标的使用和管理

1. 注册商标的续展

注册商标的续展，是指延长注册商标有效期限。我国商标法规定，商标注册可以连续续展，每次续展有效期为 10 年。

2. 注册商标的转让

注册商标的转让由转让人与受让人订立书面合同，应共同向商标局提出申请，经核准后予以公告，受让人即取得该商标的专用权，成为该注册商标的所有人。

3. 注册商标的使用许可

注册商标的使用许可，是指商标注册人通过签订商标使用许可合同，允许他人使用其注册商标。按照商标使用许可合同，被许可人只享有商标的使用权，商标的所有权仍属于商标注册人。

4. 商标使用的管理

我国商标的管理实行集中注册、分级管理的原则，国家知识产权局商标局负责全国商标集中注册和全面管理工作，地方各级工商行政管理部门的商标局负责注册的初审、核转和日常使用状况的监督、检查。国家知识产权局商标局和地方工商行政管理部门对注册商标和未注册商标的使用进行管理。

（1）使用注册商标的违法行为由各级工商行政管理部门分别不同情况，责令限期改正，并可予以通报或处以罚款，或者由国家知识产权局商标局撤销其注册商标。

（2）使用未注册商标如有冒充注册商标的，使用商标法禁用的文字、图形或其组合的，商品粗制滥造、以次充好欺骗消费者的，地方工商行政管理部门有权予以制止，限期改正，并可以通报批评或处以罚款。

二、商标法的概念与调整对象

（一）商标法的概念与特点

商标法是确认商标专用权，规定商标注册、使用、转让、保护和管理的法律规范的总称。

根据我国商标法的规定，商标法是调整在注册、使用、管理和保护商标等活动中，在国家机关、企业单位、事业单位、社会团体、个体工商户、公民个人、外国人、外国企业等主体之间所发生的各种社会关系的法律规范的总和。发生在上述主体之间的这一类法律关系，统称为商标法律关系。商标法的核心内容，就在于通过调整商标专用权的取得和使用过程中所发生的各种社会法律关系，达到确认和保护商标专用权的目的，从而促使商品生产者和经营者保证商品质量，努力维护商品信誉，最终保护消费者的合法利益，维护社会主义市场经济的公平秩序，促进社会经济的发展。

相对于其他法律，商标法具有以下特点。

（1）商标法所调整的对象为商标权，这是一种无形财产，故商标法具有无形财产法的特点。从历史上看，近代商标法起源于侵权法，其内容主要是规定仿冒商标和商号等不正当竞争行为以及相对应的制裁措施。现代商标法却不尽然，现代商标法的基本目的在于确认和保护商标权所有人的权利，而制止商标领域的不正当竞争行为只不过是保护商标权的一种措施。在立法史上，最早确认商标权的无形财产权属性的是1804年的《法国民法典》。在该部民法典中，商标权与其他有形财产权一样，受到了同等的保护。当然，对商标权的保护不可能完全适用物权法的有关规定，但商标权的权利主体对无形财产所享有的排他性支配权，与其对有形财产的排他性支配权并没有实质性的区别。目前，作为用来促进和保护工商业活动的工业产权，商标权已经为世界各国的商标立法和实践所接受。

（2）商标法有着广泛的调整对象。由商标法所调整的法律关系包括商标注册人与国家商标管理机构、其他民事主体等，在商标注册、使用、管理以及商标权保护等活动过程中所形成的各种社会法律关系。

（3）商标法既有实体法的特点，又有程序法的特点。实体法一般指规定主要权利和义务的法律，如民法、刑法等；而程序法一般是指保证权利和义务得以实施的程序的法律，如民事诉讼法、刑事诉讼法。作为无形财产法，商标法的绝大部分都属于实体法的规范，如商标权的归属、行使、保护，以及商标权的权利、义务等。但有关商标的注册、异议、撤销等方面的内容，则属于保证权利和义务得以实施的程序性规定，属于程序法的规范。

商标法有广义和狭义之分。广义的商标法不仅仅指现行的《商标法》，现行《商标法》只是商标法律规范的一部分，商标法应当是调整商标关系的所有法律规范的总和。除现行《商标法》以外，还包括《中华人民共和国商标法实施条例》《集体商标、证明商标注册和管理办法》《商标印制管理办法》《商标评审规则》等法律法规，同时包括宪法、民法、刑法等法律中有关商标的规定，以及国家立法机关作出的关于进一步明确法律规定的具体含义和需要明确适用法律依据的立法解释，国家最高行政机关及其主管部门制定的实施商标法的行政法规、部门规章，最高司法机关作出的适用商标法的司法解释，我国缔结或参加的有关商标的国际条约等。如《中华人民共和国知识产权海关保护条例》中关于商标专用权的海关保护方面的法律规范等，是调整商标关系不可缺少的法律规范。我国参加的《保护工业产权巴黎公约》和《商标国际注册马德里协定》也是调整我国同外国商标关系的法律依据。而狭义的商标法则仅指全国人民代表大会常务委员会会议于1982年8月23日通过，在2019年4月23日第四次修订并于2019年11月1日实施的《中华人民共和国商标法》。

（二）商标法调整的对象

商标法律关系主体涉及企事业单位与个体工商户、商标管理机关（国家工商行政管理机关和地方工商行政管理机关），因此商标法的调整对象就是企事业单位、个体工商户与商标管理机关的关系、商标管理机关内部关系、企事业单位与个体工商户相互之间的关系及自身内部的关系。商标法是确认商标专用权，规定商标注册、使用、转让、保护和管理的法律规范的总称。商标法的调整对象即它所要调整的社会关系，这种社会关系既包括平等主体之间在有关商标权的转让、继承、使用许可等方面的民事法律关系，也包括在商标注册、管理等方面商标注册人或使用人与国家商标管理机关之间的行政法律关系。同时，在有关制裁商标侵权及假冒商标行为方面还包括一些刑事法律关系。但总的来说，商标法主要是以调整平等主体之间的关系为宗旨的，也就是说商标法属于民商法的一个分支，这是毫无疑问的。具体来说，商标法调整的对象主要是：

（1）调整商标管理机关与企事业单位、个体工商户等在商标注册、使用和管理过程中发生的关系。

（2）调整企事业单位、个体工商户等自身及其相互之间因注册商标的转让、许可使用和商标争议而发生的关系。

（3）调整国家工商行政管理机关和地方工商行政管理机关内部在商标管理过程中发生的关系。

三、商标法的任务与作用

制定商标法的目的也就是商标法的任务，其任务与作用是立法者希望借助商标法调整经营者、生产者、商标管理机关等之间的关系来维护国内外市场的合法权益，积极发展经济，提高商品和服务质量。

我国《商标法》第1条就明确规定了商标法的任务，即加强商标管理，保护商标专用权，促使生产、经营者保证商品和服务质量，维护商标信誉，以保障消费者和生产、经营者的利益，促进社会主义市场经济的发展。商标法的作用主要表现在：

（1）通过保护商标专用权，维护生产者、经营者的合法权益。

（2）通过商标管理监督商品或服务项目的质量，保护消费者的利益。

（3）维护社会经济秩序，保护正当竞争，促进我国经济的发展。

（4）保护我国或外国商标在国内外市场上的合法权益，积极发展对外贸易。

四、保护商标权的国际公约

（一）《保护工业产权巴黎公约》

《保护工业产权巴黎公约》简称《巴黎公约》，于1883年3月20日在巴黎签订，1884年7月7日生效。最初的成员国为11个，到2017年5月，缔约方总数为177个国家。1985年3月19日，中国成为该公约成员国。我国政府在加入书中声明：中华人民共和国不受《巴黎公约》第28条第1款的约束（关于争议提交国际法院处理的规定）。《巴黎公约》自1883年签订以来，已作过多次修订，现行的是1984年6月在日内瓦修订生效的文本，共30条。《巴黎公约》的调整对象即保护范围是工业产权，包括发明专利权、实用新型、工业品外观设计、商标权、服务标记、厂商名称、产地标记或原产地名称以及制止不正当竞争等。《巴黎公约》的基本目的是保证一成员国的工业产权在所有其他成员国都得到保护。但由于各成员国间的利益矛盾和立法差别,《巴黎公约》没能制定统一的工业产权法，而是以各成员国国内立法为基础进行保护，因此，它没有排除专利权效力的地域性。

国际知识产权保护制度是国际政治、经济、科学技术水平和国际贸易发展到一定历史阶段的必然产物，对促进世界科学技术的进步起着至关重要的作用。《巴黎公约》首次确立了国际工业产权保护的范围和总体框架。国民待遇原则、优先权原则、独立保护原则、最低保护标准原则的确定旨在确保这一工业产权国际保护制度的普遍性和充分有效性。专利、商标、原产地标志、反不正当竞争等具体工业产权权利及其内容的确认和保护制度，构成了该公约的主要内容。

1.《巴黎公约》的保护范围

《巴黎公约》的保护范围，即该公约纳入保护工业产权客体的总和。该公约采取列举和概括相结合的方式，开宗明义地在第 1 条便规定了该公约的保护范围。

工业产权的保护以发明专利、实用新型、外观设计、商标、服务标记、厂商名称、产地标志或原产地名称以及制止不正当竞争为对象，共分为三类：

第一类是直接产生于人类创造性劳动的智力成果，即发明专利、实用新型、外观设计。

第二类是工商业经营活动中营业者长期使用的与其商誉有直接关系的标记性权利，这类客体虽与创造性智力劳动没有多大的联系，但特定的标记与特定主体的商业经营活动相联系，亦可成为能产生“财产化”利益的源泉。

第三类客体是将制止不正当竞争也作为受保护的一种权利。

2.《巴黎公约》的基本原则

(1) 国民待遇原则。

《巴黎公约》规定：任何本同盟成员国的国民，在工业产权保护方面，在其他本同盟成员国内享有该国法律现在或将来给予该国国民的各种便利；本公约所特别规定的权利不得遭受任何损害。因而他们只要遵守对该国国民适用的条件和手续，就应该和该国国民享有同样的保护，并在他们的权利遭受任何侵害时，得到同样的法律救济。

(2) 优先权原则。

《巴黎公约》规定，在一个成员国提出发明专利、实用新型、外观设计注册的正式申请的人，在其正式提出申请之后的特定期限内，再向公约其他成员国提出内容相同的申请的，享有优先权。享受优先权的主体范围是可以享有国民待遇的保护工业产权巴黎同盟成员国的国民。优先权的效力主要有：

①优先权作为一种对抗冲突申请的权利，只适用于发明、实用新型、外观设计和商标的申请。

②优先权的时间效力。

③优先权的排他效力。

④优先权受在先权利的限制。

(3) 独立保护原则。

独立保护原则主要是：

①商标专有权的获得在不同的成员国相互独立。

②权利的消灭独立。

③权利保护的实体内容相互独立。

④专有商标权保护的范围也相互独立。

（4）最低保护标准原则。

《巴黎公约》规定给予保护工业产权巴黎同盟成员国的国民，在其他成员国内享有工业产权保护的国民待遇时，特别强调该公约特别规定的权利不得遭受任何损害。

3. 保护商标权的共同原则

（1）已注册商标在其他同盟成员国享受与商标原籍国同等保护规则（同等保护规则）。

（2）驰名商标的特殊保护。对驰名商标的特殊保护在于：如果一个商标注册申请或已注册的商标以伪造、模仿或翻译的方式造成混淆，即误认误购的，同盟成员国有关主管当局应权利人申请，或依职权拒绝注册申请或取消注册，并禁止使用。并且对构成要素的主要部分显系故意模仿或仿造驰名商标，能引起误认误购的，即使不是商标标识的全部，也应适用此条规定。对于驰名商标权利人申请撤销侵权商标的期限，《巴黎公约》规定最低为5年，多者不限。而对于取消禁止使用以欺诈的手段获得注册的商标的请求，不受任何期限的限制。

（3）关于平行进口的保护。狭义的平行进口仅指未经商标权人许可（包括厂商名称、原产地标志权利人），从国外向其据以获得商标权的法律管辖的范围内，进口侵犯其商标专有使用权的产品。广义的平行进口包括进口侵权的专利产品的商标的法律管制措施。对未经商标权人，包括厂商名称、原产地标志的权利人的许可，向其享有商标专有使用权的国家进口侵权产品的平行进口行为，《巴黎公约》规定成员国应在边境对输入该国的侵权产品进行扣押，扣押行为可依成员国主管机关的职务进行，亦可依有关当事人（被侵权人，不论是自然人还是法人）的请求实施。对过境商品可以按同样的办法处理。如成员国的法律禁止边境扣押商品，则应代之以禁止进口或国内扣押。如一国法律禁止上述一切措施，《巴黎公约》特别规定，同盟成员国在法律修改以前，应将这项措施作为对其国民应采取的救济和行动。

（二）《马德里协定》

《商标国际注册马德里协定》（Madrid Agreement Concerning the International Registration of Marks），于1891年4月14日签订，1900年11月14日修订于布鲁塞尔，1911年6月2日修订于华盛顿，1925年11月6日修订于海牙，1934年6月2日修订于伦敦，1957年6月15日修订于尼斯，1967年7月14日修订于斯德哥尔摩，但只有1957年与1967年的两次修订生效。最近一次的文本为1991年的华盛顿文本。截至2019年8月，参加这一协定的国家已超过100个。该协定是对《巴黎公约》的补充，是用于规定、规范国际商标注册的国际条约。

1.《马德里协定》的主要内容

（1）申请人资格。

根据《马德里协定》的规定，协定成员国的国民或在成员国中有住所的自然人或设有总部的法人或在成员国中设有真实有效的工商营业场所的，都有权利申请商标国际注册。

这三个条件只需符合其中的一个条件就合乎申请人要求。这对于协定成员国的国民如此，对于非协定成员国的国民来说，只要他们在协定成员国有住所或真实有效的工商营业场所，那么他们同该成员国的国民一样，也享有申请商标国际注册的权利，这种情况在《巴黎公约》中称为“某类人享有本联盟成员国国民同等待遇”。

（2）原属国和所有人国家。

根据《马德里协定》第1条第3款，原属国是指申请人设有真实有效的工商营业场所的特别联盟国家；在特别联盟国家中没有此类营业场所的，系指其住所所在的特别联盟国家；在特别联盟国家中没有住所，但为特别联盟国家国民的，则指其国籍所在的国家。

同时，《商标国际注册马德里协定有关议定书》（简称《马德里协定议定书》）第1条规定，参加本议定书的国家和组织与加入《马德里协定》的国家均属同一联盟的成员。从原属国的定义来看，申请人资格与原属国有着密切的联系。凡有权利申请商标国际注册的，申请人所在的国家可为原属国；申请人所在的国家是原属国的，该申请人一定有权利申请商标国际注册。

所有人国家指的是商标国际注册所有人（或称注册人）所在的国家，即该所有人设有真实有效的工商营业场所，若没有此类营业场所但有住所，若没有住所但具有所在国家国籍的协定成员国。在一般情况下，所有人国家和原属国为同一个国家。但是，如果商标国际注册发生转让，并且转让给了一个与转让人国家不同的受让人（受让人国家必须是协定成员国），或者国际注册所有人变更国籍，或其营业场所或住所迁到另一个国家，在这些情况下，所有人国家与原属国就不是一个国家了，原属国没有变化，但所有人国家变更了。

（3）原属国的国家注册。

原属国的国家注册是指商标所有人在其所在的原属国向该国商标主管机关提出申请并经该机关核准的商标国内注册。

原属国的国家注册在马德里商标国际注册体系中一般被称为“基础国家注册”。基础国家注册是相对商标国际注册而言的，凡申请商标国际注册的，必须以国家注册为基础，若没有这个基础，申请人就不能申请商标国际注册。

（4）基础国家注册与国际注册之间的关系。

自国际注册之日起5年内，如果在先注册的基础国家注册因这样或那样的原因在原属国失去全部或部分保护，那么该国际注册在有关的国家也同样全部或部分失去保护，这里的全部或部分失去保护是指在全部商品或部分商品上失去保护。如果国际注册时限满5年，国际注册与基础国家注册就相互独立了。即如果基础国家注册发生了以上所说的情况，对国际注册则不会产生影响。

2.《马德里协定》的意义与作用

《马德里协定》对国际商标注册的规定的主要意义与作用在于，可以简化商标国际注册的手续，节省人力与财力。申请人在其所属国办理了商标的注册手续后，只要向国际局提出一次申请，在申请时只要使用一种文字（法文），交纳一笔费用，就可以在选定的成员国取得法律保护，无须逐一向各成员国办理注册手续。而且国际商标注册的有效期为20年，期限届满时可以申请续展，续展的有效期为20年，续展次数不限。这为各国国民在其他国家寻求商标权保护架起了桥梁，也为国家间在商标权领域的合作和交流奠定了基础。

案例 9.2

2005 年，某市一食品厂研制出一种新型保健饮料，使用商标为“达康”，产品投放市场后很受消费者欢迎，已成为当地知名的饮料品牌，但是一直是以未注册商标使用的。2008 年，同市的另一饮料厂自行研制一种无醇果汁饮料，并向商标局注册“达康”商标；经商标局初步审定后在《商标公告》上予以公告。先使用“达康”商标的食品厂看到后，向商标局提出了异议。请根据我国商标法，回答下列问题：

（1）这家食品厂的异议理由是什么？

（2）如果商标局认为异议理由不成立，该食品厂应怎样进一步主张自己的权利？

（3）如果食品厂与饮料厂同一天提出商标申请，商标局该怎样处理？

（4）如果食品厂直接向人民法院提起诉讼，应提出怎样的主张？

（5）此案例给了我们什么启示？

分析：

（1）该食品厂有可能异议成功的理由有三个：①依据《商标法》第 13 条，条件是该食品厂的“达康”商标已经具备驰名商标条件。②依据《商标法》第 15 条，条件是对方公司与该食品厂原有业务往来或有代理关系，证明其注册为抢注行为。③依据《商标法》第 32 条，条件是商标有一定影响且能证明对方以不正当手段抢注。

（2）异议不成立，行政程序还可以继续作异议复审。在提交异议建议时应同时提交商标注册申请，避免异议成功后又有新主体抢注该商标。

（3）同一天申请双方分别提供最早使用证据。如果该食品厂出具先使用的证据，则将获得“达康”商标的使用权；如果不能提供证据或不采纳，则由双方协商确定，协商不成的，由商标局安排抽签。

（4）主张商标由自己使用在先，对方公司注册为效仿抢注行为。建议先进行行政程序，因为司法程序为最后一种手段，如果行政成立，就不必进行司法程序。

（5）最主要的启示是商标法只保护经注册商标，如果商标不注册，商标权是难以受到保护的。

■第四节　著作权法

一、著作权与著作权法概述

（一）著作权的概念与特点

1. 著作权的含义与种类

著作权（copyright），又称为版权，是指文学、艺术和自然科学、社会科学作品的作者及其相关主体依法对作品所享有的人身权利和财产权利。它是自然人、法人或者其他组织对文学、艺术或科学作品依法享有的财产权利和人身权利的总称。著作财产权是无形财产权，是基于人类智慧所产生之权利，故属智慧财产权，是知识产权的一种。著作权自作品创作完成之日起产生，在中国实行自愿登记原则。

著作权也就是复制权。此乃因过去印刷术不普及，当时社会认为附随于著作物最重要之权利莫过于将之印刷出版之权，故有此称呼。不过随着时代演进及科技的进步，著作的种类逐渐增加。

世界上第一部版权法——英国《安娜法令》开始保护作者的权利，而不仅仅是出版者的权利。1791年，法国颁布了《表演权法》，开始重视保护作者的表演权利，1793年又颁布了《作者权法》，作者的精神权利得到了进一步的重视。“版权”一词已渐渐不能包含所有著作物相关之权利内容。19世纪后半叶，日本融合大陆法系的著作权法中的作者权以及英美法系中的版权，制定了《日本著作权法》，采用了“著作权”的称呼。

我国最早使用“著作权”一词，始于我国第一部著作权法律《大清著作权律》。清政府解释为：有法律不称为版权律而名之曰著作权律者，盖版权多于特许，且所保护者在出版，而不及于出版物创作人；又多指书籍图画，而不是以赅刻模型等美术物，故自以著作权名之适当也。此后中国著作权法律都沿用该称呼。如今仍有华人使用版权一词，不过我国国内对于著作相关权利的正式称呼均已不再使用版权。

著作权的种类繁多，主要有：(1) 文字著作。包含文学作品（诸如小说、诗歌）、参考作品、评论等。(2) 音乐著作。(3) 戏剧、舞蹈著作。(4) 美术著作。包含了艺术作品，例如油画、素描和雕塑。(5) 摄影著作。(6) 图形著作。包括地图、技术制图及摄影以外之平面或立体图形著作物。(7) 视听著作。即内含影像及声音互相配合之影音著作物，例如电影、电视节目等。(8) 录音著作。(9) 建筑著作。(10) 电脑程序著作。

2. 著作权必须具备的特点

著作权保护的客体，即以某种物质形态所表现的创作活动的产物，也就是一定的作品，通常是作者创作的具体文学、艺术与科学作品。受法律保护的作品必须具备两个特点：

(1) 作品必须是作者创作活动的产物，而不是抄袭别人的作品。仿制别人的作品亦不受法律保护，不仅如此，有时候仿冒作品可能侵犯了别人的著作权或产权，不但不受法律保护，而且可能受到法律的制裁。

(2) 作品不论其内容如何，都必须以一定的形式表现出来，以便别人能够看到、听到与触到（例如，凸点盲文）。

任何作品只要具备上述两个特点，即具有一定的创造性与物质表达形式，不管其思想内容是否与早已问世的作品相同，都可以获得著作权。也就是说，著作权所保护的是作品的“独创的表达形式”，而不是作品的内容与实质。例如，某作家写了一个电影剧本并获得著作权，另外一位作家用类似题材独创地写了一部小说，同样可以取得著作权。这是著作权与专利权和商标权的一个主要区别。

（二）著作权人的权利

著作权或著作财产权的种类在过去一百年中得到了迅速发展，原先较单纯的出版权、演出权，因电影的发明而有公开上映权、因广播及电视的发明而出现公开播送权。时至今日，因互联网的普及化，公开传输权随之而生，除了这些一个接一个出现的新型著作权利，另外一些较传统的权利也由于人类生活形态的转变而发生变化。例如，因为国际交流日渐频繁，著作物在各地区以及国际散布权问题获得重视。著作物所有人以往基于所有权拥有将该物出租的权利，规模有限，对于著作权人的利益影响不大，但由于大型连锁租书店的出现严重影响了著作权人的利益，从而亦须考虑著作物的出租权。

一般来说，著作权人对于著作享有若干项基本权利，其中有一些是专属权利。他们享有使用或根据议定的条件许可他人使用其作品的专属权。概括起来说，著作权人可以禁止或许可：

（1）以各种形式对各种著作进行重制，例如以印刷或录音的方式重制文字著作或音乐著作。

（2）将其著作公开口述、演出，例如将戏剧及表演著作或音乐著作公开演出、将文字著作公开口述等。

（3）将其著作通过无线电、有线或卫星或互联网加以公开播送、公开传输。

（4）对其视听著作公开上映；对其摄影著作、美术著作、图形著作加以公开展示。

（5）将其著作翻译成其他文字，或对其加以改编，例如将小说改编成影视剧本、将英文版本改译为中文版本。

受著作权保护的许多创作性作品需要进行大量发行、传播和投资才能得到推广（例如，出版物、音乐作品和电影）。因此，著作权人常常将其对作品享有的权利授权给最有能力推销作品的个人或公司，以获得报酬，这种报酬经常是在实际使用作品时才支付，因此被称作授权费（即版税）。

著作财产权有时间限制，根据世界知识产权组织相关条约，该时限为创作者死后50年。但各国国情不同，各国国内法可规定更长的时限。这种时间上的限制使得创作者及其继承人能在一段合理的时期内就其著作获得经济上的收益。

值得注意的是，创作者不同于著作权持有人。为了使作品能获得最大商业利益，不少作品（尤其是商业创作如电影、流行歌曲）的著作权持有人多为商业机构（如娱乐机构），而非创作者本身。结果是著作权带来的报酬（尤其是经济报酬）实际上多数到了商业机构手中。因此著作权在现代商业社会中，究竟是保障了创作者的利益，还是保障了商业机构的利益，早已有人提出质疑。

（三）著作权法保护的著作专有权利

著作权法是调整文学、艺术和科学技术领域因创作作品而产生的各种社会关系的法律规范的总和。著作权法最根本的目的是通过保护作品创作者的权利，发展本国的文化和科学技术事业。围绕这一宗旨，多数国家在著作权法中都规定了受保护作品的范围、著作权主体的资格及权利归属原则、著作权的内容及保护期限、著作权的使用及侵权的法律责任等。

我国著作权法规定，著作权与版权同义。版权来自英美法系，英国的 copyright 通译为版权，是指复制的权利，即制止他人进行复制的权利；大陆法系的相应名词则是 author's right，通译为作者权，旨在保护作者控制和利用其智力成果的权利。可见，两大法系对著作权的保护侧重点不同。在我国，按照《民法典》的规定，著作权属于民事权利，是知识产权的重要组成部分。著作权通常有广义和狭义之分。狭义之著作权乃指各类作品的作者依法享有的人身和财产权利；广义之著作权则指除此之外的艺术表演者、录音录像制品制作者和广播电视节目的制作者依法享有的权利，通常称为著作邻接权或者称为与著作权有关的权利。此外，我国还把图书、报刊出版者的权利也置于著作邻接权的范围内。我国著作权法所称"著作权"即广义著作权。

在了解著作权的内涵的基础上，有必要将之与其他重要民事权利如物权及债权进行比较，方能深刻理解著作权之本质特征。著作权与物权及债权的根本区别在于法律事实构成的不同：物权的产生前提乃是有体有形的"物"，当然，随着科学的进步，物也包含了一些无形的东西；债权产生的前提是无形无体的"行为"；而著作权的产生前提则是有形无体的"知识"。

著作权法对作者的专有权保护主要是精神权利（即人身权）和经济权利（即财产权）两种权利。

1. 精神权利

精神权利，即著作人身权，是指作者通过创作表现个人风格的作品而依法享有获得名誉、声望和维护作品完整性的权利。这是作者对其作品所享有的各种与人身相联系或者密不可分而又无直接财产内容的权利。该权利由作者终身享有，不可转让、剥夺和限制。作者死后，一般由其继承人或者法定机构予以保护。根据我国《著作权法》第10条的规定，著作人身权包括：

（1）发表权，即决定作品是否公之于众的权利；

（2）署名权，即表明作者身份，在作品上署名的权利；

（3）修改权，即修改或者授权他人修改作品的权利；

（4）保护作品完整权，即保护作品不受歪曲、篡改的权利。

这种精神权利的主要性质与特点是：（1）著作人身权整体的不可转让性。（2）不可剥夺性。（3）个别权利的可继承性（如发表权）。（4）著作人身权的永久性。

2. 经济权利

经济权利，即著作财产权。一般来说，著作权人对于著作享有若干项基本权利，其中有一些是专属权利。他们享有使用或根据议定的条件许可他人使用其作品的专属权。这些权利包括出版权、复制权、表演权、广播权、演绎权、发行权与展览权等。作者的这些权利可以赠送、转让与继承。在英国、美国等其他英美法国家，著作权被看成一种个人的流动财产，作者可以通过签订合同的方式将他的版权部分或全部地转让给他人。而在法国、德国等其他大陆法国家，著作权则被认为是一种与作者本人不可分割的个人权利，因此，不能作为流动财产转让，但是可以作为使用权转让，通常采取发放许可证的方式允许他人行使其版权中的某些权利。作者死后，他的著作权可以根据遗嘱继承或法定继承的程序转移给他的继承人。著作权除了可以通过合同或许可证的方式转让以及通过继承的方式转让外，还可以因国家收购而转移。

各国的著作权法与国际版权公约，除了强调保护作者的正当权益外，还规定在一定条件下，为了公众和社会利益，为了发展科学文化的需要，可以不经著作权所有人的同意而无偿地利用其著作权作品，这就叫作对著作权的权利限制或称为“合理使用”。“合理使用”的条件归纳起来，主要有以下六个方面：

（1）为了个人学习、学术研究、评论与新闻报道而摘录、复制某一作品；

（2）为了诉讼程序的需要或报道此种诉讼程序而复制某一作品；

（3）为了进行系统教学活动收集教材而复制某一作品；

（4）图书馆、档案馆或其他资料中心（非营利性的对公众开放的资料中心）为保存版本或供公众借阅而对某一作品进行复制（包括照相复制、录音、录像等）；

（5）利用已发表的作品免费在公共场所表演节目，或为了教学目的，师生在校内表演或展出某一作品，或为慈善机构募捐举行义演而表演或展出某一作品；

（6）在自己的作品中少量引用他人的作品等。

不论属于哪种情况，使用者都必须说明作品的来源与作者的姓名，并且严格遵守法律规定的条件（例如，复制件不许超过一定的份数等）。

二、著作权的国际保护

著作权法的地域性特点，决定了它仅在本国的范围内有效。最初各国制定著作权法的目的是对在本国领土内创作和生产的作品进行保护，而尚未给外国作品以明确保护。从19世纪下半叶开始，国际图书市场的日益扩大以及技术革命导致了先进复印传播手段的诞生，使得著作权的国际保护变得更为重要。由于国内著作权法不保护外国作品，致使本国的作品在国外不可能得到保护。为了确保本国作品在国外受到保护，把对图书市场的控制权扩大到本国之外，各国经过多次协商，先后制定了《保护文学和艺术作品伯尔尼公约》（1886年）、《世界版权公约》（1952年）等国际公约，建立了著作权国际保护体系。著作权国际保护主要采取以下三种方式：

（1）根据互惠原则给予外国作者以著作权保护。即如果外国著作权法对本国作者进行保护，那么本国著作权法也保护对等的外国作者，许多国家的著作权法都有互惠原则的规定。

（2）通过双边条约给予外国作者以保护。即国家与国家之间签订双边著作权协定，相互给予对方国家以著作权保护。双边著作权协定一般都详细规定了著作权保护对象、方式和期限，较前一种方式更为严密。

（3）缔结多边条约或建立国际联盟给予外国作者以著作权保护。即缔结区域性和多边性的条约或国际公约，建立世界范围的著作权保护体系。

1.《保护文学和艺术作品伯尔尼公约》

19世纪，西欧尤其是法国涌现出许多大文学家、大艺术家，他们创作的大量脍炙人口的作品流传到世界各地，这些国家开始相应地重视版权的国际保护。1878年，由雨果主持在巴黎召开了一次重要的文学大会，建立了一个国际文学艺术协会。1883年，该协会将一份经过多次讨论的国际公约草案交给瑞士政府。瑞士政府于1886年9月9日在伯尔尼举行的第三次大会上予以通过，定名为《保护文学和艺术作品伯尔尼公约》(Berne Convention for the Protection of Literary and Artistic Works，简称《伯尔尼公约》)。原始签字国有英国、法国、德国、意大利、瑞士、比利时、西班牙、利比里亚、海地和突尼斯10国，1887年9月5日签字国互换批准书（只有利比里亚没有批准），公约3个月后生效（1887年12月），这就是世界上第一个国际版权公约，所有参加这一公约的国家组成一个联盟，称为伯尔尼联盟，并选出了联盟的国际局，规定了以后参加国应履行的手续和公约的修订程序。

《伯尔尼公约》的产生，标志着国际版权保护体系的初步形成。美国也派代表参加了1886年大会，但因当时美国的出版业远不如英法等欧洲国家发达，参加公约对美国不利。所以，美国代表便以该条约的许多条款与美国版权法有矛盾，得不到美国国会的批准为借口，拒绝在公约上签字，直到1989年3月1日才参加伯尔尼联盟，成为第80个成员。

截至2019年7月，共有177个国家批准或承认这个公约的不同文本，参加了这个联盟。

《伯尔尼公约》自生效以来曾进行过7次补充和修订。1896年，公约成员国代表在巴黎举行了一次增补公约内容的会议。增补的主要内容有：(1) 国民待遇原则将不仅适用于公约成员国国民，而且适用于将其作品于公约成员国首次出版的非公约成员国国民。(2) 对“出版”下了定义，指出仅有“间接传播方式”（复制）属于出版，展览、演出等“直接传播方式”不属于出版。(3) 延长了翻译权的保护期。

1908年对公约进行了第一次修订，修改了公约原有的大部分条款。主要的变动有：(1) 取消了对出版权国际保护所要求的一切附加标记或手续，实行“自动保护”原则。(2) 扩大了受公约保护的客体的范围。(3) 规定把翻译权保护期延长到与作品整个版权的保护期相同。(4) 确定了作品整个版权保护期为“作者有生之年加死后50年”。

1914年，第一次世界大战刚刚爆发时，对公约作了第二次增补，旨在对交战中的敌对国不保护或降低保护其国家的作品予以报复。增补的内容是：对于非公约成员国国民，又不在本国居住的外国作者，即使其作品在成员国中首次出版，也可以对其保护作某些限制。

1928年第二次修订公约，增加了下列内容：(1) 对广播作品开始保护。(2) 把口头作品归入受公约保护的范围。(3) 宣布对作者的“精神权利”予以保护。

1948年，对公约进行了第三次修订，增加了下列内容：(1) 国际法的规范对于成员国国内法来讲，应处于制约地位。(2) 将实用艺术品增加为公约保护的对象。(3) 将文学艺术作品的汇集（如百科全书、资料汇编）增加为公约保护的对象。(4) 法律条文、政府文件及其译本被列为“可保护”对象。(5) 进一步具体化广播作品的保护方式。(6) 进一步具体化对“合理使用”及其他限制版权的规定。(7) 把追续权列为可保护内容。(8) 对“出版”下了进一步的具体定义（即必须以制作大量复制本并使公众可以获得的方式进行传播）。(9) 进一步扩大“国民待遇”的适用范围。(10) 对不同作品保护期的计算方法分别作出具体规定。

1967 年，在斯德哥尔摩举行了第四次修订《伯尔尼公约》的大会。在这次修订中通过了一份作为《伯尔尼公约》组成部分的“关于发展中国家的议定书”。由于可能被发展中国家使用的作品主要来源于发达国家，所以这个议定书一直没有被发达国家所承认。又由于斯德哥尔摩文本规定了议定书仅能约束承认它的那些成员国，所以实际上这个议定书起不了什么作用。到 1971 年修订《伯尔尼公约》时，该文本在第 29 条第 2 款及第 34 条第 2 款中，对斯德哥尔摩议定书作出了失效的规定。

1971 年，对《伯尔尼公约》进行了第五次修订。修订后的《伯尔尼公约》的实体条文没有原则上的变动，它的实质性条文则是绝大多数成员国已经批准了的。

现行的《伯尔尼公约》的核心是规定了联盟各国必须保证使属于其他成员国国民的作者享受该国的法律给予其本国国民的权利。如果作者最初是在一个伯尔尼联盟成员国内出版，但其作者是非联盟成员国的国民，该成员国对这一作品的保护可以只限于作者系其国民的国家对这种作品给予保护的程度。

《伯尔尼公约》从结构上分正文和附件两部分，从内容上分实质性条款和组织管理性条款两部分。正文共 38 条，其中前 21 条和附件为实质性条款，正文后 17 条为组织管理性条款。

《伯尔尼公约》将作者列为第一保护主体，保护其包括精神权利和财产权利在内的专有权利。《伯尔尼公约》规定了作者享有以下几种财产权利：翻译权、复制权、公开表演权、广播权、公开朗诵权、改编权、延续权（此权系大陆法系版权法的产物，带有精神权利的特点。英美法系国家的版权法大都没有规定这项权利。因此，《伯尔尼公约》允许承认延续权的国家在外国作品是否享有该项权利的问题上实行互惠原则）。《伯尔尼公约》保护作者不依赖其财产权利而独立存在的精神权利。即使作者把自己某部作品的版权（即财产权利部分）全部转让给出版者或广播组织，后者也无权将作者的名字从作品上删去，或者篡改他的作品。对文学艺术作品的保护期限为作者有生之年加死后 50 年，摄影和实用艺术作品的保护期为作品完成之日起 25 年。作者享有和行使版权权利无须履行任何手续。

《伯尔尼公约》保护的作品范围是缔约国国民的或在缔约国国内首次发表的一切文学艺术作品。“文学艺术作品”包括文学、科学和艺术领域内的一切作品，如图书、讲课、演讲、讲道、戏剧、舞蹈、乐曲、电影作品、图画、建筑、雕塑、摄影作品等。其次还包括“演绎作品”，即翻译、改编、乐曲整理以及某一文学或艺术作品的其他改造，只要不损害原作的著作权，这种改造就得到与原作同等的保护。

《伯尔尼公约》由联合国专门机构——世界知识产权组织（总部设在日内瓦）管理。联盟的日常工作由世界知识产权组织国际局负责。各成员国每年要交纳会费。

《伯尔尼公约》附件为关于发展中国家的特别条款，它规定，发展中国家出于教育和科学研究的需要，可以在公约规定的限制范围内，按照公约规定的程序，发放翻译或复制有版权作品的强制许可证。这是在 1971 年修订《伯尔尼公约》时因发展中国家强烈要求而增加的。

1992 年 7 月，中国决定加入该公约。1992 年 10 月，中国成为该公约的第 93 个成员。

2.《世界版权公约》

《世界版权公约》(Universal Copyright Convention)于1947年由联合国教育、科学及文化组织主持准备，1952年在日内瓦缔结，1955年生效。1971年在巴黎进行修订。

公约所规定的保护水平，反映在它对成员国国内法的最低要求上。公约由7条实体条文与14条行政条文组成。它的实体条文不像《伯尔尼公约》规定得那么具体，而是比较笼统。但是，公约不允许参加它的国家作任何保留。

该公约保护的作品版权主要包括文学、艺术和学术三个方面，并且根据修正文本第1条设立政府间委员会，研究有关版权的国际保护与合作。公约的最低要求可以归结为五点。

(1) 国民待遇原则。

《世界版权公约》对国民待遇的规定比《伯尔尼公约》要简单得多，但总体来讲，也是兼顾作者国籍与作品国籍。公约第2条以及1971年的两个议定书中规定的国民待遇原则可归纳如下：成员国国民的已出版作品，不论在何地出版，均在各成员国国内享有该国国民已出版作品的同等保护；凡在成员国中首次出版第一版的作品，不论作者是否系成员国国民，均享有各成员国给予本国国民已出版的作品同样的保护；成员国国民的未出版作品，在每个成员国中均享有该国给予本国国民未出版的作品同样的保护。这里指的“国民”，也可以包括居住在成员国的外籍居民。

(2) 非自动保护原则。

即必须加注“版权保留”标记方予保护的原则。《世界版权公约》的非自动保护原则是协调《伯尔尼公约》的自动保护原则和美洲国家采用的注册保护制度（即履行法定手续是获得版权保护的条件）的结果。依据这一原则，如果任何成员国依其国内法要求履行手续作为版权保护的条件，那么对于根据本公约加以保护并在该国领土以外首次出版，而其作者又非本国国民的一切作品，只要经作者或版权所有者授权出版的作品的所有复制本上，自首次出版之日起标有©的符号，并注明版权所有者的姓名、首次出版年份等，而且其标注的方式和位置应使人注意到版权的要求，就应认为符合本国法履行手续的要求，根据本公约给予保护。

(3) 受保护作品范围。

《世界版权公约》的各成员国承允对文学、科学、艺术作品，包括文字、音乐、戏剧和电影作品，以及绘画、雕刻和雕塑的作者及其他版权所有者的权利，提供充分有效的保护。与《伯尔尼公约》相比，《世界版权公约》对保护客体的规定相当概括，并且其所明确列举的文学、科学、艺术作品的表现方式较少，这样做的目的是有利于一些保护范围较窄的且刚刚建立国内版权保护制度的国家加入公约。

(4) 经济权。

《世界版权公约》要求成员国必须予以保护的只有四项经济权利：复制权、公演权、广播权以及翻译权。此外，为了与美国等一些不保护精神权利的国家的国内法规定相适应，《世界版权公约》也没有要求成员国保护作者的精神权利。

(5) 保护期。

《世界版权公约》对作品保护期的规定包括：

①原则上，受公约保护的作品保护期不应少于作者有生之年及其死后的 25 年。

②如果任何成员国在公约对该国生效日前已经将某些种类作品的保护期限于自作品首次出版以后的某一段时间，则该成员国有权保持其规定，并可将这些规定扩大应用于其他种类的作品。对所有这些种类的作品，其版权保护期自首次出版之日起，不得少于 25 年。

③任何成员国如在公约对该国生效之日尚未根据作者有生之年确定版权保护期，则该成员国有权根据情况，从作品首次出版之日或从出版前的登记之日起算版权保护期，但条件是从作品首次出版之日或从出版前的登记之日起算的版权保护期不少于 25 年。

④成员国对摄影作品或实用艺术作品作为艺术品给予保护时，对上述每一类作品规定的版权保护期不应少于 10 年。从上述保护期的规定可以看出，《世界版权公约》规定的作品保护期比《伯尔尼公约》短，并且允许成员国作出例外规定的情况也较多。

⑤无追溯力规定。《世界版权公约》未明示保护作者的身份权，不具有追溯力。

公约并不对作者的精神权利（或称“人身权”）提供一般保护，只是在“对发展中国家的优惠条款”中含有禁止篡改他人作品，以及作者有权收回已进入市场的作品等相当于保护精神权利的规定。

中国于 1992 年 7 月 30 日递交了加入《世界版权公约》的官方文件，同年 10 月 30 日对中国生效，1995 年加入该公约的政府间委员会。

三、中国的著作权法

《中华人民共和国著作权法》是我国著作权法的主要渊源，但不是全部渊源。我国著作权法律规范主要见于《宪法》《民法典》《著作权法》《刑法》、单行法规、行政条例以及最高人民法院的司法解释等规定。我国参加的与著作权有关的知识产权国际条约和我国与其他国家签订的有关著作权保护的双边条约，通过立法程序也可以转化为我国著作权法的法源。

1990 年 9 月 7 日通过的《中华人民共和国著作权法》，实施于 1991 年 6 月 1 日。该法的实施，在建立中国的著作权制度，保护广大文学、艺术和科学作品作者的合法权益，鼓励优秀作品的创作和传播，促进中国著作权产业的发展，繁荣中国的科学、文化与教育事业等方面起到了十分重要的作用。然而，自《著作权法》实施以来，中国的政治、经济、文化和社会生活发生了巨大的变化，其中一个突出的特点是中国改革开放逐步深入，加入世界贸易组织后面临的国际环境发生了变化。为了完善我国著作权保护制度，我国分别于 2001 年 10 月和 2010 年 2 月对《著作权法》进行过两次修订。随着高新技术特别是数字技术和网络技术的迅猛发展和广泛应用，著作权法律制度遇到严峻挑战，进一步加快推进《著作权法》第三次修订工作有着非常重要的意义。第三次修订的着力点在于著作权法利益平衡问题，进一步妥善处理好创作者、传播者和社会公众利益的基本平衡，妥善处理好保护著作权与保障信息传播的关系。

■第五节　《与贸易有关的知识产权协定》

一、TRIPs的产生与影响

1. TRIPs的产生

在1986年以前，知识产权的国际保护问题基本上都是在世界知识产权组织的范围内进行的。1991年12月，在乌拉圭回合多边贸易谈判中，初步通过了《与贸易（包括假冒商品贸易在内）有关的知识产权协定》，又称《与贸易有关的知识产权协定》（Agreement on Trade-Related Aspects of Intellectual Property，TRIPs）。这是知识产权的国际保护新拓展出来的重要领域，这一协定的达成标志着在知识产权国际保护方面一个新的国际标准已经形成。

乌拉圭回合关于知识产权问题的谈判自1987年初开始，在多边谈判过程中，发达国家与发展中国家出于各自不同利益的考虑，展开了激烈争论。以美国、瑞士等为代表的发达国家主张，应将知识产权列入多边贸易谈判的议题，美国甚至提出，如果不将知识产权作为新议题，将拒绝参加关税及贸易总协定（GATT）第八轮乌拉圭回合谈判。发达国家还主张，应制定保护所有知识产权的标准，并且必须纳入争端解决机制。概括起来，争论的焦点主要集中在以下五个方面。

（1）谈判目标。

发达国家主张，为了减少因知识产权保护不充分而对国际贸易带来的扭曲和障碍，弥补现有世界知识产权组织和公约在知识产权保护方面的不足，应当把在GATT内建立一套完整的知识产权保护体系作为谈判的目标。而发展中国家则认为，谈判应限制在和贸易有关的方面，谈判的目标并非要在GATT内建立一套知识产权保护体系，而是要解决那些借保护知识产权之名行贸易保护之实的不公平贸易做法。

（2）保护范围。

发达国家主张扩大知识产权的保护范围，把邻接权、外观设计、集成电路、产品与工艺方法的发明创造、计算机软件、音像制品、地域、服务商标、未公开信息等均纳入知识产权的保护范围。而发展中国家则认为对于是否要扩大知识产权保护范围的问题应通过个案研究确定，不能一概而论。

（3）保护标准和水平。

发达国家主张，所有的缔约方在知识产权的国际保护问题上应一视同仁，无条件地达到协议所规定的保护水平。而发展中国家则认为，缔约方只能承担与自己的经济技术发展水平相适应的义务，不能要求经济技术较为落后的发展中国家在贯彻执行协议的问题上一步到位。因此，实行过渡安排对发展中国家协调国内立法，充分参与世界知识产权保护体系是必要的。

（4）实施措施。

发达国家主张在关贸总协定内建立一个有关保护知识产权的争端解决机制，强化实施措施，并且缔约方应当使自己的国内立法与协议所规定的实施措施相一致，缔约方政府应当对没有适当执行协议所规定的实施措施承担责任。而发展中国家则认为，应当保持各国国内立法的独立性和多样性，国内立法不应受实施措施的约束，不是国内立法服从于实施措施的问题，而是实施措施如何与国内立法协调的问题。

（5）冒牌货贸易问题。

发达国家主张，多边法律框架应包括知识产权的所有方面，因此冒牌货贸易问题应与知识产权的其他问题同步地一揽子加以解决。而发展中国家则认为，国际贸易中的冒牌货问题同知识产权国际保护的其他问题相比较为简单，采取适当的边境措施就可以解决，不宜纳入多边框架之中。

经过5年的激烈争论，于1991年12月8日初步达成《与贸易有关的知识产权协定》。乌拉圭回合谈判的最后文件，于1994年4月15日在摩洛哥的马拉喀什由参加部长会议的各参加方签署，并于1995年1月1日正式生效。正式建立的世界贸易组织专门成立知识产权理事会，管辖作为WTO组成部分的《与贸易有关的知识产权协定》。自此，WTO成为另一个极其重要的管辖知识产权的国际经济贸易组织，知识产权的国际保护被纳入WTO多边贸易体制。

2. TRIPs的影响

如果说在国际知识产权保护制度的建立和发展历史进程中，《巴黎公约》是一个序幕，那么，乌拉圭回合多边贸易谈判所达成的《与贸易有关的知识产权协定》则可当之无愧地被称为划时代的里程碑。它不仅极大地促进了知识产权的国际化进程，而且将深刻地影响知识产权的国际保护与国内保护这两种保护方式的关系。

以乌拉圭回合所形成的知识产权保护协定作为分界点，可以看到在此前后世界知识产权保护体系若干不同的特点。在1986年之前，世界知识产权保护体系是一个以众多国际公约为核心，以双边协定、单边措施为补充的体系结构。这一体系结构有三个特点：

第一，目标上追求保护的广泛性。由于这一知识产权保护体系以各成员国国内知识产权的独立和有效为基础，因而在保证了广泛性的同时，未能达到发达国家所期望的"高标准"要求。

第二，内容实体规定的低标准。这一知识产权保护体系，主要由一些基本原则和实体的最低保护要求构成，但这两部分内容在现代知识产权国际保护中的地位和作用是不同的。由《巴黎公约》奠定的"国民待遇""优先权""专利独立"三大原则和由《伯尔尼公约》奠定的"国民待遇""自动保护""保护独立"三大原则，在过去、现在和将来都是协调各国知识产权保护的基本准则；但有关实体的规定，由于《巴黎公约》等国际公约所规定的知识产权保护最低要求的起点太低，因而并未起到统一成员国知识产权保护水平的作用，必将被更高标准的实体规定所取代。

第三，实施程序上的软性质。以往的各项知识产权保护公约都未能确立实施保护和解决争端的有效运行机制。各国都按自己的国内法行事，有关的国际公约对争端缺乏强制性的制裁措施，未能真正起到协调国内法和解决实质问题的作用。

乌拉圭回合多边贸易谈判后，知识产权国际保护体系发生了重大的变化。在实体规定上，它拥有了高标准、高水平的协议；在程序上，它规定了详细的知识产权法律实施程序；在争端解决机制上，它一改以往知识产权国际公约的软性质，交叉保护将成为迫使缔约方遵守协议义务的有力手段。

由于上述变化，TRIPs 对知识产权国际保护体系产生了如下几个方面的重大影响：

第一，强化了知识产权与国际贸易的关系，并使后者成为影响前者的重要因素。这是它与以往任何知识产权公约相比显示出的一个基本特征。

第二，为知识产权国际保护体系增加了新内容，使知识产权国际保护体系从以往以世界知识产权组织管理的众多国际公约为核心转变为以《与贸易有关的知识产权协定》为核心。

第三，改变了知识产权国际保护与国内保护两种保护方式的关系，使知识产权的国际保护带有更多的强制性。它不仅使国际法在处理涉外知识产权关系时优先于国内法，而且使知识产权保护按国内法实施的传统规则让位于对知识产权保护按国际法实施的新规则。

二、TRIPs 的主要内容

（一）TRIPs 的宗旨与义务

《与贸易有关的知识产权协定》包括序言和 7 个部分，总共 73 条。第一部分为一般义务和基本原则；第二部分为知识产权的效力、范围及使用的标准；第三部分为知识产权执法；第四部分为知识产权的获得与维持及有关当事方之间的程序；第五部分为争端的防止与解决；第六部分为过渡安排；第七部分为机构安排和最后条款。

1. TRIPs 的宗旨

在 TRIPs 的序言部分明确了 WTO 成员间缔结此协定的目的与宗旨在于：①减少对国际贸易的扭曲与障碍；②促进对知识产权国际范围内更充分、有效的保护；③确保知识产权的实施及程序不对合法贸易构成壁垒。

2. TRIPs 的义务

为达到上述目的，实现上述宗旨，WTO 成员在以下几个方面达成共识：

（1）尽快建立一套解决国际贸易中关于冒牌货贸易问题的原则、规则和纪律的多边框架的必要性。这是乌拉圭回合多边贸易谈判讨论知识产权问题的重要原因，无论发达国家还是发展中国家，都认识到假冒、伪劣商品贸易对于正常贸易的阻碍及破坏，假冒、伪劣商品对各国人民健康安全及经济发展的危害性。通过多边形式解决冒牌货贸易问题是可能的，也是必要的。

（2）知识产权是私有权。知识产权是私有权的论述在西方国家经济、法律文献中是极为普通的，也达成了共识。但是，此处的“私有权”（private rights）指由知识产权的所有权人拥有此知识产权的各种权利，并非指“私人占有权”。这种“私有权”是由各国通过知识产权的立法加以确定的，而不是生来就拥有的。当然，这种“私有权”也要受国家法律的限制，并不是如同其他私有权那样是神圣不可侵犯的。

（3）承认知识产权保护方面各国国内法律体系所寻求的最基本的公共政策目标，

其中包括实现发展与技术进步的目标。知识产权的保护是随着社会经济的发展而不断形成、完善和发展的，各国知识产权在不同经济发展阶段所寻求的政策目标是有较大差异的。特别是 WTO 中的发展中成员方，在知识产权立法方面的差异较大，与发达经济体相比存在一定的差距。因此，在 WTO 中制定知识产权国际保护的标准、寻求公共政策目标时必须要认识到这一点。

（4）鉴于最不发达国家财政状况不佳，经济发展水平较落后，过高追求知识产权的高标准保护和实施知识产权法律可能对财政产生负担，对其造成不利影响。为此，各成员同意对最不发达国家给予特殊的照顾、优惠，并允许其采取更为灵活的办法处理对知识产权的保护。

（5）通过多边程序达成强有力约束的承诺，以解决 WTO 成员间可能产生的有关知识产权的摩擦，缓解成员间的贸易矛盾，促进国际贸易的发展。

（6）WTO 与世界知识产权组织及其他相关国际组织之间建立起良好的合作与相互支持的关系，从而进一步推动知识产权的国际保护。

TRIPs 序言还就各成员要努力解决的知识产权方面的下列问题，确立相应的规则和纪律：

①将《关税及贸易总协定》和相关国际知识产权协定或条约的基本原则引入 WTO《与贸易有关的知识产权协定》中。

②关于 TRIPs 的效力、范围、使用的标准和原则。

③关于 TRIPs 执法的有效和适当的方式，同时考虑到各国法律制度的差异。

④以多边方式防止和解决政府间争端的有效及快捷程序。

⑤最充分地分享谈判结果的过渡期安排。这些是乌拉圭回合多边贸易谈判所解决的问题，并不等于 TRIPs 在知识产权方面仅仅解决这些领域内的问题。WTO 的新一轮谈判可能会重新谈判上述问题的某些方面，也可能会进一步谈判知识产权的其他方面问题，从而修改 TRIPs。

（二）TRIPs 一般义务的范围与性质

TRIPs 第 1 条第 2 款规定：就本协定而言，“知识产权”系指第二部分第一节至第七节所提到的所有类别的知识产权。“知识产权”包含如下内容。

1. 版权及邻接权

版权及邻接权（copyright and related rights），即版权及版权的保护权延伸至表达方式，而不延伸至思想、程序、操作方法或数学概念本身。具体包括：

（1）计算机程序和数据汇编。计算机程序，无论是源代码还是目标代码，都应作为《伯尔尼公约》项下的文字作品加以保护。数据汇编或其他资料，无论是机器可读还是其他形式，只要对其内容的选取或编排构成智力创造，即应作为智力创造加以保护。该保护不得延伸至数据或资料本身，并不得损害存在于数据或资料本身的任何版权。

（2）出租权（leasing rights）。一成员应给予作者及其合法继承人准许或禁止向公众商业性出租其有版权作品的原件或复制品的权利。一成员对电影作品可不承担此项义务，除非此种出租已导致对该作品的广泛复制，从而实质性减损该成员授予作者及其合法继承人的专有复制权。就计算机程序而言，如该程序本身不是出租的主要目标，则此义务不适用于出租。

除摄影作品或实用艺术作品外，只要一作品的保护期限不以自然人的生命为基础计算，则该期限自作品经授权出版的日历年年底计算即不得少于 50 年，或如果该作品在创作后 50 年内未经授权出版，则为自作品完成的日历年年底起计算的 50 年。

2. 商标

关于商标权效力、范围和使用的标准主要有如下规定：

（1）可保护的客体。任何标记的组合，只要能够将一企业的货物和服务区别于其他企业的货物和服务，即能够构成商标。此类标记，特别是单词，包括人名、字母、数字、图案的成分和颜色的组合以及任何此类标记的组合，均应符合注册为商标的条件。各成员可要求作为注册的条件，这些标记应为视觉上可感知的。各成员应在商标注册前或在注册后迅速公布每一商标，并应对注销注册的请求给予合理的机会。此外，各成员可提供机会以便对商标的注册提出异议。

（2）授予的权利。注册商标的所有权人享有专有权，以阻止所有第三方未经该所有权人同意在贸易过程中对与已注册商标的货物或服务的相同或类似货物或服务使用相同或类似标记，如此类使用会导致混淆的可能性。

（3）关于使用的要求。即维持注册商标需要使用商标，如在连续 3 年内不使用该商标，则可被注销，除非商标所有人根据对商标使用存在的障碍说明正当理由。例如对受商标保护的货物或服务实施进口限制或其他政府要求，此类情况应视为不使用商标的正当理由。

（4）许可和转让。各成员可对商标的许可和转让确定条件，与此相关的理解是，不允许商标的强制许可，且注册商标的所有权人有权将商标与该商标所属业务同时或不同时转让。

关于商标的保护期限，TRIPs 规定，首次注册及每次续展的期限均不得少于 7 年。商标的注册应可以无限续展。

3. 地理标识

（1）地理标识（geographical indications）的保护。地理标识指识别某产品来源于一成员领土或该领土内一地区或地方的标识，该产品的特定质量、声誉或其他特性主要归因于其地理来源。就地理标识而言，各成员应向利害关系方提供法律手段以防止在一货物的标志或说明中使用任何手段标明或暗示所涉货物来源于真实原产地之外的一地理区域，从而在该货物的地理来源方面使公众产生误解，并防止属于不公平竞争行为的任何使用。

（2）对葡萄酒和烈酒地理标识的附加保护。TRIPs 对葡萄酒和烈酒地理标识提供了更为严格的保护。该协定规定，每一成员应为利害关系方提供法律手段，以防止将识别葡萄酒的地理标识用于并非来源于所涉地理标识所标明地方的葡萄酒，或防止将识别烈酒的地理标识用于并非来源于所涉地理标识所标明地方的烈酒。在葡萄酒的地理标识同名的情况下，应对每一种标识予以保护，但每一成员应确定相互区分所涉同名标识的可行条件，同时考虑保证公平对待有关生产者且使消费者不致产生误解的需要。

4．工业品外观设计

TRIPs 要求各成员应对新的或原创性的独立创造的工业设计提供保护。工业设计，又称工业品外观设计，是指对产品的形状、图案、色彩或者其结合所作出的富有美感并适于工业上应用的新设计。

受保护的工业品外观设计的所有人有权制止未经许可的第三方，出于商业目的制造、销售或进口带有受保护设计的仿制品。工业品外观设计的保护期应不少于 10 年。

由于纺织品设计具有周期短、数量大、易复制的特点，因而得到了特别重视。TRIPs 规定，对纺织品设计保护设置的条件，特别是费用、审查和公布方面的条件，不得影响这些设计获得保护。

5．专利

（1）可授予专利的客体。一切技术领域中的任何发明，不论是产品发明还是方法发明，只要其具有新颖性、创造性并适合于工业应用，均可获得专利。对于专利的获得和专利权的享受不因发明地点、技术领域、产品是进口的还是当地生产的而受到歧视。

如果某些产品发明或方法发明的商业性开发会对公共秩序或公共道德产生不利影响，包括对人类、动植物的生命健康或环境造成严重损害，则成员方可以不授予专利。另外，对人类或动植物的诊断、治疗和外科手术方法，微生物以外的动植物，以及不包括非生物、微生物在内的动植物的人工繁殖方法，也可不授予专利权。但植物新品种应受到专利或其他制度的保护。

（2）专利申请人的权利和条件。专利所有人享有专有权。对于产品，专利所有人应有权制止未经许可的第三方制造、使用、销售，或为上述目的而进口该产品；对于方法，专利所有人应有权制止未经许可的第三方使用该方法的行为，以及使用、销售或为上述目的进口依该方法直接获得的产品。

各成员应要求专利申请人以足够清晰和完整的方式披露其发明，使该专业的技术人员能够实施该发明，并可要求申请人在申请之日，或在要求优先权的情况下在申请的优先权日，指明其所知的实施该发明的最佳方式。同时，各成员可要求专利申请人提供关于申请人相应的国外申请和授予情况的信息。

（3）未经权利持有人授权的其他使用。各成员的法律可规定，在特殊情况下，允许未经专利持有人授权即可使用（包括政府使用或授权他人使用）某项专利，即强制许可或非自愿许可。但这种使用须有严格的条件和限制，如授权使用一事一议；只有在此前合理时间内，以合理商业条件要求授权而未成功，才可申请强制许可；授权应给予适当的报酬等。在未经权利持有人许可使用其专利时，应尽快通知权利持有人。

专利保护期应不少于 20 年。对任何有关撤销或宣布一专利无效的决定应可进行司法审查。

6．集成电路布图（拓扑图）设计

集成电路（integrated circuits）是指，以半导体材料为基础，将两个以上元件（至少有一个是源元件）的部分或全部互连集成在基片之中或者之上，以执行某种电子功能的中间产品或最终产品。

布图设计是指，集成电路中的两个以上元件（至少有一个是源元件）的部分或全部互连的三维配置，或者为集成电路的制造而准备的上述三维配置。

成员方应禁止未经权利持有人许可的下列行为：为商业目的进口、销售或以其他方式发行受保护的布图设计；为商业目的进口、销售或以其他方式发行含有受保护的布图设计的集成电路；为商业目的进口、销售或以其他方式发行含有上述集成电路的物品。

若有人在获得某种集成电路或包含该集成电路的物品时，不知道且无合理的根据知道其中包含非法复制的布图设计，则任何成员不得将上述行为视为非法。但此人有责任向权利持有人支付费用，数额相当于根据此种布图设计自愿达成的许可协议应付的合理使用费。

集成电路布图设计保护期应不少于10年。

7. 未披露信息的保护

未披露信息（undisclosed information）具有以下三个特征：（1）属于秘密，通常不为从事该信息领域工作的人所普遍了解或容易获得；（2）具有商业价值；（3）保密已采取合理措施，即该信息的合法控制人已采取合理的步骤以保持其秘密性质。

合法拥有该信息的人，有权防止他人未经许可而以违背诚实商业行为的方式，披露、获得或使用该信息。

为获得药品或农业化学物质产品的营销许可而向政府提交的机密数据，也应受到保护，以防止不公平的商业应用。各成员应保护这些数据不被披露，除非为保护公众所必需。

8. 对许可合同中限制竞争行为的控制

国际技术许可合同中的限制竞争行为（control of anti-competitive practices in contractual licences），可能对贸易具有消极影响，并可能阻碍技术的转让与传播。例如，独占性返授，即技术转让方要求受让方将其改进技术的使用权只授予转让方，而不得转让给第三方；又如，禁止对有关知识产权的有效性提出异议或强制性的一揽子许可，即技术的转让方强迫受让方同时接受几项专利技术或非专利技术。成员方可采取适当措施防止或控制这些行为。有关成员还可就正在进行的限制竞争行为和诉讼进行磋商，并在控制这些行为方面进行有效合作。

TRIPs第1条第1款规定，各成员应使本协定的各项规定生效。TRIPs作为WTO最重要的协定之一，任何成员必须接受，并保证不对其中的有关条款作出任何形式的保留和例外。

考虑到WTO成员的多样性，发达经济体和发展中经济体成员在知识产权立法和保护的形式、标准、具体规定方面是有较大差距的；此外，现行知识产权保护的国际公约并不是所有经济体都参加的，WTO不可能在知识产权方面制定统一的法律和规范，也不可能使每一个WTO成员的知识产权法律完全一样。所以，TRIPs只规定了在知识产权保护方面的最低标准。正因为如此，第1条第1款也规定，各成员可以，但没有义务在其法律中实施比本协定要求更广泛的保护，只要这类保护不违反本协定的规定。因此，WTO并不禁止，也不要求其成员实施比TRIPs要求更高、更为广泛的保护，选择权掌握在每一成员自身手中。此外，成员方实施TRIPs的规定，不得有损于成员方依照《巴黎公约》《伯尔尼公约》《罗马公约》《集成电路知识产权条约》等已经承担的义务。

在如何实施 TRIPs 所规定的具体事项方面，WTO 允许各成员依其自身的法律制度及惯例自由决定采取适当的方法，而不统一规定实施的具体模式。任何成员不能指责另一成员必须按某一形式实施知识产权的保护，只要该成员的保护措施不违反 TRIPs 的有关规定。即使这样，TRIPs 仍规定这种知识产权保护应当包括“知识产权的效力、获得、范围、维持及实施等诸事项，同时也包括本协定特别提及的影响知识产权使用的诸事项”。

三、知识产权执法的一般义务

知识产权执法是 TRIPs 的主要内容之一，比较详细地规定了各成员应向知识产权的权利人提供的法律程序和救济措施，而且对这些程序和措施在实施中的有效程度也提出了要求，以使知识产权权利人能够有效地行使权利。

TRIPs 对各成员的有关司法制度提出了如下原则性要求：

（1）各成员应保证国内法或本地法律中含有 TRIPs 规定的执法程序，以便对任何侵犯受该协定保护的知识产权的行为采取有效行动，包括采取及时防止侵权及遏制进一步侵权的救济措施。实施这些程序时，应避免对合法贸易造成障碍，并防止有关程序的滥用。

（2）知识产权执法的程序应公平、公正。这些程序不应过于烦琐或费用高昂，也不应限定不合理的时限或导致无端的迟延。

（3）对案件的裁决，最好采用书面形式，并陈述理由，且在合理的时间内告知诉讼当事方。裁决只有在听取各方对证据的意见后方可作出。

（4）诉讼当事方应有机会要求司法机构对行政机构的决定进行审议，并在遵守法律中有关案件司法管辖权规定的前提下，要求至少对初步司法决定的法律方面进行审议。但是，对刑事案件中的无罪判决，成员方没有义务提供审议机会。

（5）TRIPs 并不要求各成员建立一套不同于一般执法体系的知识产权执法体系，也不影响各成员执行其国内法或本地法律的能力。在知识产权与一般执法的资源配置方面，该协定未设定任何义务。

■第六节　中国的知识产权保护法

伴随着改革开放的步伐，中国在知识产权保护方面取得了长足的进展。中国根据国情和国际发展趋势制定和完善各项知识产权法律、法规，至今已形成了有中国特色的社会主义保护知识产权的法律体系。中国知识产权的保护范围和保护水平逐步同国际惯例接轨，已对知识产权实行高水平的法律保护。

一、《专利法》

1985年4月开始实施的《中华人民共和国专利法》及其实施细则，使中国的知识产权保护范围扩大到对发明创造专利权的保护。为了使中国的专利保护水平进一步向国际标准靠拢，全国人民代表大会常务委员会于1992年9月4日通过了《专利法》修正案，2000年8月进行第二次修正，2008年12月进行了第三次修正。

新修订的《专利法》从扩大对外开放和有利于科学技术、经济发展的需要出发，主要有如下调整。

（1）扩大了专利的保护范围，专利授予所有技术领域的发明，不论它是产品还是方法，即对药品和化学物质产品，对食品、饮料和调味品均无例外地授予专利。

（2）将发明专利的保护期限从自申请日起15年延长为自申请日起20年，将实用新型专利和外观设计专利的保护期限从自申请日起5年延长为自申请日起10年。

（3）进一步强化了对专利权的保护，除对专利方法的保护延及该专利方法直接得到的产品外，还明确规定进口专利产品必须得到专利权人同意，使得对专利权人权益的保护更加充分。

（4）重新规定了对专利实施强制许可的条件。这使中国对专利权的保护达到了一个新的水平。这样，中国的专利法同关税及贸易总协定达成的《与贸易有关的知识产权协定》基本接轨。

（5）突出了“科学技术创新”的重要意义和作用，使“创新”在中国专利法中获得了前所未有的地位。2008年《专利法》第1条规定：为了保护专利权人的合法权益，鼓励发明创造，推动发明创造的应用，提高创新能力，促进科学技术进步和经济社会发展，制定本法。与2000年《专利法》相比，主要是强调了“提高创新能力”，同时将“有利于发明创造的推广应用”修改为“推动发明创造的应用”，强化了其在促进发明创造应用方面的功能和作用。

二、《商标法》

1983年3月开始实施的《中华人民共和国商标法》及其实施细则，在商标注册程序中的申请、审查、注册等诸多方面的原则，与国际上通行的原则是完全一致的。

为适应改革开放和经济形势发展的需要，更有效地打击假冒商标、制止商标侵权行为，切实保护商标注册专用权，中国于1993年对《商标法》进行了修改，2019年4月对《商标法》进行了第四次修改，扩大了商标的保护范围，除商品商标外，增加了服务商标的注册和管理的规定。

在形式审查中增加了补正程序，在实质审查中建立审查意见书制度，方便了商标注册申请人，这同关税及贸易总协定达成的《与贸易有关的知识产权协定》的要求全部吻合。另外，还发布了《商标印制管理办法》《商标使用许可合同备案办法》等一系列规章。

1993 年 2 月，全国人民代表大会常务委员会通过了《关于惩治假冒注册商标犯罪的补充规定》，进一步强化了惩治假冒注册商标犯罪和处罚商标侵权行为的力度。这些法律、法规和规章为充分、有效地保护中外注册商标专用权提供了保障。

三、《著作权法》

《中华人民共和国著作权法》自 1991 年 6 月 1 日起正式实施，在 2001 年和 2010 年分别进行了修订。自实施以来，《著作权法》为开发、利用和保护知识资源，促进经济、文化、科技和社会发展，提高中国文化软实力，提升国家核心竞争力，促进中国文化在世界范围的传播等提供了法律保证，发挥了重要作用。

中国著作权法及其实施条例，明确了保护文学、艺术和科学作品作者的著作权以及与其相关的权益。中国不仅对文字作品，口述作品，音乐、戏剧、曲艺、舞蹈作品，美术、摄影作品，电影、电视、录像作品，工程设计、产品设计图纸及其说明，地图、示意图等图形作品给予保护，而且把计算机软件纳入著作权保护范围。

中国是世界上为数不多的明确将计算机软件作为著作权法保护客体的国家之一。国务院还颁布了《计算机软件保护条例》，规定了保护计算机软件的具体实施办法，作为著作权法的配套法规。国务院于 1992 年 9 月 25 日颁布了《实施国际著作权条约的规定》，对保护外国作品著作权人依国际条约享有的权利作了具体规定。

此外，全国人民代表大会常务委员会制定的《中华人民共和国科学技术进步法》《民法典》等，以及国务院制定的一系列保护知识产权的行政法规，进一步完善了中国的知识产权法律制度，在总体上与国际保护水平更为接近和协调。

中国具有完备的知识产权保护法律措施。中国的知识产权法律规定了违反法律规定的行为应承担的法律责任，包括民事责任、行政处罚和刑事责任。

案例 9.3

某医学院教授在科研中使用了魏某的药品专利，对该专利进行实验室分析后在其基础上研制出一种新药；该新药在医学院附属医院中作临床试验，医生在开处方时按照普通药品销售给患者使用；该教授亦将这一研究成果发表了一篇新药研制论文，论文中引用了魏某专利文献中的数据。试问：

(1) 该教授在实验室中利用魏某的专利技术是否会构成侵权？为什么？

(2) 该新药在临床试验中使用是否会对魏某的专利构成侵权？为什么？

(3) 论文中引用魏某专利文献数据是否构成对魏某专利文献的著作权侵权？为什么？

分析：

(1) 该教授在实验室中利用魏某的专利技术不会构成侵权，为科学研究和实验而使用有关专利属于合理使用。

(2) 如果临床试验时没有对使用者明示，并且按照普通药物定价收取费用，则不属于合理使用，应当取得专利权人的许可，如果没有获得许可，则构成侵权。

（3）论文中引用魏某专利文献数据不会构成对魏某专利文献的著作权的侵权，因为授权公告的专利文献属于官方文献，不享有著作权。

复习与思考题

1. 简述知识产权的含义与特征。
2. 简述专利的含义、特点与种类。
3. 试述专利法与专利制度的特征。
4. 简述商标注册的原则与作用。
5. 试述商标法的特点、调整对象、任务与作用。
6. 简述著作权的含义与特点。
7. 著作权人的权利主要有哪些?
8. 简述《与贸易有关的知识产权协定》的宗旨、一般义务与性质。
9. 简述中国知识产权保护的发展状况。

第10章 国际商事仲裁与诉讼

本章提要

1. 仲裁的概念与特点
2. 仲裁协议与仲裁程序
3. 外国与国际性仲裁机构
4. 仲裁裁决的承认与执行
5. 诉讼主体与诉讼效力
6. 诉讼制度与原则
7. 商事诉讼的程序
8. 中国的仲裁机构与仲裁规则
9. 中国的仲裁法

关键术语	仲裁　仲裁协议　仲裁裁决　仲裁条款　商事诉讼　辩论原则 合议制度　回避制度　公开审理制度　诉讼管辖权　执行程序

第一节　国际商事仲裁

一、概念与特点

在国际商务中，相关争议的解决通常采取协商（consultation）、调解（mediation，或 conciliation)、仲裁（arbitration)、诉讼（court litigation，或 suit）等方式。采取协商、调解这两种方式解决争议，程序简单，气氛和缓，成为交易双方解决争议的首选。事实上，多数国际商务纠纷均由交易双方通过协商和第三方调解方式私下解决。若协商调解不成，双方才会进一步诉诸仲裁或诉讼。

仲裁是指双方协议将有关争议提交第三者（即仲裁员）裁决的争议处理方式。“仲裁”就是由地位居中的人对争议事项公正地作出评判和结论。也就是说，居中公断。所谓商事仲裁，就是商事领域的仲裁制度，即商事关系的当事人通过合意，自愿将其有关争议提交给第三方，由其依据法律或依公平原则作出裁决，并承诺自觉履行该裁决所确定的义务的制度安排。

仲裁和诉讼这两种方式各有利弊，总的来看，仲裁方式对解决商务纠纷更为可取。仲裁条款也因之成为商务合同的标准条款。若打算通过仲裁解决争议，交易双方应订有书面仲裁协议（arbitration agreement in writing)。所谓仲裁协议，是指合同双方当事人同意将争议提交仲裁解决的意思表示，是仲裁机构受理案件的法律依据。订立仲裁协议既可以在争议之前，也可在争议之后。商务合同中常见的仲裁条款属于在争议之前订立的仲裁协议。

我国《仲裁法》第4条规定：当事人采用仲裁方式解决纠纷，应当双方自愿，达成仲裁协议。没有仲裁协议，一方申请仲裁的，仲裁机构不予受理。涉外合同的当事人可以根据仲裁协议向中国仲裁机构或者其他仲裁机构申请仲裁。当事人没有订立仲裁协议或者仲裁协议无效的，可以向人民法院起诉。

诉讼是人民或检察官请求司法官本着司法权作裁判的行为。在中国人的观念中，“诉讼”一词是由“诉”和“讼”两字组成的。“诉”为叙说、告诉、告发、控告之意，“讼”为争辩是非、曲直之意。两个字连用即向法庭告诉，在法庭上辩冤、争辩是非曲直。如果就“诉讼”一词从法律角度下定义，可以简要地概括为：诉讼就是国家专门机关在诉讼参与人的参加下，依据法定的权限和程序，解决具体案件的活动。仲裁与诉讼相比，具有的特点如表10-1所示。

表10-1 仲裁与诉讼的比较

诉讼	仲裁
诉讼时，法院是国家机器，具有法定的管辖权，法官由国家任命。	仲裁属于民间行为与性质，仲裁员由双方当事人指定。
争议双方没有任意选择法官和法院的权利。	争议双方可选择仲裁机构和仲裁员。
可以是一方提出，无须对方同意。	需双方同意，若没有达成协议，任何一方无权强迫对方进行仲裁。
法院开庭审理，只要有一方要求或提出即可。	设立仲裁，必须根据双方达成的仲裁协议。
时间长、程序多、费用高，而且原告与被告之间关系紧张。	时间短、程序简便、费用低，且争议双方关系较缓和。

二、仲裁协议的作用与基本内容

根据大多数国家法律，有效的仲裁协议必须载有请求仲裁的意思表示、选定的仲裁委员会和约定仲裁事项；必须是书面的；当事人具有签订仲裁协议的行为能力；形式和内容合法等。否则，该仲裁协议无效。

1. 仲裁协议的作用

（1）约束合同双方当事人只能以仲裁方式解决争议，不得向法院起诉。

（2）排除法院对有关案件的管辖权，如果一方违背仲裁协议，而自行向法院起诉，另一方可根据仲裁协议要求法院不予受理，并将争议退交仲裁庭裁断。

（3）仲裁机构取得对争议案件的管辖权。

上述三项作用中最主要的是第（2）条，即排除法院对争议案件的管辖权。因此，双方当事人不愿将争议提交法院审理时，就应在争议发生前在合同中规定出仲裁条款，以免将来发生争议后，由于达不成仲裁协议而不得不诉诸法院。

2. 仲裁协议的基本内容

仲裁协议必须具备一定的内容。在国际商事仲裁（international commercial arbitration）实践中，通常认为仲裁协议应具备以下内容：提交仲裁的意思表示、仲裁事项、仲裁地点、仲裁机构、仲裁规则和仲裁裁决的效力等。

（1）仲裁地点。

国际商务合同的当事人双方往往远隔重洋，一旦发生争议，无不希望在本国仲裁。若事先对仲裁地点未作规定，届时难免发生分歧。仲裁地点的选择与仲裁适用的规则及法律有密切关系。在哪国（地区）仲裁，通常就适用该国（地区）的仲裁规则（arbitration rules）和程序法（procedural law）。有关仲裁地点的常见规定包括：①在出口国仲裁；②在进口国仲裁；③在双方同意的第三国仲裁；④在被告所在国仲裁。

（2）仲裁机构。

国际商事仲裁机构有两种形式：一种是常设仲裁机构，另一种是临时仲裁机构。据此，可将国际商事仲裁分为两类，即“机构仲裁”（institutional arbitration）和“临时仲裁”（ad hoc arbitration）。常设仲裁机构可分成三类：

①国际性仲裁机构，如国际商会仲裁院（ICC International Court of Arbitration）。

②国内仲裁机构，如伦敦国际仲裁院（The London Court of International Arbitration）、美国仲裁协会（American Arbitration Association）、斯德哥尔摩商会仲裁院、苏黎世商会仲裁院、日本国际商事仲裁协会等。我国常设的涉外商事仲裁机构是中国国际经济贸易仲裁委员会（又称中国国际商会仲裁院）和中国海事仲裁委员会。总部在北京，在上海和深圳等设有分会。

③行业性仲裁机构，如伦敦谷物与饲料贸易协会（Grain and Feed Trade Association，GAFTA）、伦敦海事仲裁员协会（London Maritime Arbitrators' Association，LMAA）、纽约海事仲裁员协会（Society of Maritime Arbitrators，

SMA）等。

（3）仲裁程序。

仲裁程序主要规定进行仲裁的程序和做法，包括仲裁申请、仲裁庭组成、案件审理、仲裁裁决效力、仲裁费用支付等事项。各国的常设仲裁机构一般都制定了仲裁程序规则，规定仲裁的程序和具体做法，为仲裁机构、仲裁员、争议各方提供了一套仲裁的行为准则。具体的商事仲裁程序如图 10－1 所示。

一般而言，在哪个仲裁机构进行仲裁就应适用该机构的仲裁规则。但一些仲裁机构也允许争议双方协商确定适用的仲裁规则。仲裁适用的实体法由当事人双方在合同中确定，或根据仲裁地所在国的冲突法确定与交易有最密切关系的法律。

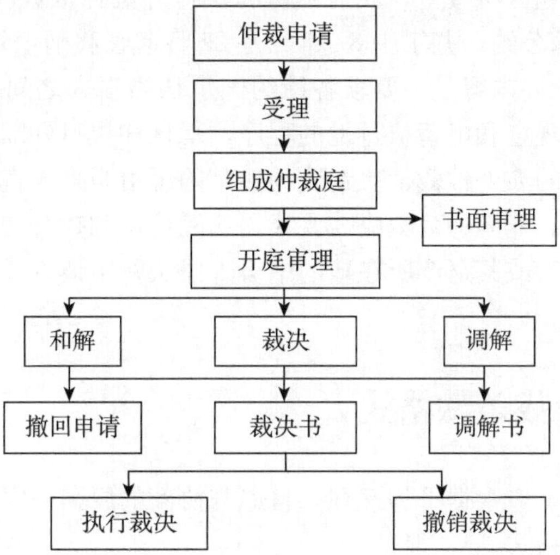

图 10－1 商事仲裁程序

仲裁申请是仲裁机构立案受理的前提。根据《中国国际经济贸易仲裁委员会仲裁规则》，我国仲裁机构受理争议案件的依据是双方当事人的仲裁协议和一方当事人（申请人）的书面申请。仲裁机构收到仲裁申请书及有关附件后，经审查确认申请人申请仲裁的手续完备，即予立案，并向被申请人发出仲裁通知。案件提交仲裁后，即由争议双方当事人或法定机构所指定的仲裁员组成仲裁庭对案件进行审理并作出裁决。根据一般惯例，允许争议双方在仲裁协议中规定仲裁员的人数和仲裁员的指定方式。如果仲裁协议未作规定，则根据仲裁法或仲裁规则的规定办理。

需要注意的是，仲裁裁决通常都是终局性的，对双方当事人都有约束力。在某些特殊情况下，允许争议当事人就仲裁裁决向上一级仲裁机构或法院上诉，对一些明显违背法律的裁决予以重新审查。仲裁费用通常由败诉方承担。

三、仲裁裁决的承认与执行

仲裁裁决的承认是指法院根据当事人的申请，依法确认仲裁裁决具有可予以执行的法律效力。仲裁裁决的执行是指当事人自动履行仲裁裁决，或法院根据一方当事人的申请依法强制另一方当事人执行仲裁裁决。仲裁裁决具备法律效力。如一方不愿执行裁决，另一方可向法院申请强制执行。

对于本国仲裁机构所作的裁决，申请法院执行相对容易。外国仲裁裁决在本国执行，或本国仲裁裁决在外国执行相对比较困难。原因是：有关外国仲裁裁决的执行，不仅事关争议双方当事人的权益，也涉及两国双边关系和仲裁裁决的相互承认问题。

关于仲裁与裁决执行的国际公约有：由国际联盟制定的 1923 年《仲裁条款议定书》和 1927 年《关于执行外国仲裁裁决的公约》，以及在联合国主持下，1958 年在纽约缔结的《承认及执行外国仲裁裁决公约》（Convention on the Recognition and Enforcement of Foreign Arbitral Awards，简称《纽约公约》）。截至 2019 年底，该公约被 150 多个国家和地区所接受，成为承认和执行外国仲裁裁决最重要的国际公约。我国于 1986 年加入该公约，并于 1987 年 4 月 22 日起在我国生效。

《纽约公约》的核心内容是：要求各缔约国承认当事人之间书面仲裁协议的法律效力，并根据公约的规定和申请执行地的程序，承认和执行外国仲裁裁决。作为公约成员，我国仲裁机构的涉外仲裁裁决在公约签字国可由当事人直接向有管辖权的外国法院申请承认和执行。外国仲裁裁决需要我国法院承认和执行的，争议一方当事人也可直接向被执行人住所或其财产所在地的中级人民法院申请。我国法院将根据公约或按照互惠原则办理。

四、商务合同仲裁条款格式

仲裁条款的规定，应根据平等互利、自愿与协商的原则确定。目前，我国一般采用下列三种仲裁条款格式。

1. 规定在我国仲裁

“All disputes arising out of the performance of, or relating to this contract, shall be settled through friendly negotiation. In case no settlement can be reached through negotiation the case shall then be submitted to the China International Economic and Trade Arbitration Commission, Beijing, China for arbitration in accordance with its Rules of Arbitration. The arbitral award is final and binding upon both parties. The arbitration fee shall be borne by the losing party unless otherwise awarded by the arbitration court.”（凡因执行本合同所发生的，或与本合同有关的一切争议，双方应通过友好协商解决。如果协商不能解决，应将争议提交北京中国国际经济贸易仲裁委员会，根据该会仲裁规则进行仲裁。仲裁裁决是终局的，对双方都有约束力。仲裁费用除仲裁庭另有裁决外，应由败诉方承担。）

2. 规定在被告人所在国仲裁

“All disputes arising from the execution of or in connection with this contract shall be settled amicably through friendly negotiation. In case no settlement can be reached through negotiation, the case shall then be submitted for arbitration. The location of arbitration shall be in the country of the domicile of the defendant. If in China, the arbitration shall be conducted by the China International Economic and Trade

Arbitration Commission, Beijing, in accordance with its Rules of Arbitration. If in __________, the arbitration shall be conducted by __________ in accordance with its arbitral rules. The arbitral award is final and binding upon both parties. The arbitration fee shall borne by the losing party unless otherwise awarded by the arbitration court."[凡因执行本合同所引起的或与本合同有关的任何争议，双方应通过友好协商解决；如果协商不能解决，应提交仲裁。仲裁在被告人所在国进行。如果在中国，则由北京中国国际经济贸易仲裁委员会根据该会仲裁规则进行仲裁。在__________（被告人所在国），由__________（被告人所在国仲裁机构）根据其仲裁规则进行仲裁。仲裁裁决是终局的，对双方都有约束力。仲裁费用除仲裁庭另有裁决外，应由败诉方承担。]

3. 规定在第三国仲裁

"All disputes arising from the execution of or in connection with this contract, shall be settled amicably through friendly negotiation. In case no settlement can be reached through negotiation, the case shall be submitted to __________ for arbitration in accordance with its arbitral rules of procedure. The arbitral award is final and binding upon both parties. The arbitration fee shall be borne by the losing party unless otherwise awarded by the arbitration court."[凡因执行本合同所引起的或与本合同有关的一切争议，双方应通过友好协商解决；如果协商不能解决，应提交__________（仲裁机构），根据其仲裁程序规则进行仲裁。仲裁裁决是终局的，对双方都有约束力。仲裁费用除仲裁庭另有裁决外，应由败诉方承担。]

案例 10.1

我某出口商甲与国外进口商乙订立买卖合同，并由甲提供样品，由乙开出以甲为抬头的信用证，又由甲与制造商丙订立与原买卖契约内容完全相同的合同，厂商丙订约后自行包装交货，而甲因与乙、丙的合同内注明："以制造厂检验为最后标准"，同时甲与丙的合同内也订明品质规格不符时负责调换或赔偿，因此没有另外送样检验及验货，现货物到达国外乙时，进口商发现品质规格皆不符合要求而提出索赔。试问：

（1）甲是否应负完全赔偿责任？或可将责任推给厂商丙？

（2）甲与乙曾多次与丙交涉，丙未同意赔偿，丙声称信用证并非直接开给丙，在此情况下，乙能否直接控告丙？或必须先告甲再告丙？

（3）如由国际仲裁机构仲裁，赔偿款项的责任应由谁承担？

分析：

本案虽然规定以制造厂检验为最后标准，但如买方能证明厂方提交的货物与合同规定不符，则制造商仍应负责。由于出口商甲与进口商乙订有买卖合同，同时出口商与制造商丙又订有买卖合同，这两个买卖合同是独立存在的。出口商既然与国外进口商订有合同，就应按合同规定履约。至于厂商丙未按出口商与厂商所签订的合同履约是出口商与厂商之间的事，与国外进口商无关。因此本案中：

（1）出口商甲应向国外进口商乙负完全责任，不可将责任推卸给厂商。

(2) 国外进口商乙不能直接控告厂商丙，而必须先控告出口商甲，再由出口商甲控告厂商丙。

(3) 如果由国际仲裁机构仲裁，裁决将由出口商负责赔偿；同时，如果厂商提交的货物与其和出口商所签订合同内容不符，也会裁决由厂商向出口商支付相应的赔偿。

第二节　中国的仲裁机构与仲裁法

我国《仲裁法》对涉外仲裁机构作了专门规定。该法第 66 条规定，涉外仲裁委员会可以由中国国际商会组织设立，涉外仲裁委员会由主任一人、副主任若干人和委员若干人组成，涉外仲裁委员会的主任、副主任和委员可以由中国国际商会聘任。第 67 条还规定，涉外仲裁委员会可以从具有法律、经济贸易、科学技术等专门知识的外籍人士中聘任仲裁员。上述规定有两点值得注意：一是第 66 条规定涉外仲裁委员会"可以"由中国国际商会组织设立，这是否意味着涉外仲裁委员会也可以由其他组织设立？对这个问题，现存在不同的解释。二是涉外仲裁委员会不同于国内仲裁机构的一点是前者可以聘请外籍人士担任仲裁员。

一、中国的国际经济贸易仲裁机构与仲裁规则

我国现有两个常设涉外仲裁机构：一是中国国际经济贸易仲裁委员会（China International Economic and Trade Arbitration Commission，CIETAC），二是中国海事仲裁委员会（China Maritime Arbitration Commission，CMAC）。两者现都属于中国国际贸易促进委员会（中国国际商会）。

1. 中国国际经济贸易仲裁委员会及其仲裁规则

中国国际经济贸易仲裁委员会最初名为中国国际贸易促进委员会对外贸易仲裁委员会，是根据 1954 年 5 月 6 日中央人民政府政务院《关于在中国国际贸易促进委员会内设立对外贸易仲裁委员会的决定》，于 1956 年 4 月 2 日正式成立的。为了适应中国对外经济贸易关系不断发展的需要，1980 年 2 月 26 日，国务院发出《关于将对外贸易仲裁委员会改称为对外经济贸易仲裁委员会的通知》，决定将对外贸易仲裁委员会改称为对外经济贸易仲裁委员会，扩大其受案范围。1988 年 6 月 21 日，国务院又批准将对外经济贸易仲裁委员会改名为中国国际经济贸易仲裁委员会，其受案范围扩至国际经济贸易中发生的一切争议。

中国国际经济贸易仲裁委员会设在北京。仲裁委员会设名誉主任一人、顾问若干人。仲裁委员会由主任一人、副主任若干人和委员若干人组成。主任履行仲裁委员会仲裁规则赋予的职责，副主任受主任的委托可以履行主任的职责。仲裁委员会设秘书局，在仲裁委员会秘书长的领导下负责处理仲裁委员会的日常事务。委员会设立仲裁员名册，仲裁员由仲裁委员会从对法律、经济贸易、科学技术等方面具有专门知识和

实际经验的中外人士中聘任。

仲裁委员会分别在深圳和上海设有中国国际经济贸易仲裁委员会深圳分会（1989年，现已改名为华南分会）和中国国际经济贸易仲裁委员会上海分会（1990年），目前还新设立了西南分会、湖北分会、浙江分会等。仲裁委员会分会设秘书处，在仲裁委员会分会秘书长的领导下负责处理仲裁委员会分会的日常事务。

我国《仲裁法》第73条有关仲裁规则的规定是：涉外仲裁规则可以由中国国际商会依照本法和民事诉讼法的有关规定制定。中国国际贸易促进委员会曾在1956年3月31日通过了《中国国际贸易促进委员会对外贸易仲裁委员会仲裁程序暂行规则》，1988年9月12日改为《中国国际经济贸易仲裁委员会仲裁规则》。以后，该规则又经过数次修订。现行的仲裁规则为2012年2月3日中国国际贸易促进委员会（中国国际商会）修订并通过，2012年5月1日起施行的仲裁规则。该仲裁规则统一适用于仲裁委员会及其分会。在分会进行仲裁时，该仲裁规则规定由仲裁委员会主任和仲裁委员会秘书局或秘书长分别履行的职责，由仲裁委员会主任授权的副主任和仲裁委员会分会秘书处或秘书长分别履行。

当事人在仲裁协议或合同中的仲裁条款订明，在中国国际贸易促进委员会（中国国际商会）的仲裁委员会或仲裁院仲裁的前提下，根据《中国国际经济贸易仲裁委员会仲裁规则》的规定，独立、公正地解决契约性或非契约性的经济贸易等争议问题。

双方当事人可以约定将其争议提交仲裁委员会在北京进行仲裁，或者约定将其争议提交仲裁委员会华南分会在深圳进行仲裁，或者约定将其争议提交仲裁委员会上海分会在上海进行仲裁；如无法约定，则由申请人选择，由仲裁委员会在北京进行仲裁，或者由其华南分会在深圳进行仲裁，或者由其上海分会在上海进行仲裁。作此选择时，以首先提出选择的为准；如有争议，应由仲裁委员会作出决定。

1990年以来，中国国际经济贸易仲裁委员会的受案数量在世界上各国际商事仲裁机构中名列前茅，其裁决的公正性也得到国内外一致的公认。可以说，中国国际经济贸易仲裁委员会已成为世界上主要的国际商事仲裁机构之一。

2. 中国海事仲裁委员会及仲裁规则

根据1958年国务院《关于在中国国际贸易促进委员会内设立海事仲裁委员会的决定》，中国海事仲裁委员会成立于1959年1月，当时名为中国国际贸易促进委员会海事仲裁委员会。1998年，国务院决定将该海事仲裁委员会改名为中国海事仲裁委员会。中国海事仲裁委员会主要通过仲裁解决涉外海事争议。

1959年1月8日，中国国际贸易促进委员会通过了《中国国际贸易促进委员会海事仲裁委员会仲裁程序暂行规则》，后改称为《中国海事仲裁委员会仲裁规则》。现行的仲裁规则是2015年1月1日起实施的仲裁规则。

仲裁规则一般由仲裁委员会制定。仲裁委员会设立仲裁员名册。仲裁员由仲裁委员会从对航海、保险、法律等方面具有专门知识和实际经验的中外人士中聘任。

仲裁委员会建立并完善了委员会议、主任会议、秘书长会议和三地秘书会议制度，并设立了专家咨询委员会、案例编辑委员会和仲裁员资格审查考核委员会。随着业务发展的需要，仲裁委员会在上海设立了仲裁委员会上海分会，在有关沿海港口城市设立了仲裁委员会办事处。

委员会议每年召开一次，以研究解决仲裁委员会组织机构及业务发展等方面的重大问题。主任会议在委员会议闭会期间负责仲裁委员会的工作，每 3 个月召开一次。

秘书会议原则上每年召开一次。主要是互相沟通和交流办案经验，对秘书人员进行业务培训，以提高办案质量。

仲裁委员会下设专家咨询委员会议。专家咨询委员会负责仲裁程序和实体上的重大疑难问题的研究并提供咨询意见，对仲裁员的培训和经验交流，对仲裁规则的修改提供意见，以及对仲裁委员会的工作和发展提出建议等工作。专家咨询委员会由仲裁委员会主任会议聘请的 13 名专家组成，其中一人为主任委员，一人为副主任委员。

仲裁委员会下设案例编辑委员会。委员会设主任委员一人、副主任委员一人，由仲裁委员会主任聘任。案例编辑委员会负责已审理终结的案例编辑和仲裁委员会的年刊编辑工作。

仲裁委员会下设资格审查考核委员会。委员会设主任委员一人、副主任委员一人，由仲裁委员会主任聘任。资格审查考核委员会的主要职责是，按照仲裁法和仲裁规则的规定，对仲裁员的资格和表现进行审核和考查，对仲裁员的续聘和解聘提出建议。

为适应业务发展的需要，仲裁委员会于 1999 年在大连、上海和广州设立 3 个办事处。上海办事处已于 2002 年升格为分会，分会可以独立受理和审理案件。近年来，中国海事仲裁委员会又设立了西南分会、华南分会、天津分会、福建分会以及香港中心等。办事处是仲裁委员会的仲裁专业联络和宣传机构，接受仲裁委员会的直接领导。根据《仲裁委员会办事处规则》的规定，仲裁委员会办事处不得从事仲裁案件的收费、立案和审理工作，不得向当事人收取咨询费，也不得在仲裁委员会及其分会所受理的仲裁案件中从事仲裁代理。

二、《中华人民共和国仲裁法》

《中华人民共和国仲裁法》于 1994 年 8 月 31 日第八届全国人民代表大会常务委员会第九次会议通过，并于 1995 年 9 月 1 日起实施。根据 2009 年 8 月 27 日第十一届全国人民代表大会常务委员会第十次会议《关于修改部分法律的决定》第一次修正，2017 年 9 月 1 日第十二届全国人民代表大会常务委员会第二十九次会议第二次修正。《仲裁法》包括总则、仲裁委员会和仲裁协会、仲裁协议、仲裁程序、申请撤销裁决、执行、涉外仲裁的特别规定、附则，共有 8 章 80 条，其主要内容如下。

1. 宗旨与适用范围

《仲裁法》第 1 条规定了其宗旨：为保证公正、及时地仲裁经济纠纷，保护当事人的合法权益，保障社会主义市场经济健康发展，制定本法。第 2 条规定了适用范围：平等主体的公民、法人和其他组织之间发生的合同纠纷和其他财产权益纠纷，可以仲裁。第 3 条规定了下列纠纷不能仲裁：（1）婚姻、收养、监护、扶养、继承纠纷；（2）依法应当由行政机关处理的行政争议。

2. 仲裁的原则、方法与仲裁的终局性

《仲裁法》第4条规定了仲裁自愿的原则：当事人采用仲裁方式解决纠纷，应当双方自愿，达成仲裁协议。没有仲裁协议，一方申请仲裁的，仲裁委员会不予受理。第5条规定了仲裁协议的作用是排除法院对当事人之间纠纷的管辖权：当事人达成仲裁协议，一方向人民法院起诉的，人民法院不予受理，但仲裁协议无效的除外。第7条规定了仲裁方法：仲裁应当根据事实，符合法律规定，公平合理地解决纠纷。第9条规定了仲裁的终局性：仲裁实行一裁终局的制度。裁决作出后，当事人就同一纠纷再申请仲裁或者向人民法院起诉的，仲裁委员会或者人民法院不予受理。

3. 仲裁委员会、仲裁协议与仲裁程序

《仲裁法》第2章是关于仲裁委员会和仲裁协议的有关内容（第10～15条），其中有关条款的规定如下。第10条为仲裁委员会的组成：仲裁委员会可以在直辖市和省、自治区人民政府所在地的市设立，也可以根据需要在其他设区的市设立，不按行政区划层层设立。仲裁委员会由前款规定的市的人民政府组织有关部门和商会统一组建。设立仲裁委员会，应当经省、自治区、直辖市的司法行政部门登记。

第11条为仲裁委员会应当具备的条件：(1) 有自己的名称、住所和章程；(2) 有必要的财产；(3) 有该委员会的组成人员；(4) 有聘任的仲裁员。仲裁委员会的章程应当依照本法制定。

第13条规定了仲裁员应当具备的条件：仲裁委员会应当从公道正派的人员中聘任仲裁员。仲裁员应当符合下列条件之一：(1) 通过国家统一法律职业资格考试取得法律职业资格，从事仲裁工作满8年的；(2) 从事律师工作满8年的；(3) 曾任法官满8年的；(4) 从事法律研究、教学工作并具有高级职称的；(5) 具有法律知识、从事经济贸易等专业工作并具有高级职称或者具有同等专业水平的。仲裁委员会按照不同专业设仲裁员名册。

第3章是关于仲裁协议的有关内容（第16～20条），其中第16条规定了仲裁协议应当包含的内容：仲裁协议包括合同中订立的仲裁条款和以其他书面方式在纠纷发生前或者纠纷发生后达成的请求仲裁的协议。仲裁协议应当具有下列内容：(1) 请求仲裁的意思表示；(2) 仲裁事项；(3) 选定的仲裁委员会。

第17条是关于无效仲裁协议的规定，有下列情形之一的，仲裁协议无效：(1) 约定的仲裁事项超出法律规定的仲裁范围的；(2) 无民事行为能力人或者限制民事行为能力人订立的仲裁协议；(3) 一方采取胁迫手段，迫使对方订立仲裁协议的。第18条规定了如果事先达成的仲裁协议不具体时可采取的办法：仲裁协议对仲裁事项或者仲裁委员会没有约定或者约定不明确的，当事人可以补充协议；达不成补充协议的，仲裁协议无效。

第19条规定了仲裁协议的独立性：仲裁协议独立存在，合同的变更、解除、终止或者无效，不影响仲裁协议的效力。仲裁庭有权确认合同的效力。

第20条规定了当事人对仲裁协议有异议时可采取的处理办法：当事人对仲裁协议的效力有异议的，可以请求仲裁委员会作出决定或者请求人民法院作出裁定。一方请求仲裁委员会作出决定，另一方请求人民法院作出裁定的，由人民法院裁定。当事人对仲裁协议的效力有异议，应当在仲裁庭首次开庭前提出。

第 4 章是关于仲裁程序的内容（第 21～57 条），分为 3 节。第 1 节：申请和受理（第 21～29 条），规定了当事人申请仲裁应当符合的条件及仲裁申请书应当载明的事项等。

第 2 节：仲裁庭的组成（第 30～38 条）。仲裁庭可以由 3 名仲裁员或者 1 名仲裁员组成。由 3 名仲裁员组成的，设首席仲裁员。当事人约定由 3 名仲裁员组成仲裁庭的，应当各自选定或者各自委托仲裁委员会主任指定一名仲裁员，第三名仲裁员由当事人共同选定或者共同委托仲裁委员会主任指定。第三名仲裁员是首席仲裁员。当事人约定由一名仲裁员成立仲裁庭的，应当由当事人共同选定或者共同委托仲裁委员会主任指定仲裁员。

第 3 节：开庭和裁决（第 39～57 条），规定了开庭的程序与裁决的效力等。

4. 申请撤销仲裁裁决、仲裁执行

《仲裁法》第 5 章是关于申请撤销仲裁裁决的规定（第 58～61 条）。第 58 条规定，当事人提出证据证明裁决有下列情形之一的，可以向仲裁委员会所在地的中级人民法院申请撤销裁决：(1) 没有仲裁协议的；(2) 裁决的事项不属于仲裁协议的范围或者仲裁委员会无权仲裁的；(3) 仲裁庭的组成或者仲裁的程序违反法定程序的；(4) 裁决所根据的证据是伪造的；(5) 对方当事人隐瞒了足以影响公正裁决的证据的；(6) 仲裁员在仲裁该案时有索贿受贿，徇私舞弊，枉法裁决行为的。人民法院经组成合议庭审查核实裁决有前款规定情形之一的，应当裁定撤销。人民法院认定该裁决违背社会公共利益的，应当裁定撤销。

第 6 章是关于仲裁裁决的执行的内容（第 62～64 条）。第 62 条规定：当事人应当履行裁决。一方当事人不履行的，另一方当事人可以依照民事诉讼法的有关规定向人民法院申请执行。受申请的人民法院应当执行。第 63 条规定：被申请人提出证据证明裁决有民事诉讼法第 213 条第 2 款规定的情形之一的，经人民法院组成合议庭审查核实，裁定不予执行。第 64 条规定：一方当事人申请执行裁决，另一方当事人申请撤销裁决的，人民法院应当裁定中止执行。人民法院裁定撤销裁决的，应当裁定终结执行。撤销裁决的申请被裁定驳回的，人民法院应当裁定恢复执行。

5. 涉外仲裁

《仲裁法》专门有一章（第 7 章）制定了涉外仲裁的特别规定（第 65～73 条）。第 65 条规定：涉外经济贸易、运输和海事中发生的纠纷的仲裁，适用本章规定。本章没有规定的，适用本法其他有关规定。第 72 条规定：涉外仲裁委员会作出的发生法律效力的仲裁裁决，当事人请求执行的，如果被执行人或者其财产不在中华人民共和国领域内，应当由当事人直接向有管辖权的外国法院申请承认和执行。

6. 附则

《仲裁法》第 8 章（第 74～80 条）为附则，对一些未尽的事项作出了补充规定。

第 74 条规定：法律对仲裁时效有规定的，适用该规定。法律对仲裁时效没有规定的，适用诉讼时效的规定。

第 76 条规定了仲裁费用：当事人应当按照规定交纳仲裁费用。收取仲裁费用的办法，应当报物价管理部门核准。

第 77 条规定：劳动争议和农业集体经济组织内部的农业承包合同纠纷的仲裁，另行规定。

第 78 条规定：本法施行前制定的有关仲裁的规定与本法的规定相抵触的，以本法为准。

第 79 条规定：本法施行前在直辖市、省、自治区人民政府所在地的市和其他设区的市设立的仲裁机构，应当依照本法的有关规定重新组建；未重新组建的，自本法施行之日起届满一年时终止。本法施行前设立的不符合本法规定的其他仲裁机构，自本法施行之日起终止。

第 80 条规定了《仲裁法》的生效日期：本法自 1995 年 9 月 1 日起施行。

第三节　国际商事诉讼

一、商事诉讼概述

商事诉讼是因商事纠纷引发的诉讼，是民事诉讼的一种。商事纠纷是指商事法律关系主体之间在商事活动中发生的具有一定经济内容的纠纷。

商事法律关系主体，是指参加到商事法律关系中来，并在法律上享有和承担一定的商事权利和义务的当事人，包括国家机关、企业和其他经济组织、事业单位和社团、个体工商户、农村承包经营户和公民以及外国企业和其他经济组织及外国公民。商事法律关系主体是真正的市场主体，在市场经济中享有平等的民事权利，承担平等的民事义务。

与一般的民事诉讼相比，商事诉讼具有明显的商事属性。如在诉讼主体方面，商事诉讼的当事人主要是依法从事营利性经营活动的商主体；在诉讼请求的内容方面，权利人追求的主要是商业上应当实现的经济利益；在诉讼裁判依据的实体法方面，主要适用公司法、保险法、票据法、证券法、破产法等商事法。

（一）诉讼主体

商事诉讼主体，是指依法参与诉讼活动，享有权利并承担义务的公民、法人或其他组织。它主要包括三种类型：（1）主导诉讼活动的国家审判机关，如各级法院；（2）商事纠纷的双方或者多方当事人，即诉讼的原告和被告；（3）诉讼当事人以外的其他诉讼参与人，包括诉讼代理人、证人、鉴定人等。

1. 法院

法院是在现代国家中职掌审判、解决争议、解释法律、执行司法权的机关。负责审理人与人、人民与政府或政府各部门之间的争议，并作出判决。随各国采取法律制度的不同，法院也有不同的架构。一般来说，法院以追求正义和公平为标准。

在商事诉讼中，法院是商事诉讼活动的主导者，是具体诉讼案件的组织者、指挥者和最终裁判者，它决定着案件的受理、审理和裁判的整个过程。法院依据法律规定的权力和程序，依法审理和裁决纠纷，对于商事纠纷的公开、公平和公正解决具有决定作用。

2. 诉讼当事人

商事诉讼当事人，是指因商事纠纷而以自己的名义参加商事诉讼活动，并受法院裁判约束，与案件审理结果有直接利害关系的公民、法人和其他组织。这是商事纠纷的直接利害关系人，往往是诉讼活动的发动者（原告）、诉讼请求的承受者（被告）或者争议利益的相关者（第三人）。他们是商事诉讼活动最主要的主体，是商事裁判后果的直接承担者，有权参与诉讼活动，充分行使自己的程序权利和实体权利，以维护自己的合法权益。

3. 商事诉讼代理人及其他诉讼参与人

商事诉讼代理人，是指根据法律规定或者当事人的委托，为当事人的利益而代理其参与诉讼活动，其诉讼活动的后果由被代理人承担的人。代理人参与商事诉讼，必须依据法律的规定或者当事人的明确授权，在代理权限范围内，以当事人的名义进行。诉讼代理人参与诉讼活动的目的在于维护当事人的诉讼权益，其诉讼行为的后果也由其代理的当事人承担。商事诉讼代理人往往能以自己的特定身份或者专业知识，积极参与诉讼活动，为保障诉讼活动的正常进行，维护当事人的合法权益起到积极作用。

其他诉讼参与人，主要是指除上述人员以外的其他参与诉讼活动的人，主要包括证人、鉴定人、勘验人、翻译人等。他们与案件所争利益没有直接关系。其参与诉讼活动的原因往往是它们具备某些特定的条件，能够为法院查明争议事实，进而为作出公正裁判提供一定的协助。他们积极参与商事诉讼活动，是使诉讼活动得以顺利进行的重要保证。这些参与人应当积极、客观地协助法院查明案件事实，促进商事纠纷的顺利解决，维护法院审判活动的权威和公正。

此外，在中国，人民检察院依法行使抗诉权，对法院的审判活动进行法律监督，维护当事人的合法权益，保障国家法律的公正实施，也是商事诉讼的重要主体。

（二）商事诉讼的效力

商事诉讼的效力，是指商事诉讼在何时、何地，对何人、何事直接发生作用，包括对人的效力、对事的效力、对空间的效力和对时间的效力四个方面。我国现行《民事诉讼法》于 1991 年 4 月 9 日公布实施，并于 2007 年 10 月 28 日、2012 年 8 月 31 日和 2017 年 6 月 27 日经全国人大常委会修订。根据法律适用的一般原则，该法对于其生效之前发生并审理的民商事案件，不溯及既往。凡该法公布之后才受理的案件，或诉讼活动尚在进行之中的民商事案件均应适用《民事诉讼法》的规定。

1. 对人的效力

对人的效力，是指商事诉讼活动对于哪些人可以适用。基于国家主权原则对于司法管辖的一般要求，商事诉讼不仅适用于中华人民共和国公民、法人和其他组织，而且适用于在我国进行诉讼的外国人、无国籍人或国籍不明的人以及在我国进行诉讼的外国企业和组织。当然，享有司法豁免权者除外。从权利的角度讲，凡在我国进行商事诉讼的人在诉讼中都享有商事诉讼权利，负有商事诉讼义务。

2. 对事的效力

对事的效力，是指对哪些商事纠纷应当适用商事诉讼。明确对事的效力，有助于法院受理并审结案件，减少或避免法院和其他国家机关之间因职责不明而可能发生的争执，同时也方便当事人起诉。公民之间、法人之间、其他组织之间，以及他们相互之间因商事纠纷引起的争议，除可能因仲裁协议等其他原因排除司法管辖的，都可以依法提起商事诉讼。

3. 对空间的效力

对空间的效力，是指商事诉讼在什么样的空间范围内可以适用。如在中国进行的商事诉讼活动，适用于中华人民共和国的一切领域，包括陆地、水域及其地下层和上空以及延伸领土等。

4. 对时间的效力

对时间的效力，是指商事诉讼何时生效、何时终止效力以及法律对其生效以前的时间和行为有无溯及力。

法律的溯及力或法律溯及力，也称法律溯及既往的效力，是指法律对其生效以前的事件和行为是否适用。如果适用，就具有溯及力；如果不适用，就没有溯及力。（法律一般以不溯及既往为原则。目前各国采用的通例是“从旧兼从轻”的原则，即新法原则上不溯及既往，但是新法不认为犯罪或者处刑较轻的，适用新法。但在某些有关民事权利的法律中，法律有溯及力。）

（三）商事诉讼的基本原则

商事诉讼的基本原则，是指由法律规定的指导整个商事诉讼活动的基本行为准则。它对法院进行审判活动，以及当事人、代理人和其他诉讼参与人参与诉讼活动具有重要的指导意义。一般来说，这些基本原则主要有当事人诉讼权利平等原则、处分原则、辩论原则等。

1. 当事人诉讼权利平等原则

当事人诉讼权利平等原则，是指在商事诉讼中，当事人平等地享有和行使诉讼权利。任何一方不得有高于另一方的特权存在。这种平等首先来源于当事人实体法律地位的平等，双方当事人都是平等的商主体，平等地参与各种商事活动，平等地享有各种商事权利，而诉讼活动是商事实体活动的自然延伸，实体法律地位上的平等必然要求双方在诉讼活动中同样地拥有平等的地位，享有平等的权利。其次，诉讼地位的平等还来源于程序公正的客观要求，商事诉讼活动是法律主导下的一种审判程序，程序公正是商事诉讼活动的题中应有之义，只有确认争议各方当事人享有平等的诉讼地位和权利，才能保障审理过程客观公正的进行。

2. 处分原则

处分原则，是指当事人在商事诉讼的过程中有权在法律许可的范围内自主地处分自己的民事实体权利和诉讼权利。处分原则是私法自治原则在商事诉讼活动中的体现，商事诉讼解决的是当事人的私权，而根据私法自治原则，对于私权，只要不违背法律的强制性规定，不损害国家利益和社会公共利益，当事人有权在行使和放弃之间自行决定，在诉讼过程中也不例外。其内容包括三个方面：（1）处分权的主体限于商事诉讼当事人及其法定代理人，委托代理人只能在其代理权限内享有该权利。(2) 处分权包括处分自己的实体权利和诉讼权利两个方面。(3) 处分原则贯穿于诉讼程序的始终。在诉讼程序提起后至法院的最后裁判作出前，当事人可以自主决定是否或者怎样行使该权利。

3. 辩论原则

辩论原则，是指在法院的主持下，当事人在商事诉讼过程中有权就案件事实和争议问题，各自陈述其主张和根据，互相反驳和答辩。这是诉讼程序自身的要求，因为诉讼程序本身是解决争议的过程，而解决争议首先要厘清事实，厘清事实就需要认定相关证据，倾听各方主张，进而需要通过争论、质证等辨明是非和真相，辩论就是这样一个过程。它包括四个方面的内容：(1) 辩论主体限于当事人及其代理人。(2) 辩论形式包括书面和口头两种。(3) 辩论的内容可以围绕商事纠纷的实体问题进行，也可以围绕商事诉讼的程序问题进行，不过通常有关实体的辩论是双方辩论的核心内容。(4) 辩论权的行使可以贯穿整个诉讼过程。

(四) 商事诉讼的基本制度

商事诉讼的基本制度，即商事审判的基本制度，是指法院审判商事案件所必须遵循的基本操作规程。它有别于商事诉讼的基本原则，基本原则具有宏观性和指导性，往往贯穿于商事诉讼的整个过程。基本制度则体现为一些具体的操作规则，其主要目的和作用在于规范法院的审判活动。我国及大多数国家商事诉讼的基本制度主要包括合议制度、回避制度、公开审理制度和两审终审制度。

1. 合议制度

合议制度，是指由三名以上的审判人员组成合议庭，代表法院行使审判权，对案件进行审理并作出裁判的制度。这是一种集体审判制度，可以避免由一人审判可能产生的不足，有利于提高审判质量，保证案件的正确处理。这也是法院审判商事案件的基本组织形式，除简单的诉讼案件可以采取独任审判制外，其他各种商事纠纷，包括一般、重大、复杂和疑难的商事纠纷，都应组成合议庭进行审理。

2. 回避制度

回避制度，是指审判人员和其他有关人员遇到法律规定不宜参加案件审理的情形时，退出案件审理活动的制度。其适用对象首先是法官，包括职业法官和非职业法官（陪审员）。其次是其他有关人员，包括书记员、翻译人、鉴定人、勘验人等。审判人员有下列情形之一的，必须回避，当事人有权用口头或者书面方式申请他们回避：(1) 是本案当事人或者当事人、诉讼代理人的近亲属；(2) 与本案有利害关系；(3) 与本案当事人有其他关系，可能影响对案件公正审理的。其直接目的在于，排除与案件有利害关系的法官等参与案件的处理过程，以保证案件得到公正审理。

3. 公开审理制度

公开审理制度，是指法院对民事案件的审理过程和判决结果向群众和社会公开的制度。这是对诉讼案件进行审判的基本制度，它有两方面的基本要求：(1) 审判要向群众公开，允许群众旁听案件的审判活动；(2) 审判要向社会公开，允许大众传媒对案件的审判情况进行采访和报道。除涉及国家秘密等不应公开审理及涉及商业秘密等可以不公开审理的案件外，商事诉讼案件的审理都应当公开进行，而且不论是否公开审理，都应当公开审判。

4. 两审终审制度

两审终审制度，是指一个商事案件经过两级法院的审判即告终结的制度。也就是说，对于一般的商事案件，一审法院的判决和裁定并不立即发生法律效力，而允许在规定的时间内提出上诉，经过二审法院审理后作出的判决和裁定，一经宣判，立即发生法律效力。这是我国及大多数国家实行的诉讼制度。这样，可以减少当事人的诉讼，避免各种纠纷长期处于不确定的状态之中，有效减轻高级法院和最高法院的负担，使其更好地将精力放在对审判业务的监督和指导当中。同时，审判监督程序也能够有效纠正两审终审后仍然存在的不公正裁判问题。

二、国际商事诉讼

国际商事争议发生后，如果不存在有效的仲裁协议，任何一方当事人都可以向有管辖权的法院起诉，请求司法解决，这就是国际商事诉讼。尽管国际商事诉讼存在程序严格、烦琐，法官专业知识欠缺等不足，但它作为调解、和解与仲裁外的另一种补救手段仍然具有重要意义。下面仅就国际商事诉讼中外国当事人的诉讼地位、诉讼管辖权以及商事诉讼的一般程序问题作简要介绍。

（一）外国当事人的诉讼地位

外国当事人的诉讼地位是指外国自然人或法人在某一国家境内享有什么样的诉讼权利，承担什么样的诉讼义务，以及具有什么样的诉讼行为能力。外国人在某一国境内具有一定的诉讼地位是国际商事诉讼开始进行的前提，各国的诉讼法及有关国际公约都对此作了明确规定：（1）规范外国自然人诉讼权利义务的一般原则是国民待遇原则，即规定外国人享有与本国国民同等的民事诉讼权利，承担同样的诉讼义务；（2）确定外国自然人的诉讼行为能力原则上依属民法，但为保护善意的对方当事人，尤其是本国国民的合法权益，各国又补充规定，如果依法院地方法，有关外国人具有诉讼行为能力，则视为有行为能力；（3）外国法人的诉讼地位一般都由诉讼法作出特别规定。

（二）诉讼管辖权

国际商事诉讼的管辖权是指一国法院有受理和审判具有国际因素或涉外因素的商事案件的权限。它要解决的是对于某一特定的国际商事案件，究竟哪个国家的法院具有管辖权的问题。由于彼此政治经济利益的不同，各国关于诉讼管辖权的规定各异，故至今国际上尚未形成统一的国际商事诉讼管辖权制度，现将几个主要国家关于诉讼管辖权确定的规则介绍如下：

（1）英美法系国家一般将诉讼分为对人诉讼和对物诉讼。对人诉讼指仅能对特定的债务人提起，以保护特定债权人的诉讼；对物诉讼是指可对任何侵害人提起，以保护物权和身份权的诉讼。英美法系国家的法院根据“有效控制原则”分别确定对这两类诉讼是否具有管辖权。在对人诉讼中，只要被告在送达传票时处于本国境内，有关传票能有效送达该被告，本国法院就对此案件具有管辖权；在对物诉讼中，只要有关财产处于本国境内，或有关被告的住所处于本国境内，本国法院就对该案件具有管辖权。

（2）以法国为代表的拉丁法系各国一般根据有关当事人的国籍来确定一国法院的管辖权，规定本国法院对有关本国国民的诉讼具有管辖权，即便有关诉讼与本国毫无联系也不例外。

（3）德国、奥地利、日本等国根据被告人的住所来确定本国法院对有关案件是否具有管辖权，同时把依国籍确定管辖权作为例外。比如规定除了不动产物权诉讼、继承案件等由本国法院专属管辖的案件外，其他案件都依被告的住所地来确定国际商事诉讼管辖权，而有关婚姻案件和各种涉及身份关系的诉讼才由当事人国籍所在地的法院管辖。

（4）在中国，根据主权原则，涉外商事诉讼应当适用我国法律，我国缔结或者参加的国际条约同我国法律有不同规定的，适用该国际条约的规定，但我国声明保留的条款除外。如果商务合同在我国领域内签订或者履行，或者诉讼标的物在我国领域内，或者被告在我国领域内有可供扣押的财产，或者被告在我国领域内设有代表机构，可以由合同签订地、合同履行地、诉讼标的物所在地、可供扣押财产所在地、侵权行为地或者代表机构住所地法院管辖。

（三）商事诉讼的程序

商事诉讼的一般程序通常包括起诉和受理、审理前的准备、开庭审理和宣判等步骤，如一方当事人不服第一审法院的未生效裁判，在法定期限内向上一级法院提出上诉，上一级法院对案件进行重新审理所适用的程序与第一审程序基本相同。图 10－2 为中国法院对商事诉讼审理的一般程序。

1. 起诉和受理

起诉，是指当事人认为自己的合法权益受到侵犯或与他人发生商事纠纷，以自己的名义向法院提起诉讼，请求法院依法进行裁判的行为。起诉是当事人的一项重要诉讼权利，是商事诉讼开始的前提。起诉必须符合下列条件：

（1）原告是与本案有直接利害关系的公民、法人和其他组织；

（2）起诉必须有明确的被告；

（3）起诉要有具体的诉讼请求和事实、理由；

（4）所诉的事项属于人民法院受理民事诉讼的范围；

（5）所诉案件属于受诉人民法院管辖。

起诉要提交起诉状，并按对方当事人的人数提交副本，书写起诉状要用钢笔、毛笔或签字笔，不能用圆珠笔。法院收到起诉状，经审查，认为符合起诉条件的，应当在 7 日内立案，并通知当事人；认为不符合起诉条件的，应当在 7 日内裁定不予受理；原告对裁定不服的，可以提起上诉。

2. 审理前的准备

审理前的准备，是指法院在受理案件后至开庭审理前，为保证诉讼的顺利进行，

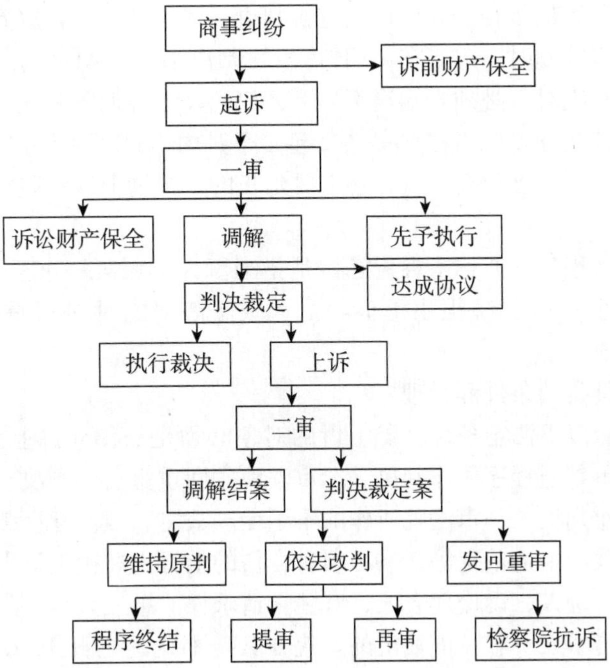

图 10-2　中国法院对商事诉讼审理的一般程序

依法所做的各项准备工作。这些准备工作主要包括：

（1）在立案之日起 5 日内将起诉状副本发送被告，被告提出答辩状的，法院在收到之日起 5 日内将答辩状副本发送原告。

（2）在受理案件通知书和应诉通知书中向当事人告知有关的诉讼权利义务，或者口头告知。

（3）组成合议庭，并在合议庭组成人员确定后，3 日内告知当事人。

（4）认真审核诉讼材料，调查收集必要的证据。

（5）通知必须共同进行诉讼的当事人参加诉讼。

（6）决定是否采取诉讼保全或先予执行措施等。诉讼保全，是指人民法院在民事案件作出判决前，对于可能因当事人一方的行为或者其他原因，使判决不能执行或难以执行时，为了保证将来作出的判决得以顺利执行，或为了避免财产遭受损失，对当事人的财产或争议的标的物所采取的一种强制措施。先予执行，是指人民法院在终局判决之前，为解决权利人生活或生产经营的急需，依法裁定义务人预先履行一定数额的金钱或者财物等措施的制度。

3. 开庭审理和宣判

开庭审理，是指在当事人及其他诉讼参与人的参加下，法院依照诉讼程序，在法庭上对案件当事人所争议的事实问题和法律问题进行审理的全部诉讼活动。这是第一审普通程序的一个最基本、最主要的诉讼阶段，是审判过程的中心环节。法院审理商事纠纷，除涉及国家秘密等应不公开审理及因涉及商业秘密等当事人申请不公开审理外，都应公开审理。

适用普通程序开庭审理一般包括开庭准备、法院调查、法庭辩论、合议庭评议和宣告判决等阶段。无论是否公开审理，宣告判决一律公开进行，宣判有当庭宣判和定期宣判两种，当庭宣判时，应当在 10 日内发送判决书。定期宣判的，宣判后立即发给判决书。宣告判决时，必须告知当事人上诉权利、上诉期限和上诉的法院。法院适用普通程序审理的案件，应当在立案之日起 6 个月内审结。有特殊情况需要延长的，由本院院长批准，可以延长 6 个月；还需要延长的，报请上级法院批准。

4. 二审

二审或第二审程序，亦称上诉程序，是指当事人不服第一审法院的未生效判决，在法定期限内向上一级法院提出上诉，上一级法院对案件进行重新审理所适用的程序。

（1）上诉需具备的条件和受理。

上诉必须符合以下法定条件：①上诉的对象必须是法律允许上诉的判决或裁定，包括各级法院一审普通程序所作判决，二审法院发回重审后的判决，一审法院按审判监督程序再审所作判决，一审法院所作的不予受理裁定、驳回起诉裁定、处理管辖权异议裁定、驳回破产申请裁定等。②必须有合格的上诉人和被上诉人，包括一审的原告、被告、共同诉讼人、诉讼代表人、有独立请求权的第三人等。③必须在规定的期限内提出上诉，当事人不服一审裁定的，应在裁定书送达之日 10 日内向上一级法院提起上诉。④上诉必须递交上诉状。上诉状应当通过原审法院提出，并按照对方当事人或者代表人的人数提出副本。当事人直接向第二审法院上诉的，第二审法院应当在 5 日内将上诉状移交原审法院，原审法院收到上诉状，应在 5 日内将上诉状副本送达对方当事人，对方当事人在收到之日起 5 日内提出答辩状。法院应当在收到答辩状之日起 5 日内将副本送达上诉人。对方当事人不提出答辩状的，不影响法院审理。原审法院收到上诉状、答辩状，应在 5 日内连同全部案卷和证据，报送第二审法院。

（2）审理和裁判。

二审法院对上诉案件审理，应当组成合议庭，开庭审理。经过阅卷和调查，询问当事人，在事实核对清楚后，合议庭认为不需要开庭审理的，也可以径行判决、裁定。二审法院应当对上诉请求的有关事实和适用法律进行审查。二审法院对上诉案件的处理，有四种结果：①原判决认定事实清楚，适用法律正确的，判决驳回上诉，维持原判。②原判决适用法律错误的，依法改判。③原判决认定事实错误，或者原判决认定事实不清，证据不足，裁定撤销原判决，发回原审法院重审，或者查清事实后改判。④原判决违反法定程序，可能影响案件正确判决的，裁定撤销原判决，发回原审法院重审。

二审法院审理上诉案件，可进行调解。调解达成协议，应当制作调解书，由审判人员、书记员签署，加盖法院印章。调解书达成后，原审法院的判决即视为撤销。二审法院判决宣告前，上诉人申请撤回上诉的，则不需由第二审法院裁定。

法院审理对判决的上诉案件，应当在第二审立案之日起 3 个月内审结。有特殊情况需要延长的，由本院院长批准。法院审理已裁定的上诉案件，应当在第二审立案之日起 30 日内作出终审裁定。

5. 审判监督程序

审判监督程序，亦称再审程序，是指法院对确有错误的，已经发生法律效力的判决、裁定或调解协议，依照法律规定再行审理的程序。再审程序不是每一个案件的必经程序，只是法院为纠正已经发生法律效力的错误裁判或调解协议所适用的一种补救程序。再审程序的发生有以下三种情况。

（1）法院依审判监督程序决定再审。

法院对已经发生法律效力且确有错误的裁判，可依一定程序提起再审。①各级法院院长对本院已经发生法律效力的判决、裁定确有错误，认为需要再审的，应当提交审判委员会讨论决定再审。②最高人民法院对地方各级法院已经发生法律效力的判决、裁定，上级法院对下级法院已经发生法律效力的判决、裁定，发现确有错误的，有权提审或者指令下级法院再审。

（2）当事人申请再审。

当事人对已经发生法律效力的判决、裁定，认为有错误的，可以向上一级法院申请再审。当事人的申请符合下列情形之一的，法院应当再审：

①有新的证据，足以推翻原判决、裁定的。

②原判决、裁定认定的基本事实缺乏证据证明的。

③原判决、裁定认定事实的主要证据是伪造的。

④原判决、裁定认定事实的主要证据未经质证的。

⑤对审理案件需要的证据，当事人因客观原因不能自行收集，书面申请法院调查收集，法院未调查收集的。

⑥原判决、裁定适用法律确有错误的，或违反法律规定，管辖错误的。

⑦审判组织的组成不合法或者依法应当回避的审判人员没有回避的。

⑧无诉讼行为能力人未经法定代理人代为诉讼，或者应当参加诉讼的当事人因不能归责于本人或者其诉讼代理人的事由，未参加诉讼的。

⑨违反法律规定，剥夺当事人辩论权利的。

⑩原判决、裁定遗漏或者超出诉讼请求的，或者据以作出原判决、裁定的法律文书被撤销或者变更的。

对违反法定程序可能影响案件正确判决、裁定的情形，或者审判人员在审理该案件时有贪污受贿、徇私舞弊、枉法裁判行为的，法院应当再审。当事人对已经发生法律效力的调解书，提出证据证明调解违反自愿原则或者调解协议的内容违反法律的，可以申请再审。经法院审查属实的，应当再审。

当事人申请再审，应当在判决、裁定发生效力后 2 年内提出，2 年后据以作出原判决、裁定的法律文书被撤销或者变更，以及发现审判人员在审理该案件时有贪污受贿、徇私舞弊、枉法裁判行为的，自知道或者理应知道之日起 3 个月内提出。

（3）人民检察院抗诉提起再审。

抗诉，是指人民检察院根据对审判的法律监督权，对法院已经生效的判决、裁定，发现确有错误的，要求法院再行审理，纠正错误的诉讼活动。最高人民检察院对各级法院已经发生法律效力的判决、裁定，上级人民检察院对下级人民检察院已经发生法律效力的判决、裁定，发现有法定需要提起抗诉情形的，应当提出抗诉。地方各级人民检察院对同级法院已经发生法律效力的判决、裁定，发现有法定需要提起抗诉情形的，应当提请上级人民检察院向同级法院提起抗诉。人民检察院决定对法院的判决、裁定提出抗诉的，应当制作抗诉书。人民检察院提出抗诉的案件，接受抗诉的法院应当自收到抗诉书之日起30日内作出再审的裁定，法院再审时，应当通知人民检察院派员出席法庭。

6. 执行程序

执行程序，是指负有义务的一方当事人拒不履行生效法律文书确定的义务，法院依法强制其履行义务所适用的程序。执行程序不是每个案件的必经程序，仅是义务人不履行生效法律文书确定的给付义务时应权利人的申请或者审判员移送执行而发生的一种程序。权利人申请执行的期间为2年。申请执行时效的中止、中断，适用法律有关诉讼时效中止、中断的规定。

执行员接到申请执行书或者移交执行书，应向被执行人发出执行通知，责令其在指定的期间履行，逾期不履行的，强制执行。被执行人不履行法律文书确定的义务，并有可能隐匿、转移财产的，执行员可以立即采取强制执行措施。强制执行措施主要有：（1）查询、冻结、划拨被执行人的存款。（2）扣押、提取被执行人的收入。（3）查封、扣押、冻结、拍卖、变卖被执行人的财产。（4）搜查被执行人隐匿的财产。（5）强制被执行人交付法律文书指定的财物或票证。（6）强制被执行人完成法律文书指定的行为。（7）强制被执行人退出房屋或退出土地。（8）强制被执行人支付延迟履行金或者延迟履行期间的债务利息。（9）采取或者通知有关单位协助采取限制出境措施。（10）通过媒体公布其不履行义务的信息等。

案例 10.2

1997年6月19日，原告美国JP摩根大通银行（JP Morgen Chase Bank）与被告利比里亚海流航运公司（Seastream Shipping Inc.）等5家借款人签订担保契据，约定以被告所有的“航海者（M. T. Mariner）”轮向原告抵押，为原告向5家借款人提供的3 500万美元的贷款设立第一优先抵押权。双方在伦敦巴哈马籍船舶注册官处办理了船舶抵押登记手续。2000年7月18日，原告与被告签署了一份第二优先担保透支协议契据，约定被告以其所属的“航海者”轮作抵押，为海运国际公司向原告所借的200万美元透支贷款作担保。2002年3月7日，原告为上述两笔贷款向被告发出了催款通知。被告在复函中承认，截至2002年3月15日，透支到期欠款480余万美元，到期贷款220余万美元，同时表示没有足够资金偿还，对原告申请法院司法出售“航海者”轮不提出异议。2002年3月22日，原告向中国广州海事法院起诉，请求法院判令被告偿付拖欠的贷款、透支款、利息及费用共计700余万美元，并承担扣船申请费、债权登记费及案件诉讼费，确认原告基于上述债权对“航海者”轮享有船舶抵押权，有权从船舶拍卖款项中优先受偿。试问：法院是否支持原告的请求？判决结果又如何？

分析：

广州海事法院经审理，依据我国《海商法》规定适用巴哈马商船法，判决被告偿付原告贷款、透支款及其利息与相关费用共700余万美元，原告对该轮享有船舶抵押权，在该轮拍卖后有权从该轮拍卖款项中优先受偿。经原告申请，该轮于2002年5月9日被法院依法拍卖，由原告以594万美元买得。

法院在案件审理中正确处理了涉外民商事案件中的定性、管辖权的确定以及法律适用三个基本问题。①案件的定性问题。本案包含借款合同法律关系和抵押担保法律关系。由于案件审理的重点是确定原告是否具有船舶抵押权，故应认定为船舶抵押权纠纷。②管辖权的确定问题。尽管双方当事人均为外国法人，被抵押船舶的船籍国是巴哈马，但被抵押船舶抵达我国广东水域后，原告在我国申请扣船并起诉，故依据《中华人民共和国海事诉讼特别程序法》关于保全财产所在地法院管辖、担保物所在地法院管辖的规定，广州海事法院对本案具有管辖权。③外国法的查明和适用问题。按照《中华人民共和国海商法》关于船舶抵押权适用船籍国法律的规定，本案应适用巴哈马法律。但由于本案贷款合同适用合同约定的准据法——英国法的有关判例难以查明，直接适用我国法律审查又不符合当事人的真实意思，故本案判决结合实际，在确认贷款合同不违反我国社会公共利益和法律强制性规定的前提下，直接按照国际上充分尊重当事人意思自治的司法理念来确认合同的效力。

本案纠纷涉及 10 个国家和地区，与中国无关，当事人均为外国人，可以选择解决纠纷的国家有很多，却一致选定在我国解决债务争端，说明了国际社会对我国海事审判的信赖。

资料来源：110 法律咨询网。

复习与思考题

1. 什么是仲裁？仲裁与诉讼比较有哪些优点？
2. 简述仲裁协议的作用与基本内容。
3. 简述仲裁裁决的效力、承认与执行。
4. 试述商事诉讼的主体、基本原则与基本制度。
5. 简述商事诉讼的一般程序。
6. 简述《纽约公约》的基本内容和重要意义。
7. 中国的仲裁机构主要有哪些？我国《仲裁法》的主要内容是什么？

图书在版编目（CIP）数据

国际商法 / 韩玉军编著. -- 3版. -- 北京 : 中国人民大学出版社, 2020.10
经济管理类课程教材. 国际贸易系列
ISBN 978-7-300-28506-1

Ⅰ. ①国… Ⅱ. ①韩… Ⅲ. ①国际商法－高等学校－教材 Ⅳ. ①D996.1

中国版本图书馆CIP数据核字(2020)第165519号

经济管理类课程教材·国际贸易系列
国际商法（第三版）
韩玉军 编著
Guoji Shangfa

出版发行	中国人民大学出版社		
社　址	北京中关村大街31号	邮政编码	100080
电　话	010－62511242（总编室）		010－62511770（质管部）
	010－82501766（邮购部）		010－62514148（门市部）
	010－62515195（发行公司）		010－62515275（盗版举报）
网　址	http://www.crup.com.cn		
经　销	新华书店		
印　刷	中煤（北京）印务有限公司	版　次	2012年3月第1版
规　格	185 mm×260 mm　16开本		2020年10月第3版
印　张	21.75	印　次	2021年9月第2次印刷
字　数	492 000	定　价	49.00元

教学支持说明

1. 教辅资源获取方式

为秉承中国人民大学出版社对教材类产品一贯的教学支持，我们将向采纳本书作为教材的教师免费提供丰富的教辅资源。您可直接到中国人民大学出版社官网的教师服务中心注册下载——http://www.crup.com.cn/Teacher。

如遇到注册、搜索等技术问题，可咨询网页右下角在线 QQ 客服，周一到周五工作时间有专人负责处理。

注册成为我社教师会员后，您可长期根据您所属的课程类别申请纸质样书、电子样书和教辅资源，自行完成免费下载。您也可登录我社官网的“教师服务中心”，我们经常举办赠送纸质样书、赠送电子样书、线上直播、资源下载、全国各专业培训及会议信息共享等网上教材进校园活动，期待您的积极参与！

2. 赠送“经管之家”论坛币

经管之家（http://www.jg.com.cn）于 2003 年成立，致力于推动经济学科的进步，传播优秀教育资源，做最好的经管教育。目前已经发展成国内最大的经济、管理、金融、统计类在线教育平台，也是国内最活跃和最具影响力的经济类网站。

为了更好地服务于教学一线的任课教师，凡使用中国人民大学出版社经济分社教材的教师，注册成为我社教师会员后，可填写以下信息调查表，发送电子邮件或者邮寄或者传真给我们，我们将会向您赠送经管之家论坛币 200 个。

教师信息表
姓名：
学校：
论坛 ID：
教授课程：
使用教材：
论坛识别码：pinggu_com_1501511_8899768

3. 高校教师可加入下述学科教师 QQ 交流群，获取更多教学服务

经济类教师交流群：一群：140105952（已满），或二群：809471792

财政金融教师交流群：一群：182073309（已满），或二群：766895628

国际贸易教师交流群：162921240

税收教师交流群：119667851

4. 购书联系方式

网上书店咨询电话：010－82501766

邮购咨询电话：010－62515351

团购咨询电话：010－62513136

中国人民大学出版社经济分社

地址：北京市海淀区中关村大街甲 59 号文化大厦 1506 室　100872

电话：010－62513572　010－62515803

传真：010－62514775

E-mail：jjfs@crup.com.cn